Le vocabulaire de l'anglais moderne

Le vocabulaire de l'anglais moderne

par

Michel Marcheteau
Agrégé de l'Université
Professeur d'anglais à l'École Supérieure de Commerce de Paris

et

Lionel Dahan
Docteur en études nord-américaines
Professeur d'anglais à l'École Supérieure de Commerce de Paris
Traducteur SFT

Olivier Delbard
Docteur en études anglo-américaines
Professeur d'anglais à l'École Supérieure de Commerce de Paris

Ann Grieve
Agrégée de l'Université
Maître de conférences à l'Université de Paris-VII

POCKET

TABLE DES MATIÈRES

PRÉSENTATION

■ Le présent ouvrage constitue un outil d'apprentissage et de révision pour les élèves du secondaire et les étudiants du supérieur. Il a pour but d'enseigner le vocabulaire de la vie courante, mais aussi de permettre l'acquisition de la langue de l'information et de la presse, écrite ou parlée, de donner accès à la langue des nouvelles et des romans et d'initier à celle des affaires et des techniques. Chaque fois qu'il y a lieu, il indique les variantes britanniques et américaines.

■ Pour aider le lecteur à **prononcer** correctement le vocabulaire présenté, nous avons indiqué l'accent tonique (en italique) lorsqu'il ne tombe pas sur la première syllabe du mot. Si ce dernier pose un problème de prononciation, il est **signalé par un astérisque**, et figure dans une **liste alphabétique**, avec sa phonétique, **à la fin de l'ouvrage.**

Les mots qui constituent une source de fautes fréquentes font l'objet de remarques spécifiques dans la partie B de chaque chapitre.

■ Chaque chapitre constitue une unité autonome, qui comporte les rubriques suivantes :

- **A 1** présente le vocabulaire concerné, en ordre alphabétique, du français vers l'anglais, afin de permettre une acquisition systématique.
- **A 2** replace les mots dans un contexte qui permet de mieux en cerner l'emploi, et fournit de nombreuses expressions.
- **A 3** enrichit la palette lexicale en attirant l'attention sur les différents registres de langue : familier, parlé, écrit, littéraire, etc.
- La rubrique **B** permet au lecteur de bénéficier des remarques – lexicales, grammaticales, orthographiques, phonétiques, culturelles – dont tout enseignant expérimenté émaille son cours, et qui ne figurent que rarement ou partiellement dans les manuels ; ces mises en garde (faux amis, etc.) permettent d'éviter les fautes les plus fréquemment faites par les francophones.
- La partie **C** est constituée par des exercices avec corrigés qui assurent le contrôle de l'acquisition des connaissances.

SIGNES PHONÉTIQUES

La prononciation des mots du *Vocabulaire de l'anglais moderne* est indiquée par des symboles entre crochets [ ]. Ces symboles sont ceux du système de l'Association Phonétique Internationale (API). Pour en tirer parti, rappelez-vous que :

- Toute lettre symbole doit être prononcée ; par exemple, l'anglais *contract* se transcrit ['kɔntrækt] : les consonnes finales *c* et *t* sont prononcées. Attention : les signes [ʳ] et [ᵊ] représentent des sons facultatifs (voir ci-dessous).
- Le signe ' précède la syllabe qui porte l'accent tonique.

Voyelles courtes		Voyelles longues	
[ɪ]	*pit*, un peu comme le *i* de *site*	[iː]	*meet* [miːt] cf. *i* de *mie*
[æ]	*flat*, un peu comme le *a* de *patte*	[ɑː]	*farm* [fɑːʳm] cf. *a* de *larme*
[ɒ]	*not*, un peu comme le *o* de *botte*	[ɔː]	*board* [bɔːʳd] cf. *o* de *gorge*
[ʊ]	*put*, un peu comme le *ou* de *coup*	[uː]	*cool* [kuːl] cf. *ou* de *mou*
[e]	*lend*, un peu comme le *è* de *très*	[ɜː]	*firm* [fɜːʳm] cf. *eu* de *peur*
[ʌ]	*but*, entre le *a* de *patte* et le *eu* de *neuf*		
[ə]	jamais accentué, un peu comme le *e* de *le*		
[ᵊ]	même son ; souvent muet		

Semi-voyelle : [j] *due* [djuː], un peu comme *dïou...*

Diphtongues (voyelles doubles)			
[aɪ]	*my* [maɪ] cf. *aïe !*	[əʊ]	*no* [nəʊ] cf. *e + ou*
[ɔɪ]	*boy* [bɔi] cf. *oyez !*	[ɪə]	*here* [hɪəʳ] cf. *i + e*
[eɪ]	*blame* [bleɪm] cf. *eille* dans *bouteille*	[ɜə]	*dare* [dɜəʳ] cf. *è + e*
[aʊ]	*now* [naʊ] cf. *aou* dans *caoutchouc*	[ʊə]	*tour* [tʊəʳ] cf. *ou + e*

Consonnes			
[θ]	*thin* [θɪn] cf. *s* sifflé (langue entre les dents)	[ŋ]	*bring* [brɪŋ] cf. *ng* de *ping-pong*
[ð]	*that* [ðæt] cf. *z* zézayé (langue entre les dents)	[ʒ]	*measure* ['meʒəʳ] cf. *j* de *jeu*
[ʃ]	she [ʃiː] cf. *ch* de *chute*	[h]	le *h* se prononce ; il est nettement aspiré
[ʳ]	prononcé en anglais américain en fin de syllabe		

ABRÉVIATIONS

abré	abréviation
adj	adjectif
adm	administratif
adv	adverbe
approx	traduction approximative
attrib	attribut
epith	épithète
fam	familier
GB	vocabulaire ou usage britannique
gram	terme grammatical
instr	instrument
jur	juridique
lit	littéraire
n	nom
nf	nom féminin
péj	péjoratif
pl	pluriel
pop	populaire
qqch	quelque chose
qqn	quelqu'un
relig	religieux
sb	somebody
sing	singulier
sth	something
tr	transitif
US	vocabulaire ou usage américain
v	verbe

Le vocabulaire de l'anglais moderne

1 LE CORPS HUMAIN

A 1 VOCABULAIRE

A. L'ÊTRE HUMAIN

homme	man (*pl* men)
femme	woman (*pl* women)
enfant	child (*pl* children)
être humain	human being

l'humanité	man*kind*, humankind
féminin	feminine
humain	human
masculin	masculine

B. ASPECT GÉNÉRAL

air	look
allure	walk, gait
attitude	bearing, attitude
beauté	beauty
comportement	be*hav*iour
contenance	bearing, attitude
démarche	gait, walk
geste	gesture
laideur	ugliness
pas	step, pace, tread
port	bearing
silhouette	figure, outline, silhou*ette*
taille	height
tic	twitch, mannerism, tic
agile, alerte	agile, nimble
bancal	limping, wobbly
beau	beautiful, fine-looking, handsome, good-looking

bedonnant	paunchy, portly
boiteux	lame
bossu (*n*)	hunchback
bossu (*adj*)	hunchbacked
cambré (pied, dos)	arched (foot, back)
corpulent	stout, corpulent
dégingandé	gangling, lanky
difforme	de*formed*, mis*sha*pen, twisted
élancé	slender
fluet	slight, slender, slim
frêle	frail, fragile
gauche, maladroit	awkward, clumsy
géant (*n* ; *adj*)	giant ; gi*gan*tic
gracieux	graceful
grand	tall
gras	fat
gros	fat, big
joli	pretty, at*trac*tive
laid	ugly(-looking)
maigre	thin, lean ; (*pej*) skinny, scrawny

menu	slim, slight
mince	thin, slim, slender
musclé	muscular, brawny
nain (*adj*)	dwarfish, dwarf
nain (*n*)	dwarf
petit	small, little, slender, slim, short
squelettique	scrawny, skeleton-like
svelte	svelte, willowy, slender
trapu	squat, stocky, thickset
vif	lively, vi*va*cious, sharp, quick, brusque
voûté	bent, stooped

allonger	to stretch (out)
boiter	to limp
gesticuler	to ges*ti*culate
marcher	to walk
marcher (à grandes enjambées)	to stride (along)
marcher (soldats)	to march
ramper	to crawl
s'accroupir	to squat, to crouch (down)
s'agenouiller	to kneel (down)
s'allonger	to lie down, to stretch oneself out
s'asseoir	to sit down
s'asseoir (personne allongée)	to sit up
s'étendre	to stretch out
s'étirer	to stretch
se baisser	to bend down, to stoop
se blottir	to curl up, to snuggle up, to huddle up
se courber	to bend down, to stoop
se lever	to get up, to stand up
se mouvoir, bouger	to move
se pelotonner	to curl up, to snuggle up
se pencher	to lean (over/forward), to bend down
se redresser	to sit up, to stand up (straight)
se retourner	to turn over/round
souffler	to blow, to puff
tourner	to turn

C. LA TÊTE

bouche	mouth
cil	eyelash
cou	neck
dent	tooth (*pl* teeth)
figure	face
front	brow, forehead
grain de beauté	beauty spot
joue	cheek
lèvre	lip
menton	chin
narine	nostril
nez	nose
nuque	nape (of the neck)
œil	eye
oreille	ear
paupière	eyelid
peau	skin
ride	wrinkle
sourcil	eyebrow
tache de rousseur	freckle
teint	com*plex*ion, colo(u)ring
tempe	temple
tête	head
traits	features
tympan	eardrum
visage	face

D. CHEVEUX, BARBE ET POILS

barbe	beard
barbiche, bouc	goatee (beard)
boucle	curl
calvitie	baldness
chevelure	hair
cheveu	hair
frange	fringe
mèche	tuft of hair, lock (of hair)
moustache	mous*tache*, (US) mustache
moustache (à la gauloise)	mus*ta*chio
pattes	sideburns
poil(s)	hair(s)
barbu	bearded
blond	fair(-haired), blond
bouclé	curly
brun	brown, dark
châtain	chestnut (brown)
chauve	bald
crépu	frizzy, woolly, fuzzy
ébouriffé	tousled, di*she*velled, ruffled
frisé	curly
grisonnant	greying (*attrib*)
hérissé	bristling, standing on end
hirsute	hairy, tousled, shaggy-haired, hirsute

imberbe	beardless	poilu	hairy
lisse	smooth sleek	raide	stiff, straight
moustachu	m(o)us*tach*ed, with a mous*tache*	roux	red, auburn
		velu	hairy

E. LE VISAGE

bâillement	yawning	ricanement	snigger(ing) ; giggle, giggling
bâiller	to yawn		
grimace	grimace, face	rictus	grin, grimace
grimacer	to grimace, to grin	rire	laughter
		rire (*v*)	to laugh
mine	ex*pres*sion, look	sourire (*n*)	smile
pâleur	paleness	sourire (*v*)	to smile
pâlir	to turn/to grow pale		
pleurer	to cry, to weep	blême	pallid, pale, wan
profil	profile	hagard	dis*traught**, frantic, wild
ricaner	to snigger, to giggle	hâlé	(sun)tanned, sunburnt
rougir	to blush, to go red, to flush	mat	mat
regard	look, ex*pres*sion	souriant	smiling, cheerful
regard (coup d'œil)	glance, eye		

F. LE TRONC

aine	groin	genoux, giron	lap
aisselle	armpit	hanche	hip
buste	bust	nombril	navel
derrière	bottom, be*hind*	poitrine	chest, breast
dos	back	pointe du sein	nipple of a (woman's) breast ; pap of a (man's) chest
épaule	shoulder		
fesse	buttock		
flanc	side		
genou	knee	sein	breast, bosom

F. LE TRONC (suite)

sexe	genitals, sex organs	torse	torso
		tronc	trunk
taille	waist	ventre	belly

G. LES MEMBRES

annulaire	ring-finger	membre	limb
auriculaire	little-finger	mollet	calf
avant-bras	forearm	muscle	muscle
bras	arm	ongle	nail
cheville	ankle	orteil	toe
corps	body	paume	palm
coude	elbow	pied	foot (*pl* feet)
cuisse	thigh	plante (du pied)	sole (of the foot)
doigt	finger		
index	fore-finger	poignet	wrist
jambe	leg	poing	fist
main	hand	pouce	thumb
majeur	index-finger	talon	heel
médius	middle-finger		

H. L'ORGANISME

abdomen	abdomen	estomac	stomach
amygdales	tonsils	foie	liver
anus	anus	gencive	gum
appendice	ap*pen*dix	glande	gland
artère	artery	gorge	throat
bassin	pelvis	intestin	intestine
bronches	bronchial tubes	langue	tongue
		larynx	larynx
cerveau	brain	moelle	marrow
cœur	heart	nerf	nerve
côlon	colon	œsophage	oe*so*phagus
diaphragme	diaphragm*	organisme	organism

palais	**palate**	rein	**kidney**
pancréas	**pancreas**	tendon	**tendon, sinew**
pore	**pore**	thorax	**thorax**
pouls	**pulse**	veine	**vein**
poumon	**lung**	vessie	**bladder**
pupille	**pupil**	vésicule biliaire	**gall bladder**
rate	**spleen**	viscères	**in*tes*tine, entrails, viscera**
rectum	**rectum**		

I. LES OS

articulations du doigt	**knuckles**	fémur	**thighbone, femur**
		mâchoire	**jaw**
biceps	**biceps**	omoplate	**shoulder blade, scapula**
clavicule	**collarbone, clavicle**	os	**bone**
colonne vertébrale	**spine**	rotule	**kneecap, patella**
		squelette	**skeleton**
côte	**rib**	tibia	**shin**
crâne	**skull**	vertèbre	**disk**

J. LES SÉCRÉTIONS

bile	**bile**	sang	**blood**
larme	**tear**	sécrétion	**se*cre*tion**
morve	**(nasal) mucus, (*fam*) snot**	sueur	**sweat**
		urine	**urine**
salive	**saliva**		

K. LES PARTIES GÉNITALES

organes génitaux	**genitals**	testicules	**testes**
		utérus	**womb**
pénis, verge	**penis**	vagin	**vagina**

A 2 LEXIQUE EN SITUATION

to shake hands with sb : serrer la main de qqn.
with eyes half-closed/shut : les paupières mi-closes, les yeux à demi fermés.
to hold in one's hand : tenir à la main.
at hand : à portée de main, sous la main.
money/cash at hand : de l'argent disponible.
this letter is written by hand : cette lettre est écrite à la main.
to put oneself in sb's hands : s'en remettre à qqn.
to give sb a hand : donner un coup de main à qqn.
Give me a hand, will you ? Tu peux me donner un coup de main ?
a clean-shaven face : un visage glabre.
to bite one's nails : se ronger les ongles.
wisdom tooth : dent de sagesse.
milk tooth : dent de lait.
barefoot : nu-pieds.
to go on foot : aller à pied.
to keep one's feet : garder l'équilibre.
(to walk) on tiptoe : (marcher) sur la pointe des pieds.
to tiptoe in/out : entrer/sortir sur la pointe des pieds.
from head to toe : des pieds à la tête, de haut en bas.
to take a step (forward) : faire un pas (en avant).
(do) sit down, have/take a seat ! asseyez-vous !
to sit astride : s'asseoir à califourchon.
to have a lie down : se reposer, s'allonger.
to lie in : faire la grasse matinée.
bent double : courbé en deux.
sitting on his mother's lap : assis sur les genoux de sa mère.
to lip-read : lire sur les lèvres.
lipstick : rouge à lèvres.
within earshot : à portée de voix.
under his/her nose : sous son nez.
nosebleed : saignement de nez.
he did not dare open his mouth : il n'a pas osé dire un mot/ouvrir la bouche.
in the eyes of : aux yeux de.

to look sb straight in the eye : regarder qqn dans les yeux, dans le blanc des yeux.
to cast one's eye over : jeter un coup d'œil sur.
mother tongue : langue maternelle.
to do one's hair : se coiffer (**hairdo** : coiffure).
to get one's hair cut : **to have/get a haircut**, se faire couper les cheveux.
to put up one's hair : se faire un chignon.
fingertip : le bout du doigt.
table leg : pied de table.
he put his arms round her waist : il l'a prise par la taille.
to take sb in one's arms : prendre qqn dans les bras.
take my arm : prenez mon bras.
with folded arms : les bras croisés.
to tread on sb's heels : marcher sur les talons de qqn.
to go down on one's knees : s'agenouiller, se mettre à genoux (= **to kneel (down)**).
head down : la tête en bas, la tête baissée.
get this into your head : mettez-vous bien ça dans la tête.
footmark/footprint : empreinte (de pied).
he/she's got brains : il/elle est intelligent(e).
to frown : froncer les sourcils.
heartbeat : pulsation, battement de cœur.
throbbing, pounding : palpitation.
my heart is throbbing/pounding : mon cœur bat à toute vitesse.
to set foot (on land), mettre le pied (sur la terre ferme).
Never set foot here again ! Ne remettez plus jamais les pieds ici !
to lean one's elbows on : s'accouder à/sur.

A 3 REGISTRES DE LANGUE

1. <u>Proverbes</u>

an eye for an eye and a tooth for a tooth : œil pour œil, dent pour dent.
two heads are better than one : deux avis valent mieux qu'un.

2. Expressions toutes faites

to put one's shoulder to the wheel : mettre la main à la pâte.
to twist sb round your little finger : mener qqn par le bout du nez.
to give sb his head : lâcher la bride à qqn.
to cost an arm and a leg : coûter les yeux de la tête.
to escape by the skin of one's teeth : l'échapper belle.
to take to one's heels : prendre les jambes à son cou.
by rule of thumb : à vue de nez.
to be caught red-handed : être pris la main dans le sac.
do not lean out of the window : défense de se pencher au dehors/par la fenêtre.
body and soul : corps et âme.
if that came to his ears : si cela venait à ses oreilles.
it goes in one ear and out of the other : cela entre par une oreille et sort par l'autre.
to have an ear for music : avoir l'oreille musicale.
to have a good nose : avoir du flair.
with one's mouth wide open : bouche bée.
with one's eyes wide open : les yeux grand(s) ouverts.
before my very eyes : sous mes yeux.
with my own eyes : de mes propres yeux.
as far as the eye can see : à perte de vue.
to have an eye on sb : avoir qqn en vue.
to have an eye for sth : avoir le coup d'œil pour qqch.
to have a black eye : avoir un œil au beurre noir.
to keep an eye on : avoir l'œil à (tout), surveiller.
to see eye to eye with sb : voir les choses exactement comme qqn.
in the teeth of : malgré, en dépit de.
tooth and nail : bec et ongles, farouchement, avec acharnement.
cheek by jowl : côte à côte.
to make sb's hair stand on end : faire dresser les cheveux sur la tête (à qqn).
it was hanging by a hair : ça ne tenait qu'à un cheveu.
by a hairbreadth : d'un cheveu.
hands up ! haut les mains !

my life is in your hands : ma vie est entre vos mains.
stock in hand : les marchandises en magasin.
work in hand : le travail en cours.
to force sb's hand : forcer la main à qqn.
within arm's reach : à portée de la main.
at arm's length : à bout de bras.
with open arms : à bras ouverts.
stripped to the waist : nu jusqu'à la ceinture, torse nu.
soaked/wet to the skin : trempé jusqu'aux os.
chilled to the bone : transi de froid.
to shed one's skin : muer, changer de peau.
ankle-deep : jusqu'à la cheville.
knee-deep : jusqu'aux genoux.
head first, head foremost : la tête la première.
to win by a short head : gagner d'une courte tête.
to turn/go head over heels : faire la culbute.
we put our heads together : nous nous sommes consultés, nous nous y sommes mis à deux.
per head : par tête.
colo(u)r-blind : daltonien.
body-building : culturisme.
bodyguard : garde du corps.

3. <u>Néologismes</u>
brainstorming : remue-méninges, « brainstorming ».
brain-drain : « fuite, exode des cerveaux ».
body language : le langage corporel.
Les expressions **slim and trim** ou **lean and mean** s'emploient couramment aujourd'hui pour désigner des entreprises qui, pour devenir plus compétitives et plus agressives commercialement, développent des « stratégies d'amaigrissement » (en réduisant la masse salariale, en se débarrassant de structures trop lourdes, en se recentrant sur certaines activités clés, etc.).

4. <u>Langue familière et argotique</u>
to pull sb's leg : mettre qqn en boîte, taquiner.
stop pulling my leg ! Arrête de me taquiner !

to play it by ear : improviser le moment venu.
to follow one's nose : aller au pif.
potbelly : gros ventre, bedaine.
pot-bellied : bedonnant.
to pull/make funny faces : faire des grimaces.
stop pulling that face ! ne fais pas cette mine-là !
to pull a long face : faire la grimace.
shut (up) your mouth ! ferme-là !, boucle-là !
keep your mouth shut ! bouche cousue !
big mouth : fort en gueule, grande gueule.
it's there in front of your very eyes ! c'est sous ton nez !
why don't you use your eyes ! tu n'as donc pas les yeux en face des trous !
that's a lot of eyewash ! c'est de la poudre aux yeux !
keep your hair on ! (GB) : pas de panique !
he gets in my hair ! il me tape sur les nerfs !
hair-raising : affolant, à vous faire dresser les cheveux sur la tête.
to risk/save one's neck : risquer/sauver sa peau.
he got it in the neck : il en a pris pour son compte, pour son grade.
to be a pain in the neck : être casse-pieds.
to put the finger on sb : moucharder qqn, désigner qqn comme victime.
thumbs up : bonne chance, tout va bien.
to put the arm on sb : faire cracher qqn (= faire payer), forcer la main à qqn.
I've got you under my skin : je t'ai dans la peau.
to be all nerves : être un paquet de nerfs.
to get on sb's nerves : taper sur les nerfs de qqn.
it's getting on my nerves ! ça me tape sur les nerfs !
bum (GB) : le derrière.
willy, peter : le zizi.
heel ! aux pieds ! (pour un chien).
to sing/shout one's head off : chanter/crier à tue-tête.
to do/say sth off the top of one's head : faire/dire n'importe quoi, sans savoir exactement.
it went right out of my head : ça m'est sorti de la tête.

they are hand in glove : ils s'entendent comme larrons en foire.
keep your fingers crossed ! touchons du bois !
you never know what's going on his/her head : on ne sait jamais ce qui lui passe par la tête.
he/she is off his/her head : il/elle a perdu la boule.
to put one's foot in it : faire une gaffe.
he/she is dying on his/her feet ! il/elle n'en peut plus !
my foot ! mon œil !, allons donc !
belly-button : nombril.
my old bones : ma vieille carcasse.
he made no bones about it : il n'y est pas allé par quatre chemins.
a bonehead : un crétin, un abruti.
an egghead : un intellectuel.
a fathead : un idiot, un imbécile.
to keep one's chin up : tenir le coup, tenir bon.

5. Langue très argotique
balls (US)/bollocks (GB) : couilles.
balls ! quelles conneries !
cock, dick, prick : bite.
cunt : sexe de la femme (**pussy** est moins vulgaire).
asshole : trou du cul.
ass/arse (GB) : cul.
to be a pain in the ass : être un emmerdeur.
shit ! merde !
tits : seins

6. Sens figuré
to pay lip service to : faire semblant, ne dire qqch que pour la forme.
don't let anyone tread on your toes : ne te laisse pas marcher sur les pieds.
to keep one's ear open : ouvrir l'oreille.
to close/shut one's ear to : faire la sourde oreille à.
he/she couldn't keep his/her eyes open : il/elle dormait debout.

to be all ears : être tout ouïe.
to be up to the ears/eyes in work : avoir du travail par-dessus la tête.
to lead sb by the nose : mener qqn par le bout du nez.
to stick/poke one's nose into sth : mettre/fourrer son nez dans qqch.
to turn up one's nose (at) : faire le dégoûté (devant).
to pay through the nose for sth : coûter les yeux de la tête.
to bare/show one's teeth : montrer les dents.
the legislation has no teeth : la législation est impuissante.
to give teeth : renforcer.
tongue-tied : muet (comme une carpe).
to keep a stiff upper lip : garder son flegme, rester impassible.
tongue in cheek : en plaisantant, ironiquement.
stiff-necked : entêté, opiniâtre.
redneck : fermier américain pauvre et non éduqué (pej).
to be skin and bone : n'avoir que la peau sur les os.
on all hands : de tous les côtés.
on the one hand, on the other hand : d'une part, d'autre part.
to get sth off one's hands : se décharger de qqch.
to rule with a firm hand : gouverner d'une main ferme.
to get out of hand : devenir impossible, incontrôlable.
to have a hand in sth : jouer un rôle dans qqch, être mêlé à qqch.
to have the upper hand : avoir le dessus.
a hand : un travailleur manuel , un ouvrier.
he has got a finger in every pie : il se mêle de tout.
to be under sb's thumb : être sous la coupe de qqn.
to be all thumbs : être très maladroit.
leg : (*sports*) match aller, première manche, premier relais.
the arm of the Law : le bras de la justice.
to have a long arm : avoir le bras long.
in the bosom of the family : au sein de la famille.
to have a thick skin : être insensible.
skin-deep : superficiel.
under the heels of : sous le joug de, sous la botte de.
Achilles' heel : talon d'Achille.
she stands heads and shoulders above everybody else : elle

surpasse tout le monde.
to keep one's head above water : garder la tête au-dessus de l'eau.
one's head in the sand : la politique de l'autruche.
to keep/lose one's head : garder son sang-froid/perdre la tête.
to do sth over sb's head : faire qqch sans consulter qqn, sans passer par lui/elle.
a head : un chef un dirigeant.
a head of State : un chef d'État.
to head : diriger, mener, conduire (une équipe, un projet, etc.).
you've got to put your foot down : il vous faut faire preuve d'autorité.
to get off on the right/wrong foot : être bien/mal parti.
footloose : libre comme l'air.
to have a foothold/a toehold in : avoir un pied dans.
that will keep you on your toes ! ça t'empêchera de t'endormir !
flesh and blood : de chair et de sang, un homme/une femme comme les autres.
my own flesh and blood : la chair de ma chair.
I can feel it in my bones : quelque chose me le dit, j'en ai le pressentiment.
bone of contention : pomme de discorde.
by word of mouth : de bouche à oreille.
he's got that on the brain : il ne pense qu'à ça.
to blow sb's brains (out) : brûler la cervelle à qqn.
to elbow (one's way) through : se frayer un passage à travers (en jouant des coudes).

7. Vocabulaire littéraire

she gave him her hand : elle lui a accordé sa main.
in the arms of Morpheus : dans les bras de Morphée.
the bosom of the Earth : les entrailles de la terre.

B 1 PRONONCIATION

man, men	[mæn, men]
woman, women	['wʊmən, 'wɪmɪn]
child, children	[tʃaɪld, 'tʃɪldrən]
limb	[lɪm]
beard, moustache	[bɪəʳd, GB məs'tɑːʃ, US 'mʌstæʃ]
chin et shin	[tʃɪn, ʃɪn]
thigh, sweat, muscle	[θaɪ, swet, mʌsl]
thumb, toe	[θʌm, təʊ]
heart	[hɑːʳt]
humane	[hjuˈmeɪn]
bosom, womb	['bʊzəm, wuːm]

B 2 REMARQUES LEXICALES

■ **Adjectifs composés**

she is dark-haired/fair-haired : elle est brune/blonde.
he is brown-haired : il a les cheveux châtains.
he is red-haired/red-headed : il est roux.
long-haired, short-haired : aux cheveux longs, aux cheveux courts.
blue-eyed : aux yeux bleus.
to be left-handed/right-handed : être gaucher/droitier.
to be good-looking : être bien de sa personne, avoir un physique agréable.

■ **Ne pas confondre**

- Les adjectifs **human et humane** :
  human signifie *humain*, qui se rapporte à l'homme, au genre humain, alors que **humane** a le sens d'*humain, plein d'humanité*.
  ex. : **humane treatment** : un traitement humain (= supportable, décent)
- **hair et hairs** : **hair** (invariable) désigne les *cheveux*, la *chevelure*, alors que **hairs** désigne les *poils*.
- Attention à **organism**, qui a un sens bien spécifique en anglais : il ne désigne en effet que l'organisme biologique.

- Le mot **body** possède une multiplicité de sens en anglais ; outre le corps (humain, d'un animal, cadavre), il peut désigner :

  - le corps, la partie principale d'une structure :

    ex. : **the body of a car** : la carrosserie d'une voiture
    the body of a speech : le corps d'un discours

  - un ensemble, un organisme, une institution ; **a body of people** : une masse de gens ; **a body of water** : une masse d'eau ; **a legislative body** : un corps législatif ; **a strong body of evidence** : une forte accumulation de preuves

  - un corps en physique et en biologie :

    ex. : **an antibody** : un anticorps
    heavenly bodies : les corps célestes.

  - Attention à l'emploi du verbe **to take** en anglais pour *faire un pas* : **to take a step**

    ex. : **he took a big step forward** : il fit un grand pas en avant.

B 3 REMARQUES GRAMMATICALES

■ Attention à l'emploi de **hair**, toujours singulier :

my <u>hair is</u> too long, I'd better have <u>it</u> cut : mes cheveux sont trop longs, je ferais mieux de les faire couper.

■ Pour décrire les comportements humains, l'anglais utilise systématiquement l'adjectif possessif. En outre, la préposition **with** est très souvent employée dans ce contexte.

ex. : **<u>With</u> <u>his/her</u> hands in <u>his/her</u> pockets**, <u>les</u> mains dans <u>les</u> poches

<u>with</u> tears in <u>his/her</u> eyes, les larmes <u>aux</u> yeux.

C 1 EXERCICES

A Chasser l'intrus

1. wrist, lamb, thigh, calf, fist
2. liver, spleen, navel, kidney, bladder
3. rib, spine, disk, skull, curl
4. slippery, slim, slender, slight

B Traduire

1. Il est grand, barbu, a les yeux marrons et les cheveux courts.
2. Elle a les yeux verts, les cheveux frisés, et des grains de beauté sur tout le visage.
3. Elle leva les yeux, se retourna puis le prit dans ses bras.
4. Notre enfant s'est cassé le coude.
5. Il entra sur la pointe des pieds et s'agenouilla près du lit.

C 2 CORRIGÉS

A 1. lamb 2. navel 3.curl 4. slippery

B
1. He is a tall, bearded, brown-eyed and short-haired man.
2. She has green eyes, curly hair, with beauty spots all over her face.
3. She looked up, turned round and then took him in her arms.
4. Our child has broken his elbow/has a broken elbow.
5. He tiptoed in and kneeled down by the bed.

2 FOOD

A 1 VOCABULAIRE

A. REPAS

déjeuner	lunch ; luncheon
dîner	dinner
entrée	entrée
garniture	vegetables ; side-dish
goûter	tea ; after-school snack
hors-d'œuvre	hors-*d'œu*vre(s)
nourriture	food
petit déjeuner	breakfast

pique-nique	picnic
plat de résistance	main dish
plat	dish
plat principal	main course
repas du soir	high tea
repas froid	cold meal
repas	meal
restes	leftovers
souper	supper ; light dinner

B. HORS-D'ŒUVRE, EN-CAS, SANDWICHES

(plat d')accompagnement	side-dish
amuse-gueules	appetizers
biscuit	biscuit
biscuit sec	cracker
brioche	brioche
canapé	canapé
charcuterie	cold meats ; delica*tes*sen
chips	(potato) crisps
crêpe	pancake
croissant	croissant
croque-monsieur	toasted ham-and-cheese sandwich
croûte	crust
en-cas	snack
fromage	cheese
gaufre	waffle
gruyère	Swiss cheese
hors-d'œuvre	hors-*d'œuvre* ; side-dish ; appetizers

jambon	ham
mayonnaise	mayonnaise
miche	loaf
mie	crumble
miette	crumb
pain beurré	bread and butter
pain bis	brown bread
pain blanc	white bread
pain de seigle	rye bread ; black bread
pain perdu	French bread
pâté en croûte	meat pie
pâté	pâté
pain au lait	bun
petit pain	roll
sandwich	sandwich
saucisson	cold sausage
toasts	toast
tranche	slice

C. ENTRÉES

assaisonnement	seasoning
bouillon, potage	broth
cerfeuil	chervil
conserves au vinaigre	pickles
consommé de volaille	chicken soup
croustade de bœuf et rognons	steak and kidney pie
haricots sur toast	beans on toast
huile	oil
jus de fruit	fruit juice
mousse	mousse
moutarde	mustard
persil	parsley
poivre	pepper
potage de légumes	vegetable soup
salade d'accompagnement	side-dish salad
salade	salad
sauce mousseline	mousseline sauce
sel	salt
soupe de tomates	tomato soup
soupe	soup
velouté	thick cream soup
vinaigre	vinegar

D. PLAT PRINCIPAL ET GARNITURE

agneau	lamb
aloyau	sirloin
bifteck	beefsteak
bœuf	beef
bœuf en daube	stewed/braised beef
boulette de viande	meat ball
brochette	skewer ; kebab
canard	duck
carottes	carrots
champignons	mushrooms
coquille Saint-Jacques	scallop
côte	rib
côtelette	chop
cresson	cress
escalope de saumon	salmon* steak
escalope de veau	fillet of veal
farce	stuffing
filet de bœuf	fillet of beef
fruits de mer	seafood
gibier	game
gigot	leg of mutton
hachis	minced meat
haricots blancs	kidney beans
haricots verts	French beans ; string beans
huître	oyster
jus	juice
lard	bacon
légumes	vegetables
moule	mussel
mouton	mutton
œufs à la coque	soft-boiled eggs

œufs au jambon	ham and eggs
œufs au lard	eggs and bacon
œufs au plat	fried eggs
œufs brouillés	scrambled eggs
œufs durs	hard-boiled eggs
omelette	omelette
pâtes	pasta
petits pois	green peas
poisson	fish
pommes frites	chip potatoes ; chips ; (US) French fries
porc	pork
pot-au-feu	boiled beef with vegetables
poulet	chicken
purée	mashed potatoes ; purée
ragoût	stew
ragoût de mouton	Irish stew
ris de veau	sweetbread
rognons	kidneys
rôti de porc	roast pork
rôti	roast
sauce	sauce ; gravy
saucisse	sausage
steak haché	hamburger
travers de porc	spare ribs
viande	meat

E. DESSERTS ET SUCRERIES

beignet (rond)	doughnut ; (US) donut
beignet aux pommes	apple fritters
bonbon	sweet ; (US) candy
caramel	caramel
charlotte aux pommes	apple crumble
chocolat	chocolate
chou à la crème	chou
compote de pommes	stewed apples ; apple purée
confiture	jam
confiture d'oranges	marmalade
crème	cream
crème fouettée	whipped cream
crème renversée	custard
dessert	des*sert*
douceurs, friandises	sweets
entremets sucrés	sweets
gâteau	cake
gelée	jelly
glace	ice-cream
marmelade	compote
menthe	mint
nougat	nougat
pain d'épice	gingerbread
pâte	dough
pâte feuilletée	flaky pastry

E. DESSERTS ET SUCRERIES (suite)

pâtisserie	pastry
sablé aux fraises	strawberry shortcake/ shortbread
sorbet	sherbet
sucre	sugar
tarte aux pommes	apple pie
tarte	tart
vanille	va*nil*la
yaourt	yoghurt

F. MANGER

à point	medium
appétissant	appetizing, savoury
appétit	appetite
avaler	to swallow
bien cuit	well-done
copieux	heavy, hearty
dégustation	tasting
délicieux	de*lic*ious
dévorer	to eat greedily ; to gobble up
digeste	easily di*gest*ible
dur	tough
exquis	ex*qui*site
faim	hunger
frugal	frugal
gourmand	greedy
gras	fat
grignoter, chipoter	to nibble at, to peck at one's food
indigeste	hard to digest
juteux	juicy
léger	light
lourd	stodgy
mâcher	to chew
maigre (fromage)	skim-milk (cheese)
maigre (viande)	lean (meat)
manger	to eat
mordre	to bite
nourrissant	nourishing, nu*tri*tious
rassis, éventé	stale
régime	diet
relevé	spicy, hot
repu, rassasié	full
saignant	rare
sec	dry
tendre	tender
trop cuit	over*cooked*
végétarien	vege*ta*rian

G. BOISSONS

alcool	alcohol, spirits ; (US) hard liquor
apéritif	drink; cocktail
avec des glaçons	on the rocks ; with ice
bière	beer
bière blonde	pale ale
bière blonde allemande	lager
bière brune	brown ale

bière brune forte	stout
boisson alcoolisée	liquor, drink
boisson	beverage
café	coffee
champagne	cham*pagne*
chocolat au lait	milk chocolate
eau minérale	mineral water
frais	chilled
gazeuse	sparkling
glacé	ice-cold
glaçon	ice cube ; ice
gorgée	sip
infusion	herbal tea
lait écrémé	skimmed milk
lait	milk
limonade	lemonade
liqueur de dessert	liqueur
liqueur forte	strong drink
milk-shake	milkshake
non gazeuse, plate	still ; plain
sirop	syrup
siroter	to sip
soda	soda
spiritueux	spirits
thé	tea
vin mousseux	sparkling wine
vin rosé	rosé wine
vin rouge	red wine ; claret
vin	wine

H. BOIRE

alcoolique	alco*hol*ic
assoiffé	thirsty
boire	to drink
buveur	drinker
déboucher	to open, to un*cork* a bottle
éméché	tipsy
ivrogne	drunkard
s'enivrer	to get drunk
saoul, ivre	drunk
se désaltérer	to quench one's thirst
soif	thirst

I. CUISINE, INGRÉDIENTS

(faire) frire	to fry, to deep-fry
aromates	herbs
assaisonner	to season
beurrer	to butter
bouilli	boiled
braisé	braised
chapelure	breadcrumbs
colorant	colo(u)ring stuff
congelé	frozen
conserve	tinned food ; (US) canned food
couper	to cut
crème fraîche	cream
cru	raw
cuisiner, cuire	to cook
cuisson	cooking ; baking

I. CUISINE, INGRÉDIENTS (suite)

cuit au four	baked
cuit	cooked
découper	to carve
dénoyauter	to stone
dorer	to brown (meat, fish)
ébouillanter	to dip in boiling water
écosser	to shell, to hull, to husk
égoutter	to strain, to drain
épaissir	to thicken
épices	spices
éplucher	to peel, to pick, to clean
faire revenir	to brown (in a pan)
farine	flour
fines herbes	sweet herbs
fourré	stuffed
frit	fried
fumé	smoked
glacer	to glaze (meat, pastry) ; to glaze, to ice, to frost (cake)
gratiner	to cook au gratin
griller	to grill
hacher	to chop up ; to hash ; to mince
ingrédient	ingredient
mariner	to marinate
mijoter	to stew sth slowly ; to let sth simmer
moudre	to grind
napper	to coat
paner	to bread
pétrir	to knead
poivrer	to pepper
presser	to squeeze
râper	to grate
recette	recipe
réchauffer	to warm sth again ; to warm sth up
remuer	to stir
rissoler	to brown
rôti	roast(ed)
rôtir	to roast ; to toast (bread)
saler	to salt
surgeler	to (deep) freeze
surgelés	frozen food

A 2 LEXIQUE EN SITUATION

the guests dined on roast beef : les invités ont eu du rosbif à dîner/au dîner, on servit du rosbif aux invités.

we dined out last Friday : nous sommes sortis pour dîner/nous n'avons pas dîné à la maison/nous avons dîné au restaurant/nous avons dîné chez des amis vendredi dernier.

we wined and dined this VIP : nous avons offert un repas bien arrosé à cet hôte de marque.

I'm on the wagon now : je ne bois plus.

I'm off the wagon now : je me suis remis à boire.

I'm a teetotaller : je ne bois pas du tout/je suis antialcoolique.

To celebrate Tom's birthday, we'll ask his friends for tea/ (US) **we'll invite his friends for a snack** : pour fêter l'anniversaire de Tom, nous inviterons ses amis à goûter.

Bill, you should take an after-school snack : Bill, tu devrais emporter à goûter.

Would you like to try/to sample my cake ? Voulez-vous goûter (à) mon gâteau ?

I'll taste just a little bit : je vais en goûter un petit morceau.

Have a sip of this wine : goûtez ce vin (buvez-en une gorgée)

You should get some food before leaving for work : tu devrais manger quelque chose avant de partir au travail.

I don't feel hungry right now, I'll grab a sandwich later at the office : je n'ai pas faim pour l'instant, je mangerai un sandwich en vitesse, plus tard, au bureau.

In the food department of this store, you can find all sorts of foodstuffs and groceries : au rayon alimentation de ce magasin, on trouve toutes sortes de produits alimentaires et d'articles d'épicerie.

I don't feel hungry enough for a three-course meal : je n'ai pas assez faim pour prendre un repas complet (entrée, plat, dessert).

He has a hearty appetite : il a un gros appétit.

She has a small/a poor appetite ; she eats like a bird : elle a un appétit d'oiseau.

He is ravenous : il a un appétit de loup.

I could eat a horse ! j'ai une faim de loup.

I'm starving (to death) : je meurs de faim.
Enjoy your meal ! bon appétit !
That certainly was a square/a hearty meal ! c'était un repas vraiment copieux !
It's a treat ! c'est un régal !
He treated us to a marvellous dinner : il nous a offert un merveilleux dîner.
Help yourself to another cup of coffee : servez-vous une autre tasse de thé.
Don't eat yourself sick : ne mange pas à te rendre malade.
The baby is too young to drink out of a glass : le bébé est trop petit pour boire dans un verre.
May I trouble you for the salt ? puis-je vous demander de me passer le sel ?
Tea must be left to stand/to brew for at least 3 minutes : il faut laisser le thé infuser au moins trois minutes.

A 3 REGISTRES DE LANGUE

1. Langue familière, argotique

■ **Vocabulaire animalier**

Comme en français, on trouve dans la langue de tous les jours de nombreuses expressions en rapport avec la nourriture qui reposent sur des emprunts au vocabulaire animalier.
to make a pig of oneself : bâfrer, manger comme un cochon.
a hog (littéralement « un cochon ») signifie un *goinfre*.
pig-meat a deux sens argotiques différents : *une prostituée*, *une andouille*.
a ham est un terme péjoratif signifiant *un cabotin*, *un acteur amateur*.
I could eat like a horse signifie *j'ai une faim de loup*.
L'adjectif **fishy** a le sens de *douteux*, *louche*.
It looks fishy : Ça ne dit rien qui vaille.
Here's a nice/fine/pretty kettle of fish ! En voilà une affaire ! En voilà des histoires ! Nous voilà dans de beaux draps !/ dans un beau gâchis !
to beef up signifie *renforcer*, *gonfler*, *donner de l'énergie*.

■ **Autres registres**

- Le terme **baloney**, déformation de **bologna** désignant la *mortadelle*, est fréquemment employé au sens de *bêtises*, *conneries*.
  ex. : **(that's) baloney** ! c'est du bidon/du pipeau.
- Si **hash** signifie littéralement *hachis* (ou bien *haschisch* !), il est employé dans la langue familière au sens de *boustifaille* et au figuré dans des expressions telles que **to make a hash of sth** : *gâcher un travail, faire un joli gâchis* ou **to settle someone's hash** : *régler son compte à qqn, rabattre le caquet à qqn.*
- **booze** est un terme argotique fréquent désignant l'*alcool*.
  a boozy party : une soirée bien arrosée.
- En argot, a **meathead** est *un imbécile, une gourde, une pomme.*
- **there's nothing in it** signifie *ça n'a aucune substance, c'est du vent, ça manque de moelle.*
- Si **to love one's meat** signifie *être porté sur la chose*, c'est parce que **meat** est un des nombreux termes argotiques désignant le pénis.
- **to make cold meat of sb** : refroidir qqn, tuer qqn.
- **to make minced meat (out of) sb** : *mettre qqn en bouillie* ou *mettre qqn dans sa poche.*
- Comme le base-ball ou la Statue de la Liberté, la tournure **it's as American as apple-pie** exprime le caractère essentiellement américain de qqch. : *c'est on ne plus américain.*
- *couper la poire en deux* a pour équivalent **to meet sb halfway.**
- c'est du gâteau ! **it's very easy !/it's a piece of cake !**
  c'est pas du gâteau ! : **this is no child's play !**
  bread a le sens argotique de *blé, galette, pognon* comme son synonyme **dough** [dəʊ] qui signifie littéralement *pâte.*
  that's his bread and butter : c'est son gagne-pain.

2. <u>Sens figuré</u>

- Au sens propre, **nightcap** signifie *bonnet de nuit* et au figuré, dans la langue familière, une boisson prise avant de se coucher.

- L'expression *accommoder un sujet à toutes les sauces* a pour équivalent **to dish up a subject in every shape**, où le français *sauce* disparaît au profit de **dish up**, qui signifie *servir* avec une connotation péjorative (*déballer, se débarrasser*).
- *la sauce fait passer le poisson* se traduit par **the accessory is better than the principal.**
- **it will cost you £20 without extras** équivaut à *cela vous coûtera 20 livres sans la sauce.*
- Les termes **bread and butter** donnent lieu, comme en français, à de nombreuses locutions imagées :

  I have plenty of work on hand/on my plate : j'ai du pain sur la planche.

  to earn one's daily bread/one's bread and butter : gagner sa vie/sa croûte.

  to look after one's bread and butter : défendre ses intérêts/son bifteck.

  he knows on which side his bread is buttered : il sait où est son intérêt (littéralement « de quel côté son pain est beurré »).

  Comme de nombreux termes liés à l'art culinaire français, le mot français *brioche* s'emploie en anglais, sauf au sens figuré : il a pris de la brioche : **he has developed a paunch.**
- **he is not worth his salt** : il ne vaut pas le pain qu'il mange.
- **this is a juicy contract** : c'est un contrat juteux.
- **I'm done for** : je suis cuit.
- **It's a cinch/It's all settled/It's all buttoned up** ! c'est du tout cuit !
- **that's had it** ! ça, c'est cuit !
- **he wolfed his steak in no time** ! il a dévoré son steak en un rien de temps !
- **it's not too late for a nightcap** : il n'est pas trop tard pour boire quelque chose avant de se coucher (littéralement « pour un bonnet de nuit »).
- **he must be nursing a scheme** : il doit mijoter un projet.
- **I wonder what's up/what's in the wind/what's brewing** : je me demande ce qui se mijote. Littéralement, **to brew** signifie *brasser* (de la bière) ou *infuser* (thé, etc.).
- **what's cooking** ? quoi de neuf ? qu'est-ce qui se mijote ?

- **my goose is cooked** : mon compte est réglé, je suis fichu. L'expression signifie littéralement « mon oie est cuite ».
- **to cook the books** : maquiller, trafiquer les comptes.
- **he thinks no small beer of himself** : Il ne se prend pas pour de la petite bière, pour de la crotte.
- **this is a hot potato** : c'est une affaire délicate/épineuse.

B 1 REMARQUES LEXICALES

- Il convient tout d'abord de noter que le terme **food** a un champ d'application infiniment vaste, qui couvre tous les registres de langue. Dépassant largement le français *nourriture*, il va d'*aliments* et *alimentation* à *cuisine* en passant par *plat* ou *mets*.
  I love Indian food : j'aime la cuisine indienne.
  This is Chinese food : C'est un plat chinois.
  The food department : le rayon alimentation.
  En outre, ce mot peut être employé au sens figuré :
  That gives us food for thought : cela nous donne matière à réflexion.
  Aux États-Unis, on peut entendre une expression utilisée à l'origine par la population pauvre, noire en particulier. Il s'agit de **soul food**, qu'il faut bien se garder de traduire littéralement par « nourriture de l'âme », même si elle a pu avoir ce sens, par dérision. Aujourd'hui, elle signifie *aliments bourratifs, nourriture qui tient au corps.*
- Comme on pourrait s'en douter, le thé (**The cup that cheers but not inebriates** : *la boisson qui réconforte sans enivrer*) occupe une place de choix dans la vie quotidienne des pays anglo-saxons. On distingue ainsi l'**early morning tea** : thé servi avant le petit déjeuner, le **mid-morning tea** pris lors de la pause en milieu de matinée, les **tea breaks** équivalant aux pauses-café prises à toute heure et le **high tea**, repas du soir arrosé de thé.
- Tous les noms de repas peuvent être précédés du verbe **to eat** (ex. : **to eat dinner, to eat breakfast**), souvent remplacé par **to have**.

- Sur les menus au restaurant, **appetizers** désignent les *entrées*, tandis que l'anglais **entrées** correspond aux plats principaux.
- Il n'existe pas un équivalent unique qui traduise le *goûter*. *Prendre le goûter* peut tout simplement se traduire par **to have tea.** S'il s'agit d'écoliers, on pourra dire **to have an after-school snack.**

  Par ailleurs, *goûter à quelque chose* se traduit par **to try, to sample, to taste, to have a taste,** ou encore, uniquement pour une boisson, **to have a sip.**
- Le français *sauce* se traduit en anglais par le même mot dans un assez grand nombre de cas. Par exemple **white sauce, melted butter sauce** (*sauce béchamel*), **mushroom sauce** (*sauce aux champignons*) ou **tomato sauce** (*sauce tomate*).

  Quand il s'agit de *sauce d'un rôti*, on peut dire **sauce from the roast** ou **gravy** ['greɪvɪ] qui désigne une « sauce au jus » pour toutes les viandes.

  Si **sauce** peut éventuellement s'employer pour des salades, on parlera plus souvent de **dressing** :

  salad dressing : assaisonnement de salade.
- Le mot **toast** est un collectif singulier qui signifie *des toasts* et ne prend donc jamais d'*s*. On dira donc :

  Can I have some toast ? puis-je avoir des toasts ?

  I would like another piece of toast : je voudrais un autre toast.
- Le français *escalope* se traduit assez rarement par simple emprunt du mot et encore moins souvent par l'anglais **scallop.** En effet, il faut considérer ce dernier terme comme un faux ami signifiant *coquille Saint-Jacques.*

  fish served in scallop shells : coquilles de poisson

  potato scallops : beignets de pomme de terre.
- Certains singuliers tels que **fish** ou **fruit,** traités comme des pluriels, restent invariables.

  How many fish have you eaten ? Combien de poissons avez-vous mangés ?

  Do you want more fruit ? Voulez-vous encore des fruits ?

  Ils prennent cependant la marque du pluriel (**fishes, fruits**) quand ils ne désignent plus la collectivité mais les unités prises séparément.

- Noter que de nombreux termes ayant trait à la nourriture se terminent toujours par *s* : **edibles** (*comestibles*), **greens** (*légumes verts*), **preserves** (*confiture*), **vegetables** (*légumes*), **spices** (*épices*), **cloves** (*clous de girofle*), **oats** (*avoine*), **delicacies** (*friandises*), **grapes** (*raisins*), **raisins** (*raisins secs*), **supplies** (*provisions*).
- Attention ! le substantif **drink** implique en principe qu'il s'agit d'une boisson alcoolisée.

  Come round and have a drink tomorrow night : Viens prendre l'apéritif chez moi demain soir.

  Drinks will be served in the lobby : Un apéritif sera servi dans le hall.

  Pour éviter toute ambiguïté, on parle de **soft drinks** (« les liqueurs douces » au Québec !) pour désigner tous les rafraîchissements non alcoolisés.

B 2 ORTHOGRAPHE

- Veiller à bien orthographier l'anglais **dinner** ['dɪnəʳ], avec deux *n*, pour ne pas le confondre avec **diner** ['daɪnəʳ] qui signifie *dîneur* comme dans **Diner's Club**.
- La même remarque vaut pour **supper** ['sʌpəʳ], qui désigne un dîner léger, à distinguer de **super** ['suːpəʳ] : « super ».
- Contrairement à l'usage français, l'anglais **hors-d'œuvre** prend un *s* au pluriel : **hors-d'œuvres**.
- La francisation de l'anglais **beefsteak** est le célèbre *bifteck*. Le mot **steak** [steɪk] ne s'orthographie jamais *–ck*.

B 3 PRONONCIATION

- Veiller à bien distinguer le mot **dessert** [dɪ'zɜːʳt], accentué sur la deuxième syllabe, de **desert** ['dezəʳt] : *désert*, accentué sur la première.
- Le mot **liquor** ['lɪkəʳ] est un faux ami qui désigne une *boisson alcoolisée*. Le digramme **–qu–** ne se prononce pas [kw] mais [k]. L'anglais **liqueur** [lɪ'kʊəʳ] désigne les alcools consommés après le dessert.

- En anglais, **champagne** se prononce [ʃæm'peɪn] avec le son « ch » et non « tch » à l'initiale.
- Comme pour tous les autres verbes commençant par **kn–**, le *k* initial de **to knead** [niːd] (*pétrir*) est muet, si bien que ce verbe est un homophone de **to need**.
- Le mot **recipe** (*recette*) se prononce ['resɪpɪ], la première syllabe étant accentuée et la deuxième non diphtonguée.

B 4 NÉOLOGISMES

- Délaissant la **junk food** (aliments mauvais pour la santé, « cochonneries »), les nouveaux comportements de consommation alimentaire, la mode végétarienne (**vegetarian food**), la diététique (**health food**), la prolifération des **health food stores** (fréquentés par leurs adeptes inconditionnels, les **health food freaks/buffs**) et l'obsession de la forme physique (**fitness**) ont donné naissance à un vocabulaire s'appliquant à des gammes entières de produits envahissant désormais les supermarchés ordinaires.
  On trouve ainsi des aliments **low-fat** (à faible teneur en graisse), **low-calorie** (« à basses calories »), **cholesterol-free** (sans cholestérol), **sugar-free** (sans sucre), **caffeine-free** (décaféiné), ou simplement **light** (allégé)...
- **Where's the beef ?** est une expression passée dans la langue courante aux États-Unis. Puisant sans doute son origine dans le sens figuré de **meat** : *substance*, elle a été popularisée sous la forme de ce slogan publicitaire, fruit de la guerre acharnée opposant Burger King à McDonald's. La question, posée par un consommateur désappointé en ouvrant son hamburger, visait à l'origine à ridiculiser un concurrent pingre sur la quantité de viande hachée. Elle est désormais employée dans toute situation où le locuteur exprime sa déception ou sa surprise devant un vide, un manque de substance : « c'est du vent, du pipeau ! »

B 5 PROVERBES

- **too many cooks spoil the broth** : trop de cuisinières gâtent la sauce. Noter que **broth** signifie *bouillon*, *potage*.
- **the proof of the pudding is in the eating** : à l'œuvre on connaît l'artisan ; la qualité se révèle à l'usage.
- Le proverbe *l'appétit vient en mangeant* a plusieurs équivalents possibles selon la nuance de sens qu'on veut lui donner :
  When once you start eating you soon get hungry
  The more a man gets the more he wants
  The appetite grows with what it feeds on.
- **There is honour among thieves** : Les loups ne se dévorent pas entre eux.
- **Don't judge by appearances. Don't judge a book by its cover** : Il faut se méfier des apparences.
  There's many a slip 'twixt cup and lip : Il y a loin de la coupe aux lèvres.
  The world is his oyster : Le monde lui appartient.
  Half a loaf is better than no bread : Un tiens vaut mieux que deux tu l'auras.

C 1 EXERCICES

A Traduisez les phrases suivantes.

1. Dans le menu, vous avez un choix de trois plats principaux.
2. J'aimerais mon steak saignant.
3. Veux-tu goûter à la croustade de bœuf ?
4. Même avec beaucoup de glace, cet alcool est trop fort pour moi.
5. Je ne me sens pas capable de découper ce canard.

B Complétez les phrases suivantes.

1. In Britain, the evening meal is sometimes called …
   a. high tea b. nightcap c. snack d. diner
2. … on toast is a very popular English dish.
   a. Vegetables b. Greens c. Beans d. Salad

3. They have at least five different … to go with the salads.
   a. gravies b. dressings c. juices d. mixing
4. Teenagers may be served any … they like.
   a. drinks b. beverages c. soft drinks d. light beers
5. I love seafood, so I'll order some …
   a. ribs b. cutlets c. scallops d. chops

C **Trouvez l'intrus dans chacune des cinq listes suivantes.**

1. broth, buns, waffles, pancakes.
2. mutton, pig, lamb, veal.
3. supper, luncheon, breakfast, side-dish.
4. meat balls, kidneys, sweetbread, sweetmeat.
5. ale, stout, claret, lager.

C 2 CORRIGÉS

A 1. On the menu, you have a choice of three main courses/ main dishes.
2. I would like my steak rare.
3. Do you want to taste/to try/to sample the steak and kidney pie ?
4. Even with a lot of ice, this drink/liquor is too strong for me.
5. I don't feel able to carve this duck.

B 1a. 2c. 3b. 4c. 5c.

C 1. broth. 2. pig. 3. side dish. 4. sweetmeat. 5. claret.

3 THE FAMILY

A 1 VOCABULAIRE

adolescence	adolescence
adolescent, e	adolescent, teenager
adopter	to adopt
adoptif	adopted
adulte (*adj*, *n*)	adult ; grown-up
aîné, e	(de deux) elder, elder son/daughter ; (de plus de deux) eldest, eldest son/daughter
anniversaire	birthday
arrière-grand-mère	great-grandmother
arrière-grand-père	great-grandfather
arrière-petit(s)-enfant(s)	great-grandchild(ren)
arrière-petite-fille	great-granddaughter
arrière-petit-fils	great-grandson
avortement	abortion
avorter	to abort, to have an abortion
baptême	christening
baptiser	to christen
beau-fils	son-in-law ; stepson
beau-frère	brother-in-law
beau-père	father-in-law ; stepfather
beaux-parents	parents-in-law, (*fam*) in-laws
bébé	baby
belle-fille	daughter-in-law; stepdaughter
belle-mère	mother-in-law ; stepmother
belle-sœur	sister-in-law
bru	daughter-in-law
célibat	celibacy
célibataire (*adj*)	single, unmarried ; unwed
célibataire (*nm*)	bachelor, unmarried man
célibataire (*nf*)	an unmarried woman
père/mère/parent célibataire	single parent
compagne, -gnon	partner ; companion
concubin, e	partner
conjoint	spouse
contraception	contraception
cousin, e	cousin
décès	death
défunt	deceased
demi-frère	stepbrother ; half-brother
demi-sœur	half-sister
demoiselle d'honneur	bridesmaid
deuil	mourning
divorce	divorce
divorcé, e	divorcee

divorcer de qqn	to di*vorce* sb
élever (des enfants)	to bring up, (US) to raise
enceinte (*adj*)	pregnant
enfance	childhood
enfant	child (*pl* children) ; (*fam*) kid
sans enfant	childless
enfanter	to give birth (to)
enterrement	burial
enterrer	to bury*
épouser qqn	to marry sb
époux, épouse	spouse
les époux	the married couple
les nouveaux époux	the newly-weds
état civil	marital status
femme (mariée)	wife
feu Monsieur X	the late Mr X
feu, e	late
fiançailles	en*gage*ment
fiancé	fiancé
fiancé, e(s) (être)	to be en*gaged*
fiancée	fiancée
fiancer (se)	to get/become en*gaged*
fiancer	to en*gage*
fille	daughter
filleul, e	godchild ; godson/ god-daughter
fils	son
frère	brother
garçon	boy
garçon d'honneur	best man
gendre	son-in-law
grand(s)-parent(s)	grandparents
grand-maman	(*fam*) granny, grannie, grandma, grandmama, grandmammy
grand-mère	grandmother
grand-oncle	great-uncle
grand-papa	(*fam*) grandad, grandpa, grand-papa, grand-pappy, grand-daddy
grand-père	grandfather
grand-tante	great-aunt
grossesse	pregnancy
héritage	legacy, in*her*itance
hériter	to in*her*it
héritier, ère	heir, heiress
jeune (*adj*)	young
jeune (*n*)	a young man/ woman ; a young boy/ girl ; a youth
jeunes (les)	the young, youths
jeunes époux (les)	the newly-weds
jeunesse	youth
jumeau, jumelle	twin ; twin brother/sister
legs	legacy, be*quest*
léguer	to leave, to be*queath*
lune de miel	honeymoon

maman	mummy, mum, mommy, ma, mamma, mammy
mari	husband
mariage	wedding ; marriage
marié (le)	bridegroom
marié, e (*adj*)	married
mariée (la)	bride
marier (se)	to marry, to get married
marraine	godmother
mère	mother
mort (*nf*)	death
mort, e (*adj*)	dead
mort, e (*n*)	dead man/woman/person; the deceased, the dead
morts (les)	the dead
mourir	to die
naissance	birth
naître	to be born
je suis né	I was born
neveu	nephew
nièce	niece
noce(s)	wedding
noces d'argent	silver wedding
noces d'or	golden wedding
nom de famille	surname, family name, (US) last name
nouveau-né	new-born child
nouveaux mariés	newly-weds
oncle	uncle
orphelin, e	orphan
papa	dad, daddy, pa ; (US) pop, poppa
parents	parents, mother and father ; relatives
parrain	godfather
père	father
petit(s) enfant(s)	young children, small kid(s)
petite enfance	infancy
petite-fille	granddaughter
petite-nièce	great-niece
petit-fils	grandson
petits (les)	kids
petits-enfants	grand-children
petits-neveux	great-nephews
prénom	Christian name, first name
pupille	ward
pupille de la nation	ward of the nation
sœur	sister
tante	aunt
testament	will
tuteur, tutrice	guardian
veuf	widower
veuvage	(femme) widowhood ; (homme) widowerhood
veuve	widow
vieille fille	spinster, old maid
vieillir	to get/grow old, to get/grow older, to age

vieux (les)	elderly people, old people, (US) senior citizens	vieux garçon	(old) bachelor
		vieux, vieille	old

A 2 LEXIQUE EN SITUATION

it runs in the family : c'est de famille.
he takes after his father/his mother : il tient de son père/de sa mère.
to be in one's teens : avoir de 13 à 19 ans (**thirteen to nineteen**), être adolescent.
to come of age : arriver à l'âge adulte, devenir majeur.
she is in her early twenties : elle a entre vingt et vingt-cinq ans, elle a vingt-deux, vingt-trois ans.
she is in her mid-twenties, in her middle twenties : elle a entre vingt-trois et vingt-sept ans.
she is in her late twenties : elle a entre vingt-sept et trente ans, pas loin de trente ans.
the next of kin : les (plus) proches parents.
to seek/get a divorce : demander/obtenir le divorce.
a family man : un père de famille.
to be related by blood or marriage : être parent(s) ou allié(s).
marital status : état civil.
unwed mothers : les mères célibataires.
to wed : épouser ; unir, marier.
a surrogate mother : une mère porteuse.
surrogate, de substitution.
to surrogate : substituer.
the family cell : la cellule familiale.
the nuclear family : la famille nucléaire = le père, la mère, l'(es) enfant(s) (de **nucleus** : noyau).
single-parent family : famille mono-nucléaire, à parent unique
an only child/son/daughter : un enfant/fils, une fille unique.
to be on the pill, to take the pill, prendre la pilule.
to be born of poor parents, into a poor family : être né de parents pauvres, dans une famille pauvre.

A 3 REGISTRES DE LANGUE

1. Proverbes et expressions toutes faites.

like father like son : tel père, tel fils.

blood is thicker than water : la voix du sang est la plus forte, c'est le sang qui parle.

he is a chip off the old block : c'est bien le fils de son père (« un éclat du bon vieux bloc », allusion à la sculpture).

to be in the family way : attendre un enfant.

2. Sens figuré.

mother tongue : langue maternelle, vernaculaire.

parent company : société mère.

3. Argot.

s.o.b., son of a bitch (très vulgaire) : salopard, fils de pute.

gal : (*fam*, US) employé pour **girl**.

to fuck : (*grossier*) baiser.

fuck off ! va te faire foutre !

4. Plus littéraire ou de moindre fréquence.

to elope with : s'enfuir avec.

to abduct : enlever.

to jilt : abandonner.

to break off : rompre.

5. Néologismes.

- **palimony** : pension ou dédommagement demandé devant un tribunal par compagne ou compagnon à la suite d'une rupture ou du décès du partenaire.
- **galimony** : *idem* demandé par une femme à la suite de rupture ou de décès de sa compagne ou partenaire.
  Les deux termes viennent de **alimony**, *pension alimentaire*, associé à **pal**, *copain*, *copine* ou **gal**, fam. pour **girl**, *fille*.
- **significant other** (m. à m. « autre signifiant ») : compagne, compagnon, partenaire.

B REMARQUES

- **I was born in 1968** : je suis né en 1968.
  L'emploi du prétérit est parfaitement normal : une date de naissance est par nature passée et datée.
  Attention au changement d'orthographe de **born** entre **to be born into a poor family, I was born in 1968**, etc., et **his first wife had borne him two children** : *il avait deux enfants de sa première femme.*
  Borne est le participe passé du verbe **to bear, bore, borne,** porter, supporter.
- Attention à **baby**, *bébé*, *nouveau-né*, qui est neutre et repris par le pronom **it**.
  Attention à **infant**, *nouveau-né*, **infancy**, *petite enfance*. **Kid**, *enfant*, gosse, *môme*, familier mais pas vulgaire, est masculin ou féminin.
- Le français *mariage* se traduit tantôt par **wedding** (cérémonie), tantôt par **marriage** (fait de se marier, d'être marié). **Matrimony** : le mariage au sens de la vie du couple, le fait d'être marié, par opposition au célibat.
  Notez aussi **wedlock** : les liens du mariage. **Out of wedlock** : (relations, etc.) *extra-conjugal*. Attention à **spouse**, masculin ou féminin, *époux*, *épouse*, *conjoint*.
- Attention aux noms **spinster** ou **old maid**, *vieille fille*, aujourd'hui généralement désobligeants. **Bachelor** (pour un homme) n'est pas péjoratif, mais implique souvent un certain âge. Préférez dans la plupart des cas les adjectifs **unmarried** ou **single**.
  Un(e) célibataire : **a single person, an unmarried person.**
- **Folks** [fəʊks] signifie *parents*. **My folks, the old folks, my old folks** est famil˙ (US) pour *mes parents* (père et mère).
- **Forebears** est souvent utilisé en américain au lieu de **ancestors** (attention à l'accent tonique sur la première syllabe : ['ænsestəʳs]).
  Offspring, *progéniture*, *descendance*, est littéraire ou facétieux. Attention à la prononciation de **lineage** ['lɪnɪɪdʒ] lignée.
- La tradition américaine veut que l'on mentionne le second prénom, parfois en initiale, d'où :

3 THE FAMILY

First name	Middle name	(initial)	Last/family name
John	Kenneth	(K.)	Brown

- **Senior** et **Junior** (**Sr** et **Jr**) sont souvent employés en américain pour le père et le fils, en particulier s'ils portent le même prénom.
- Attention à **surname,** *nom de famille* ; **nickname,** *surnom* (par ex. **Ray 'Sugar' Robinson**). En anglais international, **surname** tend a être remplacé par **family name** ou **last name,** et **Christian name** : *prénom*, par **first name.**

- Attention à *élever* :
  1. **to raise, to bring up** ;
  2. au sens de *bien élevé* : **well-bred,** mais **to breed** : *élever* ne s'emploie que pour des animaux (on dit aussi **to raise, to rear,** etc.)
- **To baptise** (toujours religieux) : *baptiser* (par aspersion, immersion, etc.).

  To christen : *donner un nom, baptiser.*
- **...-in law et step-** :

  -in-law s'emploie pour les parents que l'on acquiert par son propre mariage, **step-** par le (re-)mariage de la génération précédente (ascendants).
- « Les grands », les grandes personnes : **(the) grown-ups** mais les *jeunes* : **the young, young people,** les *vieux* : **old people, elderly people, senior citizens** (surtout US).
- Attention à **relations** : *parents et alliés* ou bien *relations*, selon contexte.

  En cas d'ambiguïté, préférer **relatives** : *parents.*

  Notez aussi **relationship** : *liaison* et **affair** : **to have an affair,** *avoir une liaison, une affaire de cœur.*

- **Mate** : 1. *compagne, compagnon* ; *époux, épouse* (emploi littéraire ou familier) ; 2. (animaux) mâle ou femelle d'un couple ; 3. (GB, *pop*) *copain, pote.*

- Attention aux différentes traductions de **héritage** en anglais :

  legacy : legs, héritage (y compris sens abstrait)
  inheritance : succession, patrimoine, héritage
  heritage : héritage (ce qui est ou peut être hérité)
  heirloom : meuble ou objet de famille (hérité)

- **Female** est adjectif ou nom et n'est en anglais nullement péjoratif.
  female doctor : *doctoresse, femme médecin.*
  A distinguer de **feminine** : *propre aux femmes*
  feminine intuition : intuition féminine.

C 1 EXERCICES

A Questionnaire à choix multiple :

1. She is … divorce.
   a. seeking a — c. wanting a
   b. seeking the — d. wanting the

2. He's inherited … fortune.
   a. a large — c. to a large
   b. from a large — d. for a large

3. He looks like his father, but in money matters he takes … his mother.
   a. to — c. after
   b. at — d. along

4. My stepfather is …
   a. my wife's father. — c. my father's brother.
   b. my mother's husband. — d. my godfather.

5. The candidates must be in … twenties.
   a. the late — c. their last
   b. their late — d. the last

B Compléter :

1. The newlyweds spent their … in Venice.
2. He is a chip off the old …
3. Blood is thicker than …
4. When the family cell is limited to the father, the mother and the children, it is called the … family.

C Thème.

1. Je suis né en 1969.
2. Elle demande le divorce.
3. Il l'a épousée il y a six ans.
4. Ils sont mariés depuis six ans.
5. Elle n'a pas assisté au mariage de son demi-frère.
6. Elle était née dans une famille pauvre.
7. Il tient de sa mère.
8. Tel père, tel fils.
9. J'ai vu son nom dans la chronique nécrologique.
10. L'anglais est sa langue maternelle.

D Donnez deux traductions possibles pour le français :

1. belle-mère
2. adolescent

C 2 CORRIGÉS

A 1a. 2a. 3c. 4b. 5b.

B
1. honeymoon
2. block
3. water
4. nuclear.

C
1. I was born in 1969.
2. She is seeking a divorce.
3. He married her six years ago.
4. They've been married (for) six years.
5. She didn't attend her stepbrother's wedding.
6. She was born into a poor family.
7. He takes after his mother.
8. Like father, like son.
9. I saw his name in the obituary column.
10. English is her/his mother tongue.

D
1. mother-in-law ; stepmother
2. adolescent ; teenager.

4 ÉDUCATION

A 1 VOCABULAIRE

absent, e (*adj*)	absent
absent, e (*n*)	absen*tee*
absentéisme	absen*tee*ism
académie	a*cad*emy
académique	aca*dem*ic
année scolaire	school year, aca*dem*ic year
apprendre	to learn (learnt, learnt)
attribuer un diplôme	to a*ward* a de*gree*, a di*plo*ma
bibliothèque	library
bien	good
biologie	bi*o*logy
bulletin	bulletin
bureau	(meuble) desk, (salle) office ; (*adm*) office, bureau, de*part*ment
cahier	copy book
cartable	schoolbag, satchel
carte	map
censeur	vice-principal
chercheur	re*sear*cher
chimie	chemistry
collège	secondary school
coller à un examen (se faire)	to fail an exam
concours	com*pet*itive exam(ination)
corps enseignant	faculty, teachers
cours	course, class
cours du soir	evening course
craie	chalk
crayon	pencil
crèche	crèche
dessin	drawing, sketch
devoir	homework ; paper
dictée	dic*ta*tion
diplôme	di*plo*ma ; (université) degree
diplômé, e (*n*)	graduate
directeur	headmaster, head, di*rec*tor
directeur des études	Dean of Studies
discipline	discipline ; (domaine) subject, discipline*
docteur	doctor
doctorat	doctorate, Ph.D.
dortoir	dormitory
doyen	dean
droit	law
échouer	to fail
école	school
école maternelle	nursery school
école primaire	primary school
école secondaire	secondary school
écolier, ère	school-boy, school-girl, (*pl*) schoolchildren

écrit (d'un examen)	written exam, written part, written test
élève	pupil, student
encre	ink
enseignant, e,	teacher
éponge	sponge
épreuve	test
établissement	es*tab*lishment, insti*tu*tion
étude(s)	study, studies
faire des études	to study
étudiant(e)	student
étudier	to study
examen	exami*na*tion, exam, test
facultatif	optional
faible	weak
feutre	felt-tip pen
formation	training, edu*ca*tion
formation continue/ permanente	on-going edu*ca*tion, adult edu*ca*tion
former	to train
fort	strong
fréquenter	to at*tend*
géographie	ge*o*graphy
gomme	*era*ser, rubber
gymnase	gym*na*sium, gym
histoire	history
inscription	en*rol*ment, regis*tra*tion
inscrire (s')	to en*rol*, to register
inspecteur, trice	in*spec*tor
instituteur, trice	(primary school) teacher
institution	insti*tu*tion
internat	boarding-house, boarding-school
interne	boarder
interrogation écrite	written test
externe	day-pupil
jardin d'enfants	kindergarten
laboratoire	la*bo*ratory, lab
laboratoire de langues	language lab
langue	language
langue étrangère	foreign language
leçon	lesson
lettre	letter ; (études de lettres) literary studies, Arts
licence	Bachelor's degree
livre	book
lycée	secondary school
lycée technique	technical school
maître, maîtresse	master, mistress
maître de conférences	lecturer
magnétophone	tape-recorder
magnétoscope	videotape recorder

manuel	manual
mathématiques	mathe*ma*tics, maths
mixte	co-edu*ca*tional, co-ed
moniteur	in*struc*tor, coach
monitorat	coaching
moyen, enne (*adj*)	average
moyenne (*n*)	average
notation	marking ; (US) grading, grading system
note	mark ; (US) grade, score
noter	to jot down, to note ; to mark, to grade
obligatoire	com*pul*sory, (US) mandatory
oral	oral test
peindre	to paint
physique	physics
place	seat ; rank, place
privé	private
prix	prize, a*ward*
professeur	teacher ; (grade : celui qui a la chaire) pro*fes*sor
programme	programme ; (US) program
public, que,	public
recherche	re*search*
recteur	chancellor
récréation	break
redoublant	re*peat*er
redoubler (une classe)	to double, to repeat, to stay down
réfectoire	re*fec*tory, dining hall
relevé de notes	transcript
rentrée	re*sump*tion of school
renvoyer	to dis*miss*
résultat(s)	re*sults*, per*for*mance, record
réussir	to suc*ceed*
réussite	suc*cess*
salle de classe	classroom
semestre	se*mes*ter
serviette	attaché-case
stage	training period, trai*nee*ship, in*tern*ship
stagiaire	trai*nee*
stylo	pen
stylo à bille	ball-point pen
tableau	black board
thèse	thesis, (*pl*) theses
titulaire (être)	to have tenure
tricher	to cheat
trimestre	term
troisième cycle	doctoral studies
universitaire (*adj*)	uni*ver*sity, aca*dem*ic
universitaire (*n*)	aca*dem*ic
université	uni*ver*sity

A 2 LEXIQUE EN SITUATION

to attend school : aller à l'école, suivre des cours.
to attend an educational establishment : fréquenter un établissement d'enseignement.
to attend a course, a lecture : suivre un cours, une conférence.
attendance of a course : fréquentation d'un cours ; nombre d'auditeurs un cours.
to enrol(l) in/on/for a course : s'inscrire à un cours.
to embark on a course of studies : se lancer dans, entamer un cycle d'études.
to register for an exam (examination) : s'inscrire à un examen.
to prepare for an exam : préparer un examen.
to read law : faire son droit.
to take an exam : se présenter à, passer un examen.
to sit for an exam : se présenter à, passer un examen.
to take a competitive exam : passer un concours.
highly selective : très sélectif.
to pass an exam : être reçu à un examen.
to succeed at an exam : réussir un examen.
successful candidates : candidats reçus.
to fail the orals/the oral part, the oral test, the oral exam : échouer à l'oral.
to award a degree, a diploma : attribuer/décerner un diplôme.
to be awarded a diploma : obtenir un diplôme.
to pass/obtain/get a degree : obtenir un diplôme universitaire.
university graduate : diplômé de l'enseignement supérieur.
to have a degree in chemistry : avoir un diplôme universitaire en chimie.
a dedicated/motivated student : un étudiant motivé.
to qualify for a course : avoir le niveau requis pour s'inscrire à un cours.
outstanding performance : résultats remarquables.
his classroom performance has been consistently outstanding : son comportement (ses résultats) en classe a/ont été constamment excellent(s).

to have a good academic record : avoir de bons résultats universitaires.
to get good marks : avoir/obtenir de bonnes notes.
to score high on a test : obtenir une bonne note à une épreuve.
to be good at maths : être bon en mathématiques.
assets and liabilities : points forts et points faibles.
writing, reading, oral proficiency : aptitude à écrire, lire, parler.
to be fluent/to have fluency in a foreign language : pratiquer couramment une langue étrangère.
to rank among the best students : se classer/se situer parmi les meilleurs étudiants.
to mark/score out of twenty : noter sur 20.
extra-curricular activities : activités extra-scolaires.
tuition fees : frais de scolarité.
to work one's way through college (US) : travailler pour payer ses études.
continuous assessment : contrôle continu.
final test : examens de fin d'année, de cours, contrôle terminal.
to play truant (GB), **hooky** (US) : faire l'école buissonnière, sécher les cours.

A 3 SYSTÈMES SCOLAIRES ET UNIVERSITAIRES

FRANCE	ROYAUME-UNI	ÉTATS-UNIS
Enseignement obligatoire à partir de :		
école maternelle	Nursery school	6 ans – nursery school] –5 – kindergarten]
école primaire	Primary school 5–11	Elementary school : 6–11 Junior school : 12–13–14
lycée, établissements secondaires	Secondary School High School	High school : –15
baccalauréat		High School diploma*
enseignement supérieur/ universités	Universities	Colleges** / Universities Diplômes d'université (U-degree) Pas de diplôme national

* trop inégal pour assurer entrée en université, d'où tests (ex. : Scholastic Aptitude Test, SAT)

** **College** : spécialisé dans une discipline
University : regroupe plusieurs **Colleges** ou **Schools** (**Law School** : Faculté de droit) ou **Departments** (Agriculture, Physique, etc.)

LES UNIVERSITÉS AMÉRICAINES

Cycle	Diplôme	Années d'étude	Nom de l'année
Undergraduate Studies	– BA (Bachelor of Arts) – BS (Bachelor of Science)	1st 2nd 3rd 4th	Freshman year Sophomore year Junior year Senior year
Graduate Studies	– MA (Master of Arts) – MS (Master of Science) – MBA (Master of Business Administration)	1-2 years plus Master Thesis	
	– PhD – Doctorate	1-2 years plus Doctoral Thesis	

A 4 REGISTRES DE LANGUE

- **curriculum,** *pl* **curricula** : cursus.

undergraduate studies : quatre premières années d'université ou college

undergraduate : étudiant de ce cycle.

graduate studies : 5e et 6e années d'études universitaires (3e cycle).

graduation : obtention du diplôme.

Bachelor's degree : (*approx*) licence.

Master's degree : (*approx*) maîtrise.

M.A. (Master's degree in Arts) : Maîtrise de Lettres

M.S. (Master's degree in Science) : Maîtrise de Sciences.

M.B.A. (Master's degree in Business Administration) : Maîtrise de Gestion.

Doctoral thesis : thèse de 3e cycle, de doctorat, conduisant au titre de Ph.D. (philosophiae Doctor), docteur.
to have tenure : (pour enseignant) être titulaire.
alumnus (US), (*f*) **alumna,** (*pl*) **alumni** ou **alumnae** : ancien(s), ancienne(s).
old boy, old girl (GB) : ancien, ancienne.
credits : unités de valeur.
core courses : cours fondamentaux, de base.
elective courses : cours électifs.
concentrations : options.
major : discipline principale.
minor : discipline complémentaire.
tutorials : cours individuels.

• **grading** : notation.
On utilise les lettres A, B, C, D, E, A indiquant des résultats excellents, E pour le plus mauvais. A, B, C, en ordre décroissant, sont au-dessus de la moyenne (**pass** : *reçu*) ; D et E au dessous (**fail** : *collé*).
Aux examens, les mentions sont les suivantes : **passed with distinction, passed with honours** : reçu(e) avec mention.

• **schoolmarm, school-ma'am** (US) désigne l'institutrice (surtout en milieu rural).
the three Rs, reading, writing, reckoning (ou **arithmetic**) : les aptitudes de base, lecture, écriture, calcul.
freshman (US) : élève ou étudiant de première année.
sophomore (US) : étudiant en 2e année (de **college**)
fazing : bizutage.
coed(s) (de **coeducational**) : étudiante(s)
Alma Mater : université d'un ancien élève (du latin, « mère nourricière »).
prom : (US) bal d'école secondaire ou d'université.
Commencement : cérémonie de remise des diplômes (US, Dublin, Cambridge).
Phi Beta Kappa : (US ; initiales de la devise grecque : « la philosophie est un guide pour la vie ») une des plus fameuses **fraternities** ou **sororities**, sortes de clubs ou sociétés savantes étudiantes, très sélectives dans leur recrutement.

Ivy League universities (ainsi appelée à cause de leurs murs couverts de *lierre* : **ivy**), (US) universités les plus anciennes et prestigieuses.

brick universities : (GB) université de création récente (après la Seconde Guerre mondiale), en briques, par opposition aux grandes anciennes Oxford et Cambridge.

The Board : le Conseil d'administration de l'Université (où siègent les représentants des organismes qui la financent).

Oxbridge : (de Oxford et Cambridge) symbolise le système universitaire qui fabrique les membres de l'Establishment britannique.

the Old Boy Network : le réseau des anciens des grandes universités britanniques.

to rusticate : (GB, terme ancien) renvoyer un étudiant dans ses foyers, de façon temporaire, pour faute commise à l'université.

to drop out : abandonner ses études en cours de route.

drop-out : étudiant ou élève qui abandonne (a abandonné) ses études.

B REMARQUES

Attention :

- à l'ordre des classes du secondaire qui, en France, va de la 6e à la première, au Royaume-Uni et aux États-Unis de 1 (= 6e) à 6 (= 1ère).

- à la différence entre **pupil** : *élève du primaire ou du secondaire*, et **student** : *étudiant d'université* (au sens général d'apprenant, synonyme de **learner**).

- à **college** qui, en anglais américain, désigne les quatre premières années d'université.

- à **Public School** (GB) : les plus élitistes des établissements secondaires préparant à Oxford et Cambridge (Eton, Harrow, etc.)
  et à **public school** : aux États-Unis, les écoles secondaires d'état, les plus pauvres et les moins cotées.

- à **faculty** (US) qui signifie le corps enseignant (*Faculté* = **School** ou **Department** ; *Faculté de droit*, **Law School**).
- à la traduction du français *Grande École*, qui n'a évidemment rien à voir avec **High School**, et qu'il faut expliciter – ou parler simplement de **University**.
- à la différence entre **lecture**, *cours*, *conférence* (**lecturer** : *maître assistant*) et **conference** : *conférence* (de presse, etc., avec intervention de l'auditoire) ou *congrès*.
- à **Arts** qui signifie *Lettres*.
- à la différence entre **teacher** et **professor**, le second étant un titre universitaire.
- à la différence entre **form** : *classe* (de 6e, 5e, etc.) et **class**, *cours*, *classe* (groupe d'élèves), *promotion* (**the '92 class**, *la promo 92*). Au sens de (salle de) *classe*, on aura **classroom**.
- aux différentes traductions possibles du français *cours* :
  programme, séquence d'enseignement : **course(s)**
  leçon en classe : **class**
  enseignement : **tuition, teaching**
  établissement privé : **private school**
- à la différence entre **diploma** et **degree**, le dernier signifiant *diplôme universitaire*, et notamment *licence*.
- à l'orthographe de **program** (US), **programme** (GB), qui signifie *cycle d'études* et à la différence entre **curriculum** : programme, ensemble des cours proposés et **syllabus** : description plus ou moins détaillée d'un cours.
- à l'emploi de **a graduate** : *un diplômé*, **to graduate** : *obtenir son diplôme*, **graduation** : *cérémonie de remise de diplômes* ou *fait d'obtenir son diplôme*, et **degree** : *diplôme d'université*.
- aux différentes traductions possibles *d'apprentissage* :
  education, learning pour les connaissances intellectuelles
  training pour les connaissances plus concrètes et pratiques (**vocational training** : *formation professionnelle*)
  apprenticeship pour le fait d'être apprenti chez un patron.

- à la traduction de *théorique* : **theoretical**.
- à l'impossibilité de mettre **knowledge** (*connaissance*(*s*)) au pluriel.
- à la traduction de *note* (donnée par l'enseignant) :
  mark pour un point
  marks (GB) pour la note globale
  score (US) pour la notation générale des résultats
  grade (US) pour le niveau par rapport aux autres élèves ou étudiants
  système de notation : **grading system**
- à la différence entre **term**, *trimestre scolaire, académique*, et **quarter**, *trimestre* au sens économique.
- à la différence entre **to take an exam** : *passer, se présenter à un examen*, et **to pass an exam**, *être reçu à un examen*.
- à la traduction *d'être admissible* : **to pass (to have passed, to have succeeded at) the written part (written test).**
- à la traduction *d'être bon en*... : **to be good at**...
- à la traduction du français *place* :
  1. (physique) **seat**
  2. (rang) **rank**
  3. (disponible pour un candidat) **place.**
- à la construction de **to attend** :
  assister à un cours : **to attend a course**
  fréquenter une école : **to attend a school.**
  Attention : **to attend to (something, someone)** : s'occuper de (quelque chose, quelqu'un).
- aux différentes traductions possibles du français *stage* : **course, training period, traineeship, internship** (plus américain) ; *internat* : **boarding (school).**
- à la différence entre **hard worker** : *travailleur* (sans côté péjoratif) et **plodder** : *travailleur (qui a des difficultés).*

C 1 EXERCICES

A QCM.

1. He is very good … maths.
   a. at b. in c. on d. for
2. Many students have … on the course.
   a. ranked b. dedicated c. attended d. enrolled
3. She will… next year.
   a. degree b. graduate c. award d. doctorate
4. They are not fluent enough to … the course.
   a. score b. pass c. enrol d. qualify for
5. The word 'faculty' refers to …
   a. a teaching establishment.
   b. the teaching staff.
   c. the student body
   d. the administrative staff.

B Traduire :

1. passer un examen.
2. être reçu à un examen.
3. obtenir de bonnes notes.
4. être reçu avec mention.
5. avoir de bons résultats scolaires.
6. frais de scolarité.
7. trimestre scolaire universitaire.
8. assister à un cours.
9. troisième cycle.
10. diplômé de l'enseignement supérieur.

C Compléter :

1. **The three Rs** signifie …
2. **Oxbridge** symbolise …
3. Dans la notation ABCD, la plus haute cotation est …
4. L'**Alma Mater** est …
5. Les **Ivy League Universities** sont …
6. **M.A.** signifie …

C 2 CORRIGÉS

A 1.a 2.d 3.b 4.d 5.b

B
1. to sit for/to take an exam.
2. to pass an exam.
3. to get good marks.
4. to pass with honours.
5. to have a good school record, to have a good university record.
6. tuition fees.
7. school/academic term.
8. to attend a course.
9. doctorate.
10. University graduate.

C
1. reading, writing and reckoning (*ou* arithmetic).
2. les universités traditionnelles Oxford et Cambridge et les privilégiés qui y sont diplômés.
3. A.
4. l'université où l'on a étudié.
5. les universités les plus prestigieuses des États-Unis fondées au XXe siècle dans l'Est et fréquentées par l'« establishment ».
6. Master of Arts : maîtrise de Lettres.

5 MEDECINE AND HEALTH

A 1 VOCABULAIRE

A. LA SANTÉ

aliter (s')	to take to one's bed
ausculter	to sound
bander	to bandage
casser	to break
cracher	to spit
démanger	to itch
enflammer (s')	to be*come* in*flamed*
enfler	to swell
enrouer (s')	to become hoarse
éternuer	to sneeze
évanouir (s')	to faint
faire mal	to ache
fouler	to sprain
guérir	to cure
infecter (s')	to be*come* in*fect*ed
moucher (se)	to blow one's nose
panser	to dress
prescrire	to pre*scribe*
renifler	to sniff
soigner	to treat
souffrir (de)	to suffer (from)
soulager	to relieve, to soothe
suppurer	to suppurate
tousser	to cough
transpirer	to sweat
vacciner	to *ino*culate

abattu	very weak, feeble, prostrate
amorphe	passive, spiritless
bien portant	healthy, in good health
chétif	puny
fébrile	feverish
fragile	fragile, delicate, frail
malade (*adj*)	ill, sick
neurasthénique	de*pressed*, de*pres*sive
résistant	ro*bust*
robuste	ro*bust*, sound
sain	healthy, sound
souffrant	un*well*
surexcité	overex*cit*ed
vigoureux	sturdy, ro*bust*
vulnérable	vulnerable
douleur	pain
épidémie	epi*dem*ic
infirmité	disa*bil*ity
maladie	illness, dis*ease*,
santé (mentale)	sanity
santé	health
symptôme	symptom
syndrome	syndrome
troubles	trouble, dis*ord*er
vigueur	stamina

B. TROUBLES DIVERS

abcès	abscess
allergie	allergy
ampoule	blister
amygdales	tonsils
anorexie	anorexia
aphasie	a*phas*ia
asthme	asthma
autiste (*adj*)	au*tis*tic
aveugle (*adj*)	blind
boulimie	bu*lim*ia
bouton	pimple
calcul	stone, calculus
cécité	blindness
colique	stomach-ache
commotion	con*cuss*ion
constipation	consti*pa*tion
contamination	contami*na*tion, in*fec*tion
crampe	cramp
démangeaison	itching
diarrhée	diar*rhoea**
engourdissement	numbness
épilepsie	epilepsy
fatigue	fa*tigue*
frisson	shiver
furoncle	carbuncle
ganglion	ganglion
hémorragie	bleeding, haemorrhage*
hernie	hernia, rupture
hoquet	hiccough, hiccup
indigestion	indi*ges*tion
insolation	sunstroke
insomnie	in*som*nia
mal de tête	headache
malaise	feeling of faintness/sickness
maux de dents	toothache
migraine	migraine, headache
muet (*adj*)	mute
mycose	my*co*sis
nausée	nausea
névralgie	neu*ral*gia
obèse (*adj*)	o*bese*, over*weight*
obésité	o*be*sity
palpitation	palpi*ta*tion
panaris	whitlow
paralysie	pa*ral*ysis
paraplégie	para*ple*gia
point de côté	stitch (in one's side)
pus	pus
rhumatisme	rheumatism
rhume	cold
rhume des foins	hay fever
saignement de nez	nose-bleed
sourd (*adj*)	deaf
sourd-muet (*adj*)	deaf and dumb
surdité	deafness
surmenage	overwork
syncope	fainting fit
torticolis	stiff neck
toux	cough(ing)
tremblement	shiver, shivering
urticaire	rash
varice	varicose vein
verrue	wart
vomissement	vomiting

C. TROUBLES MENTAUX

asile	**(lunatic) asylum**
camisole de force	**straight-jacket**
démence	**dementia, in*san*ity**
dément	**mad, in*sane***
dépression nerveuse	**nervous breakdown**
folie	**madness, lunacy, in*san*ity**
fou	**madman, lunatic**
hôpital psychiatrique	**psychi*at*ric hospital, mental hospital**
paranoïa	**para*noi*a**
sanatorium	**(GB) sana*to*rium, (US) sani*ta*rium**
schizophrénie	**schizo*phre*nia**
sénilité	**se*nil*ity**

D. MALADIES

angine	**an*gi*na***
anorexie	**ano*rex*ia**
arthrite	**arth*ri*tis***
attaque cardiaque	**heart attack,**
bronchite	**bron*chi*tis***
cancer	**cancer**
choléra	**cholera**
colite	**co*li*tis**
congestion cérébrale	**stroke**
coqueluche	**whooping cough, hooping cough**
diabète	**dia*be*tes***
diphtérie	**diph*the*ria**
embolie	**embolism**
fièvre jaune	**yellow fever**
gale	**scabies**
gastro-entérite	**gastro-enter*i*tis**
goutte	**gout**
grippe	**(the) flu, influenza**
hémophilie	**haemo*phil*ia**
hémophile (*n*)	**haemo*phil*iac**
hépatite	**hepatitis**
infarctus	**in*farc*tion**
jaunisse	**jaundice***
lèpre	**leprosy**
leucémie	**leu*kae*mia***
malaria	**ma*la*ria**
méningite	**menin*gi*tis**
mucoviscidose	**cystic fi*bro*sis, mucovisci*do*sis**
myopathie	**(muscular) dystrophy**
oreillons	**mumps**
otite	**ear in*fec*tion, o*ti*tis**
paludisme	**ma*la*ria, paludism**
peste	**the plague**

D. MALADIES (suite)

phlébite	phle_bi_tis	sinusite	sinu_si_tis
pleurésie	pleurisy	syphilis	syphilis
pneumonie	pneu_mo_nia*	tétanos	tetanus
poliomyélite	poliomye_li_tis	tuberculose	tubercu_lo_sis
rage	rabies	typhoïde	the typhoid fever
rhino-pharyngite	throat infection rhinopharyn_gi_tis	typhus	typhus
rougeole	measles*	ulcère	ulcer
rubéole	German measles	varicelle	chickenpox
scarlatine	scarlet fever	variole	smallpox
SIDA	AIDS		

E. BLESSURES

béquilles	crutches	égratignure	scratch
blessure	injury	entaille	gash
bleu	bruise*	entorse	wrench
bosse	bump	foulure	sprain
brûlure	burn	fracture	fracture
canne	cane, stick	morsure	bite
cicatrice	scar	plaie	wound
coupure	cut	plâtre	plaster, cast

F. LA MÉDECINE

bacille	ba_cil_lus	immunité	im_mu_nity
bactérie	bac_te_ria	malin, maligne	ma_lig_nant
bénin, bénigne	be_nign_*	microbe	microbe
cancérigène, cancérogène	carcino_gen_ic	tumeur	tumour, growth
		vaccin	vaccine
être immunisé	to be immunized	vaccination	inocu_la_tion, vacci_na_tion
germe	germ	virus	virus

G. LES PROFESSIONS MÉDICALES

aide-soignante	(GB) nursing au*xil*iary, (US) nurse's aide
ambulancier	ambulance man
anesthésiste	a*naes*thetist
biologiste	bi*o*logist
brancardier	stretcher-bearer
cancérologue	cancer*o*logist, cancer specialist
cardiologue	cardi*o*logist, heart specialist
chirurgien	surgeon
dentiste	dentist
dermatologue	dermat*o*logist
diététicien	die*ti*cian
docteur	doctor
gastro-entérologue	gastro-entero*lo*gist
gynécologue	gynaec*o*logist*
homéopathe	home*o*path(ist)
infirmier	male nurse
infirmière	nurse, sister (senior nurse)
interne (hôpital)	intern
kinésithérapeute	(GB) physio*the*rapist, (US) physical *the*rapist
médecin	doctor, phy*si*cian
médecin généraliste	general prac*ti*tioner
médecin légiste	fo*ren*sic scientist
neurologue	neur*o*logist
obstétricien	obste*tri*cian
oculiste	eye doctor, eye specialist
ophtalmologiste	ophthal*mo*logist
opticien	op*ti*cian
ostéopathe	osteopath
oto-rhino-laryngologiste (O.R.L.)	ear, nose and throat specialist (E.N.T.)
pédiatre	paedia*tri*cian
pharmacien	(GB) pharmacist, chemist, (US) druggist
phlébologue	vein specialist
pneumologue	lung specialist
psychanalyste	psycho*an*alyst
psychiatre	psy*chi*atrist*
psychologue	psy*cho*logist
psychothérapeute	psycho*the*rapist
radiologue	radi*o*logist
sage-femme	midwife
spécialiste	specialist
urologue	ur*o*logist
vétérinaire	(GB) vet, veterinary surgeon, (US) veteri*nar*ian

H. MÉDICAMENTS ET REMÈDES

antibiotique	**antibi*ot*ic**
aspirine	**aspirin**
cachet	**tablet**
calmant, tranquillisant	**tranquilliser**
comprimé	**tablet**
fortifiant	**tonic**
gouttes	**drops**
médicament	**medicine**
pastille	**lozenge**
pilule	**pill**
piqûre	**in*jec*tion, (US) shot**
pommade	**ointment, cream**
potion	**potion**
sérum	**serum**
sirop	**syrup**
somnifère	**sleeping pill**
suppositoire	**sup*pos*itory**
tisane	**herbal tea**
vitamine	**vitamin**

I. SOINS ET SANTÉ

acuponcture	**acupuncture**
agrafes	**stitches**
ambulance	**ambulance**
amputation	**ampu*ta*tion**
anesthésie	**anaes*the*sia, anaes*thet*ic**
appareil dentaire	**braces**
assurance maladie	**(GB) sickness in*sur*ance ; health care plan, health insurance**
auscultation	**auscultation**
bilan de santé	**check-up**
bistouri	**lancet**
cabinet	**(GB) surgery, (US) office**
chaise roulante	**wheelchair**
chirurgie esthétique	**plastic surgery**
clinique	**nursing home, private hospital, private clinic**
coma	**coma**
convalescence	**conva*les*cence**
dentier	**denture, dental plate**
diagnostic	**diag*no*sis**
don d'organes	**organ do*na*tion**
échographie	**echography, ultrasound**
examen médical	**medical exam*ina*tion, test**
faute professionnelle	**mal*prac*tice**
gaze	**gauze**
grand malade	**seriously ill person**
greffe (organe)	**transplant**
greffe (tissus)	**graft**
guérison	**cure**
guérisseur	**healer, (*pej*) quack**
handicapé mental	**mentally dis*abled* person**

handicapé physique	physically dis*abled* person
homéopathie	home*o*pathy
hôpital	hospital
imagerie par résonance magnétique (IRM)	magnetic resonance imaging (MRI)
infecté	in*fect*ed
infection	in*fec*tion
intoxication	poisoning
invalide	dis*abled* person
invalidité	dis*able*ment, disa*bil*ity
malade	patient
massage	massage
opération	oper*a*tion, surgery
ordonnance	pre*scrip*tion
pansement	dressing, bandage, plaster
patient	patient
pavillon (hôpital)	ward
perfusion	drip, per*fu*sion
pince	clip
plaie	wound
plombage	filling
prise de sang	blood test
prothèse	pros*the*sis
radio (graphie)	X-ray
rechute	relapse
rééducation	rehabili*ta*tion
salle (hôpital)	ward
seringue	sy*ringe*
service de soins intensifs, de réanimation	in*ten*sive care unit
soins	treatment, at*ten*tion
stéthoscope	stethoscope
tension	blood pressure
thérapie génique	gene therapy
traitement	treatment
transfusion	transfusion
traumatisme	trauma
urgence	e*mer*gency

J. PROCRÉATION ET CONTRACEPTION

accouchement	childbirth, de*liv*ery
avortement	a*bor*tion
contraception	contra*cep*tion
embryon	embryo
enceinte	pregnant
fausse couche	mis*car*riage
fœtus	foetus*
gène	gene*
grossesse	pregnancy
impuissance	impotence
ménopause	menopause
préservatif	condom
règles menstruelles	periods
sperme	sperm
stérilet	coil, loop, intra-uterine device (IUD)

K. LA VIE ET LA MORT

cadavre	**corpse**
cercueil	**coffin**
cimetière	**cemetery, graveyard, churchyard**
corbillard	**hearse**
décès	**death, de*cease***
défunt (nom)	**de*ceased***
deuil	**be*reave*ment, mourning, grief**
enterrement, funérailles	**funeral, burial**
enterrer	**to bury**
entrepreneur de pompes funèbres	**(GB) undertaker, (US) mor*ti*cian**
euthanasie	**eutha*na*sia***
feu, défunt	**late**
linceul	**shroud**
mort (personne)	**dead person**
mort	**death**
mortel	**fatal, mortal, deadly, lethal**
suicide	**suicide**
testament	**will, testament**
tombe	**grave, tomb**
vie	**life**

A 2 LEXIQUE EN SITUATION

to have a sore throat : avoir mal à la gorge.
to have a toothache, a headache, earache, a stomach-ache : avoir mal aux dents, à la tête, aux oreilles, à l'estomac.
a heartache : une peine de cœur.
to a have a pain in the back : avoir mal au dos.
to have a bad leg : avoir mal à la jambe.
I feel liverish : j'ai mal au foie.
my eyes are sore : j'ai mal aux yeux.
it hurts : ça fait mal.
where does it hurt ? où avez-vous mal ?
to have a tooth pulled out (extracted) : se faire arracher (extraire) une dent.
to feel dizzy, giddy : être pris de vertiges, avoir le vertige.
to be in good health, in poor health : être en bonne santé, en mauvaise santé.
to regain one's health : guérir, recouvrer la santé.
to enjoy good health : jouir d'une bonne santé.
to feel the pulse : tâter le pouls.

to break one's leg : se casser la jambe.
ex. : **he broke his leg** : il s'est cassé la jambe.
to have a temperature, to have a fever : avoir de la température, de la fièvre.
to catch a cold : attraper un rhume.
to be convalescing : être en convalescence.

G. P., General Practitioner : médecin généraliste.
alternative medicine : médecine douce.
preventive medicine : médecine préventive.
family practitioner, doctor : médecin de famille, médecin traitant.
private doctor : (*approx*) médecin libéral.
to make an appointment : prendre rendez-vous.
by appointment (only) : sur rendez-vous (seulement).
to go to the doctor's : aller chez le médecin.
to call for the doctor : appeler le médecin.
to send for the doctor : faire venir le docteur.
to make out a prescription : faire une ordonnance.
to have one's arm in a sling : porter le bras en écharpe.
to be admitted to hospital : être hospitalisé.
to go to (the) hospital : aller à l'hôpital.
in hospital : à l'hôpital.
to have, undergo a complete check-up : subir un examen médical complet.
to be on a diet : être au régime.
to lose weight : maigrir.
to put on weight : grossir.
to keep fit : se tenir en forme.
to be on the pill : prendre la pilule.
to commit suicide : se suicider.
to go into mourning : prendre le deuil.

A 3 REGISTRES DE LANGUE

1. Proverbes.

what can't be cured must be endured : il faut savoir accepter l'inévitable.

prevention is better than cure : mieux vaut prévenir que guérir.

2. Expressions toutes faites.

to drink to somebody's health : boire à la santé de qqn.
your health, good health ! à votre santé !
health center : centre médico-social (*approx*).
health foods : aliments naturels, diététiques.
safe and sound : sain et sauf.
raging fever : fièvre de cheval.
high fever : forte fièvre.
fevered brow : front brûlant de fièvre.
bout of fever : accès de fièvre.
a bad cold : un gros rhume.
a running nose : un nez qui coule.
fit of coughing, quinte (de toux).
fitness center : centre de remise en forme.
the kiss of life (GB), **mouth to mouth respiration** : le bouche à bouche.
first-aid : les premiers secours.
follow-up visit : visite de contrôle.
to wish sb a speedy recovery : souhaiter un prompt rétablissement à qqn.
the side-effects : les effets secondaires.
medical certificate : certificat médical.
Doctor Jones : le docteur Jones.
a hypochondriac : un malade imaginaire.
a terminal patient : un malade en phase terminale.
a seriously ill person : un grand malade.
to take the waters (at a spa), to take a cure : faire une cure thermale.
Parkinson's disease : la maladie de Parkinson.
Alzheimer's disease : la maladie d'Alzheimer.

Down's syndrome : la trisomie.
open-heart operation : opération à cœur ouvert.
maternity leave, congé maternité.
to have an abortion : se faire avorter.
abortionist : médecin qui pratique des avortements (= **doctor who performs abortions**).

Life and death : la vie et la mort
Rest in peace : Repose en paix.
here lies Mr X : ci-gît M. X.
the living and the dead : les vivants et les morts.
the late Mr X : feu M. X.
silent as the grave : muet comme la tombe.
to have one foot in the grave : avoir un pied dans la tombe.
'ashes to ashes and dust to dust' : (*approx*) « poussière, tu n'es que poussière, et tu retourneras à la poussière ».

3. <u>Langue familière et argotique</u>.
to be sick and tired of something : en avoir par-dessus la tête de qqch.
Doc ! abréviation de **Doctor !**
pins and needles : des « fourmis dans les jambes », des picotements, des fourmillements.
to pass out : tomber dans les pommes.
to kick the bucket, to snuff it (GB) : crever.
French letters (GB), **rubber** (US) : capote anglaise.

4. <u>Néologismes</u>.
Un **workaholic** est une personne totalement dépendante du travail.
to be HIV-positive, être séropositif.

5. <u>Sens figuré</u>.
- **ambulance chasing** décrit une pratique en vogue parmi les avocats américains qui consiste littéralement à « pourchasser les ambulances » afin de trouver de nouveaux clients, dans le cas d'accidents de la route, notamment.

• Un **medicine man** est dans de nombreuses cultures primitives (en particulier en Amérique du Nord) une personne de la tribu qui possède des pouvoirs particuliers, notamment de guérisseur.

6. Vocabulaire littéraire.

the quick, les vivants ; **the quick and the dead**, les vivants et les morts.

the (death) knell : le glas.

For Whom the Bell Tolls : *Pour qui sonne le glas* est un roman de Ernest Hemingway.

B 1 PRONONCIATION

cough	[kɒf]
hiccup, hiccough	[ˈhɪkʌp]
bout	[baʊt]
Suffixe **–itis** pour de nombreuses maladies [–ˈaɪtɪs]	
ex. : **bronchitis**	[brɒŋˈkaɪtɪs]
Préfixe **psycho–**	[saɪkəʊ]
rheumatism	[ˈruːmətɪzm]
vaccine	[ˈvæksiːn]
virus	[ˈvaɪrəs]

B 2 REMARQUES LEXICALES

• **Diseases, illnesses and complaints**

A minor/serious disease/illness : une maladie bénigne/grave.

Le terme **ailment** indique une maladie bénigne mais souvent persistante.

Quant à **complaint**, il s'agit d'une maladie également bénigne.

liver complaint : maladie de foie.

a contagious disease : une maladie contagieuse.

an infectious disease : une maladie infectieuse.

an infantile/childhood disease/complaint : une maladie infantile.

a chronic disease/complaint : une maladie chronique.
a fatal illness/disease : une maladie mortelle.
a venereal disease (V.D.) : une maladie vénérienne.
an occupational disease : une maladie du travail.
an industrial disease : une maladie professionnelle.
a tropical disease : une maladie tropicale.
a mental illness/disease : une maladie mentale.
a long illness : une longue maladie.

- Attention à la notion de **sick, sickness** qui, contrairement à **ill, illness, disease** désigne le plus souvent un état de malaise, de nausée (**to feel sick**) mais peut également se référer directement à une maladie ou au fait d'être malade. Ainsi : **the sick,** *les malades* ; **sickness insurance** (GB) : *l'assurance-maladie* ; **to be on sick-leave** : *être en congé maladie* ; **to be seasick, homesick** : *avoir le mal de mer, le mal du pays.*
  sleeping sickness : *la maladie du sommeil*
  Enfin, le terme **malady** (*maladie, mal*) s'emploie de façon très circonstanciée, dans la littérature médicale ou dans un contexte littéraire.
- Attention à ne pas confondre les termes **physician**, qui désigne un *médecin*, et **physicist** qui signifie *physicien.*
  M.D. est l'abréviation de **Medical Doctor**, c'est-à-dire *docteur en médecine, médecin.*
- Le terme **addiction** désigne un état de *dépendance* par rapport à une drogue ; il est employé aujourd'hui dans de multiples cas. Ainsi, on parle de **drug addiction**, *dépendance à la drogue* (**a drug addict** : *un drogué*), mais aussi de **TV addiction**, voire de **jazz addiction** ou de **chocolate addiction.**
- Aux États-Unis, le débat sur l'avortement divise les **pro-life**, qui s'opposent à l'avortement, et les **pro-choice** qui défendent le droit à l'avortement.
- Systèmes de santé en Grande-Bretagne et aux États-Unis :
  En Grande-Bretagne, le **National Health Service** (NHS) est le nom du système de soins médicaux mis en place en 1948 et principalement financé par l'impôt.
  Health Service Doctor (GB) : (*approx*) médecin conventionné.

- Aux États-Unis, le système de santé actuel, **the Health Care system**, a été mis en place dans les années soixante, avec des programmes tels que **Medicare** (assistance médicale aux personnes âgées) et **Medicaid** (assistance médicale aux plus démunis).
  Le **Surgeon General** aux États-Unis est l'équivalent du ministre de la santé.

C 1 EXERCICES

A Traduire :

1. L'O.R.L. m'a prescrit des antibiotiques pour soigner cette bronchite chronique.
2. Il a très mal aux oreilles ; il vaudrait mieux faire venir le médecin.
3. Ce malade a été admis en urgence hier dans la nuit ; il est toujours en soins intensifs.
4. Les chercheurs se mobilisent depuis plusieurs années pour trouver un vaccin contre le virus du SIDA.
5. Il est mort d'une attaque cardiaque hier matin.

B QCM : choisir la bonne réponse :

1. She has … high fever.
   a. some b. ø c. a d. the
2. He is currently on sick-…
   a. leaf b. leave c. live d. lease
3. This elderly person suffers … diabetes.
   a. ø b. with c. of d. from
4. Doctor Adams is a general …
   a. physicist b. physician c. practitioner d. therapist
5. You will have to … a complete check-up
   a. undergo b. undertake c. underscore d. underline

C 2 CORRIGÉS

A 1. The ear, nose and throat (E.N.T.) specialist prescribed antibiotics to cure my chronic bronchitis.
2. He has acute earache ; we'd better call the doctor.
3. This patient was rushed to hospital last night ; he is still in intensive care.
4. Researchers have mobilized for years now in order to find a vaccine against the AIDS virus.
5. He died of a heart attack yesterday morning.

B 1c. 2b. 3d. 4c. 5a.

6 MAISONS ET APPARTEMENTS

A 1 VOCABULAIRE

A. L'EXTÉRIEUR

agent immobilier	es*tate* agency, house agency ; (US) realtor
antenne (TV)	aerial*
appartement	flat ; (US) a*part*ment
appentis	shed
ardoise	slate
bail	lease
balcon	balcony
balustrade	balustrade, railing
baraque	shed, hut
bâtisse	building, edifice
béton	concrete
blanchi à la chaux	white-washed
cabane	hut, shanty
carreau	tile
cave	cellar
charpente	frame-work
château	castle
cheminée	(extérieure) chimney ; (intérieure) fireplace
copropriété	co-ownership ; (US) condo*min*ium
cour	backyard
délabré	di*lap*idated
déménager	to move
déménagement	re*mov*al
demeure	dwelling
démolir	to pull down
domicile	home, place of residence, ad*dress*
donner congé	to give notice
échafaudage	scaffolding
édifier	to build, con*struct*, *erect*
emplacement	site
emménager	to move in
entrepreneur	property-developer, con*tra*ctor
façade	fa*çade*, front
fenêtre	window
en saillie	bow-window
à guillotine	sash-window
porte-fenêtre	French window
garde-fou	railing, parapet
girouette	weathercock
gouttière	drainpipe
gratte-ciel	skyscraper
grenier	attic, garret, loft
grille	gate, railings
habitant	in*hab*itant, resident, dweller
HLM (habitation à loyer modéré)	council flat ; (US) public housing unit
immeuble	building, block of flats
interphone	intercom
jardin	garden
jardinière	window-box

6 HOUSES AND FLATS/APPARTMENTS

locataire	tenant, lodger, (US) roomer
logement	lodgings
lotissement	housing-estate
louer	(à un proprié-taire) to rent ; (à un locataire) to let
loyer	rent
maison	house
de campagne	country-house
de ville	town-house
préfabriquée	pre*fab*ricated house
jumelles	semi-detached house
manoir	manor
mansarde	attic, garret
marche	step
menuisier	carpenter
meublé	furnished a*part*ment
mur	wall
niche	niche
paratonnerre	lightning con*duc*tor
parcelle	plot, lot
pâté de maisons	block of houses
pensionnaire	paying-guest
persienne	(metal) shutter
pignon	gable
planche	plank
porche	porch, porchway
portail	gate
porte	door
d'entrée	front door (back door)
porte-fenêtre	French window
poutre	beam
poutrelle	girder
propriétaire	owner, landlord, landlady
propriétés immobilières	real estate
rangée	row
ravalement	cleaning, resto*ra*tion, face-lift
reloger	to rehouse
réservoir	tank
rez-de-chaussée	ground floor, (US) first floor
sans domicile fixe	of no fixed address
sans-logis	homeless
serrure	lock
seuil	threshold
sonnette	bell
sous-sol	basement
store	blind, (US) shade
taudis	slum, hovel, dump
terrasse	terrace
toit	roof
tour	tower-block, high-riser
tuile	tile
tuyau	pipe
voisin	neighbour
voisinage	neighbourhood
volet	shutter

B. INTÉRIEUR

ampoule	bulb
appareils ménagers	do*mes*tic ap*pli*ances
armoire	cupboard*
ascenseur	lift, (US) elevator
aspirateur	vacuum-cleaner, Hoover
assiette	plate
âtre	hearth, fireplace
baignoire	bath
balai	broom
balayer	to sweep (swept, swept)
berceau	cradle
bibliothèque	(meuble) bookcase ; (pièce) library
boiseries	wood-panels
buffet	side-board
bureau	(meuble) desk ; (pièce) study
cage d'escalier	staircase
canapé	sofa, settee
casserole	saucepan
chambre à coucher	bedroom
chambre d'ami	spare room
chasse d'eau	flush
chaudière	boiler
chauffage central	heating central heating
clé	key
ciré	polished
cloison	par*ti*tion
commode	chest of drawers
concierge	caretaker, (US) janitor
congélateur	freezer
couloir	passage, corridor
couverture	blanket
couvre-lit	bedspread
cuisine	kitchen
cuisinière	cooker
descente de lit	(bedside) rug
divan	settee
douche	shower
eau courante	running water
encastré	built-in
entrée	hall, vestibule
entresol	mezzanine (floor)
épousseter	to dust
escalier	staircase, stairs ; (US) stairway
étage	floor, storey
étagère	shelf
évier	sink
fauteuil	armchair
fourchette	fork
four à micro-ondes	micro-wave oven
fourneau	stove
frigidaire	re*fri*gerator, frigi*daire*, (*fam*) fridge, (US) ice box
fuite d'eau	water-leak
de gaz	gas-leak
glace	mirror, looking-glass

grille-pain	toaster
lampadaire	standard lamp, cande*lab*ra
lampe	light
de chevet	bedside light
de travail	reading-lamp
lavabo	wash-basin
lave-linge	washing-machine
lave-vaisselle	dish-washer
lit	bed
lit d'enfant	cot
lustre	chande*li*er*
matelas	mattress
meubles	furniture (*sing* : a piece of furniture)
meubler	to furnish
monte-charge	goods lift ; (US) service elevator
moquette	wall-to-wall carpeting
nappe	table-cloth
office	pantry
oreiller	pillow
taie d'oreiller	pillow-case
palier	landing
penderie	closet
placard	cupboard
plafond	ceiling
plancher	floor
plaque électrique	burner
poêle (à frire)	frying-pan
poêle à mazout	oil-stove
poignée de porte	door-handle
bouton de porte	door knob
porte-savon	soap-dish
porte-serviettes	towel-rack, towel-rail
poubelle	dustbin, (US) trash-can, garbage-can
prise électrique	(mâle) plug ; (femelle) socket
radiateur électrique	e*lec*tric heater
— à gaz	gas-heater
rampe d'escalier	banister, hand-rail
rideaux	curtains, (US) drapes
robinet	tap, (US) faucet
salle à manger	dining-room
salle de bains	bathroom
salle de séjour	living-room, (US) lounge
savon	soap
serviette	towel
table	table
table basse	coffee-table
table de jeux	card-table
table de nuit	bedside table
tapis	carpet
tiroir	drawer
toilettes	WC (water-closet), toilet, lavatory ; (GB *fam*) loo, (US *fam*) john
vestibule	hall
vide-ordures	rubbish-chute
vitre	window-pane
vitrine	display cabinet

A 2 LEXIQUE EN SITUATION

burglar-proof house : maison munie d'un dispositif antivol.
burglar-alarm : sonnerie antivol.
reinforced door : porte blindée.
house-breaking : cambriolage.
to break into a house : cambrioler une maison.
to keep open house : tenir table ouverte.
house-guest : quelqu'un qui est logé dans une maison gratuitement (≠ **paying guest**).
household : ensemble des gens vivant dans une maison.
house-warming : pendaison de crémaillère.
housekeeping : le ménage ; l'économie domestique.
to do the house : faire le ménage.
to run the vacuum-cleaner : passer l'aspirateur, on dit aussi : **to hoover** (une marque devenu un verbe ; cf. **frigidaire**, et familièrement : **fridge**, à la place de **refrigerator**).
to sweep (swept, swept) and to dust the house : balayer et épousseter la maison.
to do the dishes, to do the washing-up : faire la vaisselle.
to scrub the floor : nettoyer le sol avec une brosse, **to sponge** : avec une éponge.
spring-cleaning : nettoyage de printemps.
spick and span : impeccable.
to lay the table : mettre la table.
to have a bath : prendre un bain.
to flush the toilet : tirer la chasse d'eau.
to switch on the light : allumer la lumière.
the fuses have blown : les plombs ont sauté.
a power failure : une panne de courant.
to cut off the power : couper le courant.
DIY : Do It Yourself : le bricolage.
to live under the same roof : vivre sous le même toit, cohabiter.
for sale : à vendre.
to put something up for sale : mettre quelque chose en vente.
rooms to let : chambres à louer.
furnished room : chambre meublée.

to share à flat : partager un appartement.
to sublet : sous-louer.
a three-year lease : un bail de trois ans.
to give notice : donner congé.
the housing problem : le problème du logement.
to rehouse : reloger.
to show someone the door : mettre quelqu'un à la porte.
to slam the door : claquer la porte.
out of doors : à l'extérieur, au grand air.
door to door : porte à porte.
upstairs : à l'étage.
downstairs : au rez-de-chaussée.
make yourself at home : faites comme chez vous.
mind the step : attention à la marche.

A 3 REGISTRES DE LANGUE

1. Expressions idiomatiques

Home Sweet Home : qu'il est doux d'être chez soi.
it's a home from home : c'est un second chez soi.
charity begins at home : charité bien ordonnée commence par soi-même.
an Englishman's home is his castle : charbonnier est maître chez lui.
there's no place like home : on n'est jamais si bien que chez soi.
to get on like a house on fire : s'entendre à merveille.
to hit the roof : se mettre très en colère.

2. Expressions familières ou argotiques.

to live in digs : (GB, argot universitaire) avoir une chambre chez quelqu'un.
the place was a shambles : la maison était sens dessus dessous (de **shambles** : désordre, gâchis).
come to my place : viens chez moi.
a bedsit ou bedsitter = bedroom + sitting-room : (GB) pièce unique où on dort et on vit, chambre à louer.

to go to bed with someone : coucher avec quelqu'un.
this is between you, me and the bedpost : ceci restera entre nous, très confidentiel.

3. Expressions moins fréquentes, style plus littéraire.
abode, dwelling : demeure.
to dwell (dwelt, dwelt) : habiter, demeurer.
hovel : masure, taudis.
to cross the hearth/the threshold : franchir le seuil.
you will never cross my threshold again/darken my door again : tu ne franchiras plus jamais le seuil de cette maison.
to banish someone from the house : interdire la maison à quelqu'un.
to live in a garret, in an attic : vivre dans un grenier, sous les toits.

B REMARQUES

■ **Home** entre dans la composition de très nombreuses expressions :

- **homecoming** : retour à la maison
- **homebound** : rentrant vers la maison ; se dit d'un bateau ou d'un voyageur qui rentre à son port d'attache, qui rentre chez lui.
  Attention : ne pas confondre avec **housebound**, qui signifie *qui ne peut pas sortir, condamné à rester à la maison.*
- **homeless** : sans logis.
  homely : familier, simple.
  home-made : fait à la maison ; **home-made bread** : pain fait à la maison.
  homesickness : mal du pays ; **homesick** (*adj*) : nostalgique, souffrant du mal du pays.
  homespun : simple, naïf ; ex. : **homespun opinions.**
- **home address** : adresse personnelle ; à opposer à **business address** : adresse professionnelle.
- **Home**, avec majuscule, prend le sens plus général de patrie, ou d'Angleterre. D'où **the Home Office** : le ministère de l'Intérieur.

Homeland signifie la *patrie* ; **home and abroad** : chez soi et à l'étranger.
Attention : **the Home Counties** : les comtés qui entourent Londres.
Home peut également être employé pour : **Institution** ; par exemple : **Home for the Handicapped** : institution pour les handicapés ; **Home for the Elderly** : Institut pour les personnes âgées.

- **to give someone a home** : accueillir quelqu'un chez soi.
  to leave home : quitter définitivement la maison familiale.
- Notez, en sport, le sens particulier de **home** : **a home match** : un match sur son propre terrain.
- Notez cet emploi particulier :
  to drive a nail home : enfoncer un clou à fond.
  to bring something home to someone : faire comprendre quelque chose à quelqu'un.
- Attention à **homework** : les devoirs à faire à la maison (pour un écolier) et **housework** : le ménage.
- **House** signifie aussi *théâtre* : par exemple, **a full house** : un théâtre complet, dont toutes les places sont prises. D'où **to bring the house down** : avoir un grand succès, être très applaudi.
- Les institutions politiques en GB comprennent deux chambres : **the House of Commons** : la Chambre des Communes **the House of Lords** : la Chambre des Lords (voir le chapitre 22, *Vie politique*.)
- Attention à **housing estate** et **housing project** (US) : un lotissement, un ensemble d'habitations.
  a public housing unit (US), **a council flat** (GB) : une habitation à loyer modéré, HLM.
- **a house-party** s'emploie pour les invités réunis dans une maison de campagne pour le week-end.
- **to be under house-arrest** : être en résidence surveillée.
- **it's on the house** : consommer aux frais du patron dans un bar ou un hôtel.
- **to move house** : déménager ; **to move in** : emménager ; **to move out** : déménager.
  a removal van : un camion de déménagement.

- Attention : **room**, qui signifie *chambre*, *pièce* veut dire aussi *espace* ; d'où **leg-room** : place pour les jambes, ou **elbow-room** : place pour les coudes ; **standing room** : places debout.
  roomy : spacieux ; **a roomy house** : une maison spacieuse.
  to room with someone : partager la chambre de quelqu'un ; **room-mate** : camarade de chambre.
  room-service : service à la chambre dans un hôtel.

■ **Attention :**

à **to <u>in</u>habit** : *habiter* ; d'où un *habitant* : **an inhabitant (a dweller, a resident)** et *inhabité* : **<u>unin</u>habited.**

à **to paper** : *tapisser* et à **to hang wallpaper** : *coller le papier peint.*

à prendre un bain : **to have a bath.**
prendre une douche : **to take** (ou **have**) **a shower.**

à **to have a house built** : se faire construire une maison.

à **furniture**, singulier collectif : les meubles.
a piece of furniture : un meuble.

à **a dilapidated house** : une maison délabrée.
a derelict house : une maison abandonnée.
a ramshackle/rickety house : une maison branlante.
a shabby/shoddy house : une maison pauvre, minable.

C 1 EXERCICES

A Traduire :

1. Cette maison est à vendre.
2. Mon locataire est parti il y a une semaine.
3. Il a fait la vaisselle.
4. Faites comme chez vous.
5. La poubelle est pleine.
6. J'ai un bail de trois ans.
7. Attention à la marche.
8. Je plains les sans-logis.
9. C'était un meuble magnifique.
10. Les plombs ont sauté.

B Compléter : QCM

1. I like eating … bread.
   a. homesick c. home-made
   b. homespun d. homebound
2. The thief broke … the house.
   a. off b. in c. into d. at
3. She will … the table.
   a. put b. lay c. lie d. make
4. To keep open house means …
   a. to live outside c. to leave the door open
   b. to let burglars in d. to invite many guests
5. Wine must be kept in a cool …
   a. cave b. cellar c. attic d. sink

C 2 CORRIGÉS

A
1. This house is up for sale.
2. My tenant left a week ago.
3. He did the washing-up.
4. Make yourself at home.
5. The dustbin is full.
6. I have a three-year lease.
7. Mind the step.
8. I pity the homeless.
9. It was a magnificent piece of furniture.
10. The fuses have blown.

B 1c. 2c. 3b. 4d. 5b.

7 MÉTIERS

A 1 VOCABULAIRE

acheteur, euse	buyer
acrobate	acrobat
acteur, trice	actor, player
administrateur, trice (de société)	ad*mini*strator, di*rec*tor
affichiste	poster de*sign*er
agent	agent
agent de police	policeman
agriculteur, trice	farmer
ajusteur	fitter
ambulancier	ambulance driver
analyste	analyst
anesthésiste	a*naes*thetist
apiculteur	apiarist, bee-keeper
apprenti	ap*pren*tice
apprentissage	ap*pren*ticeship, training
architecte	architect
arpenteur	sur*vey*or
artisan	craftsman, artisan
artiste	artist
assistant, e	as*sis*tant
assureur	in*sur*ance broker, in*sur*er
astronome	a*stron*omer
atelier	workshop
atomiste	atomist, nuclear physicist
auteur	author
avocat, e	lawyer
balayeur, euse	sweeper
banquier, ère	banker
barman	bartender
bijoutier, ère	jeweller

biologiste	bi*o*logist
blanchisserie	laundry
blanchisseur, euse	laundryman, launderer, laundress
boucher	butcher
boulanger	baker
boulangerie	bakery
brasseur	brewer
bûcheron	lumberman
buraliste	to*bac*conist
cadre	ex*e*cutive
cafetier	(GB) publican
caissier	cashier
camionneur	(GB) lorry driver; (US) truck driver, trucker
cantonnier	roadman
cascadeur, euse	stuntman, stuntwoman
chanteur	singer
chantier	(building) site ; roadworks
chapelier	hatter
charbonnier	coalman
charcutier	pork butcher
chasseur	hunter
chauffagiste	heating engineer/specialist
chauffeur (privé)	chauffeur
chauffeur de taxi	taxi-driver, cab-driver
chauffeur routier	(GB) lorry driver, (US) truck driver, trucker, teamster

7 JOBS, TRADES AND CRAFTS

chef d'entreprise	business manager, company manager
chef d'équipe	foreman
chef de service	depart*ment*al head, head of de*part*ment
chef d'orchestre	con*duc*tor, bandleader
cheminot	railway man, (US) railroad man
chemisier	shirtmaker
chercheur	re*search*er
chirurgie	surgery
chirurgien	surgeon
chômage	unem*ploy*ment
chômer	to be unem*ployed*
chômeur	unem*ployed* person
cinéaste	film-maker, (US) movie maker
client	(commerce) customer ; (services, etc.) client
coiffeur	hairdresser
comédien	actor
commerçant	shop keeper
commerce	trade
commerce de détail	retail trade
commerce de gros	wholesale trade
commissaire de police	(GB) superin*ten*dent, (US) police captain, police chief
commissaire-priseur	auction*eer*
compagnon	journeyman
compositeur	com*pos*er
comptable	ac*coun*tant, bookkeeper
concierge	caretaker, concierge, house-porter, door-keeper
conducteur	driver
confiseur	con*fec*tioner
congés payés	paid holidays/ va*ca*tion/leave
conseil (métiers)	con*sul*tant, con*sul*ting
conseiller	ad*vis*er
constructeur	manu*fac*turer, maker, builder
consultant	con*sul*tant
contremaître	foreman
cordonnier	shoe re*pair*er, shoe mender, cobbler
coursier	messenger
couturier	fashion de*sign*er, couturier, dressmaker
couvreur	roofer
crémier, ère	dairyman, dairywoman
cuisinier	cook

dactylo	typist
danseur	dancer
décorateur	decorator
dentiste	dentist
dessinateur	draughtsman, (US) draftsman
détaillant	retailer
détective	de*tec*tive
diplomate	diplomat
directeur, trice	manager, (*f*) manageress ; head ; di*rec*tor
docteur, doctoresse	doctor
dompteur	tamer, trainer
douanier	customs officer
drapier	cloth manufacturer ; (marchand) draper, clothier
dresseur	trainer, tamer
ébéniste	cabinet maker
éboueur	(GB) dustman, (US) garbage collector
économiste	e*co*nomist
écrivain	writer
éditeur	publisher
éducateur	teacher, in*struc*tor
égoutier	sewer worker
électricien	elec*tri*cian
électronicien	elec*tro*nics engin*eer*
éleveur	cattle breeder
emballeur	packer
employé	employ*ee*
employé de banque	bank clerk

entraîneur	trainer
entrepreneur	con*trac*tor
épicerie	grocery
épicier, ère	grocer
équipe	team ; shift
esthéticien, enne (maquillage)	beau*ti*cian
étalagiste	window-dresser
expert	expert
expert comptable	(GB) chartered ac*coun*tant, (US) Certified public ac*coun*tant
exportateur	ex*port*er
fabricant	manu*fac*turer, maker
facteur	postman, (US) mailman
femme de ménage	do*mes*tic help
fermier, ère	farmer
ferrailleur	scrap merchant
financier	financier*
fleuriste	florist
fonctionnaire	government official, (GB) civil servant (US) government worker, state employ*ee*
forain	stall-holder
forgeron	blacksmith, smith
formateur	training specialist, in*struc*tor teacher

7 JOBS, TRADES AND CRAFTS

formation	edu*ca*tion, training
formation continue	con*tin*uing edu*ca*tion, adult edu*ca*tion
fourreur	furrier
garagiste	garage owner ; (mécanicien) me*cha*nic
garçon d'ascenseur	lift at*ten*dant, (US) elevator at*ten*dant
garçon de café	waiter
garçon de courses	messenger
garde	guard, warden
garde du corps	bodyguard
gardien, enne	warden, keeper
géographe	ge*o*grapher
géologue	ge*o*logist
géomètre	sur*vey*or
gérant	manager, operator
glacier	ice-cream maker; ice-cream vendor
grainetier	seed merchant, seedsman
grossiste	wholesaler
grutier	crane operator, crane driver
guide	guide
horloger, ère	watch-maker, jeweller specializing in clocks and watches
hôtelier, ère	ho*tel*-keeper, ho*tel*ier
hôtesse de l'air	air-hostess
immobilier	real estate
importateur	im*por*ter
imprimeur	printer
industriel	in*dus*trialist, businessman
infirmier	male nurse
infirmière	nurse
ingénieur	engi*neer*
inspecteur	ins*pec*tor
inspecteur des ventes	sales inspector
installateur	fitter
instituteur, trice	primary school teacher
instrumentiste	instru*men*talist
intellectuel	intel*lec*tual
intermédiaire	inter*me*diary, (commerce) middleman ; (négociations) go-between
interprète	in*ter*preter
jardinier	gardener
joaillier	jeweller
journalier	day labourer
journaliste	journalist, reporter, corres*pon*dent
juge	judge, justice, magistrate
kinésithérapeute	(GB) physio*the*rapist, (US) physical *the*rapist
laitier, ère	milkman, milkwoman, dairyman, dairy-woman

libraire	bookseller
liftier	(GB) lift-att*en*dant, (US) elevator att*en*dant
livreur, euse	de*liv*ery-man, de*liv*ery-woman
lunetier	spectacle-maker, op*ti*cian
maçon	mason
manœuvre	unskilled worker
maraîcher	market-gardener
marchand	seller, dealer
marchand de journaux	newsagent
marchand de meubles	furniture dealer
marchand de poissons	fishmonger
marchand de tabac	to*bac*conist
marchand de vin	wine merchant
marchand de volailles	poulterer
mareyeur	fishmonger
marin	sailor
masseur, euse,	mas*seur*, mas*seuse*
mécanicien	me*cha*nic
menuisier	joiner
mercier	haberdasher
métier	job, trade
meunier	miller
mineur	miner
mineur de charbon	collier
musicien	mu*si*cian
négociant	merchant
nègre (littérature)	ghost-writer
nettoyeur à sec	dry-cleaner
notaire	notary, notary public
officier	officer
opticien	optician
ostréiculteur	oyster farmer
ouvrier	worker
ouvrier qualifié	skilled worker
ouvrier spécialisé	unskilled worker
papetier	paper-maker ; stationer
pâtissier	con*fec*tioner ; pastry-cook
paye	pay
P-DG	(GB) Chairman and Managing Di*rec*tor, (US) Chairman and President, Chief Ex*e*cutive
pêcheur	fisherman
peintre	painter
pension	pension, al*low*ance ; boarding-house
pépiniériste	nursery gardener
percepteur	tax-collector
pharmacien	chemist, pharmacist
photographe	pho*tog*rapher
photograveur	photo-engraver
pilote	pilot
pisciculteur	fish-farmer

plâtrier	plasterer
plombier	plumber
plongeur, euse	diver ; (restaurant) washer-up, bottle washer
poissonnier	fishmonger
policier	policeman, policewoman
pompier	fireman
pompiste	service-station at*ten*dant
porteur	porter
portier	porter, door-keeper, janitor, care-taker
postier	post-office worker/emplo*yee*
présentateur	MC, emcee (abréviation de Master of Ceremonies)
Président	President, (d'une réunion) chairman, chairwoman, chairperson
pressing	dry-cleaner's
prêtre	priest
procureur	Public Prosecutor
producteur	producer
professeur	teacher ; (université) lecturer, pro*fes*sor
profession	job, trade
profession libérale	pro*fes*sion
promoteur	de*vel*oper
promoteur immobilier	real-estate de*vel*oper
psychiatre	psy*chi*atrist
psychologue	psy*cho*logist
publicitaire	adman
puériculteur, trice	nurse specializing in baby care
quincaillier	ironmonger
radiologue	radi*o*logist
ramoneur	chimney-sweeper, sweep
réalisateur, trice	pro*du*cer
réceptionniste	re*cep*tionist
recherche	re*search*
recyclage	retraining
recycler	to retrain
rédacteur	writer, copy-writer
rédacteur en chef	editor-in-chief
relieur	(book) binder
réparateur	re*pair*er, re*pair*man
représentant	repre*sen*tative
représentant de commerce	com*mer*cial traveller, travelling salesman, repre*sen*tative
restaurateur	restaurant owner/manager
retraite	retirement ; (re*tire*ment) pension, old-age pension

retraité, ée	pensioner, (US) retiree
revendeur	retailer, re*sell*er
salaire	wage(s), pay, salary
salarié	salaried worker
savant	scholar, scientist
sculpteur, trice	sculptor, sculptress
secrétaire	secretary
sellier	saddler, harness-maker
serrurier	locksmith
soudeur	welder
speaker	an*noun*cer
stage	training period, trai*nee*ship, (US) in*tern*ship
stagiaire	trai*nee*
standardiste	switchboard operator
sténodactylo	shorthand typist
sténographe	ste*no*grapher
surveillant, e	supervisor
tailleur	(costumes) tailor ; (pierres) cutter
tanneur	tanner
tapissier	tapestry-maker ; (décorateur) up*hol*sterer, decorator
teinturier	dyer
tisserand	weaver
traducteur	trans*lat*or
traitement	salary, pay
transporteur	carrier
transporteur routier	(road-)haulage con*trac*tor, haulier
travailleur	worker
typographe	ty*pog*rapher
usine	factory, plant, works
veilleur de nuit	night watchman
vendeur, euse	(professionnel) salesman, saleswoman, salesperson ; seller
vétérinaire	veterinary surgeon, vet
viticulteur	wine-grower
vitrier	glazier
voyagiste	tour operator

A 2 LEXIQUE EN SITUATION

■ **Qualification and experience** : compétence et expérience

to have/hold a university degree, to be a university graduate : avoir un diplôme universitaire, être diplômé de l'Université.

to have a law degree : avoir un diplôme (licence) de droit.

to have a strong background in economics : avoir une bonne formation en économie.

to have graduated in/to be a graduate in chemistry/business administration : avoir un diplôme (licence) de chimie/de gestion.

to have completed several training periods/internships : avoir suivi plusieurs stages.

to be familiar with word processing techniques : connaître les techniques de traitement de texte.

to have a good theoretical and practical knowledge of : avoir une bonne connaissance théorique et pratique de.

to conduct a study/survey : faire une étude/une enquête.

extra-curricular activities : activités extra-scolaires.

to have a strong sense of initiative : être doté d'un grand esprit d'initiative.

to be used to working under pressure : avoir l'habitude de travailler sous pression.

to have strong qualities in communication, leadership and reliability : avoir de grandes capacités à communiquer, à diriger et à inspirer confiance.

to show expertise in the field of : faire preuve d'une grande expérience/compétence dans le domaine de.

to have travelled extensively : avoir beaucoup voyagé.

to have an impressive track record : avoir un CV/une carrière/un dossier/des états de service impressionnant(e)(s).

to be experienced in office work : avoir l'expérience du travail de bureau.

to change jobs : changer d'emploi.

to take up a job : prendre un emploi.

to apply for a job : être candidat à un poste.

to meet requirements : remplir les conditions.

to meet a deadline : respecter les délais.
to advertise a vacancy : passer une annonce de recrutement.
job offers : offres d'emploi.
I am writing in reply (response) to the advertisement : j'écris en réponse à l'annonce.
outstanding career opportunities : remarquables occasions/opportunités de carrière.
a possible opening for a sales person : une ouverture possible dans la vente.
we have an immediate requirement for an ambitious and determined Sales Executive : nous avons un besoin urgent d'un responsable des ventes ambitieux et déterminé.
applicants/candidates should ideally be aged between 25 and 35 (in the 25-35 age range/bracket) : le candidat idéal aura de 25 à 30 ans.
fluency in English would be an advantage : la maîtrise de l'anglais serait un avantage.
we offer a competitive basic salary together with a company car : nous offrons un salaire de base compétitif, ainsi qu'une voiture de fonction.
apply in confidence to... : envoyez votre candidature à... Discrétion assurée.
has encouraged me to write to you about a position with your firm : m'a encouragé à vous écrire au sujet d'un poste dans votre entreprise.
I look forward to meeting you : dans l'attente de vous rencontrer (+ formule de politesse).
to fill in (US : **fill out**) **a form** : remplir un formulaire.
to report for work : se présenter à son poste, à son travail.

■ **Functions and career** : fonctions et carrière

to be apprenticed to : entrer en apprentissage chez.
to make a living/livelihood : gagner sa vie.
to join a firm : entrer dans une entreprise.
the chain of command : la hiérarchie.
to report to the Marketing Manager : dépendre directement du Directeur du Marketing.

to work to tight schedules : respecter un emploi du temps serré.
to co-ordinate the activities of a team : coordonner un travail d'équipe.
to be fully operational : être pleinement opérationnel.
to head a team of researchers : diriger une équipe de chercheurs.
to analyse data : analyser des données.
to be appointed to : être nommé à.
to be responsible for the day to day management of : être responsable de la gestion quotidienne de.
to handle financial investments and customers' accounts : gérer les placements financiers et les comptes clients.
to be fully responsible for : être pleinement responsable de.
to be in charge of : être responsable/chargé de.
to be entrusted with : se voir confier la responsabilité de, être chargé de.
to be appointed to… : être nommé à
to be promoted : être promu.
to be assigned to… : être affecté à.
to be based in…: être basé à/en.
to operate from… : opérer depuis….
to develop a programme (US : **program**) : mettre au point/ en place un programme.
to move into a management position : accéder à des responsabilités/un poste de direction.
to go into training : entrer en apprentissage.
to attend retraining courses : se recycler, suivre des cours de recyclage.
on the job-training : formation dans l'entreprise : sur le tas.
to organize and conduct seminars : organiser et diriger des séminaires.
to plan schedule and co-ordinate meetings : établir le calendrier de l'emploi du temps des réunions et en régler les détails.
to retire : prendre sa retraite.
a pension scheme, a superannuation scheme : un système de retraite.
a pension fund : une caisse de retraite.
to go on strike : se mettre en grève.

to stage a walkout : organiser un débrayage.
to start industrial action : déclencher une grève.

to make workers redundant **to lay off workers** **to cut the payroll** **to shed jobs**	licencier

A 3 REGISTRES DE LANGUE

blue collar : col bleu (portent à l'origine un bleu de travail).
factory worker : ouvrier d'usine.
assembly line : chaîne de montage.
white collar : col blanc (cadre ou employé de bureau : executive or office-worker).
an egghead (*fam*) : une « tête d'œuf » : un intellectuel.
a wage-earner : un salarié.
a technocrat : un technocrate.
a workaholic : un drogué du travail.
the burnt-out syndrome : le syndrome de l'usure précoce (cadre démotivé et déprimé par excès de surmenage vers la quarantaine).
a cushy job (GB) : une planque : une sinécure : un boulot peinard (**cushy** : tranquille, « pépère »).
casual labour (US : **labor**) : main d'œuvre temporaire.
a pot-boiler : un boulot/travail alimentaire (pour faire bouillir la marmite).
moonlighting : travail au noir.
the work ethic : l'éthique du travail.
(professional) code of ethics : déontologie.

<u>Formules toutes faites et proverbes</u>.

to have friends who can pull strings, to have friends in the right places, to have the right connections : avoir du piston.
to get something by string-pulling/pull : obtenir quelque chose par piston.
to bring home the bacon (*fam*) : faire bouillir la marmite, ramener l'entrecôte.
the tricks of the trade : les trucs/les ficelles du métier.

to know the ropes : connaître les ficelles.
to ply one's trade (langue écrite) : pratiquer son métier.
to peddle one's wares (littéraire) : colporter/vendre ses marchandises.
to peddle one's trash (*fam*) : vendre sa camelote, sa salade.
to be a jack-of-all-trades : être un touche à tout.
to know one's job : connaître son affaire.
it's none of your business : ce n'est pas votre affaire.
to be in the trade : être du métier.
to mix business with pleasure : combiner le plaisir et le travail, joindre l'utile à l'agréable.
it's all work and no play : ça n'est pas rigolo.
all work and no play makes jack a dull boy : il faut savoir s'amuser de temps en temps.

<u>Langue spécialisée</u>.
to be on hourly wages : être payé/travailler à l'heure.
plant transfer, relocation : délocalisation (d'usine).

B REMARQUES LEXICALES

■ Attention à la traduction de *métier* : le mot le plus fréquent est **job** mais il est plus familier dans ce sens que le français « métier » (ce qui n'est pas le cas dans son autre sens, « emploi »).

• **Trade** signifie *métier*, au sens d'*état* (**a joiner by trade** : menuisier de son état).
He is in the trade : il est du métier.
He is a doctor by trade : il est médecin de son état.
Trade signifie aussi *commerce, échanges commerciaux*.
Attention à **tradesman** : marchand, boutiquier, fournisseur
tradesmen's entrance : entrée des fournisseurs.

• **Business** peut occasionnellement correspondre à *métier* :
He is in the grocery business : Il est dans l'épicerie, il est épicier.
What's your line of business ? *Quel est votre métier, quelle est votre branche ?* s'emploiera surtout à propos de cadres mais le sens habituel est *affaire(s), commerce*.

Signifie aussi *entreprise*, ou éventuellement *chiffre d'affaires*, *volume d'activité*.

- **Professions** s'applique avant tout aux *professions libérales* (**the professions**) : **a professional man** : un membre des professions libérales. Mais **profession** peut aussi désigner un corps de métier et l'adjectif **professional** est d'un emploi très large.
- Attention à *formation professionnelle* : **vocational training.** *Maladie professionnelle* : **occupational disease.**
- **Calling** : *état*, *métier* tend à être archaïque ou littéraire ; dans ce sens signifie aussi *vocation*.
  occupation signifie *occupation* au sens d'*activité* ou au sens physique d'occupation de locaux.
  avocation : métier, profession, est d'un emploi recherché et signifie aussi *passe-temps*, *violon d'Ingres*.
- On voit que la traduction de *métier* n'est pas évidente.
  Mais on aura souvent :
  What do you do for a living ? Quel est votre métier ?

■ Traduction d'*embaucher* : **to recruit, to employ, to hire, to take on**

■ Traduction de *salaire* :
wage(s) : salaire des ouvriers
salary : salaire ou traitement des cadres
Terme général : **pay**
pay rise, pay-increase : augmentation de salaire
fee : honoraires, appointments

■ licencier : **to dismiss**

- familier GB : **to sack, to give sb the sack**
  familier US : **to fire**
- Sens technique (licenciements collectifs) :
  GB **to make workers redundant**
  redundancies : licenciements
  US **to lay off workers** ; **layoffs** : licenciements
- On trouve aussi dans ce sens : **to shed jobs** et (US) **to cut the payroll** (m. à m. réduire la liste de paye).

■ Traduction de *client* : **customer**

- **client** (d'une banque, d'une activité de service, mais aussi client régulier et d'un emploi plus noble que **customer**)

- **patron** : client, client régulier (d'hôtel, restaurant, théâtre)
- traduction de *clientèle* : **custom goodwill**, sens technique et comptable
- **practice** : clientèle d'un médecin, d'un avocat

■ Traduction d'*avocat* :
- terme général : **lawyer**
- sens général d'avocat d'une cause, personne favorable à : **advocate**
- sens précis d'avocat qui plaide au tribunal (GB) : **barrister**
avocat (de la défense) : **counsel**

■ Traduction d'*entrepreneur* :
- qui a l'esprit d'entreprise, « businessman », entrepreneur : **entrepreneur** (de travaux, transports, etc.), **contractor**
- de pompes funèbres : **undertaker** ; (GB) **funeral director**, (US) **mortician**

■ Traduction de *stage* (en entreprise, etc.) : **training period** ; (plus abstrait) **traineeship**
to apply for a traineeship, (US) **an internship** : être candidat à un stage

■ Attention à la différence entre **to retrain** : *recycler* (formation) et **to recycle** : *recycler* (des produits)

■ Attention à *usine* : en général, **factory** en anglais britannique, **plant** en américain.
ex. : (GB) **a car factory**, (US) **an automobile plant.**
- Mais **plant** est aussi utilisé en anglais pour les industries modernes (**nuclear plant, chemical plant, steel plant**). Il signifie aussi *infrastructure(s), équipement lourd* (cf. **facilities**).
- **Mill** s'emploie pour des usines qui à l'origine – ou encore de nos jours – utilisaient l'eau comme force motrice (premier sens de **mill** : *moulin*). **A paper mill** : *une papeterie.*
- **Works** s'emploie pour l'industrie lourde.

■ Traduction d'*ouvrier* : le mot le plus usuel est **worker.**
Workman s'applique en général aux artisans (**craftsmen**), ou pour insister sur la qualité et la précision du travail.
Cf. **workmanship** : fini de l'exécution, travail soigné, beau travail, goût du beau travail.
Attention au français *ouvrier spécialisé* (O.S.), qui se traduit par **unskilled worker** (il s'agit d'un travail à la chaîne :

assembly line work, qui ne requiert pas de qualification) ouvrier qualifié : **skilled worker.**

■ Attention à la différence entre **to have a job**, *avoir un métier* et **to be in a job**, *avoir un emploi*.
Notez aussi la différence grammaticale (emploi ou non de l'article indéfini) dans :

- **to be out of work** et **to be out of a job** : être sans emploi
- pas d'article avec **work** : général
article avec **job** : particulier, individuel
(cf. français : avez-vous <u>du</u> travail, <u>un</u> emploi ?)

■ Différence entre **shift** et **team** :
team : équipe du point de vue de son esprit et de sa cohésion interne ; **teamwork** : travail en équipe
shift : équipe du point de vue de la succession des groupes pour accomplir des tâches
the three-shift system : les trois-huit (**to shift** : changer)

■ Différence entre **official** et **officer** :
official : officiel, responsable ; **union official** : responsable syndical
officer : 1. (armée etc.) officier ; 2. personne qui occupe un office, un poste hiérarchique important ; fonctionnaire exerçant une responsabilité.

■ Différence entre **post** et **position** :
Le premier indique en général un poste élevé. Le second, **position**, est d'un emploi beaucoup plus fréquent et n'indique pas de niveau hiérarchique.

■ Différence entre **applicant** et **candidate** : peuvent souvent s'employer l'un pour l'autre au sens de candidat (à un poste, etc.), mais pour un examen, etc., toujours employer **candidate**. Pour une demande administrative, employer **applicant**.

■ Différence entre **editor** et **publisher** :
publisher : éditeur
editor : rédacteur en chef ou relecteur d'un document.
to edit : préparer un texte pour la publication, indique un contrôle avec modifications d'un document.

■ Différence entre **accountant** et **bookkeeper** :
accountant : comptable, responsable de la comptabilité
bookkeeper : comptable au sens de tenue de livres.

■ Différence entre **salesman** et **seller** :
- **salesman** : 1. vendeur professionnel ; 2. personne ayant le sens de la vente (**salesmanship**)
  He's a born salesman : c'est un vendeur né.
- **seller** : vendeur (d'un bien quelconque, personne qui se trouve vendre quelque chose). C'est le terme employé dans les contrats : **The seller undertakes to**... Le vendeur s'engage à...

■ Différence entre **middleman** et **go-between** :
Un *intermédiaire* peut être traduit par **an intermediary**. Mais quand il s'agit d'intermédiaire dans la vente de produits (grossiste, par exemple) on trouve souvent **middleman**. L'intermédiaire dans une négociation sera **go-between.**

■ Traduction de *patron* :
Selon les cas, **owner** ou **manager**. **Boss**, synonyme de **manager**, très employé, est familier.
the big boss : le grand patron.

B 2 PRONONCIATION

butcher ['bʊtʃəʳ] : [ʊ] et non [ʌ] comme dans **but**
plumber ['plʌməʳ] : le ***b*** n'est pas prononcé)
research [rɪ'sɜʳtʃ], **researcher** : son [s] et non [z]
wholesaler ['həʊlseɪləʳ] : le ***w*** n'est pas prononcé
psychiatrist [saɪ'kaɪətrɪst] : le ***p*** n'est pas prononcé

B 2 DIFFÉRENCES GB/US

- Orthographe : GB : **Labour,** US : **Labor**
  Syndicat : GB : **Trade union,** US : **Labor union**
- Prononciation : **clerk** (employé de bureau, de banque, etc.) GB [klɑːk], US [klɜrk].
- Termes : expert comptable :
  GB : **Chartered Accountant** (profession protégée par une charte royale, **a royal charter**)
  US : **Certified Public Accountant, C.P.A.**

C 1 EXERCICES

A Traduire.

1. Pour être retenus, les candidats devront être âgés de 25 à 35 ans.
2. Les candidats devront pouvoir faire état d'une expérience réussie dans le secteur bancaire.
3. Je connais bien les techniques de traitement de texte.
4. Nous faisons appel aux candidatures pour le poste de…
5. Nous manquons d'ouvriers qualifiés.
6. Il connaît les trucs du métier.
7. Il a obtenu le poste par piston.
8. Elle est payée à l'heure.
9. Je regrette qu'on ne m'ait pas fait faire des études de plomberie.
10. Il a été mis en apprentissage chez un expert comptable.
11. Elle suit des cours de recyclage depuis un an.
12. Quel est votre métier ?

B QCM.

1. When can you … for work ?
   a. retire — c. dismiss
   b. report — d. present
2. She has a good job and makes a good …
   a. life — c. living
   b. pay — d. money
3. He is studying for the …
   a. bar — c. lawyer
   b. law — d. right
4. His father is …
   a. architect — c. being an architect
   b. an architect — d. as architect
5. A G.P. is …
   a. a doctor — c. a director
   b. an accountant — d. a bank clerk

6. A surveyor …
   a. supervises workers   c. does research
   b. checks accounts   d. measures and maps
7. A trucker is …
   a. an actor   c. a lorry-driver
   b. a train driver   d. a young sailor
8. She … directly to the general manager.
   a. retires   c. depends
   b. dismisses   d. reports
9. He started as a van-driver and is now a road-haulage …
   a. undertaker   c. contractor
   b. director   d. boss
10. He has a good … record in marketing and sales.
    a. trek   c. trick
    b. truck   d. track

C 2 CORRIGÉS

A 1. Successful candidates should be aged 25 to 35 (in the 25 to 35 age range/bracket/group).
2. Applicants/candidates should have a proven track record in the banking sector.
3. I am familiar with word-processing techniques.
4. Applications are invited/we invite applications for the position of …
5. We are short of skilled workers.
6. He knows the tricks of the trade.
7. He got the job through string-pulling/pull.
8. She is on hourly wages/pay.
9. I am sorry I was not trained as a plumber.
10. He was apprenticed to a chartered accountant (U.S. : certified public accountant).
11. She has been attending retraining courses for a year.
12. What do you do for a living ? What's your job ? What's your line of business ?

B 1b. 2c. 3a. 4b. 5a. 6d. 7c. 8d. 9c. 10d.

8 LA VILLE

A 1 VOCABULAIRE

A. LE CENTRE-VILLE

(grande) ville	city	passerelle	footbridge
allée	lane, alley	pâté de maisons	block
animé	lively, busy	place	square
artère	thoroughfare	plan	map
avenue	avenue	quartier d'affaires	business district
bondé	(over)crowded, crammed	quartier	district ; (US) neighborhood
boulevard	boulevard	quartier résidentiel	resi*den*tial district ; (US) uptown
bruyant	noisy	rue commerçante	shopping street
centre-ville	(GB) town centre ; (US) town center, downtown	rue secondaire	side-street
foule	crowd	rue	street
galerie marchande	shopping mall	ruelle	lane, by-street
grand-rue	high street ; (US) main street	square	public garden
passage, galerie	arcade	ville	town
		voie sans issue	dead-end ; cul-de-sac
		zone piétonne	pe*des*trian zone/area

B. LA VILLE : CIRCULATION, TRANSPORTS

(auto) bus	bus	cité (banlieue)	(housing) project
abribus	bus shelter	contravention	(parking) ticket
arrêt de bus	bus stop	demeurer	to dwell
automobiliste	motorist, car driver	déviation	bypass, diversion; di*vert*ed traffic
banlieue	suburbs	embouteillage	traffic jam
boulevard périphérique(US)	ring (road) ; belt(way)	encombré	con*ges*ted
camion	lorry ; (US) truck	encombrement	traffic con*ges*tion
circulation	traffic	feux tricolores	traffic lights

gare (ferroviaire)	(train) station
gare routière	bus station ; (US) bus terminal
habiter	to live
heures de pointe	rush hours
horodateur	parking meter
métro	underground (railway) ; (US) subway
le métro de Londres	the tube
parking	car park ; (US) parking lot
passage pour piétons	pe*des*trian/zebra crossing
périphérie	outskirts ; com*mut*er belt
piéton	pedestrian
piste cyclable	cycle lane/track
prix (d'un trajet)	fare
rue à double sens	street with two-way traffic
rue à sens unique	one-way street
s'installer	to settle
se garer en double file	to double-park
se garer, stationner	to park (one's car)
sens de la direction	di*rec*tion of the traffic
sens interdit	no entry
station de taxis	taxi rank ; (US) taxi stand
stationnement interdit	no parking
tassement, bouchon	pile-up
taxi	taxi ; (taxi) cab
tramway	(GB) tramway ; (US) street/trolley car
véhicule	vehicle
ville de province	pro*vin*cial town, country town
ville-champignon	mushroom town, boom town
ville-dortoir	dormitory town
voiture	car
zone d'enlèvement	tow-away zone

C. PAYSAGE URBAIN

(bureau de) poste	post office
À LOUER ; (taxi) LIBRE	FOR HIRE
affiche	poster
APPARTEMENT À LOUER	FLAT TO LET ; (US) A*PART*MENT TO LET
appartement	flat ; (US) a*part*ment
bibliothèque	library
cabine téléphonique	phone booth ; call box ; payphone
chambre d'hôtes	B+B : Bed and Breakfast ; Bed and Board
commissariat	police station
commune	township

C. PAYSAGE URBAIN (suite)

contribuable (impôts locaux)	(GB) rate-payer
DÉFENSE D'AFFICHER	STICK NO BILLS
enseigne lumineuse	il*lu*minated sign
enseigne	sign
espaces verts	green spaces/ areas
gratte-ciel	sky-scraper
habitant	in*hab*itant
hôtel	hotel
hôtel particulier	mansion
immeuble	building
immeuble de HLM	council building/flats
jardin public	public garden
lampadaire	street lamp, lamp post
locataire	tenant
lotissement, cité	housing estate
mairie	town hall, city hall
MAISON À VENDRE	HOUSE FOR SALE
maison (de ville)	(town) house
maisons jumelles	semi-detached houses
marché	market
monument aux morts	war me*mor*ial
monument	monument
musée	mu*se*um
panneau d'affichage	hoarding ; (US) billboard
panneau indicateur	signpost
parc	park
passants	passers-by
paysage urbain	townscape
pension de famille	guest-house
policier	policeman ; (GB) constable
propriétaire	landlord/ landlady
rénovation	rehabili*ta*tion, re*fur*bishing
rénové	reha*bil*itated, re*fur*bished
SENS INTERDIT	NO ENTRY
soldes	sale
tour de bureaux	office tower
tour	(GB) block (of flats) ; (US) high-rise building
urbanisme	town planning ; (US) city planning

D. LA VOIRIE

balayeur	street sweeper
benne à ordures	(GB) tip lorry, tipper ; (US) dump(ing)-truck
bord du trottoir	curb ; (US) kerb
caniveau	gutter
chaussée	roadway ; (US) pavement
crottes de chien	dog dirt/muck/mess ; (US) dog(gy)-do
éboueur	(GB) dustman ; (US) garbageman
égout	sewer
enlèvement des ordures	(GB) refuse collection ; (US) garbage collection
macadam	(tar) macadam
ordures	refuse, litter ; (US) garbage, trash
pavés	cobble-stones
poubelle	(GB) dustbin, refuse bin ; (US) trash can
trottoir	pavement ; (US) sidewalk

E. PROBLÈMES URBAINS

agresseur	mugger
agression	mugging
bas quartiers	slums ; slum districts/areas
dégradation des centres-villes	urban blight/decay
délabré	di*lap*idated
mendiant	beggar
peu sûr	unsafe
pollution urbaine	urban pol*lu*tion
prostituée	prostitute
prostitution	prosti*tu*tion
quartier « chaud »	red-light district
sale	dirty
sans-abri, SDF	homeless
sordide	squalid
taudis	slum

F. DÉPLACEMENTS, ORIENTATION

à droite	on the right
à gauche	on the left
aller tout droit	to go straight
au croisement	at the intersection
avancer	to go ahead
chercher	to look for
circuler	to move along
continuer	to go/walk further

F. DÉPLACEMENTS, ORIENTATION (suite)

de (provenance)	**from**
de ce côté	**on this side**
de l'autre côté	**on the other side**
demander son chemin	**to ask one's way**
déménager	**to move out**
derrière	**behind**
devant	**in front of**
emménager	**to move in (to)**
en face	**in front ; across the street**
en tournant ; à l'angle	**around the corner**
faire la queue	**to queue up ; (US) to stand in (a) line, to line up**
faire un tour	**to take a walk**
flâner	**to stroll**
guide, plan	**guidebook**
indiquer	**to show, to tell**
jusqu'à	**up/down to**
là-bas	**over there**
loin	**far (away)**
marcher	**to walk**
parcourir	**to wander through**
passer devant	**to pass ; to pass by**
perdre son chemin	**to lose one's way**
plus bas	**further down**
plus haut	**further up**
plus loin	**further**
(plus) près	**near(er)**
s'approcher	**to near**
s'arrêter	**to stop**
s'éloigner	**to go away**
se dépêcher	**to hurry**
se diriger	**to head for**
tourner	**to turn**
tout droit	**straight on**
traverser	**to cross ; to walk across**
visiter	**to visit**

A 2 LEXIQUE EN SITUATION

she lives in town : elle habite en ville.
they live in the suburbs : ils habitent en banlieue.
Tom is in town : Tom est en ville.
Mr Jones is out of town : M. Jones est absent, en déplacement.
he is from out of town : il est étranger ; il n'est pas d'ici.
Leeds is my home town : Leeds est ma ville natale.
they found themselves out on the street : ils se sont trouvés à la rue.

the workers might come down into the street : les travailleurs risquent de descendre dans la rue.
his landlord put him out into the street : son propriétaire l'a jeté à la rue.
the man in the street : l'homme de la rue, le grand public.
the information desk is on the ground floor : le bureau de renseignements est situé au rez-de-chaussée.
they have just rented a two-storied house : ils viennent de louer une maison à un étage (à deux niveaux).
rents are quite expensive in central London/ in downtown New York : les loyers sont très chers dans le centre de Londres/de New York.
this is a very quiet district/(US) neighborhood : c'est un quartier très calme.
he lives across the street : il habite en face.
they live in a new housing development and have to commute to London every day : ils habitent dans un nouvel ensemble et doivent faire le trajet jusqu'à Londres tous les jours.
she made her way through the crowd : elle se fraya un chemin à travers la foule.
tourists are flocking to this exhibition : cette exposition attire une foule de touristes.
motorists were held up in a traffic jam : les automobilistes étaient bloqués dans un embouteillage.
the housing shortage is one of the government's major concerns : la crise du logement est l'une des plus grandes préoccupations pour le gouvernement.
life is increasingly hard to stand for townsfolk/townspeople : la vie est de plus en plus dure à supporter pour les citadins.
you could take a short cut across the bridge : vous pourriez couper en passant par le pont.
turn to the left : tourner à gauche.
keep to the right : continuez sur la droite ; tenez votre droite.
could you tell me the way to… ? / could you direct me to… ? pourriez-vous m'indiquer le chemin de … ?/pour aller à… ?

keep straight on ; this street will lead you to the church : continuez tout droit ; cette rue vous mènera à l'église.
we'll dine out tonight : nous dînerons en ville ce soir.
it is the talk of town : toute la ville en parle.
Please don't let your dog foul the pavement : Apprenez-lui le caniveau.
Keep your city clean ; (US) Don't be a litter bug : Gardez votre ville propre.

A 3 REGISTRES DE LANGUE

1. Langue écrite.

- Dans un registre plus recherché, le terme *citadin* a comme équivalent **urban/town/city dweller** dérivé de **to dwell** : demeurer, **a dwelling** : une demeure.

2. Sens figuré.

- Le mot **pedestrian** : *piéton(nier)* s'emploie comme adjectif au sens figuré.
  ex. : **pedestrian style** : style prosaïque, lourd.
- **The inner city** a rarement son sens littéral de *ville intérieure.* Elle désigne plutôt les vieux quartiers pauvres du centre-ville. En américain, **the ghetto** a encore la même signification.
- **To pave the way for** n'est employé qu'au sens figuré de *préparer le terrain.*
  ex. : **such measures are paving the way for far-reaching reforms** : de telles mesures préparent le terrain à des réformes de grande envergure.
- **To give sb the green light** (ou **the go-ahead**) s'emploie comme en français : *donner à qqn le feu vert.*
- **To go to town** : cette expression est peu souvent employée à son sens propre. Pour traduire sans ambiguïté *aller à la ville*, on préférera **to go up to town** ou **to go into town.** Au sens figuré, cette expression signifie *mettre le paquet, ne pas lésiner, ne pas faire les choses à moitié, ne pas y aller avec le dos de la cuillère.*
  ex. : **They went to town on their son's birthday** : Ils ont

mis les petits plats dans les grands pour l'anniversaire de leur fils.

He went to town on his revision work : Il a mis le paquet pour ses révisions.

3. Langue familière, argotique

- Aux traductions du français *citadin* indiquées plus haut, il convient d'ajouter un équivalent péjoratif, **townee** ou **townie**, en usage dans l'argot étudiant ou employé avec mépris par les « **exurbanites** » (*banlieusards* ou *provinciaux*).
- **She is the talk of the town** : on ne parle que d'elle en ville.
- Plusieurs expressions familières utilisent le mot **town** pour décrire les plaisirs et les débordements auxquels la ville peut inciter.

  ex. : **to paint the town red ; to have a night on the town** : faire la noce, faire la foire.

  Let's go out on the town : on va faire une virée/une descente en ville.
- Dans le même registre, la fréquence lexicale nous conduit à mentionner **a street-walker** : *une péripatéticienne* et **a hooker** : *une prostituée.*
- L'équivalent du français *rue* se trouve dans un certain nombre de locutions du genre : **good plumbers are not found every day** : *les bons plombiers ne courent pas les rues* ; **they are as common as dirt/as blackberries** : *les rues en sont pavées* ; **to be common talk/to be in everyone's mouth** : *courir les rues* (s'appliquant à des nouvelles ou des rumeurs).

4. Proverbes.

(The road to) hell is paved with good intentions : l'enfer est pavé de bonnes intentions.

All roads lead to Rome : tous les chemins mènent à Rome.

5. Surnoms.

- Tout comme on fait souvent référence à Paris en l'appelant « la Ville lumière » (**the City of Light**), de nombreuses villes américaines sont fréquemment désignées par des surnoms qu'elles doivent à une caractéristique propre. Hormis

Big Apple : *New York*, les exemples qui suivent contiennent tous le mot **town** ou **city** :
Tinsel Town ou **City on Wheels** pour *Los Angeles* ; **Windy City** pour *Chicago* ; **Fun City** pour *Las Vegas* ; **City of Brotherly Love** pour *Philadelphie* ; **The Crescent City** pour *La Nouvelle-Orléans* ; **High City** pour Denver ; **Twin Cities** pour *Saint Paul-Minneapolis*.

6. Néologismes.

- A signaler parmi les néologismes, souvent liés à la criminalité urbaine des États-Unis, des expressions telles que **a streetwise guy** qui s'applique à un « gars » qui a la rue pour territoire et qui est capable de survivre dans cet environnement hostile.
- **drive-by shooting** est une tactique criminelle qui consiste à rouler en voiture, à tirer sur des victimes (choisies ou non) et à prendre la fuite.
- La consommation de drogues a donné lieu à de nombreuses créations lexicales telles que **blunt** ou **spliff** pour désigner *un joint*.
- **The hood** (abréviation de **neighborhood**) est devenu le terme argotique désignant *le quartier*.

B 1 REMARQUES LEXICALES

- Ne pas oublier que, pour traduire le français *ville*, on aura toujours à choisir, selon l'importance de l'agglomération, entre **city** et **town**.
- Parmi les termes les plus courants susceptibles de traduire le français *logement*, il convient de rechercher l'équivalent adapté à chaque contexte particulier.

  ex. : **lodging** se trouvera dans l'expression **board and lodging** : *nourriture et logement*, qui a pour synonyme **room and board**. On pourra aussi bien dire **We are looking for a night's lodging** que **We are looking for suitable accommodation/housing** : *Nous sommes à la recherche d'un logement convenable*. **They need accommodation for three** : *Ils ont besoin d'un logement pour trois personnes*. On retrouve

housing dans des locutions telles que **housing shortage** : *crise du logement* ou **housing policy** : *politique du logement.*

- Pour traduire le français *louer*, distinguer entre **to let** : *céder à bail* et **to rent** : *prendre à bail.*
- **the suburbs** n'a absolument pas la connotation péjorative dont est généralement affecté, en français, le terme de *banlieue.* En effet, c'est souvent à la périphérie des centres urbains (surtout aux États-Unis) que se sont constitués les quartiers résidentiels. Ainsi, **a suburbanite** désigne de façon neutre *un habitant de la banlieue* plutôt qu'*un banlieusard.* On emploie fréquemment le synonyme **commuter** faisant plus précisément référence à une personne qui effectue cinq jours sur sept l'aller-retour entre son domicile en banlieue et son lieu de travail en ville.
- Les couleurs recèlent des pièges : **amber** est l'équivalent de l'*orange* pour les feux de signalisation.

B 2 ORTHOGRAPHE

- Éviter une faute d'orthographe sur un mot de très grande fréquence : **traffic** (au sens de *circulation* et de *commerce illégal*) s'écrit avec deux f au contraire du français *trafic.*
- On oublie trop souvent qu'outre le redoublement du **c**, le terme **accommodation** : *logement,* ainsi que les mots de la même famille s'orthographient avec deux **m**.

B 3 PRONONCIATION

- Veiller à prononcer correctement la première syllabe de l'adjectif **urban**, qui n'est pas diphtonguée en [juː]. Ce mot se prononce ['ɜːʳbən]. La forme de l'article indéfini qui le précède est **an** et non **a**.
  ex. : **an urban problem**.
  Prendre garde à ne pas le confondre avec l'adjectif **urbane** [ɜːʳ'bəɪn], qui signifie *courtois, raffiné.*
- Le **i** de **vehicle** n'est pas diphtongué. Prononcer ['viːɪkl].
- (GB) **mayor** se prononce comme **mare** : *jument,* c'est-à-dire [meə].

B 4 AMÉRICANISMES

- Aux États-Unis, *habiter en banlieue* peut également (voir A 2) se traduire par **to live uptown**. On parle ainsi de **uptown bus** (bus desservant la banlieue), de **downtown bus** (bus desservant le centre-ville) et de **crosstown bus** (bus dont le trajet traverse l'agglomération urbaine).
- **small-town America** fait référence à l'*Amérique provinciale*.
- Contrairement à l'anglais britannique, en américain **the pavement** désigne *la chaussée* et non *le trottoir*, qui se dit **sidewalk**.
- Noter qu'outre-Atlantique, on indique son chemin à quelqu'un en comptant non pas les rues mais les *pâtés de maisons*, en raison du « quadrillage » de l'espace urbain. On dira par exemple :
  The museum is four blocks down the avenue on your left : Vous trouverez le musée au niveau de la quatrième rue sur votre gauche.
- **skyline** y est souvent employé au sens d'*horizon urbain*, par référence aux sommets des immeubles se découpant sur le ciel.

C 1 EXERCICES

A Traduisez en anglais.

1. Mes amis viennent de quitter leur appartement en ville.
2. Ils voudraient louer une maison en banlieue.
3. Nous avons vu énormément de sans-abri dans les rues.
4. Le parking était complet.
5. La pollution urbaine est terrible aux heures de pointe.

B Choisissez la bonne réponse.

1. They parked their car in the … zone.
   a. throw-away b. tow-away c. castaway d. take-away
2. He was waiting for a cab at the taxi …
   a. station b. stop c. rank d. stance
3. Most of the polls focus on the man-…-the-street.
   a. from b. in c. of d. across

4. The shopping streets were quite … last Saturday.
   a. busy b. filled c. animated d. brimful
5. I'll ask the taxi driver how much the … would be.
   a. price b. tariff c. course d. fare

C **Donnez la bonne réponse.**
1. Comment appelle-t-on le métro de Londres ?
2. Quel est le surnom de Las Vegas ?
3. Quel est l'équivalent américain de **lorry** ?
4. Quel mot anglais a la même prononciation que **mayor** ?
5. Comment traduit-on « sens interdit » ?

D **Complétez ces phrases.**
1. Be it red or … at traffic lights, motorists must stop.
2. … often travel long distances to get back home from their place of work.
3. With this awful rain, I really appreciate the bus … at this stop.
4. I didn't have enough change to put in the meter and I found a … on my windscreen (US : windshield).
5. The tenant is suing his landlord because his … increase is much too high.

C 2 CORRIGÉS

A 1. My friends have just sold their flat (US : apartment) in town.
2. They would like to rent a house in the suburbs.
3. We saw a lot of homeless people (out) in the street.
4. The car park (US : parking lot) was full up.
5. Urban pollution is terrible at rush hours.

B 1b. 2c (aussi (US) **stand**). 3b. 4a. 5d.

C 1. the tube. 2. Fun City. 3. truck. 4. mare. 5. No entry.

D 1. amber. 2. Commuters. 3. shelter. 4. (parking) ticket. 5. rent.

9 COMMERCE, MAGASINS

A 1 VOCABULAIRE

A. LE COMMERCE

boutique	**shop, store**
Chambre de commerce	**Chambre of commerce**
commerçant	**shopkeeper ; retailer ; tradesman ; trader**
commerce (le)	**trade ; commerce ; business**
commerce (un)	**business ; store**
commerce intérieur	**home trade ; do*mes*tic trade**
commerce international	**inter*na*tional trade**
commercer	**to trade in**
commercial	**com*mer*cial**
commercialisation	**marketing**
commercialiser	**to market**
concessionnaire	**dealer**
détaillant	**retailer ; retail dealer**
directeur commercial	**sales manager**
entreprise commerciale	**trading firm ; trading concern**
grand magasin	**de*part*ment store**
grossiste	**wholesaler ; wholesale trader**
magasin	**(GB) shop, store (US) store**

magasin à succursales multiples	**chain store ; multiple store**
magasin de proximité	**con*ve*nience store**
maison de commerce	**business firm**
monde des affaires (le)	**the business world**
monde du commerce (le)	**the business world ; the world of commerce**
ouvrir un commerce	**to open a store ; to set up a business**
petit commerce	**small traders ; shopkeepers**
politique commerciale	**sales policy ; trade policy**
relations commerciales	**business relations**
vendre à crédit	**to sell on credit**
vendre au comptant	**to sell for cash**
vendre au détail	**to sell (by) retail; to retail**
vendre en gros	**to sell wholesale**
vendre par correspondance	**to sell by mail-order**

B. MAGASINS ET BOUTIQUES

REMARQUE. Il est difficile de trouver, en anglais, un équivalent direct à certains de nos magasins : les traditions font que nos pharmacies ne sont pas identiques aux **drugstores**, ni nos quincailleries aux **hardware stores**. L'approximation est alors inévitable.

agence de voyage	**travel agency**
agent de voyage	**travel agent**
agence immobilière	**real-estate agency**
agent immobilier	**real-estate agent**
alimentation (magasin d')	**grocery ; grocer's**
ameublement (magasin d')	**furniture store**
auto-école	**driving school, motoring school**
bazar	**em*por*ium**
bijouterie	**jeweller's shop**
bijoutier	**jeweller**
blanchisserie	**laundry**
blanchisseur, euse	**laundryman, laundrywoman, launderer**
boucher	**butcher***
boucherie	**butcher's (shop)**
boulanger	**baker**
boulangerie	**baker's (shop) ; bakery**
buraliste	**to*bac*conist, to*bac*conist's**
charcuterie	**pork-butchery, pork-butcher's**
charcutier	**pork-butcher**
chaussures (magasin de)	**shoe shop, shoe store ; footwear store**
chemiserie	**haberdashery, haberdasher's**
chemisier	**shirt maker ; haberdasher**
coiffeur	**hairdresser ; hairdresser's (shop)**
cordonnerie	**shoe-repair (shop)**
cordonnier	**cobbler**
débit de boissons	**pub, bar, café**
débitant	**operator ; manager ; owner**
droguerie	**(GB) dry-saltery, dry-salter's ; hardware store**
droguiste	**(GB) dry-salter ; hardware store manager**
électricien	**elec*tri*cian**
électricité (magasin d')	***elec*trical appliance store ; hardware store**
fourreur	**furrier**
fourrures (magasin de)	**furrier's (shop)**

B. MAGASINS ET BOUTIQUES (suite)

épicerie	**grocery, grocer's**
épicier	**grocer**
fleuriste	**florist**
fromager	**cheesemonger ; cheese merchant**
fromagerie	**cheese shop**
fruits et légumes (magasin de)	**fruit and vegetable store, fruiterer's (shop) ; (GB) greengrocer('s)**
horloger	**watchmaker**
horlogerie	**watchmaker's shop**
hypermarché	**(GB) hypermarket**
imprimerie	**printer's shop**
imprimeur	**printer**
jardinerie	**garden centre/ (US) center**
jouets (magasin de)	**toy-store, toy-shop**
laverie	**laundry ; launde*rette***
librairie	**bookshop**
libraire	**bookseller**
marchand de fruits, fruitier	**fruiterer, fruit seller**
marchand de glaces	**ice-cream vendor**
marchand de journaux	**news-agent ; news-agent's**
marchand des quatre saisons	**costermonger, street merchant**
mercerie	**haberdasher's (shop) ; (US) notions store**

mercier	**haberdasher ; (US) notions dealer**
miroiterie	**mirror store**
miroitier	**mirror dealer**
mobilier	**furniture**
mode (magasin de)	**fashion shop, fashion bou*tique***
musique (magasin de)	**music store**
opticien	**optician**
papeterie	**stationer's (shop)**
papetier	**stationer**
parfumerie	**perfume shop ; perfumery store**
pâtisserie	**confectioner's ; cake shop**
pâtissier	**con*fec*tioner, pastry cook**
pharmacie	**chemist's (shop), drugstore, pharmacy**
pharmacien	**(dis*pen*sing) chemist, pharmacist, druggist**
photographie (magasin de)	**pho*to*grapher's (shop)**
photomaton	**(auto*mat*ic) photo-booth**
poissonnerie	**fish-shop, fishmonger's (shop)**
poissonnier	**fishmonger ; (marché) fish vendor**

pompes funèbres	(GB) funeral dir*ec*tor's ; (US) funeral parlor, undertaker's, mor*ti*cian's
pressing	dry-cleaner's
quincaillier	hardware dealer ; (GB) ironmonger
quincaillerie	hardware shop/store ; (GB) ironmonger's
salon de beauté	beauty salon, beauty parlo(u)r
serrurerie	locksmith's (shop)
serrurier	locksmith
sports (magasin de)	(vêtements) sportswear store ; (articles) sporting goods store, sports shop
supermarché	supermarket
tailleur	tailor
teinturerie	dry-cleaner's
teinturier	dry-cleaner
traiteur	caterer
vêtements (magasin de)	clothes shop, clothier ; (US) apparel store
vins (marchand de)	wine store

C. L'ENTREPRISE

actionnaire	shareholder/ (US) stockholder
actions	shares/ (US) stock
administrateur	director
agent	agent
associé	partner
associé-gérant	acting partner ; active partner
cadre	ex*e*cutive
chef d'entreprise	business manager ; entrepre*neur*
client	customer ; client
commanditaire	limited partner ; sleeping partner ; (US) silent partner ; dormant partner
commandité	general partner ; acting partner, active partner
conseil d'administration	Board of Dir*ec*tors
directeur	manager
exportateur	exporter
fournisseur	suppl*ie*r
gérant	manager ; director
importateur	im*por*ter
intérimaire	temporary worker/emplo*yee*
marchand, négociant	dealer ; trader ; shopkeeper
obligation	bond; de*ben*ture
personnel	staff ; person*nel*
secrétaire	secretary
société	company, (US) corpor*a*tion

C. L'ENTREPRISE (suite)

société à responsabilité limitée (SARL)	(GB) private (limited) company (ltd)
société anonyme (SA)	(GB) public (limited) company (plc)
société en commandite	limited partnership
société en nom collectif	general partnership
société par actions	joint-stock company
sous-traitant	sub-contractor
stagiaire	trainee, (US) intern

D. OPÉRATIONS COMMERCIALES

acompte	de*pos*it ; in*stal*ment ; down payment
affaire ; opération commerciale	business trans*ac*tion
arrhes	de*pos*it
assurance	in*sur*ance
brevet	patent
breveter	to patent
commande	order
concevoir	to de*sign*
concurrence	compe*ti*tion
concurrent	com*pet*itor
consommateur	con*sum*er
consommation	con*sump*tion
débouché	outlet
délai	time ; deadline ; time-limit
délai de livraison	de*liv*ery date ; de*liv*ery deadline
dépense	ex*pense* ; spending
dépenses	ex*pens*es ; ex*pen*diture
développement de produit	product de*vel*opment
devis	cost estimate
dommage (s)	damage
dommages-intérêts	damages
douane	customs
échantillon	sample
échéance	deadline
exploitation (d')	running, (US) operating
exploitation (entreprise)	firm ; con*cern*
faillite	bankruptcy
faire faillite	to go bankrupt
filiale	sub*sid*iary
franchise	franchise* ; franchising
fret	freight ; cargo
fusion	merger
fusionner	to merge
gamme de produits	product range
gestion	management ; running
haut de gamme	top-of-the-line ; upmarket

image de marque	brand image
implantation	setting up ; oper*a*tion
innovation	inno*va*tion
intéressement	profit-sharing (scheme)
investir	to invest
investissement	in*vest*ment
licence	licence, (US) license
liquidation	liquidation ; winding up*
livraison	de*liv*ery
magasin en franchise	franchised store/outlet
mandataire	authorized agent ; trus*tee*
marasme	slump ; doldrums
marchandise	merchandise ; goods ; wares
marché	market
marque	brand ; trademark
mise de fonds	outlay
négociation	negoti*a*tion
objectif	ob*jec*tive ; goal
opération	trans*ac*tion
opportunité	oppor*tu*nity
paiement	payment, re*mit*tance
part de marché	market share
perspective (s)	prospects ; outlook
positionnement	po*si*tioning
prix	price
production	pro*duc*tion ; output
produit	product
produits de marque	branded goods
rabais, remise	discount ; rebate
ralentissement	slowdown
réception	re*ceipt**
recherche et développement	research and de*vel*opment ; R&D
réclamation	com*plaint* ; claim
reçu	receipt
règlement	settlement
rendement	output
secteur	sector ; industry
siège	head office ; headquarters
succursale	branch (office)
vente	sale

E. COMPTABILITÉ, FINANCE

actif	assets
aide-comptable	book-keeper
amortissement	amortiz*a*tion ; a*mor*tizement ; (matériel) depreci*a*tion
autofinancement	self-financing
bénéfice(s)	profit ; earnings
bilan	balance sheet
budget	budget
capital	capital

E. COMPTABILITÉ, FINANCE (suite)

certifier des comptes	to certify ac*counts*
charges	ex*pens*es
chiffre d'affaires	turnover
commissaire aux comptes	auditor
comptabilité	ac*coun*ting ; ac*coun*tancy
comptabilité (écritures)	book-keeping
comptable	ac*coun*tant
compte de résultat	income statement ; earnings report
conseiller fiscal	tax con*sul*tant
crédit	credit
débit	debit
déficit	deficit
dividende	dividend
entrées et sorties de caisse	cash re*ceipts* and payments
équipement	plant and e*quip*ment
exercice (financier)	fiscal year ; trading year
expert-comptable	(GB) chartered ac*coun*tant ; (US) certified public ac*count*ant (CPA)
facture	invoice ; bill
facturer	to invoice ; to bill
faire le point mort	to break even
financement	financing ; funding
financement d'un emprunt	loan financing
financer	to finance ; to fund ; to subsidize
fisc	(GB) Inland Revenue ; (US) Internal Revenue Service (IRS)
fiscalité	tax system ; tax*a*tion
fonds	funds ; capital
fonds de commerce	good*will*
frais	ex*pens*es
grand livre	ledger
immobilisations	fixed assets
invendus	(sales) returns ; unsold goods
inventaire	stock-taking
passif	lia*bil*ities
perte	loss
point mort	break-*e*ven point
poste ; rubrique	(balance sheet) item
pression fiscale	tax burden ; tax load
provision	pro*vis*ion
rapport financier	fi*nan*cial report
ratio	ratio
recettes	re*ceipts* ; earnings ; revenue
reliquat de caisse	re*main*ing cash
reliquat de compte	balance of an ac*count*

report	**a*mount* carried forward ; carry over**	solde	**balance**
		somme	**amount**
		tableau de financement	**funds statement**
résultat	**profit ; per*for*mance**	vérifier des comptes	**to audit ac*counts***
situation/surface financière	**fi*nan*cial po*si*tion/standing/status**		

A 2 LEXIOUE EN SITUATION

Business is brisk : les affaires marchent.
Demand is brisk : la demande est soutenue.
Business is booming : les affaires sont florissantes, le commerce est en plein essor/est prospère.
They are doing booming business : ils font des affaires en or.
Business is slack : les affaires vont mal.
The economy is on the skids : l'économie est en perte de vitesse/court à la faillite.
The government is striving to take up the slack : le gouvernement s'efforce de resserrer les boulons.
The Board of Trade/(US) The Department of Commerce is endeavo(u)ring to revive/to revamp/to beef up the most ailing industries : Le Ministère des Finances s'efforce de relancer les secteurs qui connaissent le plus de difficultés.
There is a lull in business : il y a une accalmie dans les affaires.
Business is at a standstill : les affaires sont au point mort.
Business is in the doldrums : les affaires sont dans le marasme.
Anxiety is mounting on High Street/(US) Main Street : l'inquiétude est croissante dans le petit commerce/les petits commerçants sont de plus en plus inquiets.
Small businesses are hard-hit by the competition from hypermarkets : les petites entreprises sont durement touchées par la concurrence des hypermarchés.
Sales in mail-order firms/in mail-order businesses are on the rise : les ventes des entreprises de vente par correspondance sont en augmentation.

Our sales figures are looking up after a two-month low : nos chiffres de vente vont mieux/se redressent après une baisse qui a duré deux mois.

Convenience stores barely manage to cope with the business slowdown : les magasins de proximité réussissent à peine à faire face au ralentissement de l'activité économique.

Most firms are plagued with increasing overheads : la plupart des entreprises sont en proie à une augmentation de leurs frais généraux.

Households feel the pinch of the latest price hikes in terms of purchasing power : les ménages ressentent cruellement les effets des augmentations de prix sur leur pouvoir d'achat.

This year, the usual Christmas spending spree/buying spree was not up to retailers' expectations : cette année, la frénésie de dépenses/la fièvre d'achat habituelle en période de Noël a été inférieure aux attentes des détaillants/a déçu les espoirs des détaillants.

Department stores generally make a large proportion of their annual turnover in December : les grands magasins réalisent habituellement une part importante de leur chiffre d'affaires en décembre.

In the third quarter of this year, consumer spending hit a three-year low : au cours du troisième trimestre de cette année, les dépenses des consommateurs ont atteint leur niveau le plus bas depuis trois ans.

Last fiscal year's performance was not as poor as forecasters anticipated : les résultats enregistrés sur le dernier exercice n'ont pas été aussi médiocres que les prévisionnistes l'avaient estimé.

Budget-conscious consumers are less inclined to go on a weekly buying spree/purchasing spree in supermarkets : les consommateurs qui font attention à leur budget sont moins enclins à se laisser aller à une fièvre d'achats hebdomadaire dans les supermarchés.

An increasing number of retail outlets/retail stores are now open on Sundays : un nombre croissant de magasins de détail sont désormais ouverts le dimanche.

All household brands have their own shops or franchised outlets in shopping malls : toutes les grandes marques ont leurs propres magasins ou des boutiques franchisées dans les centres commerciaux.

Bargain sales have failed to attract many shoppers : les soldes n'ont pas réussi à attirer de nombreux acheteurs.

Retailers have hardly any profit margin on clearance sales : les détaillants n'ont pratiquement aucune marge bénéficiaire sur les liquidations (de stocks).

Department stores have had to slash their prices to move goods : les grands magasins ont dû écraser leurs prix pour vendre leur marchandise.

Take advantage of a 5 to 10% price slash on new cars : profitez d'une réduction de 5 à 10 % sur les voitures neuves.

Are you being attended to ? est-ce qu'on s'occupe de vous ?

Can I help you ? A votre service.

Cash or charge ? Comment réglez-vous ? (en espèces ou avec une carte de crédit)

Here's your change : voici votre monnaie.

The discounts offered on branded goods are relatively low : les remises offertes sur les produits de marque sont relativement faibles.

Stores specializing in off-label articles and generics are increasingly popular : les magasins spécialisés dans les articles dégriffés et les produits génériques connaissent de plus en plus de succès.

How much down ? combien faut-il verser d'arrhes ?

You must leave a 20% deposit/you must make a 20% down payment : vous devez verser 20 % d'arrhes/un acompte de 20 %.

You can pay the balance in 24 or 36 monthly instalments : vous pouvez régler le solde en 24 ou 36 mensualités/versements mensuels.

Should you fail to be satisfied, you may return the article and get a refund : si vous n'étiez pas satisfait, vous pourriez nous rendre l'article et obtenir un remboursement.

A 3 REGISTRES DE LANGUE

1. Langue familière, argotique.

On verra plus loin en B1 la variété et la difficulté de traduction du mot *affaire* dont certains équivalents sont d'usage courant dans la langue familière.

- **Big deal** ! est une interjection ironique qui signifie *la belle affaire !* indiquant que la personne qui la prononce n'est absolument pas impressionnée, alors que le sens premier de a **big deal** signifie *une grosse affaire, un gros contrat*. **Oh ! Big deal** pourrait se traduire par *Oh ! Cela ne mérite pas tant de remerciements, ce n'est pas grand-chose.*
- **It's nothing to make a fuss about** : il n'y a pas de quoi en faire toute une affaire/de quoi fouetter un chat.
- **It's as good as settled/It's in the bag** : l'affaire est dans le sac.
- L'expression **monkey business** désigne toujours une affaire peu sérieuse ou peu loyale et a de multiples équivalents : *fumisterie, coup fourré, magouillage.*
- **the shop round the corner** désigne *la boutique/l'épicerie du coin.*
- La locution **a mom-and-pop operation** (littéralement « une entreprise papa-maman ») désigne une petite entreprise familiale, un magasin tenu par un couple de commerçants. Aux États-Unis, **a mom-and-pop grocery** est « la boutique, le petit commerce du coin de la rue, du quartier ». Le terme plus conventionnel employé dans le langage de la distribution est **a convenience store**, c'est-à-dire « un magasin de proximité ».
- Combinant deux verbes qui riment, **to wheel** : *tourner* et **to deal (in sth)** : *faire le commerce de qqch*, ont été construits les composés **wheeling-dealing** : *affairisme* et **a wheeler-dealer** : *un brasseur d'affaires.*
- **To go on a spree** est l'une des nombreuses expressions signifiant *faire la fête, faire la foire*, etc. Elle a été étendue à une locution qui est devenue un cliché : **to go on a buying/purchasing spree** : *se lancer dans une frénésie/une fièvre d'achats* ; **a spending spree** : *une frénésie de dépenses.*

- L'expression française *se vendre comme des petits pains* a un équivalent très proche en anglais : **These articles sell like hot cakes.**
- Dans la langue familière, l'expression **a temporary worker/employee** : *intérimaire* est abrégée sous la forme **a temp. To temp for a firm** signifie *faire de l'intérim au sein d'une entreprise.*

2. Sens figuré

- Plus encore que le verbe *vendre* en français, **to sell** s'emploie fréquemment au sens figuré avec des compléments d'objet tels que **idea, proposal, offer.**
  I couldn't sell my father the idea : je n'ai pu faire accepter l'idée à mon père/je n'ai pas pu convaincre mon père.
  He is sold on the idea : *il est entiché, convaincu de cette idée.*
  Comme en français, il a aussi le sens péjoratif de *vendre, trahir.*
  To sell one's conscience : *faire taire ses scrupules* ou de *se faire accepter, se faire valoir* : **to sell oneself.** Enfin, dans un registre familier, il signifie *duper, tromper, refaire.* **You've been sold !** *On vous a refait !* **Sold again !** *attrapé.*
- Le terme **monger,** que l'on ne rencontre que dans des mots composés, a le sens de *marchand.* Ainsi, à partir de termes tels que **fishmonger** : *poissonnier* ou **ironmonger** : *quincaillier, ferblantier,* ont été forgées des expressions comme **scandal mongering** : *colportage de scandales* ou **hate mongering** : *incitation à la haine* que l'on trouve souvent appliquées à une certaine presse.
- Sur la base du constat que l'achat de certains articles donnait lieu à la délivrance de *gros tickets de caisse,* on a forgé une expression qui s'applique à une catégorie de biens assez coûteux : les **big ticket items** désignent ainsi *les produits blancs, les appareils électroménagers.*
- Dans tous les pays, *la grand-rue* a symbolisé le monde du petit commerce. Ainsi sont employés couramment **High Street** en Grande-Bretagne et **Main Street** aux États-Unis pour désigner *le commerce de détail, les petits commerçants.*
  C'est pourquoi un titre de journal tel que « **Growing**

Concern on Main Street » signifierait « L'inquiétude gagne le petit commerce ».

- **To slash prices** (littéralement « taillader les prix ») signifie *réduire considérablement, sacrifier des prix*, à rapprocher du français *écraser les prix*. Ces sacrifices peuvent aller jusqu'au *massacre* ou à *l'abattoir* avec les **slaughter prices** !

3. Proverbes

Business is business : les affaires sont les affaires.
Time is money : le temps, c'est de l'argent.

4. Néologismes

- A partir du terme **a buck** qui est un synonyme familier de **dollar,** a été forgée l'expression **megabucks.**
  He's making megabucks : il amasse une fortune incroyable.
  They've just signed a megabucks contract : ils viennent de signer un contrat faramineux.
- Avec quelques années de retard par rapport aux États-Unis, on assiste en France à la multiplication des *usines centers* ou *magasins d'usines*. Le terme anglais correspondant est **factory outlets.**
- La fin des années 80 et le début des années 90 ont vu fleurir aux USA, sur les marchés boursiers, des obligations à haut risque mais à intérêt relativement élevé, émises, notamment, pour financer le rachat de sociétés. On les a nommées **junk bonds,** terme traduit littéralement en français par *obligations de pacotille*.

B 1 REMARQUES GRAMMATICALES

- Les cas possessifs **butcher's, baker's,** etc. sont l'abréviation de **butcher's shop, baker's shop,** et désignent la boutique ou le magasin.
  ex. : **to go to the butcher's** : aller à la boucherie, (*fam*) chez le boucher.
- Attention à **furniture** (collectif singulier) = *les meubles, le mobilier*. *Un meuble* : **a piece of furniture.**

B 2 REMARQUES LEXICALES

■ Attention ! En anglais, le terme **boutique** [buː'tiːk] ne s'emploie que pour désigner des magasins de luxe.

■ **shop** désigne d'ordinaire une boutique, **store** un magasin, le second terme étant d'un usage si fréquent aux États-Unis que **shop** y est rarement employé, sauf au sens de **workshop** : *atelier.*

■ Attention au faux ami **library** : *bibliothèque. Librairie* se dit **bookshop, bookstore.**

■ Les difficultés de traduction du mot *affaire(s)* :
Le champ sémantique du mot **business** est bien plus vaste qu'on ne pourrait le soupçonner : il ne faudrait surtout pas réduire sa signification au strict sens d'*affaires.*

• Dans cette première acception, il convient d'abord de se rappeler que *faire des affaires, commercer (avec qqn)* se dit **to DO business (with sb)**. L'emploi de **to make** est à proscrire dans cette locution. On dira ainsi : **we've been doing business with them for more than 10 years** : *nous sommes en relations commerciales avec eux depuis plus de 10 ans.* En revanche, l'emploi de **to make** est de rigueur dans l'expression **to make a deal** : *Faire affaire (avec qqn).* **Let's make a deal !** *Faisons affaire !* **It's a deal !** *Accord conclu !*

• Le terme **business** traduit aussi le français *entreprise.* **To set up a business** : *créer une entreprise,* à distinguer de **to set up in business** : *s'établir dans les affaires.* **To set up shop** : *ouvrir (une) boutique, créer une entreprise, s'installer, s'implanter.* **A family-owned business** : *une entreprise familiale.* **Small business (= small businesses)** : *les petites entreprises, les PME* dont la traduction plus précise est **small and medium-sized businesses. Big business** : *les grosses entreprises, le grand patronat, le grand capital ; grosse affaire ; domaine/secteur important.* **They are doing big business** *ils font de grosses affaires.* **That's big business** : *ça représente beaucoup d'argent.*

• Restent des termes « connexes » dont il faut faire bon usage : **commerce, trade, affair, bargain.** A cette fin, le mieux est de les apprendre en contexte. Si l'on parle de **Chamber of Commerce** : *Chambre de Commerce* ou de

business school/B-school : *école de commerce, le ministère du Commerce* a pour équivalent britannique **the Board of Trade** et aux États-Unis **the Department of Commerce.** Ajouté à cela le fait que dans certains pays, on parlera de **Ministry for Commerce and Trade,** on voit bien que les deux termes sont plus complémentaires qu'interchangeables. En schématisant, on peut dire que **commerce** a le sens le plus large, même si **business** le dépasse de loin en fréquence d'emploi par sa polyvalence. Quant à **trade,** il s'applique davantage au *commerce international* (**international trade**), aux échanges commerciaux au niveau mondial, domaine étudié dans les milieux universitaires à côté de l'**International Business (IB)** – l'option *Affaires Internationales* dans laquelle se spécialisent de nombreux étudiants. Pour faire justice au terme **trade,** encore faut-il rappeler qu'il signifie *métier, corps de métier, profession, ensemble de professionnels* : **the tourist trade** : *le tourisme, l'industrie du tourisme, les métiers du tourisme.*

- Quant à **affair,** s'il faut savoir que l'on dit **Foreign Affairs, the Foreign (Affairs) Minister** : *les Affaires Étrangères, le ministre des Affaires Étrangères,* il vaut mieux le considérer comme un faux ami puisqu'il évoque en général une opération ou une liaison plutôt scandaleuses : **the Watergate affair/scandal** : *l'affaire/le scandale du Watergate.* **The President had an affair with one of his former secretaries** : *le Président a eu une liaison avec l'une de ses anciennes secrétaires.*
- Lorsque ce terme désigne *une bonne affaire,* il se traduit par **a bargain, a good deal.**

■ Attention ! Le nom **sale** signifie *vente* sans que le mot pose de réel problème d'emploi. Encore faut-il savoir que le même terme, **sale,** au singulier, inscrit sur une pancarte ou dans une annonce de journal, signifie *soldes.* Pour éviter toute ambiguïté entre ces deux sens, on dira **bargain sale(s)** pour des *soldes* ou bien **discount sales** et **clearance sales** qui indiquent plus précisément des *ventes au rabais* et des *liquidations de stocks.*

On sale : *en vente* (pour des articles). **For sale** : *A vendre* (pour une maison). **Up for sale** : *En vente ; mis en vente.*

■ Veiller à bien choisir l'équivalent qui convient au contexte pour traduire le mot *trimestre*. **Term** en Grande-Bretagne et **quarter** (voire **semester**) aux États-Unis est un trimestre scolaire ou universitaire : (GB) **the autumn term**/(US) **the fall quarter** : *le trimestre d'automne/le premier trimestre* (**of the academic year** : *de l'année universitaire*). Dans les statistiques économiques annuelles, seul **quarter** est employé, le français *semestre* se traduisant différemment : **the first two quarters** : *le premier semestre* ou **the first half of the year.**

■ Le terme **outlet** qui a le sens général d'*issue, sortie, voie d'écoulement* ou de *débouché, marché* se rencontre aussi de plus en plus fréquemment au sens de *magasin, point de vente* : **point of sale.** On dira par exemple a **Benetton outlet** : *une boutique Benetton*, **a McDonald's outlet** : *un restaurant McDonald's.*

■ La traduction du mot *acheteur* mérite quelque attention. **Buyer** est le terme dont la portée est la plus générale, qui fait le pendant à **seller** dans toute situation (contrats, par exemple) impliquant deux parties : un *acheteur* et un *vendeur*. Son synonyme **purchaser** peut lui être substitué dans la plupart des cas, et c'est ce terme qui est employé pour désigner la fonction d'acheteur (*responsable des achats*) dans une entreprise. Un dernier mot, **shopper**, est un autre équivalent du français *acheteur* lorsque l'on fait référence au *client*, à *la personne qui fait ses achats/ses courses* à titre individuel. **To do one's shopping** : *faire ses courses.* C'est à partir des mêmes verbes (**to buy** et **to purchase**) que l'on forme les locutions **buying power** et **purchasing power** : *pouvoir d'achat* ; **household purchasing power** : *le pouvoir d'achat des ménages.*

■ Le mot *client* a plusieurs équivalents en anglais. Le plus fréquent est sans doute **customer** quand il s'agit d'achat de marchandises. L'acheteur de services est **a client** ['klaiənt], comme le client d'un avocat. Dans l'hôtellerie (cafés, restaurants), les clients sont des **patrons. Our patrons are kindly requested to...** : *nous prions notre aimable clientèle de....* Pour traduire le français *clientèle*, on peut simplement utiliser ces termes au pluriel : **customers, clients, patrons** ou encore **goodwill.** La clientèle d'un médecin est sa **practice.**

■ Attention : le français *économie* a deux équivalents :

• **economics** lorsqu'il s'agit de sciences économiques.
He studies economics/he is an economics student :
il étudie l'économie/il est étudiant en économie.

• **economy** lorsqu'il s'agit de l'*économie d'un pays.*
There is a slight recovery in the French economy :
on observe une modeste reprise de l'économie française.
Du point de vue de la prononciation, le premier terme est accentué principalement sur la troisième syllabe, **–no–**, et dans le second, c'est la deuxième syllabe, **–co–**, qui porte l'accent tonique.

• Au pluriel, *des économies* se traduit par **savings.**
A savings bank : une caisse d'épargne.

■ Le substantif **concern** a deux sens :

• *une préoccupation* : **there's concern over the future of the economy** : *l'avenir de l'économie est préoccupant.*

• *une entreprise,* avec pour synonymes **firm, business, business firm, enterprise, company, organization…**

■ *La société de consommation* se traduit par **the consumer society (consumption** est impossible !) et *la société mère* par **the parent company (mother** est impossible !). Quant à **society,** dans le domaine commercial, il ne peut désigner qu'une *société à but non lucratif* : **non-profit(-seeking) organization.**

■ Le terme **inventory** (*pl* **inventories**) est généralement un faux ami qui signifie *stock(s),* le français *inventaire* se traduisant par **stock-taking.** Quant à **stock,** s'il peut bien désigner *le(s) stock(s),* il a le sens d'*actions (boursières)* en américain, son équivalent britannique étant **shares** dans cette acception. *Écouler des stocks* se dit **to get rid of/to dispose of stocks/of inventories.** *Écouler, liquider des marchandises* : **to clear goods.**

B 2 PRONONCIATION

- Dans le verbe **to purchase** et ses dérivés, la deuxième syllabe n'est pas diphtonguée, car elle n'est pas accentuée comme dans **to chase** [tʃeɪs]. Il se prononce donc ['pɜːʳtʃɪs].
- Dans le mot **wholesale** (**wholesale trade** : *commerce de gros* ; **wholesaler** : *grossiste* ; **to sell wholesale** : *vendre en gros*), le **w** initial est muet. Sa première syllabe se prononce comme **hole** et non **wool** : ['həʊlseɪl].
- Dans le terme **receipt** [rɪ'siːt] : *reçu, quittance*, le **–p–** est absolument muet.
- Veiller à distinguer la prononciation du substantif **personnel** [pɜːʳsə'nel], accentué principalement sur la dernière syllabe, de l'adjectif **personal** ['pɜːʳsənl], accentué sur la première syllabe et orthographié avec un seul **n**.
- Le terme **scheme** qui signifie *plan, système projet* ne se prononce pas à l'initiale avec le son [s] mais [sk] : [skiːm]

B 3 AMÉRICANISMES

- Rappelons que **a dime** désigne la *pièce de 10 cents* (1/10 du dollar), comme **a nickel** désigne la *pièce de 5 cents*.
  Aux États-Unis, les **variety stores** sont des sortes de boutiques, de bazars qui ne vendent que des articles bon marché. Ils sont encore parfois désignés sous le nom de **dime stores, five-and-dime stores** ou **five-and-ten stores,** même si le niveau réel des prix pratiqués est désormais supérieur à des montants aussi modestes.
- Comme on l'a vu plus haut avec **Main Street**, qui en est venu à désigner couramment *le petit commerce*, **Madison Avenue** signifie *l'industrie publicitaire américaine* (la plupart des grandes agences de publicité y ont leur siège). De même, la bourse de New York, **the New York Stock Exchange** (NYSE), s'est identifiée à sa localisation : **Wall Street.**

• Le **bargain basement** désigne le *rayon des soldes* dans les grands magasins américains, de sorte que **a bargain basement price** est un *prix sacrifié, défiant toute concurrence*, synonyme de **a rock-bottom price,** *prix le plus bas qui peut être consenti.*

C 1 EXERCICES

A Traduisez :

1. La plupart des commerçants ont dû sacrifier leurs prix pour écouler leurs stocks.
2. Comment réglez-vous (vos achats) ?
3. Les affaires sont dans le marasme.
4. La frénésie d'achats avant la Noël a surpris les gérants de grands magasins.
5. Vous pouvez facilement obtenir un remboursement si vous le désirez.

B Complétez ces phrases à l'aide de la bonne réponse.

1. Here's your ..., thank you.
   a. exchange b. change c. short change d. money back
2. Are you being attended... ?
   a. Ø b. at c. to d. with
3. ... sales are quite attractive this year.
   a. Bargain b. Cut c. Slashed d. Rebate
4. You must leave a 20% ... with the order.
   a. cash b. settlement c. remittance d. deposit
5. ... stores somehow manage to cope with the crisis.
   a. Utility b. mom-and-dad c. Convenience
   d. Proximity

C Donnez la réponse qui convient.

1. Quel est l'équivalent américain de **shares** ?
2. Que signifie le sigle IRS ?
3. Que représente **Madison Avenue** ?
4. Que signifie **High Street** ?
5. Quel est le sens de **a temp** ?

C 2 CORRIGÉS

A 1. Most retailers/shopkeepers have had to slash their prices so as to get rid of their stocks/to dispose of their inventories.
2. Cash or charge ?/How will you pay for your purchases ?
3. Business is in the doldrums.
4. The buying spree before Christmas/The pre-Christmas purchasing spree surprised department store managers.
5. You can easily get a refund if you wish.

B 1b. 2c. 3a. 4d. 5c.

C 1. stock
2. International Revenue Service (le fisc américain)
3. le monde de la publicité aux États-Unis
4. le petit commerce, les détaillants/(US) Main Street
5. un(e) employé(e) intérimaire.

10 LA VOITURE

A 1 VOCABULAIRE

A. VÉHICULES À QUATRE ROUES ET CONDUCTEURS

auto(mobile), voiture	(motor) car ; (US) automobile
automobile (*adj*)	auto*mo*tive
automobiliste	motorist
berline	se*dan*
cabriolet	cabriolet
camion à plateau	pick-up ; (US) pick-up truck
camion	lorry ; van ; (US) truck
camionnette	(de*liv*ery) van ; (US) light/ delivery truck
camionneur	lorry driver ; (US) truck driver, trucker, teamster
car	(motor) coach ; (US) bus
caravane	caravan ; (US) trailer
chauffeur (de maître)	chauffeur
chauffeur de taxi	taxi driver ; cab driver
conducteur, chauffeur	driver
conduite intérieure	sa*loon* car
coupé	coupé
décapotable	con*ver*tible
fourgonnette	light van
minibus	minibus
mobile home	motor home
modèle	model
poids lourd	heavy lorry ; (US) heavy truck
remorque	trailer
taxi	taxi, taxi-cab
véhicule à quatre roues motrices	four-wheel drive vehicle
véhicule	vehicle
voiture à cinq places	five-seater

B. VOITURE : CARROSSERIE ET HABITACLE

accélérateur	ac*cel*erator, throttle ; (US) pedal
accélérer	to ac*cel*erate ; to speed up
accoudoir	arm-rest
aile	wing
appuie-tête	head-rest
arrière	rear ; back
avant	front
banquette arrière	back seat
boîte à gants	glove com*part*ment
capot	bonnet, (US) hood
capote	hood, (US) top, roof
carrosserie	body

ceinture de sécurité	safety belt
châssis	chassis
chauffage	heating
clef de contact	ig*ni*tion key
clignotant	winker, flashing indicator ; (US) flasher, winker
climatisation	air-conditioning
coffre	boot ; (US) trunk
compteur kilométrique	mileage recorder
débrayer	to declutch
dégivrage	defrosting, de-icing
démarreur automatique	self-starter
démarreur	starter
désembuage	demisting
enjoliveur	hub cap
essuie-glaces	windscreen wipers ; (US) windshield wipers
feu antibrouillard	fog lamp
feu arrière	rear light
feux de croisement	dipped headlights
frein à main	hand-brake
indicateur de vitesse	speed*o*meter
klaxon	horn, hooter
levier de changement de vitesse	gear lever
option	option
pare-brise	windscreen ; (US) windshield
pare-chocs	bumper
passer la marche arrière	to shift into reverse
passer la première	to shift into first gear
pédale d'embrayage	clutch pedal
pédale de frein	brake pedal
phares	headlights
plaque minéralogique	number plate
pneu(matique)	(pneu*ma*tic) tyre ; (US) tire
portière	door
rétroviseur	rear-view mirror
roue arrière gauche	left back-wheel
roue avant droite	right front wheel
serrure	lock
siège du conducteur	driver' s seat
siège du passager	passenger's seat
siège	seat
starter	choke
tableau de bord	dashboard
toit	roof
vitesses	change-speed lever
vitre, glace	window
volant	(steering-)wheel
voyant lumineux	con*trol* lamp ; warning light

C. MOTEUR ET PIÈCES

allumage	ig*ni*tion
alternateur	alternator
amortisseurs	shock absorbers
arbre	(pro*pel*ler-)shaft
arbre à cames	camshaft
arbre à cames en tête	overhead camshaft
batterie	battery
bielle de soupape	valve push-rod
bielle	rod
boîte de vitesses	gear-box
bougies	spark plugs
carburateur	carburettor
cardan	universal joint ; cardan joint
carter	crank-case
courroie	belt
courroie de transmission	driving belt
cylindre	cylinder
direction assistée	power steering
direction	steering
durit	hose
embrayage automatique	automatic trans*mis*sion
embrayage	clutch
encrassé	sooted up
filtre	filter
injection	injection
moteur à quatre cylindres	four-cylinder engine
moteur	engine
pièces	(auto) part
pièces de rechange	spare parts
point mort	neutral
radiateur	radiator
réservoir à essence	(GB) petrol tank ; (US) gas tank
soupape	valve
suspension	sus*pen*sion ; springing

D. ENTRETIEN ET RÉPARATIONS

ampoule	bulb
antigel	coolant
bidon	can, tin
carburant	fuel
consommation	con*sump*tion
cric	jack
dépannage	breakdown service
dépanneur	breakdown mechanic
dépanneuse	(GB) breakdown lorry ; (US) breakdown truck
diesel	diesel
essence	(GB) petrol ; (US) gas
essence sans plomb	lead-free petrol/gas
(essence) ordinaire	regular (grade petrol/gas)
(essence) super	premium (grade petrol/gas)
fuel	fuel oil
garage	garage
gonflage	in*fla*tion ; tyre pressure
graissage	lubri*ca*tion

jauge	**gauge***
kilométrage	**mileage**
lavage	**car wash**
mécanicien	**me*chan*ic**
mettre au point, régler	**to tune up**
mise au point, réglage	**tuning-up**
panne	**breakdown**
pompe à essence	**(GB) petrol pump ; (US) gas pump**
réparateur	**re*pair*man**
réparation	**repair**
réviser	**to service**
révision, entretien	**servicing**
roue de secours	**(GB) spare tyre ; (US) spare tire**
station-service	**service station ; filling station**
vidange	**change of oil**

E. LA ROUTE ET LA CIRCULATION

autoroute à péage	**(GB) toll motorway ; (US) turnpike road**
autoroute	**(GB) motorway ; (US) freeway, superhighway**
bouchon	**bottleneck**
carrefour (route)	**crossroads, intersection ; (US) intersection**
carrefour (ville)	**square ; circus ; intersection**
chaussée (autoroute)	**carriageway**
chaussée (route)	**roadway, (US) pavement**
circulation sur trois voies	**three-lane traffic**
circulation	**traffic**
couloir d'autobus	**bus lane**
couloir, file	**lane**
déviation	**di*ver*sion**
embouteillage	**traffic jam**
embranchement	**junction ; fork**
encombrement	**traffic con*ges*tion**
itinéraire	**route**
marquage de la chaussée	**road markings**
nid de poule	**pothole**
passage clouté	**pe*des*trian crossing ; zebra-crossing**
péage (guichet)	**toll-booth**
périphérique	**ring road**
raccourci	**short cut**
rond-point	**roundabout**
route directe, traverse	**through road**
route nationale	**major/main road ; first-class/A road**
route	**road**
route secondaire	**secondary road ; B road**
tournant	**curve**
trajet	**drive, ride**
virage	**bend**

F. CONDUIRE

accident de voiture	car accident
accrochage, choc	(car) crash
Alcootest	Breathalyser test (US) ; Breathalyzer test
amende	fine
assurance automobile	car in*sur*ance
auto-école	driving school
bas-côté	roadside
bord du trottoir	(GB) curb ; (US) kerb
braquer	to put the wheel over ; to lock over
cabossé	dented
carambolage	pile-up
code de la route	Highway Code
conduire	to drive
contractuel (le)	traffic warden
contravention	fine ; ticket
dépasser, doubler	to overtake ; (US) to pass
déraper	to skid
emboutir	to crash into ; to hit
épave	car wreck
feux de signalisation	traffic lights
freiner	to brake
heurter	to run against/ into
infraction au code de la route	driving of*fence*
klaxonner	to hoot, to honk; to sound one's horn
limitation de vitesse	speed limit
panneau de signalisation	traffic sign
parcmètre	parking meter
parking	(GB/US) car park ; (US) parking lot
permis de conduire	driver's licence ; (US) driving license
prendre un virage	to round a bend
priorité (de passage)	right of way
radar	radar, speed trap
ralentir	to slow down ; to re*duce* speed
reculer	to back
renverser	to knock down
rouler	to run ; to drive
s'arrêter	to stop
se garer	to park
se heurter	to col*lide*
se renverser	to over*turn*
zone d'enlèvement	tow-away zone

A 2 LEXIQUE EN SITUATION

fill it up, please ! le plein, s'il vous plaît !
do you want me to check the oil and tire pressure ? voulez-vous que je vérifie le niveau d'huile et la pression des pneus ?
your tyres are down : vos pneus ne sont pas assez gonflés.
apply full lock : braquez à fond.
lock over to the left : braquez à gauche.
miles per gallon : consommation d'essence aux 100 kilomètres.
All routes : Toutes directions.
traffic required to yield right of way : vous n'avez pas la priorité.
Give way (to vehicles coming from the right) : Priorité à droite.
yield : cédez le passage.
reduce speed : réduisez votre vitesse.
No through road : voie sans issue.
slippery when wet : route glissante par temps humide.
do not tailgate : gardez vos distances.
dim/dip your headlights : passez en feux de croisement.
this car still runs very well : cette voiture roule encore très bien.
I was driving at 45 miles an hour : je roulais à 60 km/heure.
it's an hour's drive away : c'est à une heure en voiture.
I don't know why he hooted at me : je ne sais pas pourquoi il m'a klaxonné.
you should sound your horn/you should honk before driving into the garage : vous devriez klaxonner avant d'entrer dans le garage.
to back/to reverse into the garage : entrer dans le garage en marche arrière.
the car turned over three times : la voiture a fait trois tonneaux.
blind corner : virage sans visibilité.
hairpin bend : virage en épingle à cheveux.
bends for 3 miles : virages sur 4,5 km.
to take a bend at speed : prendre un virage à toute vitesse.

car that corners well : voiture qui prend bien les virages.

car with good road-holding qualities : voiture qui a une bonne tenue de route.

I double-parked in front of the store : je me suis garé en double file en face de la boutique.

I'm afraid my carburettor is flooded : je crains que mon carburateur soit noyé.

the car was in neutral : la voiture était au point mort.

the car came to a standstill : la voiture s'immobilisa/s'arrêta.

the car screeched to a halt : la voiture s'immobilisa dans un crissement de freins.

the driver jammed the brakes at the intersection : le conducteur pila/bloqua les freins au carrefour.

he was arrested for drunken driving : il fut arrêté pour conduite en état d'ébriété.

he was fined for speeding on a motorway/(US) **highway** : il a été verbalisé/il a eu une contravention pour excès de vitesse sur autoroute.

I had not seen the sign and exceeded the speed limit : je n'avais pas vu le panneau et j'ai dépassé la vitesse autorisée.

I'll have to drop by at my Ford dealer to take a look at the new models : il va falloir que je passe chez mon concessionnaire Ford pour jeter un coup d'œil aux nouveaux modèles.

I feel like road-testing this one since it comes with all the options : j'ai envie de tester celui-ci sur route/de faire un essai sur route avec celui-ci.

I might as well trace in my old Fiesta to buy a new one : je ferais aussi bien de donner ma vieille Fiesta en reprise pour en acheter une neuve.

with the new model-year, their offers on trade-ins are quite attractive : avec la nouvelle année-modèle, les offres qu'ils proposent sur les reprises sont extrêmement attrayantes.

I could make a 20% down payment/I could pay a 20% deposit on the full price, and pay the balance in 36 monthly instalments : je pourrais verser 20 % d'arrhes sur le prix total, et payer le solde en 36 mensualités.

last weekend, road accidents took a heavy toll : le week-end dernier, les accidents de la route ont fait de nombreuses victimes.

traffic is always quite heavy on this road : la circulation est toujours très dense sur cette route.

the country's automobile/automotive industry is hard-hit by Japanese car imports : l'industrie automobile nationale est durement touchée par les importations de voitures japonaises.

A 2 REGISTRES DE LANGUE

1. Sens figuré.

- L'expression **do not tailgate**, équivalent du français *Gardez vos distances*, s'explique par le fait que **the tailgate** désigne le *hayon* (porte arrière relevable d'une voiture) ; **to tailgate** signifie *coller, serrer une voiture de trop près*.
- Le vocabulaire viticole a été appliqué à un domaine particulier de l'automobile. Ainsi est-on passé du **vintage wine** : *vin de qualité, grand cru* ou **vintage year** : *bon millésime, grande année* aux **vintage cars** : *voitures anciennes, de collectionneurs*.
- Aux débuts de la prévention routière britannique, les automobilistes virent fleurir au bord des routes des panneaux les invitant à la plus grande prudence lors de dépassements. Ils pouvaient y lire : UNDERTAKERS LIKE OVERTAKERS. Plus provocatrice qu'un slogan tel que « Doubler c'est prendre des risques », cette formulation très allusive et teintée d'humour noir signifiait littéralement *Les entrepreneurs (de pompes funèbres) aiment les conducteurs qui doublent*.

2. Langue familière argotique.

- Dans un registre familier, on dira **to make a left/to make a right** au lieu de **to turn left/to turn right**.
- **a U-turn** signifie *un demi-tour*. **No U-turn** : *Demi-tour interdit*.
- A l'expression française *ça carbure !* correspond l'anglais **it's going fine !/it's going like a bomb !**

- Le verbe familier *foncer* a de nombreuses traductions possibles : **to make tracks, to get a move on, to speed along, to get cracking, to go full steam ahead.**
  Foncer dans le brouillard pourrait avoir comme équivalent **it's a leap in the dark** (littéralement *c'est un saut dans l'obscurité/dans l'inconnu*) ou **to go blindly ahead.**
- Au lieu du classique **fill it up** pour demander le plein dans une station-service, il n'est pas rare d'entendre l'expression familière **fill her up**, parfois orthographiée **fill 'er up** pour indiquer l'élision du **h** initial. Le genre féminin peut en effet être attribué à des termes tels que **car** ou **ship.**
- Dans le même registre, **this car is heavy on petrol**/(US) **on gas** signifie *cette voiture a une grosse consommation d'essence.* Aux États-Unis, ce genre de véhicule est affublé de l'appellation **gas-guzzler** (littéralement « avaleuse d'essence »). **A guzzler** est *un buveur, un pochard.*
- *gonfler un moteur* se dit **to soup up an engine** ; **a souped-up car** : *une voiture gonflée.*

3. <u>Américanismes</u>.

- En américain, *accélérer* se dit familièrement **to step on the gas.**
- Dans la langue de tous les jours, **to repair** : *réparer* est très fréquemment remplacé par **to fix.**
- Si en Grande-Bretagne *autoroute* se traduit par **motorway,** aux États-Unis on parlera plutôt de **freeway** ou de **super-highway.** *Autoroute à péage* se dit **toll motorway** en Grande-Bretagne **et turnpike road** aux États-Unis.
- L'anglais britannique désigne une *voiture d'occasion* par l'expression **second-hand car** (littéralement « voiture de deuxième main »), tandis qu'aux États-Unis son équivalent est **used car.** Quitte à décevoir les défenseurs du français dans la Belle province, le québécisme « char usagé » est bel et bien un calque de cette locution qui n'a rien à voir avec la survivance d'une vieille expression française !
- Le **pickup** ou **pickup truck** est cette camionnette découverte que les films américains nous ont rendue familière.

B 1 REMARQUES LEXICALES

- Attention aux pièges que constituent les emprunts d'une langue à l'autre ! Si l'anglais **starter** désigne bien le *démarreur* (par une dérivation des plus classiques à partir du verbe **to start**), au français *starter* correspond l'anglais **choke**, mécanisme qui empêche le moteur de *s'étouffer*, de *caler* (**to choke**).
- La traduction du verbe *dépanner* n'est pas des plus simples, car elle oblige à distinguer entre deux situations. Si le dépannage peut être effectué sur place, on dira **to repair (and set going)**. Si un remorquage est nécessaire, on dira **to tow**. Au substantif *dépannage* peuvent correspondre plusieurs traductions : **emergency repairs, road repairs, breakdown service.**
- Si **to tune up an engine** signifie *régler, mettre au point un moteur*, **to fine-tune** et le substantif **fine-tuning** font référence à la *dernière mise au point*, aux *réglages de précision.*
- Il n'est sans doute pas superflu de faire le point sur la traduction du mot *essence* qui n'est pas dénué de pièges pour les Français. Tout d'abord, son équivalent est **petrol** en Grande-Bretagne et **gas** aux États-Unis. Des deux côtés de l'Atlantique, **gas** signifie également *gaz.*
  Quant à **oil**, il désigne tantôt le *pétrole* (avec pour synonyme **petroleum**), tantôt l'*huile*, quel qu'en soit l'usage. Si besoin est, on peut préciser sa nature en disant par exemple **lubricating oil, cooking oil** ou **sunburn oil** : *huile de graissage* (synonyme **lubricant**), *huile alimentaire* ou *huile solaire*. Enfin, **oil** s'emploie dans la langue familière au sens figuré de *pommade* (propos flatteurs et onctueux).

B 2 PRONONCIATION

- Certains mots constituent des sources fréquentes de fautes de prononciation, parfois en raison même de leur similitude avec le français.
- A la différence du français, la prononciation de l'anglais **vehicle** ne comporte que deux syllabes ; la deuxième n'est pas diphtonguée, la première portant l'accent tonique : ['viːɪkl].

- Le terme **chassis**, dont l'orthographe est identique à son homologue français, se prononce ['ʃæsɪ] ou [ʃə'siː], mais jamais avec un [t] à l'initiale.
- De même, **chauffeur** se prononce en quelque sorte « à la française » : ['ʃəʊfəʳ].
- En revanche, le faux ami **bonnet** : *capot* a une prononciation anglicisée : ['bɒnɪt].
- Les prononciations les plus courantes de **garage** sont ['gærɑːdʒ] ou ['gærɪdʒ] à côté de la prononciation plus affectée ['gærɑːʒ].
- Le mot **gauge** a une orthographe trompeuse puisqu'il se prononce [geɪdʒ].
- Pour la traduction du français *pneu(matique)*, l'usage moderne a rendu tout à fait superflu l'adjectif **pneumatic** précédant **tyre** en anglais britannique ou **tire** en américain. Il faut cependant se rappeler que, comme dans tous les mots d'origine grecque commençant par les lettres **mn** ou **ps**, le **p** est absolument muet : [njuː'mætɪk], de même que **pneumonia** et **psychology** se prononcent respectivement [njuː'məʊnɪə] et [saɪk'ɒlədʒɪ].
- Éviter de prononcer **gear** [gɪəʳ] qui désigne une *vitesse*, un *rapport* de la même façon que **jeer** [dʒɪəʳ] : *moquerie, huées*.
- Prononcer le mot **lever** : *levier, manette* avec un **i** long dans la première syllabe : ['liːvəʳ]. Dans le cas contraire, il serait confondu avec **liver** ['lɪvəʳ] : *le foie*.
- Le mot **diesel** se prononce ['diːzl].

C 1 EXERCICES

A Traduisez les phrases suivantes.

1. On lui a fait passer l'Alcootest et il a été arrêté pour conduite en état d'ivresse.
2. Je n'arrive pas à entrer dans le garage en marche arrière.
3. Ma voiture a grand besoin d'une révision.
4. C'est bien pire avec la mienne. Il faudrait que j'en achète une neuve si j'obtiens une reprise.
5. Il adore les voitures de collection.

B Choisissez la bonne réponse.

1. My car broke … in the middle of a traffic jam and I couldn't find any help.
   a. up b. off c. over d. down
2. There were endless lines of vehicles waiting at the toll …
   a. boot b. box c. booth d. office
3. A big van was parked in the middle of that narrow street and it created a terrible …
   a. diversion b. bottleneck b. dead-end d. cul-de-sac
4. Bad weather conditions, combined with careless driving, were the cause of the huge … on the motorway.
   a. pile-up b. crash c. wreck d. accident
5. The back of the car had been hit and there was no way I could open the …
   a. hood b. trunk c. bonnet d. bumper

C Complétez les phrases suivantes à l'aide du vocabulaire appris dans ce chapitre.

1. A car which remains safe and stable in bends has good … qualities.
2. You can see lots of cars hauling … on their way to holiday resorts.
3. When driving into a town or a village, motorists must … their headlights.
4. On mountain roads, you will likely have to take many hair … bends.
5. The engine is much too cold. You need to pull out the … first.

C 2 CORRIGÉS

A 1. He was given the Breathalyser/(US) Breathalyzer test and arrested for drunken driving.
2. I can't manage to back into/to reverse into the garage.
3. My car badly needs servicing.
4. It's much worse with mine. I should buy a new one if I can trade it in.
5. He loves vintage cars.

B 1d. 2c. 3b. 4a. 5b (US : trunk/GB : boot).

C 1 road-holding. 2 trailers. 3 dim/dip. 4 pin. 5 choke.

11 TRANSPORT

A 1 VOCABULAIRE

A. LES VÉHICULES À QUATRE ROUES : FOUR-WHEEL VEHICLES

autobus	**bus**
automobile	**(motor-)car, (US) automobile**
automobiliste	**motorist**
break	**station-wagon**
camion	**truck, (GB) lorry**
camionnette	**van**
car	**coach, bus**
ceinture de sécurité	**safety belt**
conducteur	**driver**
conduite intérieure	**sa*loon* car**
routier	**lorry-driver (GB), trucker**
véhicule	**vehicle**
véhicule utilitaire	**com*mer*cial vehicle**
voiture	**(motor-)car, (US) automobile**
voiture décapotable	**con*ver*tible (car)**
voiture de sport	**sports car**
voiture d'occasion	**second-hand car**
voiture tout terrain	**all-purpose/all roads vehicle**

B. LA VOITURE : HABITACLE, EXTÉRIEUR, ÉCLAIRAGE PASSENGER CELL, BODY, LIGHTS

accélérateur	**ac*cel*erator**
accessoires	**ac*ces*sories**
aile	**wing**
allume-cigares	**ci*gar*-lighter**
amortisseur	**shock-absorber**
appui-tête	**head-rest**
autoradio	**car-radio**
boîte à gants	**glove com*part*ment**
capot	**(GB) bonnet ; (US) hood**
carrosserie	**body**
châssis	**chassis**
clé de contact	**ig*ni*tion-key**
clignotant	**flashing lights**
coffre	**(GB) boot, (US) trunk**
compte-tours	**rev-counter, ta*cho*meter**
compteur (kilométrique)	**mileage recorder, (US) odometer, milometer**
compteur (de vitesse)	**spee*do*meter**
démarreur	**ig*ni*tion switch**
essuie-glace	**windscreen-wiper, (US) windshield wiper**

B. LA VOITURE : HABITACLE, EXTÉRIEUR, ÉCLAIRAGE (suite)

feu arrière	**rear-light, tail-light**
feux de croisement	**dipped headlights, (US) low beams**
feux de détresse	**(hazard) warning lights**
feux de position	**sidelights**
feux de route	**(headlights on) full beams**
frein à main	**hand-brake**
hayon	**tailgate, hatchback**
Klaxon	**horn**
levier de vitesses	**gearshift**
lunette arrière	**rear-window**
numéro d'immatriculation	**regis*tra*tion number**
pare-brise	**windscreen, (US) windshield**
pare-chocs	**bumper**
pédale d'embrayage	**clutch-pedal**
pédale de frein	**brake-pedal**
phare	**headlight, lamp**
phare anti-brouillard	**fog-lamp**
plaque d'immatriculation	**regis*tra*tion plate, number plate**
pneu	**tyre, (US) tire**
portière	**door**
rétroviseur	**rear-view mirror**
rétroviseur extérieur	**side-mirror**
roue	**wheel**
siège	**seat**
siège arrière	**back seat**
siège avant	**front seat**
siège du conducteur	**driver's seat**
siège du passager	**passenger's seat**
stop (feu)	**stop-light, brake light**
tableau de bord	**dashboard**
toit ouvrant	**sliding roof**
ventilateur	**fan**
verrouillage central	**central (door) locking**
vitesse	**speed**
volant	**(steering/ driving) wheel**
feux de recul	**re*vers*ing lights**

C. MOTEUR, MÉCANIQUE – ENGINE, PARTS

allumage	**ig*ni*tion**
amortisseur	**shock-ab*sorb*er**
batterie	**battery**
bielle	**rod**
boîte de vitesses	**gear-box**
bougie	**plug**
carburateur	**carburettor**

carter d'huile	**(GB) sump, (US) oilpan**
courroie	**belt**
cylindrée	**power**
démarreur	**starter**
direction	**steering-wheel**
direction assistée	**power steering**
embrayage	**clutch**
essieu	**axle**
filtre	**filter**
frein	**brake**
frein à disque	**disk-brake**
frein à tambour	**drum-brake**
moteur	**engine, motor**
moteur à quatre temps	**four-stroke engine**
moteur diesel	**diesel engine**
piston	**piston**
pompe à huile	**oil pump**
pot catalytique	**catalytic ex*haust* (pipe)**
pot d'échappement	**ex*haust* pipe**
puissance (du moteur)	**power**
radiateur	**radiator**
soupape	**valve**
suspension	**sus*pen*sion**
vitesse	**speed**

D. ENTRETIEN ET RÉPARATIONS – MAINTENANCE AND REPAIRS

carburant	**fuel**
consommation	**con*sump*tion**
dépanneuse	**breakdown van**
entretien	**maintenance**
essence	**(GB) petrol, (US) gas**
liquide de frein	**brake fluid**
niveau d'huile	**oil-level**
plein	**full tank**
pompe à essence	**petrol pump, (US) gas pump**
pompiste	**service-station at*ten*dant**
pression des pneus	**tyre pressure**
révision	**servicing**
station-service	**service station**
super	**super**
vidange	**oil-change**
plombé	**leaded**
sans plomb	**un*lead*ed**
consommer	**to con*sume***
faire le plein	**to fill it up, to top it up**
réparer	**to re*pair***
réviser	**to service**

E. LA ROUTE ET LA CIRCULATION – ROADS AND TRAFFIC

accélérer	**to ac*cel*erate**
accident	**accident, crash, (US) wreck**
adhérence	**grip**
aire de repos	**rest area**
amende	**fine**

E. LA ROUTE ET LA CIRCULATION (suite)

assurance	**in*sur*ance**
auteur d'infraction	**of*fen*der**
auto-école	**driving school**
autoroute	**(GB) motorway, (US) highway, freeway**
autoroute à péage	**toll-motorway, (US) turnpike road**
auto-stop	**hitchhiking**
faire de l'auto-stop	**to hitchhike**
auto-stoppeur	**hitchhiker**
bande d'arrêt d'urgence	***emer*gency lane**
bouchon	**hold-up, traffic-jam**
carambolage	**pile-up**
carrefour	**crossroads**
chauffard	**reckless driver** (qui prend la fuite après accident), **hit-and-run driver**
chaussée	**roadway, road**
circulation	**traffic**
circuler	**to drive**
clé de contact	**ig*ni*tion key**
clignotant	**indicator**
code de la route	**highway code**
conduire	**to drive**
conduite	**driving**
contrôle de vitesse	**speed check**
contrôle radar	**radar check**
côte	**hill, gradient**
crevaison	**puncture**
crever	**to have a puncture, a flat tire**
cric	**jack**
croisement	**crossing**
débiter	**to pull out, to change lanes**
démarrer	**to start**
dense	**dense, thick**
dépannage	**breakdown service, emergency repairs, towing**
dépanner	**to take in for repairs, to fix**
dépanneuse	**breakdown van, tow-truck**
dépassement	**over*tak*ing, (US) passing**
dépasser	**to over*take*, (US) to pass**
déviation	**di*ver*sion, (US) detour**
distance de sécurité	**safe distance**
doubler	**to overtake, (US) to pass**
embouteillage	**traffic-jam**
examen du permis de conduire	**driving exam**
excès de vitesse	**speeding of*fence***

file de voitures	line/stream of cars
fluide	flowing, easy
fou du volant	reckless driver
glissière de sécurité	crash barrier
limitation de vitesse	speed limit
moniteur d'auto-école	in*struc*tor driving-school instructor
panne	breakdown
avoir une panne, tomber en panne	to have a beakdown, to break down
péage	toll, toll-gate
permis de conduire	driving licence, (GB) driver's licence
priorité	right of way
procès-verbal	ticket, report
rabattre (se)	to cut in, to pull in front
ralentir	to slow down
remorque	trailer
en remorque	on tow, in tow
remorquer	to tow
retenue	tailback
retrait de permis	disqualifi*ca*tion from driving, driving ban, revo*ca*tion of (a) driving licence
roue de secours	spare wheel
rouler	to drive
route	road security
routière	road safety
sortie d'autoroute	exit
travaux	road works, road repairs
tenue de route	road-holding
triangle de présignalisation	emergency warning triangle
usager de la route	road user, motorist
victimes	casualties
virage	bend
vitesse	speed
voie	lane
voie rapide	fast lane

F. LES DEUX-ROUES – TWO-WHEELED VEHICLES

antivol	anti-*theft* device
béquille	stand
bicyclette	bicycle, (*fam*) bike
braquet	gear ratio
cadre	crossbar
casque	helmet
catadioptre	re*flec*tor
chaîne	chain
chambre à air	(inner) tube
crever	to have a puncture/a flat (tire)
cycliste	cyclist, (*fam*) biker
dégonflé	flat

F. LES DEUX-ROUES (suite)

dérailleur	**gears, gear lever/shift/change**
deux-roues	**two-wheeler**
deux-roues à moteur	**moped**
faire du vélo, de la bicyclette	**to cycle, to bike, to ride a bicycle/bike**
frein	**brake**
garde-boue	**mudguard**
gonflé	**in*fla*ted**
gonfler	**to in*flate***
graisser	**to grease**
guidon	**handlebars**
jante	**rim**
Mobylette	**moped**
motard	**motorcyclist, (*fam*) biker**
moto	**motorcycle, motorbike**
pédale	**pedal**
pédaler	**to pedal**
piste cyclable	**cycle-path**
pneu	**tyre**
pompe	**pump**
porte-bagages	**luggage-carrier**
rayon	**spoke**
roue	**wheel**
scooter	**scooter**
selle	**saddle**
sonnette	**bell**
tandem	**tandem**
vélo	**cycle, bike**

G. LE CHEMIN DE FER – THE RAILWAY

abonnement (carte d'abonnement)	**pass**
aiguillage	**points, (US) switches**
arrivée	**arrival**
arriver	**to arrive**
autorail	**rail-car**
billet	**ticket**
billet aller-retour	**return ticket, (US) round trip ticket**
bondé	**crowded**
changer de train	**to change trains**
chef de gare	**station-master**
chemin de fer	**railway, (US) railroad**
cheminot	**railwayman, (US) railroad-man**
compartiment	**com*part*ment**
compartiment de 1ère classe	**first-class com*part*ment**
compartiment de 2e classe	**second-class com*part*ment**
compartiment fumeur	**smoker com*part*ment**
compartiment non-fumeur	**non-smoker com*part*ment**
composter	**to date-stamp, to punch**

11 TRANSPORT

consigne	left-luggage office, (US) baggage-room
contrôleur	ticket-collector, inspector
correspondance	con*nec*tion
descendre	to get off
entrer en gare	to pull in
express	ex*press* train
filet à bagages	luggage rack
gare	station
gare de triage	marshalling yard
gare principale	main station
guichet	window
guichet des billets	ticket-office, booking office
heure d'arrivée	arrival time
heure de départ	de*par*ture time
horaire	timetable, schedule
libre	vacant
locomotive	loco*mo*tive engine
locomotive à vapeur	steam engine
locomotive diesel	diesel engine
locomotive électrique	electric engine
monter	to get on
occupé	occupied
omnibus	slow train
partir	to leave
passage à niveau	level crossing, (US) grade-crossing
passage souterrain	underground passage, subway
place	seat
quai	platform
rail	rail
renseignements	infor*ma*tion
réserver	to book, to reserve
retard	delay
salle d'attente	waiting room
sortie	exit
supplément	supplement
terminus	terminal
TGV	high speed train
trafic ferroviaire	rail traffic
train	train
train de banlieue	com*mu*ter train
train de marchandises	goods train, (US) freight train
train de voyageurs	passenger train
train postal	postal train
valable	valid
voie	track
voie de garage	siding
voiture	coach, carriage, (US) car
wagon	wagon, (US) car
wagon citerne	tank wagon
wagon-couchette, wagon-lit	sleeping-car
wagon restaurant	restaurant car

H. LES TRANSPORTS AÉRIENS – AIR TRANSPORT

accident	**crash**
aéroport	**airport**
aiguilleur du ciel	**air con*trol*ler**
aile	**wing**
altimètre	**altimeter**
altitude	**altitude**
appareil	**aircraft**
atterrir	**to land**
atterrissage	**landing**
aviation	**avi*a*tion**
avion	**aeroplane, plane, aircraft, (US) airplane**
avion à réaction	**jet, jet plane**
avion de tourisme	**tourism plane**
avion gros porteur	**jumbo jet**
avion supersonique	**super*son*ic plane**
billet d'avion	**air-ticket, plane-ticket**
boîte noire	**black box**
cabine des passagers	**passenger cabin**
carlingue	**fuselage**
charter	**charter**
cockpit	**cockpit**
commandant de bord	**captain**
compagnie aérienne	**airline company, air company, airline**
contrôleur aérien	**air-con*trol*ler**
copilote	**co-pilot**
décollage	**take-off**
décoller	**to take off**
départ	**de*par*ture**
déréglementation	**deregu*la*tion**
déréglementer	**to de*reg*ulate**
embarquer	**to em*bark*; (marchandises) to load**
enregistrement des bagages	**baggage check-in**
enregistrer	**to check in**
envergure	**wing-spread**
équipement	**crew**
escale	**stopover,**
faire escale	**to stop over**
fuselage	**fuselage**
hélice	**pro*pel*ler**
hôtesse de l'air	**air-hostess, hostess**
hublot	**porthole**
hydravion	**seaplane**
liaison aérienne	**air service**
long-courrier	**long-range/long-distance aircraft**
membre d'équipage	**crew-member**
moteur	**engine**
parachute	**parachute**
passager	**passenger**
pilote	**pilot**
pilote automatique	**auto*mat*ic pilot**

piste	**tarmac**
piste d'atterrissage	**landing strip**
piste de décollage	**runway**
se poser	**to land**
radar	**radar**
réacteur	**reactor**
sécurité aérienne	**air-safety**
soute à bagage	**hold**
steward	**steward**
survoler	**to fly over**
tarif	**fare, tariff**
tarif réduit	**re*duced* fare ; off-peak rate**
terrain d'aviation	**airfield**
toboggan	**con*vey*or belt**
tour de contrôle	**con*trol* tower**
trafic aérien	**air traffic**
train d'atterrissage	**undercarriage**
vol	**flight**
voler	**to fly**
vol régulier	**scheduled flight**
voyageur	**passenger, traveller, (US) traveler**

I. TRANSPORTS MARITIMES ET FLUVIAUX
SEA TRANSPORT AND RIVER TRAFFIC

accoster	**to land, to come alongside**
appareiller	**to sail, to leave**
bastingage	**ship's rail**
bâbord	**port**
bateau	**boat, ship**
bateau à voile	**sailing boat, sailboat**
bateau de pêche	**fishing-boat, fishing-smack**
cale	**hold**
cargaison	**cargo**
cargo	**cargo-boat, cargo-vessel**
chalutier	**trawler**
cheminée	**funnel**
couler	**to sink**
échouer (s')	**to get stranded, to run aground**
écluse	**lock**
embarcadère	**landing stage**
embarquement	**embar*ka*tion ;** (marchandises) **loading**
embarquer	**to em*bark* ;** (marchandises) **to load**
escale	**port of call**
faire escale	**to call at, to put in at**
ferry-boat	**ferry-boat, ferry**
hublot	**porthole**

I. TRANSPORTS MARITIMES ET FLUVIAUX (suite)

jetée	**jetty, pier**
marée	**tide**
marée basse	**low tide**
marée haute	**high tide**
mouillage	**mooring**
naufrage	**shipwreck**
navigable	**navigable ; seaworthy**
navigation	**navi*ga*tion, sailing**
paquebot	**liner**
péniche	**barge**
pétrolier	**tanker**
pétrolier géant	**super-tanker**
port	**port, harbour, (US) harbor**

port d'attache	**port of registry**
port d'escale	**port of call**
porte-conteneurs	**con*tain*er-ship**
pousseur	**tow-boat**
quai	**quay, wharf**
rade	**roadstead, harbo(u)r**
remorquer	**to tow**
remorqueur	**tug ; (fleuve) tow-boat**
salle des machines	**engine-room**
tribord	**starboard**
vapeur	**steamer, steamboat**

A 2 LEXIQUE EN SITUATION

<u>**traffic signs**</u> : panneaux de signalisation
slow down : ralentir
uneven surface : chaussée déformée
slippery road : chaussée glissante
men at work, road works ahead : travaux
single lane (traffic) : (circulation sur) voie unique, une seule voie
closed to traffic : route/rue barrée
diversion, (US) detour : déviation
no parking, no waiting : interdiction de stationner
end of restricted parking area : fin d'interdiction de stationner
steep gradient : forte déclivité
engage low gear : engager une vitesse inférieure
no U-turn : interdiction de faire demi-tour
traffic : circulation
rush hour, peak traffic hour : heure de pointe
off-peak period : période creuse
to improve the traffic flow : améliorer l'écoulement de la circulation

congested traffic : circulation très dense, encombrements
clogged with traffic : embouteillé
to hog the road : occuper toute la route (en s'installant au milieu)
reckless driving : conduite dangereuse
a hit-and-run driver : un chauffard (qui prend la fuite après avoir provoqué un accident)
toll of the road : mortalité sur les routes

<u>driving</u> : conduite
to change gear : changer de vitesse
to back, to reverse : faire marche arrière
to put one's headlamps/headlights on full beam : mettre ses feux de route (mettre en phare)
to dip one's headlights/headlamps : passer en code
to flash one's indicator, to put one's indicator on : mettre son clignotant
to pull up : s'arrêter, se garer
to have one's car serviced : faire réviser sa voiture
to have a change of oil : faire vidanger sa voiture
to fill up one's tank : remplir son réservoir

his new car is in the high c.c.'s : sa nouvelle voiture est une grosse cylindrée.
they now have a large fleet of vans : ils disposent maintenant d'un parc important de camionnettes
the motorcade is causing a huge traffic-jam : le convoi de voitures officielles provoque un embouteillage monstre
she was fined for a speeding offence : elle a eu une contravention pour excès de vitesse
five people were injured in the crash/pile up : cinq personnes ont été blessées dans l'accident/la collision
a lorry overturned on the motorway, causing a tailback of traffic : un poids lourd s'est renversé sur l'autoroute, provoquant un embouteillage/un ralentissement/une retenue.
the tanker ran aground on a reef : le pétrolier s'est échoué sur un récif.
the trawler capsized in high seas : le chalutier a chaviré au milieu de hautes lames.

A 3 REGISTRES DE LANGUE

1. <u>Mots et expressions familières</u>.

to have a flat : avoir une crevaison, un pneu à plat ; crever
to hitch a ride : faire du stop
a rig : (US) attelage/ensemble routier, semi-remorque
a lemon : une voiture/caisse pourrie
a parking ticket : une contravention pour stationnement interdit
a bumper-sticker : autocollant fixé sur pare-chocs

2. <u>Expression imagée</u>.

to jackknife : se mettre en travers (pour une remorque de camion, qui présente ainsi un angle avec la cabine, d'où la comparaison avec un canif – **jackknife** – à demi ouvert)

3. <u>Expressions figurées</u>.

the jet set : les privilégiés
to take off : (projet, etc.) décoller, se réaliser
to land a job : se trouver/obtenir un emploi
to have someone on tow : traîner quelqu'un à sa suite, être accompagné de
to jettison : jeter par-dessus bord ; abandonner, renoncer à
to break down : (discussion, négociation) se rompre, échouer, s'interrompre, tomber en panne
breakdown : panne, rupture, échec (discussion, négociation)
all hands on deck : tout le monde sur le port, tout le monde au travail
to barge into someone : accoster, aborder quelqu'un (brutalement)
to sink : sombrer, couler, baisser, etc. (société bénéfices)
to jump on the bandwagon : prendre le train en marche, voler au secours de la victoire (origine : sauter sur le véhicule où joue l'orchestre lors d'une parade électorale pour manifester son soutien d'un candidat).
to railroad : (US) juger ou condamner trop sommairement (origine, coutume de l'ouest, transporter à cheval sur un rail les étrangers indésirables pour les chasser)

piggybacking : ferroutage (transport intégré de containers, par rail et route ; origine : père portant enfant sur son dos, « faire le cochon »)

B 1 DIFFÉRENCES ENTRE ANGLAIS BRITANNIQUE ET AMÉRICAIN

1. Orthographe.

	BRITANNIQUE	AMÉRICAIN
pneu	**tyre**	**tire**
port	**harbour**	**harbor**
infraction	**offence**	**offense**
voyageur	**traveller**	**traveler**

2. Prononciation.

itinéraire	**route**	[ruːt]	[raʊt]
router	**to route**	[tə ruːt]	[tə raʊt]
horaire	**schedule**	[ˈʃedjuːl]	[ˈʃkedʒʊl]
programmer, etc.	**to schedule**	[tə ˈʃedjuːl]	[tə ˈʃkedʒʊl]
dépasser/doubler	**to pass**	[tə pɑːs]	[tə pæs]

3. Mots différents.

accident	**crash**	(aussi) **wreck**
aller	**single ticket**	**one-way ticket**
aller retour	**return ticket**	**round-trip ticket**
autoroute à péage	**toll-motorway**	**turnpike road**
bagages	**luggage**	**baggage**
capot	**bonnet**	**hood**
chauffeur de poids lourd	**lorry-driver**	**trucker**
chemin de fer	**railway**	**railroad**
coffre arrière	**boot**	**trunk**
doubler	**to overtake**	(plutôt) **to pass**
essence	**petrol**	**gas**
métro	**underground, tube**	**subway**
pare-brise	**windscreen**	**windshield**
passage à niveau	**level-crossing**	**grade-crossing**

	BRITANNIQUE	AMÉRICAIN
poids lourd	**lorry**	**truck**
train de marchandises	**goods train**	**freight train**
transport	**transport**	**transportation**
voiture	**car**	(aussi) **automobile**
wagon	**coach** (voyageurs) **wagon** (marchandises)	(aussi) **car**

B 2 ATTENTION À LA DIFFÉRENCE ENTRE :

- **cargo** : *cargaison* et **cargo-boat, cargo-vessel** : cargo
  to rescue : *sauver* (des vies humaines) et **to salvage** : *sauver, récupérer une cargaison*, etc.
  a boat : le plus souvent un *bateau*, et **a ship** : un *navire*
  a port of call : *une escale* (*maritime*) et **a stopover** : *une escale* (*aérienne*)
  a tug : *un remorqueur en mer* et **a tow-boat** : un *remorqueur ou pousseur sur canal*, etc.
- **a passenger** : *un passager, un voyageur*
  a traveller : un *voyageur* peut signifier un *passager*, mais désigne de façon plus générale une *personne qui voyage*
- **a port** : un *port* au sens de *ville portuaire* ou du point de vue *administratif*
  a harbour : un *port* au sens plus concret de *rade, installations portuaires*, etc.
- **servicing** : *entretien* (combustible, huile, etc.) et **maintenance** : *entretien et réparations*
  to ship, *transporter*, *expédier*, etc. (et pas seulement par bateau, mais aussi par rail, route, air ; cf. **shipment, consignment** : *expédition*) et **to sail** : *naviguer* (avec bateau à voile ou vapeur, etc.)
- **customs** : *douane(s)* (suivi d'un verbe le plus souvent au singulier) ; cf. **customs duties** : *droits de douane*, **customs officer** : *douanier* et **custom** : *coutume* ou *clientèle*.

B 3 REMARQUES

- **quay** : *quai portuaire* se prononce [ki:], comme **key** : une clé
- **aircraft** est invariable au pluriel : **one aircraft, several aircraft** : *un avion, plusieurs avions*
- **luggage** et **baggage** sont des collectifs singulier :
  ex. : **his luggage is heavy** : ses bagages sont lourds
  Singulier : **a piece of luggage** : un bagage
- **sea** signifie *mer*, mais aussi *vague, lame* ; **high seas** : de hautes lames
- **tariff** signifie *droits de douanes* (**customs tariffs**), ou *tarif de transport* (**air tariffs**, *tarifs aériens*, **air fares**) mais jamais *tarif* au sens de *liste de prix* : **price-list.**
- **a parking ticket** peut être un *ticket de parking*, mais signifie souvent une *contravention pour stationnement interdit.*
- un *bateau* peut encore être féminin (**she, her**), surtout en anglais britannique, mais la tendance internationale va vers le neutre (**it, its**) surtout lorsqu'il s'agit de bâtiments envers lesquels on ne ressent rien.

C 1 EXERCICES

A Traduire.

1. C'est un vol régulier.
2. Il faut vous présenter au comptoir d'enregistrement une heure avant le départ de l'avion.
3. Le vol 212 aura 40 minutes de retard.
4. Ma valise a été abîmée sur le tapis roulant.
5. La circulation ne s'écoule que sur une file à cause de l'accident.
6. Ça fait au moins une heure que j'attends la camionnette de dépannage.
7. Il a payé une amende pour excès de vitesse.
8. Le bateau partira à 15 heures.
9. Mon pneu arrière gauche est crevé.
10. Le pétrolier s'était échoué sur un récif.

B A quels modes de transport associez-vous les mots suivants ?

1. by-pass
2. to jettison
3. runway
4. roadway
5. platform
6. trailer
7. tug
8. toll-gate
9. stopover
10. siding

C 2 CORRIGÉS

A
1. It's a scheduled flight.
2. You must report to the check-in counter an hour before flight departure.
3. Flight 212 will be forty minutes late.
4. My suit-case was damaged on the conveyor belt
5. Traffic is moving on one lane only because of the crash.
6. I've been waiting for the breakdown van/tow-truck for at least an hour.
7. He was/has been fined for speeding/for a speeding offence/(US) offense.
8. The ship will sail at 3 p.m.
9. My rear left tyre/ (US) tire) is punctured/flat.
10. The tanker had run aground on a reef.

B
1. route (rocade)
2. mer (jeter par-dessus bord)
3. air (piste de décollage)
4. mer (rade)
5. rail (voie)
6. route (remorque)
7. mer (remorqueur)
8. route (péage)
9. air (escale)
10. rail (voie de garage)

12 POST AND TELECOMMUNICATION

A 1 VOCABULAIRE

A. LA POSTE

affranchir (colis)	to prepay
affranchir (courrier)	to stamp ; to frank
affranchissement prépayé	prepaid postage
affranchissement, port	postage, stamping ; franking, prepayment
apposer un cachet de poste	to postmark
avec accusé de réception	with notice of de*liv*ery
B.P.	PO Box
boîte à lettres	mail box
boîte aux lettres	letter-box, mailbox
boîte postale	post office box
bureau des rebuts	dead letter office
cachet de la poste	postmark
cacheter	to seal
carnet de timbres	book of stamps
carte postale	postcard
chèque postal	giro form
chèques postaux (les)	(GB) the Giro
code postal	(GB) postal code, (US) zip code
colis	parcel ; (US) package
colis recommandé	registered parcel ; (US) registered package
compte-chèques postal	(GB) giro account
correspondance	corres*pon*dence
courrier (lettres, cartes)	postal paper
courrier normal	second-class mail
courrier rapide	first-class mail
dépôt	de*pos*it
destinataire (colis)	sendee, con*sign*ee, addressee
distribution	de*liv*ery
employé des postes	post office clerk, (US) postal clerk
en port dû	carriage forward
en port payé	freight prepaid, carriage paid ; freight prepaid
enseignement par correspondance	postal tu*i*tion
enveloppe	envelope
enveloppe timbrée	stamped envelope ; S.A.E. (self-addressed envelope)

A. LA POSTE (suite)

enveloppe T	postage-paid reply envelope ; reply-paid envelope ; (US) business reply mail
envoi contre remboursement	cash on delivery (C.O.D.)
envoi, expédition	con*sign*ment, dis*patch*, shipment, forwarding
envoyer par la poste	to send by post
envoyer	to send
expédier	to con*sign*, to dis*patch*, to forward, to ship
expéditeur	sender (courrier); con*sign*or, shipper
facteur	(GB) postman ; (US) mailman
frais d'expédition	freight costs
franco de port	carriage paid ; post-paid
guichet	counter, desk, window
guichetier	counter-clerk ; desk-clerk
(tarif) imprimés	printed matter (rate)
La Poste	the Post Office
lettre	letter

lettre recommandée	registered letter
levée (courrier)	collection
mandat international	inter*na*tional money order
mandat	money order
mandat télégraphique	tele*gra*phic money order
mettre à la poste	to post, to mail
mettre au courrier	to put in the mail
ministère des P. et T.	General Post Office ; (GB) G.P.O.
ministre des P. et T.	Postmaster General
oblitération	postmark
papier à lettres	stationery ; note paper, writing paper
papier timbré	stamped paper
paquet	parcel
par avion	by air mail
par colis postal	by parcel post
par paquet poste	by parcel post
philatélie	stamp col*lec*ting
pli cacheté	sealed letter
pli	letter, note
port payé, franco de port	(GB) post-free ; (US) post-paid
(bureau de) poste	post office
poste et télécommunications	postal services
poste principale	General Post Office ; (GB) G.P.O.

poste restante	**(GB) Poste Restante ; (US) General De*liv*ery**
préaffranchi (enveloppe)	**postal stationery**
rebut (lettre au)	**dead/unclaimed letter**
receveur des postes	**postmaster**
retrait	**with*draw*al**
service postal	**postal service**
surtaxe	**extra postage**
timbre(-poste)	**(postage) stamp**
timbre/tampon de la poste	**postmark**
timbrer	**to stamp**
versement	**payment-in ; re*mit*tance**
virement	**transfer**

B. TÉLÉPHONE

annuaire (téléphonique)	**(phone directory) ; phone book**
appareil téléphonique	**telephone set**
appel en PCV	**(GB) reverse charge call ; (US) col*lect* call**
appel téléphonique	**phone call**
au téléphone	**on the phone**
cabine publique	**(public) callbox**
cabine téléphonique	**phone box, phone booth**
carte téléphonique	**phone card**
combiné téléphonique	**receiver, handset**
communication interurbaine	**trunk call ; toll-call**
communication urbaine	**local call**
conversation téléphonique à trois	**three-way conference calling**
conversation, entretien téléphonique	**(tele)phone conver*sa*tion**
décrocher	**to lift the re*ceiv*er**
donner un coup de téléphone	**to make/give/place a (phone) call**
interrogeable à distance	**with re*mote* capa*bil*ity**
ligne téléphonique	**phone line**
numéro d'appel gratuit	**(US) toll-free number ; (GB) freephone number**
numéro de poste	**ex*ten*sion number**
numéro de téléphone	**phone number**
numéro vert	**no-toll number**
pointel, bi-bop	**phonepoint**
poste (téléphonique)	**ex*ten*sion (Ext.)**
prise téléphonique	**phone jack**

B. TÉLÉPHONE (suite)

raccrocher	to hang up
répondeur téléphonique	answering machine ; answer(ing) phone
répondeure nregistreur	auto*mat*ic message re*cord*er
standard téléphonique	switchboard
standardiste	(switchboard) operator
téléphone à cadran	dial phone
téléphone à clavier	keyphone -
téléphone à touches	push-button telephone
téléphone avec haut-parleur	speaker phone
téléphone de poche	hand-held phone
téléphone de voiture	car phone
téléphone mains libres	hands-free phone
téléphone mobile	mobile phone
téléphone portable	portable phone, cellular phone
téléphone portatif	handy-phone
téléphone sans fil	cordless phone
téléphone	telephone ; phone
téléphone vert	freephone ; toll-free number
téléphoner	to phone, to ring up ; to call (on the phone) ; to make a phone call
téléphonique	conver*sa*tion
téléphoniquement	by phone, on the phone

C. TÉLÉCOMMUNICATIONS

adresse électronique	E-mail address
adresse télégraphique	tele*gra*phic address
compagnie de télécommunication	telecom company
fax	fax
faxer	to fax
messagerie électronique	E-mail
réseau Internet	the Internet
service du téléphone en vol	in-flight telephone service
téléachat	home shopping
télécommunication(s)	telecommuni*ca*tion(s)
téléconférence	tele*con*ference
télécopie	fax, telecopy; faxing, tele*copy*ing
télécopier	to fax, to telecopy

télécopieur	**fax machine, telecopier**
télégramme	**telegram, cable, wire**
télégramme téléphoné	**telephoned telegram**
télégraphe	**telegraph**
télégraphier	**to telegraph, to cable, to wire**
télégraphique	**telegraphic**
télégraphiquement	**telegraphically ; by wire, by cable ; by telegraph**
télégraphiste	**telegraph operator**
télégraphiste (porteur)	**telegraph messenger**
téléguidage	**re*mote*/radio control ; telecontrol**
téléguider	**to operate by re*mote* con*trol* ; to radiocontrol**
téléimprimeur	**teleprinter, telewriter ; teletype (writer)**
téléinformatique	**teleprocessing**
télématique bancaire	**telebanking**
télématique	**tele*mat*ics**
télématique vocale	**audiotex**
télépaiement	**elec*tro*nic payment**
téléphone par satellite	**satellite phone**
téléréunion	**conference calling**
téléscripteur	**teleprinter ; teletypewriter**
télétex	**teletex**
télétexte	**teletext**
télétraitement	**teleprocessing**
télétransmission	**tele*vis*ion trans*mis*sion**
télétravail	**work at home ; telecom*mut*ing**
télex	**telex**
téléxer	**to telex**
vidéo par téléphone	**video dial-tone**

A 2 LEXIQUE EN SITUATION

please enclose/(US) attach a self-addressed stamped envelope : joindre une enveloppe timbrée pour la réponse.
my letter was delayed in the post : l'acheminement de ma lettre a été retardé.
date as postmark : le cachet de la poste faisant foi.
to stick a postage stamp on a letter/to stamp a letter : timbrer/affranchir une lettre.

letter with a London postmark : lettre timbrée de Londres.
under separate cover : sous pli séparé.
under registered cover : sous pli recommandé.
Please forward : Faire suivre, s. v. p.
Please return to sender : Retour à l'envoyeur.
Please apply to counter number 5 : Veuillez vous adresser au guichet numéro 5.
Position closed : Guichet fermé.
the cable read 'FLIGHT CANCELLED. WILL TAKE TOMORROW'S EARLY MORNING FLIGHT. LOVE.' : le télégramme disait « VOL ANNULE. PRENDRAI VOL DEBUT MATINEE DEMAIN. AFFECTUEUSEMENT ».
if transmission is unsuccessful, please call this number (*fax*) : en cas de problème de transmission, veuillez appeler ce numéro.
this fax is hardly legible : ce fax est à peine lisible.
Operator, I'd like to place a call to Glasgow, (GB) **reverse charges please. /** (US) **Operator, I'd like to make a call to Miami, please collect** : je souhaiterais passer un appel à Glasgow/Miami en PCV.
Operator, I'd like to place (GB) **a reverse charge call to Glasgow/**(US) **to make a collect call to Miami** : je voudrais appeler Glasgow/Miami en PCV.
there's no dialling tone : je n'ai pas de tonalité.
the party doesn't answer : l'abonné ne répond pas.
Could you say the number digit by digit ? Pourriez-vous m'indiquer le numéro chiffre par chiffre ?
it is an eight-digit number : c'est un numéro à huit chiffres.
I forgot to dial the international (national, area) code : j'ai oublié de composer le code international (national, régional).
the number doesn't seem to be listed in the directory : le numéro ne semble pas figurer dans l'annuaire.
This is an answering machine. Please leave a message after the tone : vous êtes en communication avec un répondeur. Veuillez laisser un message après le bip sonore.
you'll have to put another dime (in the slot) when the three minutes are up : vous devrez mettre une autre pièce de 10 cents (dans la fente) quand les trois minutes seront écoulées.

Your party is on the line. Go ahead, caller : Votre correspondant est en ligne. Demandeur, parlez.

the line is dead : la ligne n'est plus attribuée/ce numéro ne répond plus.

the line is engaged (GB) **/the line is busy** (US) : la ligne est occupée.

I'll have to redial/dial again : il va falloir que je recompose le numéro.

You just have to press the 'redial' button : vous n'avez qu'à appuyer sur la touche « Bis ».

I've been trying to call for more than twenty minutes and I can't get through : cela fait plus de vingt minutes que j'appelle sans succès/sans pouvoir avoir la ligne/sans obtenir mon numéro.

someone put me on hold five minutes ago and I still can't get through to Mr Johnson : quelqu'un m'a mis en attente depuis cinq minutes et je n'ai toujours pas réussi à joindre M. Johnson.

Hold on !/Stand by ! Don't hang up ! Ne quittez pas !/ Restez en ligne.

Do not cut off ! Ne coupez pas !

The bastard ! He hung up on me again ! Le salaud ! Il m'a encore raccroché au nez !

Could you please put me through to Mr Johnson ? Pourriez-vous me passer Mr Johnson ?

I'll put you through to him immediately : Je vous le passe immédiatement.

Mr Duval is on the line for you. – OK, put him on to me/hand him over to me : M. Duval vous demande/J'ai M. Duval en ligne. – D'accord, passez-le moi.

Could you put me through to extension 208 ? Pourriez-vous me passer le poste 208 ?

Would you please transfer my call to his extension ? Auriez-vous l'obligeance de me passer son poste ?

I couldn't reach him on the phone/by phone : je n'ai pas pu le joindre au téléphone.

there's no E-mail address on his business card : aucune adresse de messagerie électronique ne figure sur sa carte de visite.

Letters to the Editor of *TIME Magazine* can be sent via E-mail to the following address : TIMELETTER@aol.com : le courrier des lecteurs de *TIME Magazine* peut être envoyé par messagerie électronique à l'adresse suivante : TIMELETTER@aol.com.

with the Internet, the new generation has entered the age of cyberspace : avec Internet, la nouvelle génération est entrée dans l'ère de l'espace cybernétique (du cyberespace).

A 3 REGISTRES DE LANGUE

1. Langue familière, argotique.

- Dans la langue familière des boursiers et des turfistes, au français *téléscripteur* correspond l'anglais **ticker.**
- L'expression *donner/passer un coup de téléphone/un coup de fil* a pour équivalent familier **to give a ring/a buzz.**
  ex. : **Give me a ring/a buzz tonight at my place** :
  Passe-moi un coup de fil chez moi ce soir.
- On a vu plus haut (B 1) la particularité de l'expression **Put him on to me** traduisant le français *Passez-le moi.* Il ne faut pas la confondre avec une autre construction du même verbe ayant un sens différent dans la langue courante : **to put sb on** : mettre qqn en boîte.
  I was just putting you on : Je te faisais marcher.
  Elle est synonyme de **I was just teasing you/pulling your leg.**
- Les initiés désignent le réseau Internet par l'expression **the web** qui signifie littéralement « toile d'araignée ».
  Computer hackers spend their time travelling/surfing on the web : les amateurs d'informatique/les pirates informatiques passent leur temps à se promener dans le réseau Internet.

2. Américanismes.

- Aux États-Unis, on emploie plus couramment le faux ami **to attach** que son équivalent britannique **to enclose** pour traduire le verbe « joindre ».
  ex. : **the attached documents** : les documents ci-joints.

- Le français ayant été pendant longtemps la langue internationale de la poste, l'anglais britannique conserve encore de nos jours l'expression **poste restante**, sans la traduire. En revanche, en américain, on dira **General Delivery** ou **to be left till called for.**
- Conséquence de l'histoire du développement de l'Amérique, il faut savoir qu'aujourd'hui encore, ce n'est pas dans les bureaux de poste que l'on doit se rendre pour envoyer un télégramme : ce sont les agences de la **Western Union**, compagnie privée, qui ont le quasi-monopole des services télégraphiques.

B 1 REMARQUES LEXICALES

1. Vocabulaire.

- Veiller à ne pas traduire littéralement le verbe *joindre* par l'anglais **to join** qui signifie *rejoindre*. Dans la correspondance, ses équivalents sont **to enclose** des deux côtés de l'Atlantique et **to attach** uniquement en américain.
  With this letter, I am enclosing two copies of the contract : Je joins à ce courrier deux exemplaires du contrat.
  Please find enclosed/herewith/(US) **attached two copies of...** : Veuillez trouver ci-joint deux exemplaires du...
- Ne pas confondre cette tournure avec une construction de phrase et un verbe différents :
  This letter includes two copies of the contract and a duplicate of the invoice : Ce courrier comprend deux exemplaires du contrat et un double de la facture.
  A ce sens de *pièces jointes* correspond l'anglais **enclosures** et leurs abréviations respectives *P. J.* et **encl.** que l'on trouve souvent au bas d'une lettre.
- A propos des conditions de paiement les plus courantes, s'appliquant par exemple aux *ventes par correspondance* (**mail order sales**), deux expressions, ainsi que leurs abréviations respectives, doivent être mémorisées :
  cash with order (CWO) : paiement à la commande ;
  cash on delivery (COD) : paiement à la livraison, contre remboursement.

- Éviter la faute souvent commise par les Français pour traduire l'expression *au téléphone* littéralement rendue par **at the telephone**. On ne peut dire que **on the (tele)phone**.
- Attention aux calques ! S'agissant toujours de téléphone, le terme *correspondant* ne se traduit pas en anglais par **correspondent** mais par **party**.
- Enfin, ne pas se laisser tromper par la complexité des divers équivalents du verbe *passer* dans le registre des communications téléphoniques.
  On dit bien **Could you put me through to Mr Smith ?/ to his extension ?** *Pourriez-vous me passer M. Smith ?/ son poste ?* mais **Put him on to me** : *Passez-le moi.* Se reporter plus haut en B 1 à propos du sens familier de l'expression **to put sb on.**

2. Orthographe

- Ne pas confondre deux termes qui, s'ils ont la même prononciation ['steɪʃənrɪ], se distinguent par leur orthographe et par leur sens. **Stationery** est un nom et signifie *papeterie.*
  ex. : **office stationery** : fournitures de bureau (papier, enveloppes, etc.).
  Stationary est un adjectif qui signifie *stationnaire.*
- Trois mots très courants sont la cause de fautes d'orthographe extrêmement fréquentes en raison de leur similitude avec le français :
  address : adresse
  correspondence : correspondance
  envelope : enveloppe

C 1 EXERCICES

A Traduisez les phrases suivantes.

1. J'ai essayé de le joindre au téléphone hier soir mais son répondeur n'était pas branché.
2. Passe-moi un coup de fil demain vers midi.
3. Il faut que j'appelle New York en PCV.
4. J'aurais dû utiliser le tarif « Imprimés ».
5. Je dois joindre une enveloppe timbrée pour la réponse.

B A quoi correspondent ces sigles ou abréviations ?
1. G.P.O. 3. C.W.O. 5. P.O. Box.
2. C.O.D. 4. Ext.

C Complétez les phrases suivantes en choisissant l'une des quatre réponses proposées.
1. Operator, there must be some problem with that number. I can't get …
   a. to it b. through b. across d. around
2. Could you please put me … Mr Bradley ?
   a. to b. into c. through to d. onto
3. I didn't want to offend him. I was just putting him …
   a. up b. down c. in d. on
4. Please find … two copies of our new contract.
   a. joined b. included c. enjoined d. herewith
5. … phones are becoming more and more popular.
   a. Hand-held b. Hand-free c. Hands-on d. Hands-up

C 2 CORRIGÉS

A 1. I tried to reach him on the phone last night but his answering machine/answer(ing) phone was not on.
2. Give me a ring/(*fam*) a buzz tomorrow at about twelve.
3. I must/I have to make/to place a collect call to New York.
4. I should have used the 'printed matter' rate.
5. I must enclose a stamped envelope/a self-addressed envelope for the reply/a reply-paid envelope.

B 1. General Post Office (*poste principale* ou *ministère des P. et T.*)
2. Cash On Delivery (*paiement à la livraison*)
3. Cash With Order (*paiement à la commande* ou *contre remboursement*)
4. Extension (*numéro de poste téléphonique*)
5. Post Office Box (*Boîte Postale, B.P.*).

C 1b. 2c. 3d. 4d. 5a.

13 VIE SOCIALE

A 1 VOCABULAIRE

accueil	welcome ; (logement, etc.) accommo*da*tion; re*cep*tion
accueillant	hos*pit*able ; friendly, gracious
accueillir	to welcome ; (hôtel, etc.) to ac*com*modate ; (congrès, etc.) to host
allocution	address
ami, e	friend
amical	friendly ; warm
amicalement	in a friendly way
amitié	friendship
anniversaire	(personne) birthday ; anniversary
annonce	an*nounce*ment
annoncer	to an*nounce*
annulation	cancel*la*tion
annuler	to cancel
assister à	to at*tend*
assurance	as*sur*ance
assurer	to as*sure*
autrui	others, other people, third party
bague	ring
baisemain	hand-kissing
banquet	banquet*
baptême	baptism, (nom) christening
baptiser	(nom) to christen ; (cérémonie) to bap*tise*
bien élevé, e	well-bred ; well-be*ha*ved
bienséance	propr*i*ety ; breeding
bienvenue (souhaiter la)	to welcome
bouquet	bunch of flowers, bouquet
cadeau	gift
cancan	gossip
carte de visite	visiting card, calling card, business card
casse-pieds	bore ; (*fam*) pain in the neck
célébration	cele*bra*tion
célèbre	to celebrate
cercueil	coffin
cérémonial	cere*mo*nial
cérémonie	ceremony
cérémonieux	formal
chaleureux	warm
cimetière	cemetery ; churchyard
comportement	be*ha*viour, (US) be*ha*vior
comporter (se)	to behave
condoléances	con*do*lences
conduire (se)	to be*have*, to con*duct* oneself
conduite	conduct, be*ha*viour
conversation	conver*sa*tion
converser	to talk
couronne	wreath*
couronne mortuaire	funeral wreath

décédé	de*ceased*, dead
décéder	to die
décoration	medal, order, award
décorer	to a*ward*, to con*fer* (a medal, etc.) on sb
défilé	pa*rade*
défiler	to pa*rade*, to march past
déjeuner d'affaires	business lunch
démission	resig*na*tion
démissionner	to re*sign*
dérangement	dis*turb*ance, incon*ve*nience
déranger	to dis*turb*, to incon*ve*nience, to in*trude*
deuil	mourning
discours	speech, address
discussion	dis*cus*sion
discuter	to dis*cuss*
dispute	quarrel, argument
distinction	dis*tinc*tion
distingué	dis*tin*guished
éducation	edu*ca*tion, breeding
éduquer	to educate, to train
élégance	elegance
élégant	elegant ; well-dressed ; fashionable
enterrement	funeral
enterrer	to bury*

entretien	interview, conver*sa*tion
entrevue	interview
état civil (d'une personne)	marital status
étiquette	etiquette
étrennes	new-year's gift
excuse	apology
excuser (s')	to apologise
excuser	to ex*cuse*
excuses (présenter ses)	to a*pol*ogise, to make/offer one's a*pol*ogies
fâcher (se) avec quelqu'un	to fall out with someone
fâcheux	bore, nuisance
faire-part	card, notice
faire-part de décès	notifi*ca*tion of death
faire-part de mariage	wedding-card
félicitations	congratu*la*tions
féliciter	to con*gra*tulate
férié (jour)	holiday
festival	festival
fête	day ; festival ; feast
fête (jour de)	holiday
feu …	the late …
fiançailles	en*gage*ment
fiancer (se)	to be engaged
formalisme	formalism
formaliste	stickler for form
formaliser (se)	to take of*fence*
formalité	form ; for*ma*lity ; ceremony

formel	formal
gêne	dis*turb*ance ; incon*ve*nience ; em*bar*rassment
gêner	to dis*turb* ; to incon*ve*nience ; to em*bar*rass
gerbe	wreath
gerbe (déposer une)	to lay a wreath
hospitalité	hospi*tal*ity ; welcome
hôte	host
hôtesse	hostess
idylle	ro*mance*
impoli, e	rude
impolitesse	rudeness
importun	in*tru*der ; nuisance
importuner	to dis*turb*, to incon*ve*nience, to in*trude* (on)
inauguration	inaugu*ra*tion ; opening ; (statue) un*veil*ing ; dedi*ca*tion
inaugurer	to in*au*gurate ; to open ; (statue) to unveil, to dedicate
invitation	invi*ta*tion
invité, e,	guest
inviter	to in*vite*
jour chômé	holiday
jour de l'an	New Year's day
jour férié	holiday, bank holiday
lieu public	public place
loisir	leisure
mal élevé, e	ill-bred
manières	manners
mariage	(cérémonie) wedding
mariage (fait de se marier)	marriage
mode	fashion
mode (à la)	fashionable ; in fashion
monument aux morts	me*mo*rial, war me*mo*rial
naissance	birth
nécrologie	obituary column
obsèques	funeral
offrir	to offer, to pre*sent* (sth to sb, sb with sth)
placer	to place ; (à table) to sit
poli, e	po*lite*
politesse	po*lite*ness
préséance	precedence
présentation(s)	intro*duc*tion(s)
présenter	to intro*duce*
présenter (se)	to intro*duce* oneself
procession	pro*ces*sion
promotion	pro*mo*tion
protocolaire	ac*cord*ing to protocol, to etiquette
protocole	protocol
public (*n*)	the public
public (*adj*)	public

querelle	quarrel, dispute
querelle de famille	family feud*
quereller (se)	to quarrel ; to fall out
ragot	gossip
raseur	bore
réception	re*cep*tion ; (*fam*) party
recevoir	to enter*tain*, to re*ceive* ; (accueillir) to welcome
regret	re*gret*
regretter	to re*gret*, to be sorry (for, about)
relation(s)	re*la*tion(s)
remerciement(s)	thanks ; ack*now*ledgements
remercier	to thank
remettre (décoration)	to a*ward*, to con*fer*
remise (décoration)	a*ward*, a*ward*ing
rencontre	meeting
rencontrer	to meet, to meet with
repas	meal
repas d'affaires	business meal
rétablissement	re*cov*ery
retard	delay ; being late
retarder	to post*pone*, to de*fer*, to put off
rompre	to break off (an en*gage*ment)
rupture	breaking off (of an en*gage*ment)

saluer	to sa*lute*
salut	sa*lute*
salutations	greetings
savoir-vivre	good manners, good breeding
serrement de main	handshake
serrer la main	to shake hands (with someone)
smoking	dinner-jacket ; (US) tuxedo
société	so*ci*ety
société (haute)	high so*ci*ety
soirée	party ; (théâtre, etc.) per*for*mance
sortir	to go out
sortie	outing
souhait	wish
souhaiter	to wish
stèle	stele
tenue	be*ha*viour, manners
tenue de soirée	evening dress
tenue (en)	in uniform
tenue (en grande)	in full dress
tenue habillée	formal dress
tenue vestimentaire	dress
tradition	tra*di*tion
traditionnel	tra*di*tional
usages	manners, breeding
usages (connaître les)	to have manners, to be well bred

us et coutumes	**ways and customs**	waters	**toilets, lavatory, water-closet, rest room, con*ve*niences ; (*fam*) (GB) loo, (US) john**
vie privée	**privacy**		
visite	**visit, call**		
visiter	**to visit, to call (on someone)**		
visiteur	**visitor, guest**		

A 2 LEXIQUE EN SITUATION

■ **Présentations : Introductions**

Let me introduce you to : Permettez-moi de vous présenter à
Let me introduce my friend : Je vous présente mon ami
May I introduce Mr X : Je vous présente M. X
(plus familier) **Meet Mr X** : Voici M. X

■ **Invitations : Invitations**

to invite, to extend an invitation, to send out invitations : inviter, lancer une/des invitations
Would you like to come and have dinner with us on... Voudriez-vous venir dîner chez nous le...
It would be nice if you could join us... Ce serait sympathique si vous pouviez vous joindre à nous.
We'd be so happy if you would... Nous serions très heureux si vous vouliez bien...
We'd be delighted to... Nous serions ravis de...
It would be a real pleasure to... Cela nous ferait vraiment plaisir de...
(familier) **We'd love to have you round for...** Nous aimerions beaucoup vous avoir pour...
Feel free to call whenever... N'hésitez pas à faire signe quand
to throw a party (US) : donner une soirée, organiser une réception
to drop in, to drop by : passer chez qqn, passer voir qqn, passer à l'improviste
You'll have to take pot luck ! Ce sera à la fortune du pot !

• Par écrit : **In writing**

We would greatly appreciate the opportunity of... Vous nous feriez un grand honneur en nous permettant de...

I would be very grateful if you would : Je vous serais reconnaissant de bien vouloir... Vous me feriez une grande faveur si vous pouviez...

Mr and Mrs... request the pleasure of your company : M. et Mme... seraient honorés de votre présence

Mr and Mrs... would be pleased if you would attend : M. et Mme... ont le plaisir de vous inviter

■ Réponses et annulations : **Replies and cancellations**

Thank you for your kind invitation : Merci de votre invitation

I shall be delighted to attend : Je serai enchanté de m'y rendre

We regret not being able/We are sorry we cannot : Nous regrettons de ne pas pouvoir

We are sorry we have to cancel/to postpone... Nous sommes désolés de devoir annuler/remettre à plus tard...

to have a previous engagement : être déjà pris

to be fully booked : être complètement pris

■ Excuses : **Apologies, apologising**

to apologise to sb : présenter ses excuses à qqn

to apologise for sth : s'excuser de qqch

to apologise for sb : présenter les excuses de qqn

• Les expressions suivantes peuvent être utilisées, mais en général :

excuse me indique une demande d'autorisation ou annonce une question

pardon me s'emploie lorsqu'on a commis une impolitesse ou causé une gène involontaire.

forgive me indique qu'on veut se faire pardonner une faute ou quelque chose qui peut déplaire.

I beg your pardon ? indique qu'on n'a pas compris ou entendu

I'm sorry : je suis désolé
I'm so sorry : je suis vraiment désolé
Sorry, I didn't mean to... désolé, je ne voulais pas...
my mistake : (*fam*) c'est de ma faute

• Par écrit : **In writing**
Please accept our apologies : Veuillez accepter nos excuses
We wish to tender our apologies : Nous vous présentons nos excuses
We are indeed sorry that... Nous sommes vraiment désolés de ce que...

■ Remerciements : **Thanks**
thank you : merci
thanks : merci (plus familier)
it's so nice of you : c'est si gentil de votre part
how kind of you : comme c'est gentil
Thank you for a most pleasant evening : Merci pour une excellente soirée
sincere/warm/heartfelt thanks : remerciements sincères, chaleureux, du fond du cœur

• Par écrit : **In writing**
thank you for your letter of... nous avons bien reçu votre lettre du...
we wish to thank you for... nous vous remercions pour
we wish to express our thanks for... nous vous exprimons nos remerciements pour

■ Félicitations : **Congratulations**
to congratulate sb on/for sth : féliciter quelqu'un de/pour qqch
Congratulations ! Félicitations ! Bravo !
Congratulations on... Félicitations pour...
we wish you a happy birthday : nous vous souhaitons un bon anniversaire
Happy birthday to you ! Joyeux anniversaire !
Many happy returns : nos vœux les plus sincères.

we wish you every happiness : nous vous présentons tous nos vœux/Tous nos vœux de bonheur

congratulations for the baby and every good wish for his/her mother : nos meilleurs vœux au nouveau-né et tous nos souhaits à sa maman.

• Par écrit : **In writing**

we send our warmest congratulations and good wishes : recevez nos plus vives félicitations et nos meilleurs vœux.

■ Condoléances : **Condolence**

We were very sorry to learn the tragic news of Mr X's death : Nous avons été désolés d'apprendre la terrible nouvelle du décès de M. X.

We realise that words can do little to ease your sorrow at this difficult time, but we want you to know... Nous sommes conscients de ce que les mots sont impuissants à soulager votre douleur en ces moments d'épreuve mais nous voulons vous assurer...

■ Divers : **Miscellaneous**

• Par écrit : **In writing**

I want to extend my warmest thanks to... Je tiens à remercier très sincèrement/chaleureusement.

(Please give) my best regards to... Transmettez mon meilleur souvenir à...

• Parlé : **Spoken language**

Excuse me, Sir, do you know where I could find... Excusez-moi, monsieur, savez-vous où je pourrais trouver...

Could you please tell me the way to... Pourriez-vous m'indiquer comment aller à/le chemin de...

• Familier : **Informal**

You two have met before, I guess : Vous vous êtes déjà rencontrés, je pense

Fancy meeting you out here ! C'est drôle de vous rencontrer ici !

A 3 REGISTRES DE LANGUE

1. Fêtes : Traduction des fêtes françaises :
* indique qu'elles sont également fêtées en Grande-Bretagne et
† aux États-Unis

• **Fêtes religieuses**

Jour de l'An	**New Year's day** * †
Mardi Gras	**Shrove Tuesday**
Vendredi Saint	**Good Friday** *
Pâques	**Easter** * †
Ascension	**Holy Thursday**
Pentecôte	**Whitsun, Whitsuntide**
Dimanche de la Pentecôte	**Whit-Sunday**
Assomption	**(Feast of the) Blessed Virgin**
Toussaint	**All Saints' Day**
	All Hallows' Day
veille de la Toussaint	**Hallowe'en** * †
Noël	**Christmas** (*abré* **Xmas**) * †

• **Autres fêtes**

1er avril	**April Fools' Day** * †
Fête du travail	**Labour Day, (US) Labor Day** * †
Fêtes des mères	**Mother's Day** * †
14 juillet	**Fourteenth of July**
11 novembre	**Armistice Day**

2. Fêtes britanniques.

Guy Fawkes Day (5 November) (Guy Fawkes : chef d'une conspiration pour faire sauter la Chambre des Lords, le 5 novembre 1605 ; son échec est célébré par des *feux de joie* : **bonfires**)

Boxing Day : premier jour de la semaine après Noël, jour où l'on offre des cadeaux aux facteurs, etc.

Bank holidays : jours autres que le dimanche où les banques sont légalement fermées, en général chômés : **Good Friday** : *Vendredi Saint*, **Easter Monday** : *lundi de Pâques*, **Christmas Day** : *jour de Noël*.

3. Fêtes américaines.

Fourth of July, Independence Day : fête de l'Indépendance (célèbre la Déclaration d'Indépendance, **the Declaration of Independence**, le 4 juillet 1776)

Thanksgiving se fête le quatrième jeudi de novembre : **the fourth Thursday in November**. A l'origine, action de grâce des premiers colons pour remercier le seigneur de la qualité de leurs récoltes. La tradition y est de manger de la *dinde* : **turkey**.

4. Formules de salutation : **forms of address** :

■ **parlées : spoken**

- Pour s'adresser à un homme : **Sir**
  une dame : **Madam**
  une jeune fille : **Miss** (considéré comme familier)
  plusieurs hommes : **Gentlemen**
  plusieurs dames : **Ladies**
- N'employez **Mr** ['mɪstəʳ] ou **Mrs** ['mɪsɪz] que suivi du nom de la personne :
  ex. : **Mr Thomson, Mrs Lock**
- Quand on fait la connaissance de quelqu'un pour la première fois :
  How do you do ? Enchanté.
  Réponse : **How do you do ?** Enchanté.
  On peut dire à la place, ou en plus : **Pleased to meet you** (littéralement : « Heureux de faire votre connaissance »).
- Quand on rencontre quelqu'un qu'on connaît déjà :
  How are you ? Comment allez-vous ?
  Réponse : **Fine, thank you and you ?** Bien, merci, et vous/toi ?
- Des formes familières de salut sont :
  Hello !
  Plus familier encore : **Hi !**
  On peut dire aussi : **How's life ?** Comment ça va ?
  En se quittant, on dira : **Goodbye**, plus familièrement **'Bye** ou **See you** (= *à bientôt*) ou (*fam*) **Take care !** (m. à m. « Fais attention, prends soin de toi »).

■ écrites : **written**

- La lettre commencera en général par **Dear Sir** : *Monsieur/Cher Monsieur*, **Dear Madam** : *Madame/Chère Madame*, pluriel : **Dear Sirs**, (US) **Gentlemen** : *Messieurs*, **Mesdames** : *Mesdames*.
  Si on connaît le nom de la personne, on écrira :
  Dear Mr Johnson : *Cher Monsieur Johnson*,
  Dear Mrs Smith : *Chère Madame Smith*,
  Dear Miss Blake : *Chère Mademoiselle Blake*
  Si on a des rapports amicaux (ou professionnels très confiants) on écrira : **Dear Alan, Dear Martha**, etc.
- La formule de clôture sera, pour une lettre d'affaires, **Yours faithfully** ou **Yours sincerely**, (US) **Sincerely yours** ou **Very truly yours**, et pour un(e) ami(e), on écrira : **Sincerely**, ou **Yours**, ou **Love** (= *Je t'embrasse*).

5. Formules « politically correct ».

Sous l'influence des féministes, les Américains sont devenus attentifs à ce qui pourrait encourir le reproche de sexisme. On dira donc de plus en plus : **Chairperson** (*Président*(*e*)) au lieu de **Chairman**, **spokesperson** (*porte-parole*) au lieu de **spokesman**, **salesperson** (*vendeur, euse*) au lieu de **salesman**.

De même, **mankind** tend à être remplacé par **humankind** (*humanité*).

Pour certains, le mot **sex** est porteur de l'idée d'activité sexuelle et de sexisme ; on lui préfère donc **gender**.

B 1 REMARQUES GRAMMATICALES

- Veillez à bien employer la forme en -ING après **to** dans **I am looking forward to hearing from you soon** : *J'espère avoir prochainement de vos nouvelles/Dans l'attente de votre réponse...*
  To dans un tel cas est en effet une préposition, ce qui implique la forme en –ING pour le verbe qui la suit.
- Notez les formules : **a friend of mine** : *un ami à moi*, **a friend of John's** : *un ami de John*.

B 2 REMARQUES LEXICALES

■ Bien distinguer entre :

• **to call on someone** : rendre visite à quelqu'un et **to call someone (on the phone)** : appeler quelqu'un au téléphone.

• **to warn** : avertir avec l'idée de menace et **to notify, to inform, to advise, to let (someone) know** : *avertir* au sens d'informer.

■ Attention aux faux amis : **sympathetic**, qui signifie *compréhensif, qui éprouve de la sympathie pour, compatissant* (*sympathique* : **nice, genial**) ; **genial** : qui signifie *de bonne humeur, sympathique, cordial, chaleureux* (*génial* : **of genius**).

• Méfiez-vous aussi de l'anglais **terrible**, qui ne peut signifier que atroce, abominable ou terrifiant. Ne remerciez donc pas vos hôtes « for a terrible evening », alors que vous voulez dire **terrific, fantastic,** ou **great.**

• Attention à l'anglais **affair** qui signifiera une affaire au sens juridique, ou une liaison, mais ne pourra pas s'employer aux sens de **business, matter** ou **bargain** (bonne affaire).

■ Attention à la traduction du français *social* :

1 qui a trait à la vie en société, à la vie sociale et industrielle : **social**

2 qui a trait à la vie des entreprises : **corporate.**

ex. : raison sociale : **corporate name**

Social pourra aussi se traduire par **welfare** quand il s'agit de protection sociale : *avantages sociaux* : **welfare benefits** ; ou par **industrial** quand il s'agit de relation entre patronat et monde ouvrier : *conflit social* : **industrial dispute.**

■ Attention à la traduction d'*anniversaire* : **birthday** pour une personne, **anniversary** pour un événement.

■ Attention à la traduction du français *convoquer, convocation* pour lesquels il n'existe guère d'équivalent anglais : **to summon** : *convoquer, citer à comparaître*, et **a summons** : *une convocation, citation à comparaître, mise en demeure* sont beaucoup trop juridiques pour les emplois usuels en français. Il faut trouver des approximations selon les contextes :

ex. : Je suis convoqué à un entretien : **I've been requested to attend an interview, I'm going to be interviewed, I'll have to attend an interview...**

- Attention à la traduction du français *rendez-vous* : rendez-vous d'affaires, chez le docteur : **appointment**. L'anglais **date** ou **rendezvous** implique des relations amoureuses.
- Notez les diverses traductions d'*accueillir* selon le sens : avec chaleur : **to welcome** ; loger, contenir : **to accommodate** ; être celui qui invite, organise : **to host**
- Les formules épistolaires françaises du genre : *Nous vous prions de croire à l'assurance de nos sentiments distingués*, etc. n'ont pas d'autre équivalent en anglais que la formule de clôture **Yours faithfully** ou **Yours sincerely**.
  J'ai l'honneur de, etc. se traduira par **I wish to...**
  Monsieur le Directeur, en tête d'une lettre, sera simplement : **Dear Sir**, etc.
- Remarques d'ordre culturel :
  - N'employez **Mr** ou **Mrs** – qui ne s'écrivent dans ce cas que sous cette forme abrégée – que devant le nom de famille d'une personne. Dire autrement **Sir** ou **Madam**.
  - Certaines entreprises, pour s'adresser à une femme, emploieront Ms (prononcer [mɪz]) au lieu de **Mrs** ou **Miss**, en fonction du principe que **Mr** est utilisé pour un homme qu'il soit marié ou non.
  - Les Anglo-Saxons appellent rarement quelqu'un par le seul nom de famille. On dira **Mr Thomson, Mrs Cox, Miss Rogers**, mais on aura facilement tendance à employer le prénom sans que cela implique forcément des liens de véritable amitié ou de grande familiarité.
  - Les Américains ont souvent deux prénoms, d'où les termes

first	**middle**	**last name**
John	**Fitzgerald**	**Kennedy**

  - Ne pas être surpris si on ne vous serre pas la main. La tendance française au serrement de mains à chaque rencontre amuse les Anglo-Saxons.
- A cours d'un repas, etc. dire **thank you** correspond à une acceptation (= **yes, please**). Pour refuser, décliner, bien dire **No, thank you.**

13 SOCIAL LIFE

C 1 EXERCICES

A **Traduire** :

1. (début de lettre) Monsieur le Directeur, …
2. Je vous prie d'agréer l'assurance de mes sentiments distingués.
3. Je suis désolé de devoir annuler…
4. Félicitations pour votre promotion !
5. Permettez-moi de vous présenter à…
6. – Enchanté ! – Enchantée !
7. La tradition est de manger de la dinde à l'occasion de Thanksgiving.
8. Leurs enfants sont très bien élevés.
9. Je n'ai pas pu assister à la cérémonie.
10. Merci encore de votre chaleureux accueil.

B **Traduire en français** :

1. genial. 2. sympathetic. 3. Hallowe'en. 4. appointment. 5. to call on someone

C 2 CORRIGÉS

A
1. Dear Sir, …
2. Yours faithfully/Yours Sincerely /Sincerely Yours.
3. I am very sorry I have to cancel…
4. Congratulations on your promotion !
5. Let me introduce you to…
6. 'How do you do ?' 'How do you do ?'
7. The tradition/custom is to eat/have turkey on/for Thanksgiving.
8. Their children/kids are very well-bred/well-behaved.
9. I wasn't able to/could not/attend the ceremony.
10. Thank you again for your warm welcome.

B
1. enjoué, sympathique, chaleureux, de bonne humeur
2. compréhensif, compatissant
3. (veille de la) Toussaint
4. rendez-vous (d'affaires, chez le docteur)
5. rendre visite à quelqu'un

14 LES LOISIRS

A 1 VOCABULAIRE

A. REPOS, DÉTENTE

bavarder	to chat ; to chatter ; (*fam*) to blab
bronzer	to get sun-tanned
dada, marotte	fad
détente	relax*a*tion
divertissement	enter*tain*ment
être oisif	to be idle
faire la grasse matinée	to stay in bed late ; (*fam*) to have a lie in
faire la sieste	to take a nap
faire une pause	to take a break
faire une promenade	to take a walk
flâner	to stroll ; to loaf about
loisirs	leisure, spare time
paresser	to idle away one's time ; to idle ; to laze
passe-temps	pastime
pont, week-end prolongé	long week*end*
prendre un bain de soleil	to sunbathe
prendre un verre	to have a drink
repos	rest
se détendre	to relax
se reposer	to rest
temps libre	spare time
violon d'Ingres	hobby ; main interest

B. DISTRACTIONS, SORTIES

bricolage	DIY (*abré* de Do It Yourself)
bricolage	do-it-yourself work
bricoleur	do-it-yourselfer
bricoleur	(US) putterer
cinéma (art, industrie)	the cinema
cinéma (films)	pictures ; (US) movies
cinéma (salle)	cinema ; (US) movie theater
discothèque	disco
distraction	enter*tain*ment
jour de sortie	day out ; holiday
lecture	reading
opéra (art)	opera
opéra (salle)	opera house
parc à thème	theme park
parc d'attractions	a*muse*ment park
réception	re*cep*tion ; party
s'amuser	to have fun
se divertir	to enter*tain* oneself
soirée	party
sortie (soirée)	evening out
sortie (villégiature)	outing

sortir	**to go out**	visiter une exposition	**to visit an exhi*bi*tion**
théâtre	**theatre ; (US) theater**	visites, tourisme	**sightseeing**

C. VACANCES, TOURISME

agence de voyages	**travel agency**	faire un voyage	**to take a trip**
aller à la campagne	**to go to the country(side)**	faire une croisière	**to go on a cruise**
aller à la mer	**to go to the seaside**	faire une réservation	**to make a reser*va*tion**
aller à la montagne	**to go to the mountains**	partie de campagne	**country outing ; picnic**
aller à la plage	**to go to the beach**	période de vacances	**holiday season**
aller en voyage	**to go on a trip**	station balnéaire	**seaside resort**
défaire ses bagages	**to unpack**	station de ski	**ski resort**
faire ses bagages	**to pack**	vacances	**holiday ; (US) va*ca*tion**
faire un pique-nique	**to go for a picnic**	voyage organisé	**package tour/holiday**
		voyagiste	**tour operator**

D. JEUX, SPORTS

collectionner les timbres	**to col*lect* stamps**	golf	**golf**
cruciverbiste	**crossworder**	gymnastique	**gym*nas*tics**
cyclisme	**cycling**	jouer au bridge	**to play bridge**
exercice, entraînement	**exercise, training ; (US) workout**	jouer aux cartes	**to play cards**
faire de l'exercice	**to exercise, to practise ; to train ; (US) to work out**	jouer aux dames	**to play draughts**
faire des mots croisés	**to do a crossword puzzle**	jouer aux échecs	**to play chess**
footing, jogging	**jogging**	jouer aux fléchettes	**to play darts**
		musculation, culturisme	**body-building**
		pièce de collection	**col*lec*tor's item**
		tennis	**tennis**
		voile	**sailing**

A 2 LEXIQUE EN SITUATION

to have a holiday/(US) take a vacation : prendre des vacances.
to take two days off : prendre deux jours de congés.
to take a week's holiday : prendre une semaine de congés.
to take a leave of absence : prendre un congé.
to be on duty/working : être de service/travailler.
to be off duty : être de repos, ne pas travailler.
to go for an outing/a trip on Sundays : faire une sortie le dimanche.
to have one free day a week : avoir un jour de sortie par semaine.
to go for a short sea trip : faire une sortie en mer.
to be staying in the country : être en villégiature.
to idle about the streets : flâner dans les rues.
to talk of one thing and another : parler de choses et d'autres.
to talk for the sake of talking ; to make small talk ; to talk through one's hat : parler pour ne rien dire.
to talk about music : parler musique.
to talk golf : parler golf.
to talk business/shop : parler affaires/boutique.
I've had a chat with him : j'ai passé un moment à bavarder avec lui.
we've entertained relatives : nous avons reçu des parents/de la famille.
we're having friends to dinner : nous allons recevoir des amis à dîner.
they do not do much entertaining : ils ne reçoivent pas beaucoup.
she knows how to entertain/to give a good party : elle sait recevoir.
they are always entertaining each other : ils se reçoivent tout le temps.
I booked two seats for tomorrow's performance : j'ai réservé deux places pour la représentation de demain.
we must book our plane tickets one month in advance : nous devons réserver nos billets d'avion un mois à l'avance.
to take a long weekend : faire le pont.

as Tuesday is a holiday, we'll make a long weekend of it : comme mardi est un jour férié, nous ferons le pont.
to watch sporting events on TV : regarder les sports à la télé.
to read the comics/comic strips section of a newspaper : lire la rubrique bandes dessinées d'un journal.
at the moment, I have hardly any time to spare : en ce moment, je n'ai guère de loisirs.
he is full of fads : il a un tas de marottes.
he is a good handyman : c'est un bon bricoleur.
I enjoy pottering (US : **puttering**) **on weekends** : j'aime bien bricoler le week-end.

A 3 REGISTRES DE LANGUE

Langue familière, argotique.

- Le verbe *flâner* a divers équivalents familiers tels que **to mooch about, to dawdle, to saunter.** De **to loaf,** sont dérivés **a loafer** : *un flâneur* et **loafers,** terme qui désigne surtout en américain des *mocassins* particulièrement confortables.
- A noter le vocabulaire du *farniente* :
  to laze about, to be idle, to hit the hay, to skive : coincer la bulle ; **to take it easy** : se la couler douce
  take it easy ! ne te tracasse pas !
- Et le petit lexique du *bavardage* :
  to make small talk : parler de la pluie et du beau temps
  to have a chat with an old crony/chum : tailler une bavette avec un vieux copain
  he's a deadly bore : c'est un bavard assommant
  he's a windbag/a gasbag : il parle pour ne rien dire
  he's a chatterbox : c'est un moulin à paroles
  he's a gossipmonger : il est cancanier
  to shoot the breeze, ou carrément grossier **to shoot the bull/the crap** : bavasser, dire des banalités
- **to go to a disco/a night spot** : sortir en boîte (de nuit)
- **to let off steam, to cool down** : se détendre (faire baisser la pression)
- **to go to see a film, to go to the flicks** : aller au ciné, se payer une toile

B 1 REMARQUES LEXICALES

- **holiday** s'emploie rarement au pluriel. Ainsi, **a holiday** peut signifier selon le contexte *jour férié, jour de fête, jour de congé* aussi bien que *vacances*. Il en va de même pour l'équivalent américain **vacation** que l'on rencontre peu souvent avec la marque du pluriel **s**.
- **vacancy** (plur. **vacancies**) n'est employé qu'aux deux sens suivants : *poste vacant, à pourvoir* ; *chambre disponible* dans l'hôtellerie.

  ex. : **No vacancy** : Complet, contraire de **Rooms to let** : Chambres à louer.
- Le verbe **to socialise** est d'un emploi extrêmement fréquent auquel sont associés les sens suivants :

  1. **with people** : fréquenter des gens
  2. **make friends** : se faire des amis
  3. **chat with sb** : s'entretenir, bavarder avec qqn.
- Le mot **picnic** s'emploie au figuré dans la langue familière au sens d'*occupation agréable et facile*.

  ex. : **It was a picnic** : ça a été une partie de plaisir, une rigolade, du gâteau.

  On le trouve fréquemment dans des expressions à la forme négative.

  ex. : **finding accommodation for the weekend was no picnic** : ça n'a pas été de la rigolade pour trouver à se loger pour le week-end.
- Attention aux diverses connotations du verbe *sortir avec qqn*.

  ex. : *nous sommes sortis avec les Duval* peut avoir des équivalents tels que **we dined out with the Duvals** ou **we went to the theatre** (US : **theater**) **with the Duvals.**

  Paul is going steady with Betty : *Paul sort avec Betty* dénote une relation stable.

  Paul is sleeping with Betty décrit de façon plus crue leurs rapports intimes.

  En américain, on entendra fréquemment **Paul is dating Betty** sans qu'il y ait forcément de sous-entendu.

B 2 ORTHOGRAPHE

- **leisure** est un collectif singulier qui ne prend jamais d's.
- Attention à la finale de l'anglais **exercise** (verbe et nom) qui prend un s et non un c comme en français.

B 3 PRONONCIATION

- La première syllabe du mot **leisure** se prononce [e] en anglais britannique et [iː] en américain :
  (GB) ['leʒə]
  (US) ['liːʒər]
- Le mot **draughts**, qui signifie *jeux de dames* ou *courants d'air*, se prononce [drɑːfts]. On le trouve également orthographié phonétiquement en **draft** avec de très nombreuses acceptions qui découlent de son sens étymologique (*tirer, tirage, trait*...).
  ex. : **draft/draught beer** : bière à la pression (à la tireuse).

B 4 AMÉRICANISMES

- Comme c'est le cas pour l'alternance orthographique **centre/center**, l'anglais britannique **theatre** se distingue de l'américain **theater**, ce mot désignant aussi bien l'art dramatique que la salle où se donnent les représentations théâtrales.
- Le verbe **to practise** s'orthographie avec un **s** en anglais et un **c** en américain.
- Aux États-Unis, **a workaholic** (littéralement « le drogué du boulot ») est en quelque sorte l'opposé du **couch potato** (personne qui passe ses loisirs affalé sur un canapé devant la télé abêtissante, désignée sous le nom de **boob tube**).
- Ceux pour qui l'exercice est devenu une drogue sont affublés d'appellations telles que **exercise addicts/freaks/buffs**.
- **to pump iron** (littéralement « pousser de la fonte ») est une façon argotique de dire *faire de la musculation*.

- **to hang out** est une expression verbale fréquemment employée pour traduire l'idée de traîner à ne rien faire.
  ex. : **he is always hanging out with friends** : il passe son temps à traîner avec des amis.
  Elle est également très courante comme locution nominale.
  ex. : **this bar is his favourite hangout** : il passe le plus clair de son temps à traîner dans ce bar.

C 1 EXERCICES

A Complétez ces phrases.

1. I have so much work that I haven't got any time to …
2. We took a pleasant … around the park.
3. With all the monuments and tourist attractions, we did a lot of … in the city.
4. I was so tired after my jogging that I took an afternoon …
5. I can't possibly solve this crossword …

B Vous en souvenez-vous ?

1. Quelles sont les initiales anglaises désignant le bricolage ?
2. Quel nom donne-t-on à un « drogué du boulot » ?
3. Comment dit-on « jouer aux fléchettes » ?
4. Quel nom péjoratif donne-t-on à la télévision ?
5. Comment appelle-t-on une personne qui passe ses loisirs vautrée sur son canapé ?

C Traduisez ces phrases.

1. J'ai fait la grasse matinée dimanche matin.
2. Il adore lire les bandes dessinées.
3. Ils nous ont invités à boire un verre.
4. Le golf est son passe-temps favori.
5. J'ai grand besoin de prendre un jour de congé.

C 2 CORRIGÉS

A 1 spare. 2 walk. 3 sightseeing. 4 nap. 5 puzzle.

B 1 DIY.
2. workaholic.
3. to play darts.
4. the boob tube.
5. couch potato.

C 1. I stayed in bed late/I had a lie in on Sunday morning.
2. He loves reading comics/comic strips.
3. They invited us for a drink.
4. Golf is his favourite pastime.
5. I badly need to take a day off.

15 LE SPORT

A 1 VOCABULAIRE

A. GÉNÉRALITÉS

amateur	amateur
arbitre	umpire ; refe*ree*
arrivée	finish ; ar*ri*val
association sportive	sporting club
athlète	athlete
avantage	ad*van*tage
battre un record	to break a record
blesser	to injure
blessure	injury
champion, nne	champion
championnat	championship
championnat du monde	world championship
chaussette	sock
chaussures de sport	sports shoes
classement	ranking
se classer	to rank
club de supporters	sup*por*ters' club
club	club
compétition, concours,	compe*ti*tion ; contest
coupe	cup
défaite	de*feat*, loss
défaillance	poor per*form*formance ; weakening
demi-finale	semi-final
disqualification	disqualifi*ca*tion
disqualifier	to dis*qual*ify
dopage	use of drugs
doper, se doper	to use drugs ; (contrôle) to test positive
dossard	number ; (maillot) jersey
échec	failure ; setback
éducation physique	sports
égaliser	to equalize, to even the score
égalité	draw
égalité	tie, draw
entraînement	training
s'entraîner	to train
entraîneur	coach ; trainer
épreuve	event
équipe	team
esprit d'équipe	team spirit
faire du sport	to practise sport(s)
faire match nul ; match nul	to draw ; a draw
favori	favourite
fédération	fede*ra*tion
finale	final
gradins	stands
invaincu, e	un*beat*en
jeux Olympiques	O*lym*pic Games
jouer contre une équipe	to play a team
joueur	player
ligne d'arrivée	finishing line
ligne de départ	starting line
maillot	jersey

match amical	friendly match/meet
match	match
médaille	medal
médaille d'argent	silver medal
médaille de bronze	bronze medal
médaille d'or	gold medal
membre d'un club	club member
mi-temps	half-time
nombre de points	score
pénalisation	penalty
perdant	(*adj*) losing ; (*n*) loser
perdre	to lose
première, deuxième mi-temps	first half, second half
prendre sa revanche	to take one's re*venge*
prix récompense	prize, award
professionnalisme	pro*fes*sionalism
professionnel, le	pro*fes*sional
prolongations	extra time
record	record
recordman	recordwoman, record holder
recrutement	re*cruit*ing
recruter	to re*cruit*
réduire l'écart	to narrow/close the gap
rencontre	meet, match, event
revanche	return match/event ; (boxe) bout
saison	season
sélection	se*lec*tion
sélectionner	to se*lect*
short	shorts
sponsoring	sponsor
sponsoriser	to sponsor
sport d'hiver	winter sports
sport de haute compétition	com*pet*itive sport
sport de masses	mass-sport, mass-practice sport ; popular sport
sport d'équipe	team sport
sportif, ve	(*adj*) sports ; (*n*) sportsman, sportswoman
sport individuel	indi*vid*ual sport
stade	stadium
succès	suc*cess*
supporter	sup*port*er
survêtement	tracksuit
terrain	(football, rugby, etc.), field ; (tennis, basket, etc.) court
titre	title
tournoi	tournament
trophée	trophy
vaincre l'adversaire	to beat/defeat the op*po*nent
vaincre	to win
vainqueur	winner
vedette	star
vestiaire	locker-room ; changing room
vice-champion	vice-champion
victoire	victory, win

B. TERMES SPÉCIFIQUES

ALPINISME	mountai*neer*ing, climbing
piolet	ice axe, (US) ice ax
ATHLÉTISME	ath*let*ics, track and field events
athlète	athlete*
cendrée	(cinder) track
courir	to run
course	race
course de fond	long-distance racing, running cross-country, cross-country racing
décathlon	de*cath*lon
demi-fond	medium/middle distance race/racing
haies	hurdles
gymnase	gym*na*sium, gym
hauteur	high jump
heptathlon	heptathlon
lancer	throw
lancer de disque	discus throwing
lancer de javelot	javelin throwing
lancer de marteau	hammer throwing
lancer de poids	shot put, putting the shot
longueur	long jump
marathon	marathon
marche	walking
perche	pole vault(ing), pole jumping
piste	track
relais	relay
saut	jumping
saut en hauteur	high jump
saut en longueur	long jump
sauter	to jump
sprint	sprint
stade	stadium
témoin	baton
terrain	field
triple saut	triple jump
3000 m steeple	3,000-metre steeple-chase
AVIRON	rowing
barreur	cox, coxswain
bateau	boat
rame	oar
ramer	to row
rameur	oarsman, rower
skiff	skiff
BADMINTON	badminton
BASKET-BALL	basket ball
ailier	winger
banc (des remplaçants)	bench
basketteur	basketball player
cercle	ring
faute personnelle	personal foul
lancer franc	free throw
marquer un panier	to score/to make a basket

marqueur	scorer
meneur de jeu	team leader
panier	basket
passe décisive	decisive pass
rebond	rebound
tableau d'affichage	scoreboard
tir au panier	basket throw
BOXE	boxing
boxeur	boxer
gants	gloves
jeter l'éponge	to throw in the towel
match	match, bout
poids léger	lightweight
poids lourd	heavyweight
poids mi-lourd	light heavyweight
protège-dents	gum-shield
ring	ring
tapis	floor
mettre au tapis	to floor
victoire aux points	win on points
CANOË-KAYAK	canoeing, kayaking
canoë	can*oe**
kayak	kayak
CYCLISME	cycling
arrivée	finishing line ; arrival
cadre (du vélo)	crossbar
chute	fall
classement général	overall standings
contre la montre	time-trial
coureur	rider
course	race
cycliste	cyclist, racing cyclist
cyclo-cross	cyclo-cross (race)
échappée	breakaway (group)
étape	stage
guidon	handlebars
maillot	jersey
pédale	pedal
peloton	pack
pistard	track racer
piste	track
poursuite	track race, track racing
selle	saddle
sprint	sprint
sprinter (*v*)	to sprint
sprinter (*n*)	sprinter
vélo	bicycle, cycle
vélodrome	velodrome
vitesse	speed
ÉCHECS	chess
cheval	horse
échiquier	chessboard
faire match nul	to draw
fou	bishop
joueur d'échecs	chess player
grand maître	Grand Master
partie	game
pion	pawn
reine	queen
roi	king
roque	rook, castle
roquer	to castle

B. TERMES SPÉCIFIQUES (suite)

EQUITATION	horse-riding
cavalier	rider
cheval	horse
dressage	dressage
épreuve	event
manège	ring
saut d'obstacles	jumping
ESCALADE	rock climbing, scaling
ESCRIME	fencing
épée	sword*
fleuret	foil
parade	parry, parrying
sabre	sabre, (US) saber
tireur	fencer ; swordsman
touche	hit
FOOTBALL	soccer, football
ailier	winger
arbitre	referee
arrêt	save
arrière	full-back
attaquant	attacker
avant-centre	centre-forward
avertir	to warn, to caution
avertissement	warning
ballon	ball
se blesser	to be/get injured
blessure	injury
but	goal
buteur	striker

carton (rouge, jaune)	red/yellow card ; booking
championnat	championship
chaussures	shoes
contre-attaque	counterattack
corner	corner, corner-kick
coup franc	free kick
défenseur	de*fen*der
dégager	to clear (the ball)
dribbler	to dribble
expulsion	sending off
footballeur	soccer player
frappe	strike, kick(ing)
gardien de but	goalkeeper
hors jeu	offside
juge de touche	linesman
marquage (d'un adversaire)	marking
marque	score
match	match, game ; event
match à domicile	home match
match à l'extérieur	away match
match aller	first leg
match nul	draw
match retour	return match, second leg
marquer (un but)	to score (a goal)
milieu de terrain	midfield player
mi-temps	half-time
première mi-temps	first half

seconde mi-temps	second half
montants du but	goal posts
passe décisive	de*cis*ive pass
pelouse	field, pitch
penalty	penalty ; penalty kick
prolongations	overtime
remplaçant	substitute, replacement
tête	header
tirer ; tir	to shoot ; a shot
touche	touch-line ; (remise en jeu) throw-in

GOLF	golf, golfing
club (instrument)	club
caddie	caddy, caddie
trou	hole

GYMNASTIQUE	gym*nas*tics
agrès	appa*ra*tus
anneaux	rings
barre fixe	hori*zon*tal bar
barres parallèles	parallel bars
cheval d'arçons	vaulting horse ; side-horse ; long horse
exercice	exercise
gymnaste	gymnast
poutre	beam
sol	ground

HALTÉROPHILIE	weight-lifting
arraché	snatch, weight-snatching
épaulé-jeté	clean and jerk

HANDBALL	handball

HOCKEY SUR GLACE	ice hockey
crosse	stick
palet	puck
patin	skating
patineur	skater

JUDO	judo

LUTTE LIBRE GRÉCO-ROMAINE	wrestling
prise	hold

MOTOCYCLISME	motorcycling
vitesse	speed
trial	trial

NATATION	swimming
brasse	breaststroke
crawl	crawl
dos	backstroke
nage libre	freestyle
nager	to swim
nageur	swimmer
papillon	butterfly-stroke
piscine	swimming-pool
plongeon	dive
tremplin	springboard ; diving-board

PATINAGE ARTISTIQUE	figure-skating
figures	figures
figures imposées	required/com*pul*sory figures
figures libres	freestyle

B. TERMES SPÉCIFIQUES (suite)

patinage de vitesse	speed skating
patin(s)	skate(s)
patineur	skater
patinoire	skating rink, ice rink
pentathlon	pentathlon
RUGBY	rugby, (*fam*) rugger
arrière	fullback
ailier	winger
avant	forward
demi de mêlée	scrum-half
demi d'ouverture	fly-half essay,
	try
mêlée	scrum
pénalité	penalty
pilier	prop
placage	tackle
transformation	con*ver*sion
transformer	to con*vert*
trois-quarts	three-quarters
SKI	ski, skiing
descente	downhill
géant	giant slalom
tremplin	springboard
saut à ski	ski-jump(ing)
ski alpin	Alpine skiing
ski de fond	cross-country skiing
ski nautique	water-skiing
skier	to ski
skieur	skier
slalom	slalom
station	re*sort*
super-géant	super-giant
SPORT AUTOMOBILE	car-racing
course	race
grand prix de formule 1	Formula I Grand Prix
pilote	pilot
rallye	rally
SQUASH	squash
TENNIS	tennis
balle de match	match-point
balle	ball
finale de doubles	doubles final
coup droit	forehand
double faute	double fault, double faulting
échange	exchange
échange(s)	rally
égalité	deuce*
filet	net
gazon	grass
grand chelem	grand slam
jeu	game
jeu décisif	tie-breaker, tie-break
joueur de tennis	tennis player
monter au filet	to go to the net
paire	double
prendre le service (de l'adversaire)	to break the (opponent's) serve
raquette	racket
retour	return, return shot

retourner	to return
revers	backhand
service	serve
servir	to serve
set	set
simple	single
smash	smash
terre battue	clay
tournoi	tournament
volée	volley

TENNIS DE TABLE — table-tennis

TIR À ARC	archery
arc	bow
archer	archer
cible	target
flèche	arrow
tirer une flèche	to shoot an arrow
tireur	archer

TIR	shooting
carabine	rifle
pistolet	pistol
tireur	marksman ; sharpshooter

TRIATHLON — triathlon

VOILE	sailing
barreur	helmsman
barrer	to steer
bouée	buoy*
équipage	crew
hisser une voile	to hoist a sail
planche à voile	(sport) surfing ; (planche) surf-board
régate	reg*att*a

VOLLEY-BALL	volley-ball
WATER-POLO	water-polo

C. AUTRES SPORTS

arts martiaux	martial arts
parapente	hang-gliding
planeur	glider
saut à l'élastique	bungee jumping
vol à voile	gliding

A 2 LEXIQUE EN SITUATION

gate receipts : entrées, nombre de spectateurs.
a runaway victory : une victoire facile.
an upset victory : une victoire surprise.
a winning streak : une série de victoires.
to come from under : prendre l'avantage alors qu'on était dominé.
to coach a team : entraîner une équipe.
X, the runner-up last year, raced to a convincing victory : X, le second de l'an dernier, a remporté une victoire convaincante.

he took the lead at the half-way mark and was never challenged until he crossed the finish line : il a pris la tête à mi-parcours et n'a jamais été inquiété jusqu'à la ligne d'arrivée.
they will meet them for the first time : ils vont les rencontrer pour la première fois.
they swept all three medals : ils ont raflé les trois médailles.
the team finally rallied : l'équipe s'est finalement reprise.
they fell five points behind : ils ont encaissé cinq points/pris cinq points de retard.
two of them tested positive : le contrôle antidopage s'est révélé positif pour deux d'entre eux/elles.

■ BASKET BALL
he scored 26 points as his team ended a seven-game losing streak : il a marqué 26 points alors que son équipe mettait fin à une série de sept défaites.
they cruised to their third straight victory after a season-opening loss : ils ont remporté sans difficulté leur troisième victoire consécutive après une défaite à l'ouverture de la saison.
they came from under to win their first home victory : ils sont revenus au score pour remporter leur première victoire à domicile.

■ BOXING : BOXE
the bout ended when the defending champion floored his challenger 17 seconds into the second round to retain his heavyweight world title : le match s'est terminé quand le champion en titre a mis son challenger au tapis à la 17e seconde du second round pour conserver son titre de champion du monde des poids lourds.

■ CAR-RACING, AUTO RACING : COURSE AUTOMOBILE
X took the lead from Y... X a perdu la tête de la course au profit de...
he beat the start : il a volé le départ.
on lap 12, he went into the pits : il est rentré au stand au 12e tour.

he locked his rear brakes and skidded off-track : il a bloqué ses pneus arrière et est sorti de la piste (en dérapant).

he beat X to the chequered flag by a margin of 11 seconds : il a franchi le drapeau à damier avec une avance de 11 secondes sur X.

■ CYCLING, BICYCLE RACING : COURSES CYCLISTES

he recorded four stage victories but lost the race to his teammate in the final time trial : il a remporté quatre victoires d'étapes, mais a perdu la course au profit de son coéquipier dans le contre la montre finale.

X beat him by 8 seconds overall : X l'a battu de 8 secondes au classement général.

X took over the lead as his team won the fourth-stage team trial : X a pris la tête du classement avec la victoire de son équipe dans le contre la montre par équipe de la quatrième étape.

five riders were injured in the crash and two had to drop out of the race : cinq coureurs ont été blessés dans la chute et deux ont dû abandonner.

the pack was left five minutes behind : le peloton a été laissé à 5 minutes/a pris 5 minutes de retard sur les échappés.

■ GOLF

X took a two-stroke lead in the second round of the tournament : X est passé en tête avec deux points d'avance dans le second tour du tournoi.

he shot a two-under-par 70 and fell into a third place : il a terminé le parcours en 70, 2 en dessous du par, pour descendre à la 3e place ex aequo.

despite a blustery wind, he birdied the last two holes : malgré les rafales de vent, il a réalisé un birdie sur chacun des deux dernieres trous

he carded 29 on the back nine : il a réalisé un score de 29 sur le retour.

he drove the 310-yard 14th with a 1-iron and two-putted then rifled a wedge shot 160 yards, to three feet at 15 : Au trou n° 14, long de 310 yards, il a joué un fer 1 et a pris 2 putts. Ensuite, au 15, il a porté sa balle à 160 yards avec un wedge et l'a placée à 3 pieds du trou.

■ HORSE RACING : COURSES HIPPIQUES

X surged ahead in the last furlong to win the race for the second straight year : X s'est hissé en tête dans les derniers 200 mètres pour gagner la course pour la deuxième année consécutive.

X nosed out Y for third : X a pris la troisième place à Y d'une courte tête.

■ ROWING, BOAT RACING : AVIRON

in a re-row of the Olympic final, she defeated X by a length : dans une revanche de la finale olympique, elle a battu X d'une longueur.

he may become the most successful oarsman of all time : il peut devenir le rameur le plus titré de tous les temps.

he took the coxless pairs with fellow gold medallist X : il a gagné le deux sans barreur avec X, avec qui il avait remporté la médaille d'or.

he agreed to row in the fours when one of the crewmen injured his back : il a accepté de ramer dans l'épreuve du quatre quand un des coéquipiers s'est blessé au dos.

■ RUGBY

they were outclassed in the line out : ils ont été surclassés en touche.

they lost the touchline battle : ils ont perdu la bataille des touches/remises en jeu.

he missed the conversion, as the ball was deflected by the post : il a manqué la transformation, le poteau renvoyant la balle.

the cohesion of the props and the speed of the forwards won the match : la cohésion des piliers et la vitesse des avants ont gagné le match.

The Welsh captain celebrated his 32nd cap by scoring the winning try : le capitaine gallois a célébré sa 32e sélection en marquant l'essai de la victoire.

he'll join Blackburn Rovers for the qualifying match against... Il jouera avec (rejoindra) les Blackburn Rovers pour le match de qualification contre...

X couldn't play owing to injury : X n'a pas pu jouer pour cause de blessure.

he scored 13 goals in the season : il a marqué 13 buts au cours de la saison.

his team-mate scored his 7th goal in 8 internationals : son coéquipier a marqué son 7e but en 8 rencontres internationales.

England tied Brazil 1–1 : L'Angleterre a fait match nul avec le Brésil, 1 à 1.

the equalizer arrived after 76 minutes : l'égalisation se produisit après 76 minutes de jeu.

overaggresive play led to five bookings from the referee : un jeu trop viril a amené l'arbitre à distribuer cinq cartons/à donner cinq avertissements.

three players were sent off during a chaotic second half : trois joueurs ont été sortis au cours d'une deuxième mi-temps chaotique.

they beat X 3 to 1 in the return match : ils ont battu X 3 à 1 au cours du match retour.

they drew even with a last-minute free kick : ils ont égalisé sur coup franc à la dernière minute.

the two teams were held to a scoreless draw : les deux équipes ont fait match nul 0 à 0.

it was a two-nil victory : ça a été une victoire de 2 à 0.

England did not manage a single shot or header on target : l'Angleterre n'a pas réussi à faire rentrer (mettre dans les buts) un seul tir ou une seule tête.

his shot was deflected by the post : son tir a été détourné par le poteau.

the goal was scored during injury time/overtime : le but a été marqué pendant les arrêts de jeu/au cours des prolongations.

X stunned France with a goal just two minutes before the end of regulation time : X a assommé la France en marquant un but juste deux minutes avant la fin du temps réglementaire.

X built a formidable 3–0 lead in the first leg of the cup final : X a pris une avance écrasante de 3 à 0 au cours du match aller de la finale de la Coupe.

to win the toss : gagner/remporter le tirage au sort.

■ SAILING

the skipper took the boat across the start ahead of its rival : le capitaine a fait franchir la ligne de départ à son bateau avant son rival.

the French boat held the lead until it ripped a spinnaker : le bateau français a gardé la tête jusqu'à ce qu'il déchire un spinnaker.

thanks to his steering, they outsailed their challenger : grâce à son talent de barreur, ils ont dominé leur concurrent.

■ SKIING : SKI

lack of snow has forced the postponement of women's Alpine world cup ski races scheduled to be held Nov 20-21 in the Swiss resort of... le manque de neige a causé le report des épreuves de ski alpin de la Coupe du monde dames qui devaient se tenir les 20-21 novembre dans la station suisse de...

the slalom slated from... will be moved to nearby... in addition to the downhill and giant slalom races scheduled there Dec. 11-12 : le slalom qui devait avoir lieu à... se déroulera (m. à m. sera déplacé) dans la station voisine de... en plus des épreuves de descente et de slalom géant qui y sont prévues les 11 et 12 décembre.

he missed a gate in the first run/heat : il a manqué une porte au cours de la première manche.

■ TENNIS

world rankings : classement mondial

top seeds : têtes de série

she was seeded number two behind ... : elle était classé nº 2 derrière ...

in today's draw for the women's singles, ... : dans le tirage au sort d'aujourd'hui pour les simples dames, ...

his world ranking slipped to no. 13 : il est descendu à la treizième place au classement mondial.

his Grand Slam title was achieved in the US open : il a remporté le Grand chelem avec sa victoire dans l'US open.
she won one match out of three : elle a gagné un match sur trois.
she defeated the defending champion in the biggest upset of the season : elle a battu la tenante du titre, causant la plus grande surprise de la saison.
it was a one-sided match : ce fut un match à sens unique.
she won the title a record nine times : elle a remporté le titre neuf fois, un record.
she won the event three times : elle a gagné le tournoi trois fois.
he didn't make it to the semi-finals : il n'a pas réussi à aller en demi-finale.
he alternated between serve and volley and hugging the baseline : il a alterné le service volé et le jeu de fond de court.
her volley dropped wide of a sideline : son retour était nettement dehors.
he held serve in the next game : il a gagné son service dans le jeu suivnt.
X then served his seventh ace : X a alors servi son septième ace.

■ TRACK
Smith is the world indoor bronze medallist : Smith détient la médaille de bronze du championnat du monde en salle.
she shattered the record, running 8:12.19 in a qualifying heat and 8:06.11 in the final : elle a pulvérisé le record du monde en parcourant la distance en 8'12"19 en qualification et 8'06"11 dans la finale.
the record-holder has admitted that he and three other runners on the national relay team have tested positive for banned drugs : le détenteur du record a reconnu que lui-même et trois autres coureurs de l'équipe nationale de relais avaient été déclarés positifs lors de tests antidopage.
he clocked 10.02 in the 100 metres : il a fait/a été chronométré à 10"02 aux 100 mètres.

X was faster out of the blocks : C'est X qui a pris le meilleur départ.

X failed to qualify : X n'a pas réussi à se qualifier/obtenu sa qualification.

X led for most of the race, and was a metre clear of his rival at the finish line : X a mené pendant la plus grande partie de la course, et a franchi la ligne d'arrivée avec un mètre d'avance sur son rival.

He broke the European record in the 110-metre hurdles, just 0.05 off the world record : il a battu le record européen du 110 mètres, à 5 centièmes de seconde du record mondial.

X, the runner-up the last two years, raced to a convincing victory in the New York City Marathon on Sunday. He took the lead at the half-way mark and was never challenged until the finish line : X, second lors des deux dernières épreuves (années), a remporté une victoire convaincante dans le marathon de New York dimanche. Il a pris la tête à mi-parcours et n'a jamais été inquiété jusqu'à la ligne d'arrivée.

A 3 REGISTRES DE LANGUE

Beaucoup d'expressions utilisées dans la vie quotidienne, ou en économie et en politique, proviennent de la langue des sports. Ainsi :

a record figure : un chiffre record
to play fair : jouer franc jeu
to play the game : jouer le jeu
the ground rules : les règles du jeu
to play ball : se montrer coopératif, accepter de discuter
a game plan : une stratégie
to field a candidate : présenter un candidat
  a team : une équipe
a ballpark figure : un chiffre approximatif (allusion à la difficulté d'évaluer le nombre de spectateurs dans les tribunes d'un terrain de sport)

to score : marquer des points
to even up the score : rendre la pareille (= égaliser)
a tie, to tie : un ballottage ; être en ballottage
to be/play in a different league : être dans une autre catégorie
to move the goal posts : changer la règle du jeu (en cours de partie)
to be running neck and neck : être au coude à coude (candidats)
it's not cricket : ce n'est pas loyal, honnête, « fair play »
to nose out : battre d'un cheveu (allusion aux courses hippiques)
no holds barred : tous les coups sont permis (cf. catch)
to throw in the towel : jeter l'éponge
to flex one's muscles : montrer sa force, faire jouer ses muscles
to muscle in : intervenir
to cut corners : (littéralement « couper les virages ») ne pas respecter la loi, en prendre à son aise avec les réglementations.
to backpedal : faire machine arrière
track record : parcours professionnel (d'un cadre, etc.)

B REMARQUES

- Attention à la différence de prononciation entre **record**, adjectif et nom ['rekɔːd] (US : ['rekərd]) et **to record**, verbe (enregistrer) ['rɪkɔːʳd].

- Attention à la différence d'orthographe en anglais britannique et américain pour le verbe *pratiquer* : **to practis**<u>**e**</u> (GB), **to practi**<u>**c**</u>**e** (US) (les deux se prononcent ['præktɪs])
Pas de différence d'orthographe pour le nom **practice** : *la pratique*, qui se prononce comme le verbe.

- Attention à la traduction d'*arbitre* : **umpire** pour le tennis, le hockey, le cricket, le base-ball, **referee** pour le football, le rugby, la boxe.
Dans un contexte non sportif, *arbitre* sera **arbitrator**.

■ *Zéro* se dit **nil** en football, **love** au tennis.

■ Le mot anglais **football** peut être limité à **soccer** (cf. **the football league**) mais peut parfois recouvrir aussi le rugby.

■ Notez les différents mots pour *terrain* :
ground : le plus général, terrain pour activités sportives
field : terrain de sport en général ; c'est le mot le plus fréquent pour football et rugby
pitch : terrain pour cricket, base-ball, mais s'emploie aussi pour football et rugby
course ou **links** pour le golf
court pour le tennis

■ Différentes traductions de *match*, *rencontre* ou *épreuve* : **match, event, bout** (pour match de boxe), **meet** (au sens de rencontre, meeting sportif), plus américain que **meeting.**
Épreuve pourra être **test** ou **event,** mais aussi **trial** (ex. course contre la montre) ou **heat** (épreuve qualificative ou manche, qui sera aussi **first run, second run,** par exemple en ski).
Play-off sera le match ou épreuve finale.

■ Distinguez entre :
• **game,** en général *sport d'équipe,* et notamment avec un ballon, et **sport,** qui désignera en général un sport plus individuel – par exemple, athlétisme –, sauf lorsqu'il s'appliquera à la pratique sportive en général, ou dans une expression comme **team sports** : *sports d'équipe* (!).
• **running** : *courir* et **racing** : *participer à une course*
• **ranked player** : *joueur classé* (*amateur*) et **seeded player** (cf. **top seeds**) : *joueur classé* en tant que *professionnel.*

C 1 EXERCICES

A **Traduire en anglais :**
1. Le champion en titre est classé huitième.
2. C'est la neuvième fois qu'elle obtient le titre, un record.
3. L'Angleterre n'a pas réussi à tirer un seul coup au but.

4. Le club de Barcelone, qui est le numéro 2, est un point derrière le Real.
5. Ce fut un match déséquilibré.
6. Au treizième tour, X a dû faire un arrêt technique.
7. M a cédé le commandement de la course à S (a perdu la première place au profit de).
8. Elle est passée sous la barre des 50 secondes et a (ainsi) emporté le titre.
9. Notre équipe a alors pris un retard de 5 points.
10. Lors des matchs précédents, leur défense avait peu eu l'occasion de montrer ce qu'elle savait faire.

B Terminez les phrases en choisissant entre a, b, c, etc.

1. He went into the pits …
2. His horse surged ahead …
3. They took the coxless pair …
4. He hugged the base line, …
5. They conceded …
6. He birdied the last two holes …
7. He recorded four stage victories …
8. Because of bad weather conditions, the downhill event …
9. He beat the goalkeeper …
10. The only goal was scored …

a. with a twisting header
b. but lost the time trial to his rival
c. during injury time
d. a second try
e. in the last furlong
f. in a re-row of the Olympic final
g. in spite of a violent wind
h. on lap 12
i. alternating service and volley
j. will be moved to a nearby resort

C 2 CORRIGÉS

A 1. The defending champion is seeded number 8.
2. She won the title a record nine times.
3. England did not manage a single shot on target.
4. Second place Barcelona fail Real by one point.
5. It was a one-sided contest.
6. On lap 13, X had to go into the pits.
7. M lost the lead to S.
8. She broke the 50-second barrier to win the title.
9. Our team then fell 5 points behind.
10. Their defence had been little tested in previous games.

B 1h. 2e. 3f. 4i. 5d. 6g. 7b. 8j. 9a. 10c.

16 HOLIDAYS AND TRAVEL

A 1 VOCABULAIRE

A. TOURISME

agence de voyage	travel agency
agent de voyage	travel agent
aller simple	(GB) single ; (US) one way ticket
faire du tourisme	to go touring
faire un voyage	to take a trip
grand tourisme	long-distance touring
guide de voyage	travel guide ; travel guide-book
industrie du tourisme	tourist industry
organisateur de voyages ; voyagiste	tour operator
tourisme	tourism ; touring
tourisme à l'étranger	outbound/ outgoing tourism
tourisme balnéaire	seaside tourism
tourisme d'affaires	business tourism
tourisme d'escale	touring holiday ; multiple-stop tourism
tourisme de masse	mass tourism ; low-cost tourism
tourisme de montagne	mountain tourism
tourisme en caravane	caravaning
tourisme rural/ à la campagne	rural tourism
tourisme sportif	sports tourism
tourisme thermal	spa tourism
tourisme vert	green tourism
touriste	tourist
transporteur	carrier
voyage	trip
voyage aller-retour	(GB) return ; (US) round trip
voyage d'étude	study tour
voyage organisé	tour
voyager	to travel ; to tour
voyages	travels

B. PRÉPARATIFS, RÉSERVATIONS

ambassade	embassy
annulation	cancel*la*tion
annuler	to cancel
billet	ticket
bon d'agence	travel agent's voucher
certificat de vaccination	vacci*na*tion cer*tifi*cate
confirmation	confir*ma*tion
confirmer	to con*firm*
consulat	consulate

B. PRÉPARATIFS, RÉSERVATIONS (suite)

défaire ses bagages	to un*pack* (one's luggage)
défection	no-show
demander des renseignements sur	to enquire into
demander un visa	to ap*ply* for a visa
demander une réservation	to re*quest* a reser*va*tion
effectuer, faire une réservation	to make a reser*va*tion
facturer	to bill ; to charge
faire des préparatifs de voyage	to make travel ar*range*ments
faire ses bagages	to pack (one's luggage)
formulaire de réservation	booking form ; reser*va*tion form
fournir des renseignements	to pro*vide* infor*ma*tion
frais de réservation	reser*va*tion fees
frais de voyages	travel ex*pens*es
honorer une réservation	to honour a booking
imprévu	unfore*seen* event
lettre de demande de renseignements	letter of en*qui*ry
liste d'attente	waiting list
liste des réservations	reser*va*tion list
nécessaire de voyage	travel kit
office du tourisme	tourist office

passeport	passport
projet de vacances	holiday plans
réclamation	com*plaint*
réclamer, porter plainte	to lodge a com*plaint*
réservation	booking ; reser*va*tion
réservation au guichet	reser*va*tion at the booking office
réservation avec arrhes	deposit reser*va*tion
réservation avec garantie de paiement	guaran*teed* payment reser*va*tion
réservation avec option	option reser*va*tion
réservation confirmée	con*firm*ed reser*va*tion
réservation d'hôtel	hotel reser*va*tion
réservation de dernière minute	last-minute reser*va*tion
réservation de places (assises)	seat reser*va*tion
réservation de places de théâtre	theatre booking
réservation de vol garantie	guaran*teed* fly reser*va*tion
réservation définitive	final reser*va*tion
réservation par téléphone	telephone reser*va*tion
réserver	to book
se faire vacciner	to be vaccinated

syndicat d'initiative	tourist office ; local information bureau ; local tourist board
verser des arrhes	to pay a deposit; to make a down payment
visa de touriste	tourist visa

C. TRANSPORTS AÉRIENS

aéroport	airport
aller/voyager en avion	to fly ; to go by plane
arrivée à l'heure	arrival on time
arrivée tardive	delayed arrival
bagage de cabine	cabin luggage
bagages à main	hand luggage ; cabin luggage ; carry-on luggage
billet sans réservation	stand-by ticket
boutique hors taxe	duty-free shop
carte d'embarquement	boarding pass
compagnie aérienne	airline company
compagnie charter	charter company
consigne à bagages	(GB) left-luggage office ; (US) baggage check room
contrôle aérien	air traffic control
contrôle des passeports	passport control
couloir	aisle*
embarquer	to board
en attente	stand-by
enregistrement des bagages	luggage check-in
enregistrer des bagages	to check in luggage
équipage de cabine	cabin crew
équipage de vol	flight crew
escale	stopover
étiquette à bagages	luggage label ; luggage tag
excédent de bagages	excess baggage ; luggage overweight
hall d'arrivée	arrival concourse; arrival hall
heure d'arrivée	arrival time
heure d'arrivée prévue	estimated arrival time
hôtesse (de l'air)	air hostess ; flight attendant
mouvement (d'avions)	arrivals and departures
navette d'aéroport	airport shuttle
passer la douane	to go through/ to proceed through customs
passerelle d'embarquement/de débarquement	jetbridge ; gang-board
piste d'atterrissage	landing strip

C. TRANSPORTS AÉRIENS (suite)

piste de décollage	takeoff runway
plein tarif	full fare
produits hors taxe	duty-free goods
rangée de sièges	row (of seats)
récupération des bagages	baggage re*trie*val
retard de vol	flight delay
retirer ses bagages	to clear one's luggage
retrait des bagages	baggage claim
salle d'embarquement	boarding lounge
siège	seat
steward	steward ; flight at*ten*dant
tarif de basse saison	off-season fare
tarif de classe économique	tourist fare ; e*co*nomy fare
tarif de groupe	group fare
tarif pour passagers sans réservation	stand-by fare
tarif réduit	discount fare ; re*duced* rate ; budget fare
vol annulé	cancelled flight
vol charter, vol nolisé	charter flight
vol direct	direct flight ; through flight
vol régulier, vol de ligne	scheduled flight
vol retardé	de*layed* flight
vos sans escale	non-stop flight

D. TRANSPORTS FERROVIAIRES

compartiment de couchettes	cou*chette* com*part*ment
gare	station
gare de départ	de*par*ture station
heure d'arrivée	ar*ri*val time
heure de départ	de*par*ture time
quai d'arrivée, de débarquement	ar*ri*val platform
réservation (de place assise)	seat reser*va*tion
salle d'attente	waiting-room
service autos-couchettes	motorail service
siège couchette	sleeper*ette* ; slumber*ette*
ticket de quai	platform ticket
train-couchettes	sleeper train
voiture	carriage ; (GB) coach ; (US) car
voiture (pour) fumeurs	smoking carriage ; smoking car
voiture de 1re classe	(GB) first-class coach ; (US) first-class car
voiture de voyageurs	passenger car
voiture libre-service	self-service dining-car
voiture restaurant	restaurant-car

voiture-couchettes	cou*chette* car
wagon	wagon ; carriage ; (US) coach, car
wagon à bagages	luggage van ; (US) baggage car
wagon bar	buffet car ; (US) club car ; parlor car
wagon couchettes	cou*chette* car ; sleeper
wagon de queue	rear wagon
wagon de tête	front wagon
wagon restaurant	(GB) dining car ; restaurant car ; (US) diner
wagon-lit	sleeping car ; sleeper

E. TRANSPORT MARITIME

aller en bateau	to sail, go by boat
bateau de croisière	cruise* ship ; cruise* liner
bateau de passage	ferry boat
bateau de plaisance	pleasure boat ; yacht
bateau maison	house boat
cabine de luxe	de luxe cabin
cabine triple	three-berth cabin
classe cabine	cabin class
compagnie de croisière	cruise* line
couchette	cou*chette* ; berth ; bunk
croisière	cruise*
croisière de plaisance	pleasure cruise*
croisière en yacht	yachting cruise*
croisière fluviale	river cruise*
double cabine	double cabin
faire relâche dans un port	to call at a port
nuit à quai	moored for the night
passerelle	passenger loading bridge
port	harbour, (US) harbor
port d'embarquement	embar*ka*tion port
port d'escale	port of call
port de débarquement	disembar*ka*tion port
port de départ	port of sailing
port de destination	port of desti*na*tion
port de pêche	fishing port
port de plaisance	marina ; sailing harbour
port fluvial	river port
port maritime	sea port
quai	pier ; quay ; wharf
vacances avion-croisière	fly-cruise* holiday
voyage en bateau	boat trip
voyage train/bateau	boat/rail tour
voyage ; traversée	voyage
accompagnateur	tour leader ; tour con*duc*tor

F. VACANCES, HÉBERGEMENT

auberge	inn
auberge de jeunesse	youth hostel
auto-stoppeur	hitch-hiker
basse saison	low season ; off-season
bronzer	to get sun-tanned
camping à la ferme	camping holiday on the farm
chambre chez l'habitant	guest-house room
chambre et pension	room and board
chambre et petit déjeuner	bed and break-fast (B&B)
colonie de vacances	summer camp
demi-pension	half-board ; half-pension ; modified A*mer*ican plan
être en voyage	to be on a trip ; to be travelling
excursion touris-tique	sightseeing ex*cur*sion
faire de l'auto-stop	to hitch-hike
faire du cam-ping	to go camping ; to camp
faire un voyage	to take a tour
fête légale	bank holiday
forfait avion-rail	fly-rail package
forfait avion-voiture	fly-drive pack-age
forfait de fin de semaine	weekend pack-age
forfait vacances; séjour à forfait/ forfaitaire	package holiday
grandes vacances	summer va*ca*tion/holiday
guide (livre)	guide-book
guide (personne)	guide
guide accompa-gnateur	courier
haute saison	high/busy/peak season
hébergement	accommo*da*tion
interrompre un voyage	to inter*rupt*/ break a journey
jour de vacances	holiday
lieu de vacances; centre de villégiature	holiday resort
location de vacances	holiday let ; (US) va*ca*tion rental
mal de voyage	travel sickness
partir en vacances	to go/to set off on holiday
partir en voyage	to go/to set off on a trip
passer ses vacances	to spend one's holiday
pension (éta-blissement)	guest-house ; boarding-house ; hostel
pension (formule)	pension ; board
pension com-plète	full-board ; full pension ; American plan (AP) ; Ber*mu*da plan

pension de famille	**family guest-house, hostel ; boarding house**
pension et logement	**board and lodging**
période de vacances	**holiday period**
prendre des vacances	**to have/take a holiday ; (US) to vac*a*tion**
prendre un bain de soleil	**to sunbathe**
randonnée pédestre	**walking tour**
saison touristique	**tourist season**
séjour indépendant	**self-catering holiday**
séjour touristique	**tourist stay**
sentier touristique	**tourist path**
site touristique	**tourist site**
station touristique	**(tourist) resort**
terrain de camping	**camping site ; camping ground**
vacances	**(GB) holiday/ (US) vac*a*tion**
vacances à la ferme	**farming holiday**
vacances à la mer	**seaside holiday**
vacances de neige	**skiing holiday**
vacances scolaires	**school holiday**
vacances annuelles	**yearly holiday**
vacancier	**(GB) holiday-maker ; (US) vac*a*tioner**
village de vacances	**holiday village**
visite des monuments	**sightseeing tour**
visite guidée/ accompagnée	**guided tour**
excursion accompagnée	**con*duc*ted tour**
visite guidée ; voyage accompagné	**es*cor*ted tour**
visite touristique	**tour**
voyage à forfait	**all-in*clu*sive tour**
voyage à forfait/ tout compris	**package tour**
voyage à l'étranger	**overseas trip**
voyage en autocar	**coach tour**
voyage forfaitaire	**travel package**

A 2 LEXIQUE EN SITUATION

Take your seats !/Mind the doors !/(US) All aboard ! en voiture !

we'll go for a sail next weekend : nous ferons une promenade en bateau le week-end prochain.

Play it safe. Tag your bag : Soyez prudents. Étiquetez vos bagages.

we'll have to find accommodation for three nights : nous devons trouver à nous loger pour trois nuits.

it is worth the trip : ça vaut le voyage/le déplacement.

I'd rather travel off-season : j'aimerais mieux voyager en basse saison.

your luggage is checked right through to Paris : vos bagages sont enregistrés jusqu'à Paris.

I'm afraid your luggage was misrouted : je crains qu'il y ait eu une erreur dans l'acheminement de vos bagages.

I couldn't find my suitcase on the baggage conveyor belt : je n'ai pas trouvé ma valise sur le tapis roulant de distribution des bagages.

could you direct me to the lost-luggage office/lost property office ? pourriez-vous m'indiquer le bureau des objets perdus ?

I forgot to take my towel and beach mat : j'ai oublié de prendre ma serviette et ma natte.

I'll sunbathe for a while by the pool : je vais prendre un petit bain de soleil au bord de la piscine.

I got a serious sunstroke on the beach : j'ai eu une grave insolation sur la plage.

I don't want the kids to get sunburnt : je ne veux pas que les enfants prennent un coup de soleil.

I'd like to go back home with a nice sun-tan : j'aimerais bien repartir avec un joli bronzage.

the best bargain of the season is a trip to the West Indies : l'offre la plus intéressante (littéralement « la meilleure affaire ») de la saison est un voyage aux Antilles.

we won't be able to afford such expensive hotels : nous ne pourrons pas nous offrir des hôtels aussi chers.

a package deal is a pre-paid holiday with fixed dates of departure and return organised by a tour operator : un forfait est un séjour payé à l'avance avec des dates de départ et de retour mis au point par un organisateur de voyage.

the latter may include transport, accommodation, meals, sightseeing tours and even entertainment : ce dernier peut comprendre le transport, le logement, les repas, les visites guidées et même des attractions.

an increasing number of people are taking their holidays in caravan parks, holiday villages and other self-catering outlets rather than in hotels : de plus en plus de gens prennent leurs vacances dans des campings, villages de vacances et autres lieux de séjour indépendants plutôt que dans les hôtels.

B&Bs and guest houses are a very popular type of accommodation in Britain : les chambres chez l'habitant et les pensions de famille sont un type d'hébergement très répandu en Grande-Bretagne.

time-sharing, a concept which originated in Europe, has become quite popular in the United States : la multipropriété, concept qui est né en Europe, a fini par connaître un grand succès aux États-Unis.

you'll be better off if you travel by train rather than by coach : vous vous en tirerez mieux si vous voyagez en train plutôt qu'en car.

why not spend a weekend in New York before flying back to Paris ? pourquoi ne passeriez-vous pas un week-end à New York avant de reprendre l'avion pour Paris ?

tomorrow we'll go for a ride in the countryside : demain, nous irons nous promener dans la campagne (en auto, à vélo, à cheval).

A 3 REGISTRES DE LANGUE

Le thème du voyage et des vacances donne lieu à quelques emplois plus ou moins détournés du vocabulaire, qu'il s'agisse de la langue familière ou de la langue littéraire.

1. Langue familière, argotique.

- **To take a trip, to make a trip** ou **to go on a trip** ont deux sens distincts en argot :
  1. planer, décoller, c'est-à-dire être sous l'effet d'une drogue hallucinogène
  2. faire de la taule

- **To take sb for a ride** (littéralement « emmener qqn en promenade ») signifie :
  1. mener qqn en bateau, jouer un sale tour à qqn
  2. emmener qqn pour son dernier voyage, dézinguer qqn
- **It's nothing to write home about** signifie *ça n'a rien d'extraordinaire, ça ne casse rien, ça ne casse pas des briques.*
- **To pack up (bag and baggage) and go** : faire son baluchon
- **To walk out on sb** signifie *faire sa valise, plaquer qqn*
- *Plier bagage* se traduit par **to pack (up) (one's bags)**. Au sens de *prendre la tangente, décamper*, son équivalent est **to decamp** et au sens de *passer l'arme à gauche*, c'est **to kick the bucket.** Pour terminer sur une note heureuse, plus caractéristique d'une ambiance de vacances, on citera la phrase suivante : **I'll just bask in the sun with an ice-cold Coke** : *je vais simplement lézarder/me dorer au soleil avec un Coca glacé.*

2. <u>Sens figuré</u>.

- *Partir pour le grand voyage/faire le grand voyage* a un équivalent presque littéral en anglais : **to go on one's last journey.**
- Dans l'expression suivante, on passe du bain au baiser : **In winter I keep dreaming of all those sun-kissed islands** : *en hiver, je ne cesse de rêver à toutes ces îles baignées de soleil.*
- Le voyage est remplacé par la course dans le proverbe *Qui veut voyager loin ménage sa monture* : **Slow and steady wins the race**, littéralement « lent et constant gagne la course ».

B 1 REMARQUES LEXICALES

- A propos du mot *vacances*, deux rappels s'imposent : premièrement, **vacation** ne s'emploie qu'aux États-Unis et jamais avec un **–s–** puisqu'il s'agit d'un collectif singulier. Deuxièmement, **holiday** est en usage courant des deux côtés de l'Atlantique et s'il n'est pas grammaticalement incorrect de l'employer au pluriel, la forme **holidays** est statistiquement d'une plus faible fréquence. On peut donc dire indifféremment **we spent a very pleasant holiday in Spain** ou **we spent very pleasant holidays in Spain** : *nous avons passé de très agréables vacances en Espagne.*

Il convient de signaler que **holiday** au singulier (en un seul mot) signifie également *jour férié, jour de vacance, congé.* **Next Tuesday is a holiday** : *mardi prochain est un jour férié/un jour de congé.*

A ces remarques liminaires, il faut ajouter une mise en garde : **vacancy** (*pl* **vacancies**) n'est l'équivalent correct du français *vacance* que dans le sens de *poste vacant, à pourvoir.* **We need to fill a vacancy in the Marketing department** : *nous avons un poste à pourvoir au sein du service Marketing.* Dans l'hôtellerie, il exprime la capacité d'accueil d'un établissement comme l'indiquent les pancartes **Vacancies** : *Chambres disponibles* et **No vacancy** : *complet.* **I would like to know whether you still have any vacancies** : *je souhaiterais savoir s'il vous reste des chambres disponibles.*

- Le sigle **B&B** correspond le plus souvent à **Bed and Breakfast** et plus rarement à **Bed and Board**. Ce type de logement chez l'habitant offre respectivement l'hébergement et le petit déjeuner ou l'hébergement en pension complète (« le gîte et le logis »). La formule chambre + petit déjeuner peut porter le nom de **continental plan** aux États-Unis, l'**American plan** désignant la *pension complète.*

- Le YMCA (**Young Men's Christian Association**) et le YWCA (**Young Women's Christian Association**) gèrent de nombreux foyers réservés respectivement aux jeunes gens et aux jeunes filles sans exigence particulière d'appartenance confessionnelle.

- **Catering** signifie *restauration* et **caterer** ['keɪtərər] *traiteur, fournisseur.* C'est bien parce que **self-catering** a le sens littéral d'*autorestauration* qu'il correspond au *séjour indépendant,* formule selon laquelle le vacancier prend personnellement en charge ses repas.

- Le verbe **to check in** a le sens d'*enregistrer* (des bagages) ou de *s'inscrire* à l'arrivée dans un hôtel. Dans cette dernière acception, son antonyme est **to check out** qui signifie *libérer sa chambre, régler l'addition, satisfaire aux formalités de départ.*

B 2 AMÉRICANISMES

- Outre l'emploi de **vacation** en américain (qui n'empêche pas l'usage courant de **holiday** dans bien des contextes), il convient de signaler d'autres américanismes de grande fréquence.
- Même si **luggage** s'entend outre-Atlantique, il n'en demeure pas moins vrai que **baggage** l'emporte sur ce premier terme. Rappelons au passage que ces deux mots sont des collectifs singuliers qui ne prennent jamais d'–s– et qui commandent un accord verbal au singulier. **My luggage/baggage is heavy** : *mes bagages sont lourds.* **I have only one piece of luggage to check in** : *je n'ai qu'un seul bagage à enregistrer.*
- En américain, la simplification orthographique veut que dans les dérivés du verbe **to travel**, la consonne finale n'est pas redoublée, contrairement à l'usage britannique où ces termes s'écrivent avec deux **l** : **traveling, traveler.** Il en va de même pour **canceling** et **cancelation** : *annulation.* Néanmoins, l'orthographe britannique peut être employée même aux États-Unis.
- Le tableau ci-dessous récapitule les différences de vocabulaire portant sur les termes les plus fréquents :

	GB	US
location de voiture	**car rental**	**car hire**
parking	**parking lot**	**car park**
aller simple	**one-way ticket**	**single**
aller-retour	**round trip**	**return**
faire la queue	**to stand in line**	**to queue**
vacances	**vacation**	**holiday**
vacancier	**vacationer**	**holiday-maker**
centre-ville	**downtown**	**city center**
centre de tourisme	**tourist centre**	**tourist center**

B 3 PRONONCIATION

- Le mot **aisle** (*couloir* dans un avion) se prononce [aɪl]. On le trouve dans des expressions telles que **central aisle** : *couloir central*, ou **aisle seat** : *siège coin-couloir*.
- Le terme **quay** : *quai, appontement* est un homonyme de **key** puisqu'il se prononce [kiː].
- L'emprunt **yacht** se prononce [jɒt].
- Attention à la prononciation et à l'orthographe du mot **carrier** ['kærɪəʳ] : *transporteur, compagnie de transport*, qu'il ne faut pas confondre avec **career** [kə'rɪəʳ]. C'est principalement la place de l'accent tonique (respectivement sur la première et la deuxième syllabe) qui les distingue. Pour compléter cette mise en garde, à signaler le terme anglais **courier**, orthographié avec un seul **–r–** et prononcé ['kʊrɪəʳ], qui signifie *guide accompagnateur*.
- **To (sun)<u>bathe</u>** : *prendre un bain (de soleil)* se prononce [beɪð] avec une voyelle diphtonguée et une consonne finale sonore, à la différence de **bath** : *bain* qui se prononce [bɑːθ] avec un **a** long et une consonne finale sourde.
- **Sun-<u>tanned</u>** : *bronzé* se prononce [tænd] sans diphtongue comme l'indique le redoublement de la consonne finale de **tan**.

C 1 EXERCICES

A Donnez l'équivalent américain des expressions britanniques suivantes.

1. full board
2. holiday-maker
3. car hire
4. single (ticket)
5. return

B Traduisez les phrases suivantes.

1. Je n'ai pas eu le temps de m'occuper de nos préparatifs de voyage.
2. Nous risquons d'avoir des difficultés à nous loger en haute saison.
3. J'ai envoyé des lettres de demande de renseignements à trois syndicats d'initiative.
4. Je préférerais un séjour indépendant, car je n'ai pas envie de manger au restaurant pendant trois semaines.
5. Nous devrions réserver nos billets à l'avance, autrement nous serons obligés de faire la queue.

C Compléter les phrases suivantes.

1. We have to … our luggage before going into the departure lounge.
2. I had no sun-tan lotion when I was on the beach and I got …
3. Prices of guest-house rooms include board and …
4. We should … a complaint with the hotel manager.
5. We would save a lot of money if we travelled …

C 2 CORRIGÉS

A 1. American plan 3. car rental 5. round trip
2. vacationer 4. one-way ticket

B 1. I didn't have time to/I haven't had any time to take care of our travel arrangements.
2. We might have difficulties in finding accommodation in the high/peak/busy season.
3. I sent letters of enquiry to three tourist offices/local information bureaux/local tourist boards.
4. I would rather have a self-catering holiday as I don't feel like eating in restaurants for three weeks.
5. We should book our tickets in advance, otherwise we'll have to queue up.

C 1. check in. 2. sunburnt. 3. lodging 4. lodge 5. off-season

17 HOTELS, RESTAURANTS

A 1 VOCABULAIRE

A. HÔTELLERIE

auberge de jeunesse	**youth hostel**
catégorie d'hôtels	**ho*tel* category**
chaîne hôtelière	**ho*tel* chain**
complexe hôtelier	**ho*tel* complex**
établissement hôtelier	**ho*tel* es*tab*lishment**
guide d'hôtels	**ho*tel* di*rec*tory ; ho*tel* guide book**
hôtel appartenant à une chaîne	**chain ho*tel***
— cinq étoiles ; palace	**five-star ho*tel* ; luxury ho*tel***
— d'autoroute	**motorway ho*tel***
— de luxe	**de luxe ho*tel***
— de premier ordre	**first-class ho*tel***
— de séjour ; meublé	**resi*den*tial ho*tel***
— de station	**re*sort* hotel**
— de tourisme	**tourist ho*tel***
— de vacances	**holiday ho*tel***
— familial	**family ho*tel***
— privé	**private ho*tel***
hôtelier	**ho*tel* keeper ; ho*tel*ier**
hôtellerie	**ho*tel* industry ; ho*tel* trade**
infrastructure hôtelière	**ho*tel* infrastructure**
nuitée	**bed night**
occupation hôtelière	**ho*tel* occupancy**
tarif de faveur	**prefe*ren*tial rate**
— de fin de semaine	**week-end rate**
— de la chambre	**room rate**
— de long séjour	**long-stay tariff**
— hôtelier	**ho*tel* price list**
— pour sociétés	**corporate rate**
taux de remplissage de l'hôtel	**ho*tel* occupancy rate**
tenir un hôtel	**to keep a ho*tel***

B. RÉSERVATION, RÉCEPTION

accueillir	**to welcome, to greet**
arrivée	**arrival**
bon d'hôtel	**hotel voucher**
chef de la réception	**front office manager**
clé magnétique	**card key**
client	**guest, customer**
complet	**booked up ; fully booked**
concierge	**hall porter**
confirmer une réservation	**to con*firm* a reser*va*tion**
défection	**no-show**
départ	**de*par*ture**

B. RÉSERVATION, RÉCEPTION (suite)

descendre dans un hôtel	to put up at a ho*tel* ; to stay at a ho*tel*
effectuer une réservation	to make a reser*va*tion
facturer, faire payer	to charge
fiche d'hôtel	ho*tel* regis*tra*tion form
fiche de police	regis*tra*tion card
frais d'hôtel	ho*tel* ex*pen*ses
gérant d'hôtel	ho*tel* manager
groom, chasseur	page boy ; (US) bellboy
liste d'attente	waiting list
note d'hôtel	ho*tel* bill
numéro de chambre	room number
personnel hôtelier	ho*tel* staff
porteur	porter
prix/tarif de la chambre	room rate
réception	front office
réceptionniste	front office clerk
remplir les formalités d'arrivée	to check in
remplir un formulaire	to fill in/com*plete* a form
réservation d'hôtel	ho*tel* reser*va*tion
— de chambre	room reser*va*tion
— ferme	firm booking
réserver une chambre	to book a room
retenir une chambre à l'hôtel	to book accomo*da*tion at a/the ho*tel*
séjour	stay
séjourner	to stay

C. CHAMBRES ET SERVICES

appartement d'hôtel, suite	suite (of rooms)
appel de réveil	early morning call ; wake-up call
armoire	wardrobe
ascenseur	lift ; (US) elevator
blanchisserie	laundry service
chambre à deux grands lits	family room ; twin double room
— à deux lits	double-bedded room
— à deux lits doubles	double double room
— à lits jumeaux; à deux lits simples	twin room
— à trois lits	three-bedded room
— à un lit double	double room
— à un lit ; individuelle	single room

— avec balcon	room with balcony
— avec douche	room with shower
— avec salle de bains	room with bath
— avec vue sur la mer	room with sea view
— avec WC séparés	room with separate toilet
— d'hôtel	hotel room
— en façade, sur rue	front room
— libre	vacancy
— pour non fumeurs	non-smoking room
— pour trois personnes	triple room
— sur cour	back room
chambres communicantes	con*nec*ting rooms
équipements hôteliers	hotel a*men*ities
étage	floor
femme de chambre	chambermaid
libérer une chambre	to va*cate* a room
libre	vacant
lit d'enfant	(GB) cot, (US) crib
personnel des chambres	housekeeping staff
prestations hôtelières	ho*tel* services
responsable d'étage	floor clerk
service de chambre	room service
type de chambre	room type

D. BARS ET PUBS

bar américain	cocktail bar
bar avec serveuses aux seins nus	topless bar
bar ouvert toute la nuit	all-night bar
bar pour célibataires	singles bar
barman	barman ; (US) bartender
bière à la pression	draught beer ; beer on draught
billard anglais	snooker
buvette	re*fresh*ment bar
buvette-restaurant	snack bar
café, bistrot, brasserie	pub ; public-house
café, petit restaurant	coffee shop, café
carte des vins	wine list
clientèle	patrons
fléchettes	darts
glace pilée	cracked ice
habitué	regular
heures d'ouverture	opening hours
patron/tenancier de pub	publican
pur malt	single malt
rafraîchir	to chill
sec, sans mélange	straight
serveur, garçon	waiter
serveuse	waitress

E. RESTAURANTS

buffet	buffet
buffet de salades	salad bar
chariot de service (à table)	buffet trolley
chariot à desserts	des*sert* trolley
chef	chef
client	patron
commande	order
commander	to order
corbeille à pain	bread basket
cuisinier	cook
entrée, vestibule	lobby
maître d'hôtel	head waiter ; (US) maître d'hôtel
mettre le couvert	to set the table
nappe	tablecloth
nombre de couverts (à table)	number of seats
ôter le couvert	to clear the table
personnel de salle	restaurant staff
plateau de fromage	cheeseboard
restaurant de luxe	fancy restaurant
salle à manger	dining-room
sel et poivre	salt and pepper
service compris	service in*clu*ded; no gra*tu*ities
serviette de table	napkin
sommelier	(GB) wine waiter, butler ; (US) wine steward
table	table
vestiaire (meuble)	hat-and-coat rack
vestiaire (pièce)	cloak-room

F. MENUS

buffet chaud	hot buffet
buffet froid	cold buffet
buffet varié	varied buffet
desserte	side table
menu à la carte	à la carte menu
— à prix fixe	fixed-price menu ; table d'hôte menu
— du jour	today's menu ; set menu
— gastronomique	gourmet menu
— pour pensionnaires	table d'hôte menu
— touristique	standard menu ; e*co*nomy menu
— : carte du jour	bill of fare
panier-repas	packed lunch
plat (dans un menu)	course
plat du jour	today's special, dish of the day
repas de buffet	buffet-style meal
repas pour pensionnaires	table d'hôte meal
table roulante	rolling cart

A 2 LEXIQUE EN SITUATION

May I take the leftovers in a doggie bag ? Puis-je emporter les restes dans un sac ?

what will you have to go with it ? Que prendrez-vous pour accompagner ça ?

Are you ready to order now ? Etes-vous prêt à passer votre commande ?

Can I take your order now ? Puis-je prendre votre commande/ Avez-vous fait votre choix ?

The hotel can accommodate 50 people : L'hôtel peut loger 50 personnes.

Do you want to leave your umbrella at the cloak-room ? Voulez-vous déposer votre parapluie au vestiaire ?

I mislaid my cloak-room ticket/(US) my coat ticket : J'ai égaré mon ticket de vestiaire.

The left-luggage office/(US) the checkroom is on your right down the lobby : La consigne (à bagages) est sur votre droite en continuant dans le hall.

Our hotel is situated within walking distance of the city centre/(US) center : Notre hôtel se trouve situé dans un quartier qui vous permet de vous rendre au centre ville à pied.

Do you, by any chance, have a room available for three ? Auriez-vous, par hasard, une chambre pour trois ?

I'll put you on the waiting list : Je vous mets sur la liste d'attente.

I'll ring you/I'll call you back if there is a cancellation : je vous rappelle s'il y a une annulation.

Our telephone reservations centre/(US) center allows you to make immediate bookings at the company's 800 hotels around the world : Notre centre de réservations par téléphone vous permet d'effectuer des réservations immédiates dans les 800 hôtels de la société dans le monde.

Did you receive confirmation from us ? Avez-vous reçu une confirmation ?

We look forward to your visit : Nous attendons (avec impatience) votre visite.

Don't worry, we'll find accommodation for you in a nearby hotel : Ne vous inquiétez pas, nous vous trouverons une chambre dans un hôtel voisin.

Sorry, our hotel is fully booked in August but we can suggest suitable alternatives : Désolé, notre hôtel est complet en août, mais nous pouvons vous suggérer d'autres solutions qui devraient vous convenir.

It's a lovely family-run hotel, set in quiet Dorset countryside : C'est un charmant hôtel géré en famille, situé dans le calme de la campagne du Dorset.

For the business travellers, we offer corporate rates and complimentary limo service to and from the airport : A nos clients en voyage d'affaires, nous offrons des tarifs spéciaux pour les sociétés et un service gracieux de limousines fonctionnant dans les deux sens entre notre hôtel et l'aéroport.

If you want a firm booking, we'll have to charge the price of the first night on your credit card : Si vous désirez une réservation ferme, le prix de la première nuit/nuitée sera débité sur votre carte de crédit.

May I have your card imprint, please ? (when checking in) ? Puis-je prendre l'empreinte de votre carte de crédit, s'il vous plaît ? (lors des formalités d'enregistrement à la réception).

If what you want is a single, I can give you room 324 which overlooks the swimming-pool : Si vous désirez une chambre simple, je peux vous donner la chambre 324 qui donne sur la piscine.

Would you fill in the registration card while I get your key ? Auriez-vous l'obligeance de remplir la fiche de police pendant que je me procure votre clef ?

Do you require an early morning call ? Voulez-vous qu'on vous réveille de bonne heure ?

Do you wish to pay for your drinks now or shall I charge that to your account ? Souhaitez-vous payer vos apéritifs maintenant ou dois-je les mettre à votre compte ?

Sorry, there's no hairdryer in your room but I can lend you one : Désolé, il n'y a pas de sèche-cheveux dans votre chambre, mais je peux vous en prêter un.

Could I have two more coat hangers and an extra towel ? Pourrais-je avoir deux autres cintres et une serviette supplémentaire ?

We'd like to have a pint of bitter and a pint of lager. Can we eat as well ? Nous voudrions une pinte de rousse et une pinte de blonde. Pouvons-nous avoir aussi quelque chose à manger ?

What do you think of the house's ploughman's lunch ? Que diriez-vous du casse-croûte de la maison ?

The next round's on me/on the house : La prochaine tournée est pour moi/est offerte par la maison.

Could you give us any tips to find a good restaurant in town ? Pourriez-vous nous donner des tuyaux pour trouver un bon restaurant en ville ?

Party of two ?/Table for two ? Deux couverts ?/Une table pour deux ?

Enjoy your meal ! Bon appétit !

What do you feel like drinking ? Qu'avez-vous envie de boire/Qu'est-ce qui vous ferait plaisir à boire ?

This table seats four : c'est une table de quatre couverts/pour quatre personnes.

How would you like your meat ? Rare, medium, or well-done ? Quelle cuisson souhaitez-vous pour votre viande ? Saignante, à point ou bien cuite ?

No cream, no sugar, thank you. I want my coffee black : Ni lait, ni sucre, merci. Je veux un café noir.

I'll have an order of baked potatoes to go with my steak : Je prendrai des pommes de terre au four pour accompagner mon steak.

I think I'll have a cocoa/(US) a hot chocolate : Je crois que je vais prendre un chocolat chaud.

Could you iron/(US) press this suit ? Pourriez-vous repasser ce costume ?

A 3 REGISTRES DE LANGUE

1. Langue familière, argotique.

- Comme la locution française *payer l'addition*, **to foot the bill** a également le double sens de *payer les pots cassés, faire les frais de qqch, régler la facture.*
- L'adjectif **ritzy** est dérivé du légendaire Ritz Hotel et désigne tout ce qui est *huppé, ultrachic, élégant, fastueux*, mais il peut avoir une connotation péjorative de *tape à l'œil, clinquant, crâneur*. Il s'emploie également par antiphrase : **it's nothing ritzy** : *ça n'a rien d'extraordinaire/c'est plutôt simple*. Enfin, **to put on the ritz** signifie *se donner des airs, crâner, faire de l'esbroufe.*
- L'expression **a stag party/a stag dinner** signifie *une réunion/un dîner entre hommes*. Le mot **stag**, dont le sens premier est *cerf*, désigne également *un célibataire, un vieux garçon*. Dans le même registre, on retiendra aussi les **singles bars** ou *bars pour célibataires.*
- L'expression **Bottoms up!** est l'équivalent du français *Cul sec ! A votre santé* se traduit par **Cheers !** ou **To your health !**
- Le mot **tip** a deux sens qu'il ne faut pas confondre dans une phrase telle que **I gave him a tip** qui signifie aussi bien *je lui ai donné un pourboire* que *je lui ai donné un tuyau.*

2. Les toilettes.

La profusion des termes désignant les toilettes, alliée aux différences d'usage des deux côtés de l'Atlantique ainsi qu'à la variété des registres de langue, a de quoi dérouter l'étranger et de quoi l'embarrasser dans bien des cas. Dans la langue familière, on dit **the loo** [luː] en Grande-Bretagne et **the john** aux USA, ce dernier terme étant surtout employé entre hommes. Dans la vie courante, il est recommandé de se familiariser avec le vocabulaire qui suit :

GB	US
the toilet	the bathroom
the lavatory	the restroom
the gents	the men's room
the ladies	the ladies' room

Aux États-Unis, **the powder room** est préféré à **the ladies' room** dans les établissements chics.

3. Proverbes.

- **As you make your bed, so you must lie upon it !** Comme on fait son lit, on se couche !
- **Early to bed and early to rise makes a man healthy, wealthy and wise** : Se coucher tôt et se lever tôt apporte à un homme santé, richesse et sagesse.
- **He who leaves his place loses it** : Qui va à la chasse perd sa place.

B 1 REMARQUES LEXICALES

■ Le terme **party**, qui a de nombreux sens, peut se rencontrer dans au moins trois acceptions différentes dans un contexte hôtelier.

- Il désigne d'abord *un groupe*.
  We are expecting a party of eight tonight : Nous attendons un groupe de huit ce soir.
  A touring party : un groupe de touristes.
- Il s'emploie au sens de *fête, réception, soirée*.
  A cocktail party will be served in the lounge : un apéritif/un cocktail sera servi dans le salon.
  It will be a dancing party : ce sera une soirée dansante.
- Il a enfin le sens de *tiers, correspondant*.
  Your party is on the line : Votre correspondant est en ligne.
  Third-party insurance : Assurance au tiers.

■ En anglais britannique, **a single** peut désigner soit *une chambre individuelle, pour une personne* soit *un aller simple*. Dans le second cas, l'équivalent américain est **a one-way ticket**.
A single bed est *un lit à une place/un lit pour une personne*.
A single-room supplement est *un supplément pour chambre individuelle*. Le terme **single**, appliqué à une personne, signifie *célibataire*, d'où l'expression **singles bar** : *bar pour célibataires*.

- Si **page boy** désigne *le chasseur, le groom*, le verbe **to page somebody** signifie *appeler par haut-parleur* (dans un café, un hôtel, un restaurant). **Paging Mr Wilson** : *on demande M. Wilson.*

- Ne pas confondre a **hotel chain** et a **chain hotel** qui signifient respectivement *une chaîne hôtelière* et *un hôtel appartenant à une chaîne.*
- La mention **no gratuities** inscrite sur la carte d'un restaurant ne signifie rien d'autre que *service compris*, synonyme **service included.**
- Si les campagnes de lutte antitabac, particulièrement agressives aux États-Unis, ont d'abord donné naissance à des **non-smoking areas** : *zones non-fumeurs* dans les lieux publics, on en voit désormais les conséquences dans les hôtels où l'on demande au client s'il désire **a smoking or non-smoking room** : *une chambre pour fumeurs ou non-fumeurs.* Il ne faut pas oublier pour autant que **a smoking-room** (avec un trait d'union) désigne *un fumoir.*
- Noter que le terme le plus courant pour traduire le français *client* dans un hôtel est **guest** (éventuellement **customer**). Au restaurant, on emploi plutôt le mot **patron** [peɪtrən].
- Les pubs anglais proposent traditionnellement le **ploughman's lunch** ['plaʊmənz lʌntʃ]. Ce « déjeuner du laboureur » est composé de salade, fromage, pain et légumes au vinaigre (**pickles**).
- Les traductions littérales ne sont pas toujours possibles. Ainsi, *Bon appétit !* ne peut pas se traduire par « **good appetite** » ! Son équivalent est **Enjoy your meal** ! A la fin du repas, le garçon vous demandera sans doute **Did you enjoy your meal** ? *Votre repas vous a plu ?* ou, de façon plus formelle, **Was everything to your satisfaction** ? *Tout était-il à votre convenance ?*
- Ne pas confondre **to wait <u>for</u> somebody** : *attendre quelqu'un* et **to wait <u>on</u> somebody** : *servir quelqu'un* (dans un restaurant, un café, etc.). C'est ce qui explique que **waiter/waitress** signifie *serveur/serveuse.* La question **Are you being waited on** ? signifie *est-ce qu'on s'occupe de vous ?* Par ailleurs, *se servir quelque chose* se traduit par **to help oneself to something. Help yourself to some coffee** : *Servez-vous du café.*

B 2 AMÉRICANISMES

- Noter la différence entre l'usage britannique et l'usage américain pour la traduction de mots utiles au restaurant :

	GB	US
commis	**assistant waiter**	**busboy**
maître d'hôtel	**head waiter**	**maître d'hôtel**
chef de rang	**station head waiter**	**captain**
sommelier	**wine waiter ; butler**	**wine steward**
frites	**chips**	**French fries**
débarrasser	**to clear away**	**to bus**
note, addition	**bill**	**check**

- Le terme **suite** [swiːt], abréviation de **a suite of rooms**, signifie *une suite, un appartement d'hôtel.* Aux États-Unis principalement, **a penthouse suite** désigne un appartement panoramique (situé au dernier étage de l'hôtel), tandis que **a hospitality suite** signifie *une suite pour réceptions.*

- Noter les différences d'usage sur ces termes ayant trait aux tarifs des chambres (**room rates**).

	GB	US
pension complète	**R&B, room and board**	**American plan**
demi-pension	**half-board**	**modified American plan**

Pour la Grande-Bretagne, il convient d'y ajouter **inclusive terms** : *tout compris* et **B&B, bed and breakfast** : *chambre et petit déjeuner*. Aux États-Unis, **European plan** désigne la formule *chambre seule*.

- Enfin, l'Amérique, légendaire pour son gigantisme, a inventé au-dessus du **double-bed** : *grand lit, lit à deux places* le **king-size bed** (en 160 cm de large au minimum) et, encore plus large, le **queen-size bed** – cas exceptionnel où la reine bat le roi !

B 3 PRONONCIATION

- Le terme **buffet**, emprunté au français avec la même orthographe, se prononce ['bʊfeɪ] lorsqu'il désigne le buffet où les clients se servent dans un restaurant, et ['bʌfɪt] lorsqu'il désigne un meuble (*buffet, desserte*). Dans le second cas, il a pour synonyme **sideboard**.
- Le mot **suite** est homonyme de **sweet**. Il se prononce donc [swiːt], à la différence de **suit** : *costume* prononcé [sjuːt] en GB et [suːt] en US. Noter l'expression adjectivale **en-suite** qui signifie *privé, privatif.* **A hotel room with en-suite bathroom** : une chambre d'hôtel avec salle de bains privée (littéralement en enfilade).
- L'expression **de luxe**, fréquente dans le contexte hôtelier, se prononce [də lʌks] : **de luxe hotel, de luxe suite** : *hôtel de luxe, suite de luxe.* Elle est plus fréquemment employée en Grande-Bretagne, tandis que l'adjectif **fancy** est d'usage courant aux États-Unis. **A fancy shop** : *une boutique de luxe.*
- Ne pas oublier que les numéros (de chambre, de téléphone, etc.) se prononcent chiffre par chiffre (**digit by digit**). **Room 324** se dira **Room three, two, four.**
- Le mot **clerk** se prononce [klɑːk] en GB et [klɜːrk] aux États-Unis.

B 4 ORTHOGRAPHE

- Éviter une faute que font couramment les Anglo-Saxons eux-mêmes : l'oubli du redoublement du **m** dans le terme **accommodation** : *hébergement* et les mots de la même famille comme **to accommodate** *loger, arranger.*
- Attention à l'orthographe de **draught** [drɑːft] dans l'expression **draught beer, beer on draught** : *bière à la pression.*
- Si l'anglais **dessert** a la même orthographe que le français *dessert*, il se prononce avec le son [z] et non [s] : [dɪ'zɜːt]. Il est accentué sur la deuxième syllabe.

B 5 CATÉGORIES D'HÔTELS : COURONNES ET ÉTOILES

■ Les hôtels sont classés selon la qualité du service qu'ils offrent. En Grande-Bretagne, les hôtels se voient attribuer des couronnes (système de **crown rating**) par l'**English Tourist Board** (ETB), et des étoiles (**star rating**) par l'**Automobile Association** (AA) et par le **Royal Automobile Club** (RAC). Aux États-Unis, il n'existe pas de classification officielle, mais le **Mobil Travel Guide** – équivalent du Guide Michelin – propose un classement par étoiles.

■ Les chaînes hôtelières (**hotel chains**) se divisent en deux catégories :

• les chaînes « volontaires » (**consortia**, *pl* de **consortium**) formées par des hôtels à gestion indépendante dans un intérêt commun.

• les chaînes « intégrées » (**corporate operated groups**). Dans ce cas, l'hôtel est une filiale (**subsidiary**) si la société apporte l'argent nécessaire à la construction et à la gestion de celui-ci. Trois types de contrats peuvent lier l'hôtel à la chaîne : contrat de gestion (**management contract**) ; contrat d'association (**joint venture**) ; accord de franchise (**franchise agreement**).

B 6 LÉGISLATION SUR LA CONSOMMATION D'ALCOOL

• En Grande-Bretagne, les alcools ne peuvent être consommés que dans des établissements autorisés à vendre des boissons alcoolisées. En 1987, une nouvelle loi a été votée autorisant les pubs et les bars d'hôtels à rester ouverts de 11 heures à 23 heures.

• Aux États-Unis, les lois concernant les boissons alcoolisées varient souvent d'État à État. L'âge minimal fixé dans tous les États pour boire de l'alcool varie de 18 à 21 ans. Tout bar ou restaurant vendant ou servant de l'alcool doit y être autorisé.

C 1 EXERCICES

A Traduire les phrases suivantes.

1. Désirez-vous des lits jumeaux ou un grand lit ?
2. Quand avez-vous confirmé votre réservation, M. Davis ?
3. Vous avez de la chance : nous venons d'avoir une défection.
4. Les chambres doivent être libérées avant midi.
5. Des serviettes sont-elles disponibles à la piscine ou dois-je en prendre une de ma chambre ?

B Donnez l'équivalent américain des expressions britanniques suivantes.

1. to iron
2. the gents
3. page boy
4. The bill, please.
5. room and board

C Vous souvenez-vous du sens des expressions ci-dessous ?

1. en-suite
2. to put up at a hotel
3. double double room
4. draught beer
5. no gratuities
6. tip
7. cloak-room
8. no-show
9. patron
10. napkin.

C 2 CORRIGÉS

A
1. Do you require twin beds or a double bed ?
2. When did you confirm your booking/reservation, Mr Davis ?
3. You're lucky, we've just had a no-show.
4. Rooms must be vacated before noon.
5. Are towels available at the swimming pool or should I take one from my room ?

B
1. to press
2. the men's room
3. bellboy
4. The check, please.
5. modified American plan.

C 1. privé, privatif, en enfilade
2. descendre dans un hôtel
3. chambre à deux lits doubles
4. bière à la pression
5. service compris
6. pourboire, tuyau
7. vestiaire
8. défection
9. client (d'un restaurant, d'un bar)
10. serviette de table.

18 NATURE, CAMPAGNE

A 1 VOCABULAIRE

A. AGRICULTURE : FARMING

abattoir	slaughterhouse
abreuvoir	(drinking) trough
agriculteur	farmer
agriculture	agriculture, farming
agriculture (économie traditionnelle)	husbandry
apiculteur	beekeeper
apiculture	bee-keeping, apiculture
auge	trough
balle	bale
basse-cour	farmyard
bêche	spade
berger	shepherd
bergerie	sheepfold, sheep pen
bétail	cattle, livestock
binette	hoe
botte	bundle, sheaf, bale
brouette	wheelbarrow
bûcheron	lumberjack, woodcutter, lumberman
cabane	shed
cépage	vine
céréalier	cereal grower
champ	field
charrette	cart, barrow
charrue	(GB) plough, (US) plow
chaume	thatch
citerne	tank
clapier	hutch
clôture	fence
compost	compost
coopérative	co-*op*erative
cueillette	picking, gathering, harvest
cultivateur	farmer
culture	culti*va*tion, growing, cultivating
dépendances	outbuildings
désherbant	weed-killer
drainage	drainage
échelle	ladder
écurie	stable
élevage	rearing, breeding
éleveur	cattle breeder/ rearer
engrais	ferti*li*ser
épouvantail	scarecrow
étable	cowshed
excédent agricole	farm/agricultural surplus
exode rural	drift from the land
fagot	bundle
faucheuse	reaper, mower
faucille	sickle
faux	scythe*
fenaison	haymaking (time)

ferme	farmhouse, farm, farmstead
fermier	farmer
fourche	(pitch) fork
fourrage	fodder
friche	fallow land
fumier	dung, ma*nure*
gerbe (blé)	sheaf
graine	seed
grange	barn
hache	axe
hachette	hatchet
hangar	shed
herbicide	weed-killer
herse	harrow
houe	hoe
insecticide	in*sec*ticide
irrigation	irri*ga*tion
jachère	fallow
laboureur	(GB) plough-man, (US) plowman
litière	litter
manche	handle, shaft
mangeoire	trough, manger
meunier	miller
moisson	harvest, crop
moissonneuse-batteuse	combine harvester
moissonneuse	harvester
moulin à eau	water mill
moulin à vent	windmill
moulin	mill
outil	tool
ouvrier agricole	farm labourer
paille	straw
pâturage	pasture
paysan	farmer, countryman
pelle	shovel, spade
pépinière	tree nursery, garden center
plantation	plan*ta*tion
porcherie	pigsty
poulailler	hen-house
prairie	meadow*, (US) prairie
pré	meadow
puits	well
purin	ma*nure*
racine	root
râteau	rake
récolte (action)	harvesting, gathering
récolte (produit)	harvest, crop
réforme agraire	land reform
remise	shed
rendement	yield
rizière	rice field, paddy-field
rouleau	roller
ruche	(bee)hive
saisonnier	seasonal worker/ labourer
scie	saw
seau	pail, bucket
sécateur	secateurs, pruning shears
semailles	sowing, seedtime
semence	seed
semoir	seeder
serpe	billhook, bill
serre	greenhouse
sillon	furrow
silo	(grain) silo
soc	ploughshare

A. AGRICULTURE : FARMING (suite)

terre	ground, land, earth, soil
terreau	compost
tonneau	barrel
tonte	shearing
tracteur	tractor
transhumance	trans*hu*mance
tronçonneuse	chain saw
vendanges	wine harvest, grape harvest
verger	orchard
vigne	vine
vigneron	wine grower
vignoble	vineyard
volière	aviary
agraire	a*gra*rian, land (*epith*)
agricole	agri*cul*tural, farm (*epith*)
fertile	fertile, fruitful
mûr	ripe
rural	rural, country (*epith*)
rustique	rustic, country (*epith*)
stérile	barren, sterile
aiguiser	to sharpen, to grind*
arroser	to water
creuser	to dig
cueillir	to pick, to gather

cultiver	to cultivate, to farm, to grow
défricher	to clear
distiller	to dis*til*
drainer	to drain
élever (volaille, abeilles, cochons)	to keep
élever (bétail)	to breed, to rear, to raise
exploiter	to work, to exploit
faucher	to reap, to mow, to cut
germer	to sprout, to shoot, to germinate
greffer	to graft
irriguer	to irrigate
labourer	(GB) to plough, (US) to plow
moissonner	to harvest, to reap
mûrir	to ripen
planter	to plant (out), to put in
récolter	to harvest, to gather, to col*lect*
scier	to saw
semer	to sow
tailler	to prune, to trim, to cut back, to clip
traire	to milk

B. JARDINS, VILLAGES, PAYSAGES : GARDENS, VILLAGES, LANDSCAPES

allée	alley, path, walk, lane
arrosoir	watering can
berge	bank
bois	wood
bosquet	copse, grove
boue	mud
bouquet	bunch, bouquet
broussailles	undergrowth, scrub, brushwood
buisson	bush
caillou	stone
campagnard	countryman, country dweller
campagne	country(side)
cascade	cas*cade**
champignon	mushroom
chemin	path, lane, trail
clairière	clearing
colline	hill
cratère	crater
crête	ridge, crest
digue	dyke, dike
dune	dune
écume	foam
embruns	(sea) spray
étang	pond
falaise	cliff
forêt	forest
fossé	ditch
fourré	thicket
galet	pebble ; shingle (*pl*)
gazon	lawn, turf, grass
gorge	gorge
gravier	gravel
grotte	cave
haie	hedge
hameau	hamlet
horizon	horizon*
jardin	garden
jardinier	gardener
jungle	jungle
lac	lake
lacet (route)	bend, twist
lande	moor
lave	lava
lisière	edge
marais salant	salt marsh, saltpan
marais	swamp, marsh
mare	pond
nature	nature
oasis	o*a*sis (*pl* o*a*ses)
paysage	landscape, scenery
pelouse	lawn
pente	slope
phare	lighthouse
pierre	stone
piste	track
plage	beach
pont	bridge
poussière	dust
propriétaire terrien	landowner
ravin	ra*vine**, gully
rocher	rock, boulder
ronces	brambles

B. JARDINS, VILLAGES, PAYSAGES (suite)

sable	sand	calme	quiet, peaceful, calm
savane	sa*va*nnah	en lacet (route)	winding*, twisty
sentier	(foot)path, track	magnifique	mag*nif*icent, glorious, splendid, gorgeous, marvellous
sommet	summit	naturel	natural
sous-bois	undergrowth	peu profond	shallow
taillis	copse, coppice	pittoresque	pictu*resque*
tondeuse à gazon	lawnmower	plat	flat
tuyau	pipe, hose	poussiéreux	dusty
vallée	valley	profond	deep
vase	silt, mud, sludge	raide	steep, abrupt
village	village	rocheux	rocky
villageois	villager, village resident	vallonné	undulating
virage	bend	vaste	vast, immense
virage en épingle à cheveux	hairpin bend		

C. LA CHASSE : HUNTING

balle	bullet	gibecière	game bag
battue	battue, beat	gibier	game
braconnage	poaching	meute	pack
braconnier	poacher	permis de chasse	hunting permit
carabine	rifle, gun	plombs	(lead) shot
cartouche	cartridge	safari	safari
chasse	hunting, shooting	tableau de chasse	tally
chasse à courre	hunting		
chasseur	hunter, huntsman	bredouille	empty-handed
fusil	shotgun, gun	chasser	to hunt, to shoot
garde-chasse	gamekeeper		

D. LA PÊCHE À LA LIGNE : ANGLING

appât	bait
asticot	maggot
barque	small (fishing) boat
bouchon	float
canne à pêche	fishing rod
épuisette	landing net
filet	net
flotteur	float
hameçon	(fish-)hook
mouche	fly
moulinet	reel
pêche à la ligne	angling
pêche au vif	fishing with live bait
pêcheur à la ligne	angler
appâter	to bait
frayer	to spawn
frétiller	to wriggle
mordre (poisson)	to bite
pêcher (à la ligne)	to go angling
pêcher à la mouche	to fly-fish

E. ÉCOLOGIE ET PROTECTION DE L'ENVIRONNEMENT : ECOLOGY AND ENVIRONMENTAL PROTECTION

azote	nitrogen
biosphère	biosphere
biotope	biotope
bruit	noise
catastrophe écologique	eco*lo*gical di*sas*ter
catastrophe naturelle	natural di*sas*ter
CFC (chlorofluorocarbone)	CFC (chlorofluorocarbon)
conscience écologique	eco*lo*gical a*ware*ness
coulée de boue	mudslide
coulée de lave	lava flow
crue	flood
déboisement	defores*ta*tion
décharge	(waste) dump, landfill
déchets	waste(s)
déforestation	defores*ta*tion
dégâts	damage
désertification	desertifi*ca*tion
détritus	detritus, waste
dévastation	devas*ta*tion
dioxyde de soufre	sulphur di*o*xide
eaux usées	waste water
écologie	e*co*logy
écologie politique	environ*men*talism
écologiste (politique)	environ*men*talist, e*co*logist
écologiste	e*co*logist
écosystème	ecosystem
effet de serre	greenhouse effect
égout	sewer, drain

E. ÉCOLOGIE ET PROTECTION DE L'ENVIRONNEMENT (suite)

élimination des déchets	waste elimi*na*tion/re*mov*al
environnement	en*vi*ronment
espèces menacées	en*dan*gered species
faune et flore sauvages	wildlife
fléau	plague
gaz carbonique	carbon di*ox*ide
gaz à effet de serre	greenhouse gas
gaz d'échappement	exhaust fumes
glissement de terrain	landslide
habitat	habitat
incendie	fire
inondation	flood
marée noire	oil spill, oil slick
nappe phréatique	water table
nuage radioactif	radio*ac*tive cloud
nuisance	nuisance*
ordures ménagères	do*mes*tic garbage
organisation écologiste	eco*lo*gical group/organ*iza*tion
ozone	ozone
papier recyclé	recycled paper
parc naturel	natural park
pesticide	pesticide
pluies acides	acid rains
polluant	pol*lu*tant
pollution atmosphérique	air pol*lu*tion
pollution	pol*lu*tion
pot catalytique	cata*lyt*ic con*ver*ter
principe pollueur payeur	pol*lu*ter pays principle
produits chimiques	chemicals
protection de l'environnement	environ*men*tal pro*tec*tion
radiation	radi*a*tion
radioactivité	radioac*tiv*ity
reboisement	refores*ta*tion
recyclage	recycling
risque	hazard
sécheresse	drought
station d'épuration	(waste) water treatment plant
traitement des déchets	waste treatment
tremblement de terre	earthquake
trou de la couche d'ozone	hole in the ozone layer
usine d'incinération	incine*ra*tion plant
usine de traitement des déchets	waste treatment plant

écologique (produit, mesure, etc.)	environ*men*tally-friendly, en*vi*ronment-friendly
écologique	eco*lo*gical
humanitaire	humani*ta*rian
nonpolluant	non-pol*lu*ting

propre	**clean**	nettoyer	**to clean up**
radioactif	**radio*ac*tive**	polluer	**to pol*lute***
recyclable	**re*cy*clable**	protéger	**to pro*tect***
toxique	**toxic, noxious**	reboiser	**to re*fo*rest**
		recycler	**to re*cycle***
déboiser	**to de*fo*rest**	retraiter	**to re*pro*cess**
dépolluer	**to depol*lute***		

A 2 LEXIQUE EN SITUATION

to live in the country(side) : habiter à la campagne
town and country : la ville et la campagne
in open country : en rase campagne
in the country : à la campagne
country-born : né à la campagne
country-bred : élevé à la campagne
country cottage : petite maison (à la campagne)
country dancing : danse folklorique
country music : « country », musique traditionnelle américaine
country folk/people : les ruraux, les gens de la campagne
country life : la vie rurale, à la campagne
country road : route de campagne
hinterland, back country : arrière-pays
peasant : paysan ; est péjoratif (sauf si en contexte historique)
to work in the fields : travailler aux champs
to live off the land : vivre de la terre
to work on the land : travailler la terre
they bought land in Sussex : ils ont acheté de la terre dans le Sussex
arable land : terre cultivable
bocage : bocage ≠ **openfield** (« openfield »)
to work <u>on</u> a farm : travailler dans une ferme
farm produce : produits de la ferme
dairy produce : produits laitiers
garden produce : produits maraîchers
against nature : contre nature
by nature : par nature
on the way : chemin faisant, en chemin

to go hunting : aller à la chasse
hunting season : saison de la chasse
it is the open/closed season : la chasse est ouverte/fermée
to go butterfly hunting : aller à la chasse aux papillons
deciduous/evergreen trees : arbres à feuilles caduques/persistantes
to farm out : sous-traiter, mettre en gérance
are the fish biting today ? est-ce que ça mord aujourd'hui ?
she likes gardening : elle aime le jardin/jardiner
garden party : réception en plein air, « garden-party »
nature conservation/preservation : protection de la nature
the ecological balance : l'équilibre écologique
this plant is a slow grower : cette plante pousse lentement
the bush : la brousse (Afrique, Australie, etc.)
to take to the bush : aller se réfugier dans la brousse, (par extension) prendre le maquis

A 3 REGISTRES DE LANGUE

1. Proverbes.
he who sows the wind shall reap the whirlwind : qui sème le vent récolte la tempête
to make hay while the sun shines : battre le fer pendant qu'il est chaud, profiter de l'occasion

2. Expressions toutes faites.
to call a spade a spade : appeler un chat un chat
to be out of the wood : être au bout du tunnel
to put the cart before the horse : mettre la charrue devant les bœufs
to have an axe to grind : prêcher pour sa paroisse, pour son saint
when the axe fell : quand le coup fut porté
the seeds of discontent : les germes du mécontentement
he sowed seeds of doubt in her mind : il a semé le doute dans son esprit
three-year rotation of crops : assolement triennal
nature vs. nurture : l'inné et l'acquis

let nature take its course : laissez faire la nature
return to nature : retour à la nature
to make hay : faire les foins
green policies : politiques écologiques, de l'environnement
field grown : de plein champ
field study : étude (sur le) terrain
to draw straws : tirer à la courte paille

3. Langue familière.
to lead sb up the garden path : mener qqn en bateau
to get the axe : se faire vider (d'un travail)
the Greens : les Verts (partis écologistes)
to make hay of : démolir (un argument)

4. Néologismes.
to hedge, hedging : à la bourse, décrit des opérations de couverture (telles que agir simultanément sur les marchés au comptant et à terme).
CAP = **Common Agricultural Policy** : PAC, Politique agricole commune (Union européenne).
the greening of firms : la prise en compte grandissante des problèmes d'environnement par les entreprises.

5. Sens figuré.
to be first in the fields with sth : être le premier à lancer qqch
to reap what one has sown : récolter ce qu'on a semé
to reap profits : récolter des bénéfices
head-hunter : chasseur de têtes
to drag sb in the mud : traîner qqn dans la boue
everything in the garden's lovely : tout va pour le mieux
beacon : phare, guide, flambeau
to plough/plow through a book : lire un livre péniblement, laborieusement
to plough/plow back profits : réinvestir des bénéfices
straw man : homme de paille

6. Vocabulaire littéraire.
Mother Nature : Dame Nature
the Garden of Eden : le jardin d'Éden

B 1 PRONONCIATION

trough	[trʌf]
to plough	[tə plaʊ]
bush	[bʊʃ]
drought	[draʊt]
hazard	['hæzəʳd]
dioxide	[daɪ'ɒksaɪd]
environmentalist	[ɪnvaɪrən'mentəlɪst]

B 2 REMARQUES LEXICALES

- **hunting** et **shooting** : **hunting** est le terme générique pour la chasse ; en Grande-Bretagne cependant, le terme **shooting** est employé pour les parties de chasse au fusil, en opposition à **hunting** qui se réfère alors à la chasse à courre.
- Attention à la différence entre **ecological**, **ecologist** et **environmental**, **environmentalist** : les deux premiers termes se réfèrent le plus souvent à l'écologie en tant que discipline scientifique, alors que les deux derniers se réfèrent à l'écologie politique, à la philosophie de l'environnement (que l'on appelle d'ailleurs **environmentalism** en anglais).
- **Thanksgiving** est une fête typiquement nord-américaine (en octobre au Canada et en novembre aux États-Unis) où l'on remercie Dieu de sa bienveillance et de sa bonté (commémore la gratitude que les premiers colons exprimaient pour l'abondance des moissons).
- Quelques paysages nord-américains :
  Le terme **chaparral** s'emploie dans le quart sud-ouest des États-Unis pour décrire le type de maquis dense (arbustes et chênes vert notamment) que l'on y trouve. Quant à l'expression **the prairies**, elle désigne les grandes plaines herbeuses du centre du continent nord-américain (centre-sud du Canada et centre des États-Unis). Enfin les **badlands** aux États-Unis sont des terres pauvres et stériles qui ont subi une forte érosion (le terme fait plus précisément référence à une région du Dakota du Sud).

B 3 REMARQUES GRAMMATICALES

- Attention à l'emploi des prépositions suivantes : **on** dans l'expression **on the farm**, à la ferme, et **off** dans **off the land** : **to live off the land**, vivre de la terre (= des produits de la terre).
- **Nature**, la nature, ne prend pas d'article, sauf quand le terme a le sens de qualité essentielle, type.
  ex. : **the nature of things** : la nature des choses.
  He/she loves <u>nature</u> : il/elle aime <u>la nature</u>.

  Par ailleurs, dans un contexte recherché ou littéraire, la nature est féminisée (voir **Mother Nature**) ; on peut alors employer **she**.

C 1 EXERCICES

A Compléter.

1. When corn is ripe, it must be ... This is ... time.
2. You cannot ... plants that are not adapted to the weather conditions.
3. Cows are kept in the ... Horses live in a ...
4. Angling is the art and sport of catching fish with a fishing ... and a baited ...
5. Someone who goes hunting when the season is closed is a ...

B Traduire en anglais.

1. La bêche, la pelle et la brouette se trouvent dans la remise au fond du jardin.
2. La pollution des grandes villes est largement due aux gaz d'échappement qui contribuent à l'augmentation de gaz carbonique dans l'atmosphère.
3. De nombreux écologistes s'inquiètent de la diminution de la couche d'ozone.
4. Les chasseurs se soucient-ils assez de la protection des écosystèmes ?
5. La plupart des pays en voie de développement manquent de stations d'épuration et de systèmes d'égouts adaptés.

C 2 CORRIGÉS

A
1. reaped ; harvest
2. grow
3. cowshed ; stable
4. rod ; hook
5. poacher

B
1. You will find the spade, the shovel and the wheelbarrow in the shed at the far end of the garden.
2. City pollution is largely due to exhaust fumes which contribute to increasing carbon dioxide in the atmosphere.
3. Many ecologists are worried about the depletion of the ozone layer.
4. Do hunters care enough for the preservation of ecosystems ?
5. Most developing countries lack water treatment plants and adequate sewage facilities.

19 ANIMALS

A 1 VOCABULAIRE

A. LES ESPÈCES ANIMALES

animal	animal
batracien	ba*tra*chian
bête	beast
cétacé	ce*ta*cean
crustacé	shellfish, crus*ta*cean
espèce	species
faune	fauna
grand fauve	big cat
insecte	insect
invertébrés	in*ver*tebrates
mammifère	mammal
mammifère marin	sea mammal
mollusque	mollusc
oiseau	bird
poisson	fish
reptile	reptile
rongeur	rodent
vertébrés	vertebrates

B. LA VIE ANIMALE

accouplement	mating
animal de compagnie	pet
animal empaillé	stuffed animal
arête	fishbone
banc (poissons)	school, shoal
bec	beak, bill
bétail	cattle
brouter	to graze
cage	cage
carnassier	carnivore
carnivore (*adj*)	flesh-eating
cheptel	livestock
cheval de trait	draught (US : draft) horse
cocon	cocoon
corne (cerf)	antler
corne	horn
couvée	brood, clutch
couver	to brood
crinière	mane
défense	tusk
dévorer	to devour
domestique (*adj*)	tame
dompter, dresser	to tame
donner	to feed
écaille	scale
écurie	stable
épouvantail	scarecrow
espèce éteinte, en voie de disparition	ex*tinct* species, en*dan*gered species
espèce nuisible	pest
étable	cowshed
expérimentations animales	animal ex*pe*riments
félin (*adj*)	feline
femelle	female
fondre sur	to swoop down
fourmilière	ant-hill
fourrure	fur

B. LA VIE ANIMALE (suite)

frayer	to spawn
frétiller	to wriggle
gibier	game
gibier d'eau	waterfowl
griffe	claw
gueule	mouth
herbivore	her*biv*orous
horde	horde
laisse	leash
larve	larva (*pl* larvae)
mâle (lapin, lièvre, daim, etc.)	buck
mâle	male
massacrer	to slaughter*
meute	pack
migration	mi*gra*tion
morsure	bite
mue	shedding, moulting, sloughing*
nageoire	fin
niche	kennel
nichée	brood
oiseau de proie	bird of prey
oiseaux migrateurs	mi*gra*ting birds
ouïes	gills
paître	to graze
patte	paw
peau, cuir	hide
piège	trap
piquer	to sting
piqûre, dard	sting
plume	feather
poissons d'eau douce	freshwater fish
pondre	to lay
porcherie	pigsty
prédateur	predator
proie	prey
queue	tail
race	breed
ramper	to crawl
rapace	bird of prey
ronger	to gnaw*
ruminer	to ruminate
rut (femelle)	heat
rut (mâle)	rut
sauter, bondir	to jump, to leap
sauvage	wild
se reproduire	to breed
se tapir	to hide away
tanière	den, lair
terrier	burrow, hole
toile d'araignée	spiderweb
tondre	to shear*
traire	to milk
trompe	trunk
troupeau	herd
troupeau (ovins)	flock
vaporiser, pulvériser	to spray
venin	venom
vol, volée	flock
volailles	fowl, poultry
voltiger	to flutter
zoo	zoo

C. LES MAMMIFÈRES

agneau	lamb
âne	donkey
antilope	antelope
baleine	whale
belette	weasel*
bélier	ram
biche	doe
bison	bison*
blaireau	badger
bœuf	ox (_pl_ oxen)
bouc	billy-goat
brebis	ewe
buffle	buffalo
cabri	kid
cachalot	sperm whale
castor	beaver
cerf	stag
chacal	jackal
chameau	camel
chat, chatte	cat
chaton	kitten
chauve-souris	bat
cheval	horse
chèvre	goat
chevreau	kid
chevreuil	deer, roebuck
chien courant, chien de meute	hound
chien, chienne, chiot	dog, bitch, puppy
chimpanzé	chimpan_zee_
cochon	pig, hog
cochon d'Inde	guinea pig
coyote	coyote
crocodile	crocodile
daim	deer
dauphin	dolphin
dinde	turkey hen
dindon	turkey
dromadaire	dromedary
écureuil	squirrel
élan	elk
éléphant	elephant
faon	fawn
furet	ferret
gazelle	ga_zelle_
génisse	heifer
girafe	giraffe
gorille	gorilla
grand singe	ape
guépard	cheetah
guenon	she-monkey
hérisson	hedgehog
hippopotame	hippo_pot_amus
hyène	hy_ena_*
jaguar	jaguar
jument	mare
kangourou	kanga_roo_
lama	lama
lapin	rabbit
léopard	leopard
lévrier	greyhound
lièvre	hare
lion, lionne, lionceau	lion, lioness, lion-cub
loup	wolf
loutre	otter
lynx	lynx
marmotte	groundhog
marsouin	porpoise
morse	walrus
mouton	sheep
mule	mule
musaraigne	shrew

C. LES MAMMIFÈRES (suite)

orignal	**moose**
ornithorynque	**(duck-billed) platypus**
otarie	**sea lion**
ours	**bear**
panda	**panda**
panthère	**panther**
phoque	**seal**
poney	**pony**
porc-épic	**porcupine**
porcelet	**piglet**
poulain	**foal**
puma	**puma, cougar, mountain lion**
putois	**polecat, skunk**
rat	**rat**
raton laveur	**ra*coon***
renard	**fox**
renne	**reindeer**
rhinocéros	**rhi*no*ceros**
sanglier	**wild boar**
singe	**monkey**
souris	**mouse (*pl* mice)**
taupe	**mole**
taureau	**bull**
tigre	**tiger**
truie	**sow**
vache	**cow**
veau	**calf (*pl* calves)**
vison	**mink**
zèbre	**zebra**
zébu	**zebu**

D. LES INVERTÉBRÉS : MOLLUSQUES, CRUSTACÉS, INSECTES, VERS

abeille	**bee**
araignée	**spider**
bourdon	**bumble bee**
cafard	**cockroach**
calmar	**squid**
chenille	**caterpillar**
cigale	**ci*ca*da**
coccinelle	**ladybird**
coque	**cockle**
crabe	**crab**
crevette rose, bouquet	**prawn**
crevette	**shrimp**
crustacé	**crus*ta*cean**
écrevisse	**crayfish, crawfish**
éponge	**sponge**
escargot	**snail**
fourmi	**ant**
frelon	**hornet**
grillon	**cricket**
guêpe	**wasp**
hanneton	**cockchafer, May-bug**
homard	**lobster**
huître	**oyster**
insecte	**insect**
invertébré	**in*ver*tebrate**
lézard	**lizard**
limace	**slug**
locuste	**locust**
luciole	**firefly**
mante religieuse	**(praying) mantis**
méduse	**jellyfish**
mille-pattes	**centipede**
mite	**moth**
mollusque	**mollusc**

mouche	**fly**
moucheron	**gnat**
moule	**mussel**
moustique	**mos*qui*to(es)**
oursin	**urchin**
palourde, clam	**clam**
paon	**peacock**
papillon	**butterfly**
papillon de nuit, phalène	**moth**
pieuvre	**octopus**
pou	**louse (*pl* lice)**
puce	**flea**
punaise	**bug**
ruche	**beehive**
sangsue	**leech**
sauterelle	**grasshopper**
scarabée, coléoptère	**beetle, (US) bug**
scorpion	**scorpion**
seiche	**cuttlefish**
taon	**gadfly**
tarentule	**ta*ran*tula**
termite	**termite**
tique	**tick**
tortue	**tortoise**
ver	**worm**
ver luisant	**glow-worm**

E. LES REPTILES ET LES BATRACIENS

alligator	**alligator**
boa	**boa**
caméléon	**cha*me*leon***
cobra	**cobra**
couleuvre	**grass snake**
crapaud	**toad**
grenouille	**frog**
iguane	**i*gua*na**
lézard	**lizard**
libellule	**dragonfly**
mangouste	**mongoose**
python	**python**
serpent à lunettes	**Indian cobra**
serpent à sonnettes	**rattlesnake**
serpent	**snake**
têtard	**tadpole**
tortue de mer	**turtle**
vipère	**adder, viper**

F. LES OISEAUX

aigle	**eagle**
albatros	**albatross**
alouette	**lark**
autruche	**ostrich**
bécasse	**woodcock**
bécassine	**snipe**
buse	**buzzard**
canard	**duck**
canard sauvage	**wild duck**
canari	**ca*na*ry**
chouette	**owl**
cigogne	**stork**
colibri	**hummingbird**
colombe	**dove**
coq	**rooster, cock**
coq de bruyère	**grouse**
corbeau	**raven, crow**
corneille, freux	**rook**
coucou	**cuckoo**
cygne	**swan**

F. LES OISEAUX (suite)

faisan	pheasant
faucon	hawk, kestrel
fauvette	warbler
flamant rose	pink flamingo
geai	jay
goéland	seagull
grive	thrush
grue	crane
héron	heron
hibou	owl
hirondelle	swallow
macareux	puffin
manchot	penguin
martin-pêcheur	kingfisher
merle	blackbird
moineau	sparrow
mouette	gull
oie	goose (*pl* geese)
perdrix	partridge
perroquet	parrot
perruche	para*keet*
pic	woodpecker
pie	magpie
pigeon	pigeon
pingouin	penguin
pinson	finch
pintade	guinea fowl
poule	hen
poussin	chick
roitelet	wren
rossignol	nightingale
rouge-gorge	robin
sterne	tern
tourterelle	turtledove
vautour	vulture

G. LES POISSONS

anchois	anchovy
anguille	eel
bar, loup	bass
brochet	pike
carpe	carp
daurade	sea bream
espadon	swordfish
esturgeon	sturgeon
flétan	halibut
goujon	gudgeon
haddock	haddock
hareng	herring
lotte	angler, devilfish, monkfish
maquereau	mackerel
merlan	whiting
merlu, colin	hake
morue	cod
murène	moray eel
perche	perch
plie	plaice
poisson rouge	goldfish
raie	skate, ray
requin	shark
sardine	sardine
saumon	salmon*
sole	sole
thon	tuna (fish)
truite	trout
turbot	turbot

A 2 LEXIQUE EN SITUATION

is it a he or a she ? est-ce un mâle ou une femelle ?
It is a she : c'est une femelle
don't feed the animals ! il est interdit de donner de la nourriture aux animaux
beware of the dog ! attention : chien méchant !
as the crow flies : à vol d'oiseau, en ligne droite
to gut a fish : vider un poisson
the mating season : la saison des amours
at a snail's pace : à un pas de tortue
to lay eggs : pondre des œufs
a runaway horse : un cheval qui s'emballe
bullfight : corrida
pet food : nourriture pour animaux familiers

A 3 REGISTRES DE LANGUE

1. Proverbes.
it's the last straw that breaks the camel's back : c'est la dernière goutte qui fait déborder le vase
you must not rouse the sleeping lion : ne réveillez pas le chat qui dort
don't put the cart before the horse : il ne faut pas mettre la charrue avant les bœufs
when the cat is away the mice will play : quand le chat n'est pas là, les souris dansent
do not count your chickens before they are hatched : il ne faut pas vendre la peau de l'ours avant de l'avoir tué
to set the fox to keep the geese : enfermer le loup dans la bergerie
a bird in the hand is worth two in the bush : un tiens vaut mieux que deux tu l'auras
the early bird catches the worm : la chance sourit à ceux qui se lèvent tôt
to kill two birds with one stone : faire d'une pierre deux coups
birds of a feather fly together : qui se ressemble s'assemble

till the cows come home : jusqu'à la Trinité
to kill the goose that lays the golden eggs : tuer la poule aux œufs d'or

2. Expressions toutes faites.
to let the cat out of the bag : vendre la mèche
that set the cat among the pigeons : ça a été le pavé dans la mare
to wait for the cat to jump : voir d'où vient le vent
to make a monkey out of sb : tourner qqn en ridicule
to take the lion's share : se tailler la part du lion
to put one's head in the lion's mouth : se jeter dans la gueule du loup
to take the bull by the horns : prendre le taureau par les cornes
like a bull in a china shop : comme un éléphant dans un magasin de porcelaine
to have bats in the belfry : avoir une araignée au plafond
to flee like a bat out of hell : avoir le diable à ses trousses
pigs might fly : quand les poules auront des dents
he is being a dog in the manger : il est l'empêcheur de tourner en rond
every dog has his day : à chacun son heure de gloire
to play ducks and drakes : faire des ricochets
it is raining cats and dogs : il pleut des cordes, des hallebardes
the world is his oyster : le monde est à lui
to shut up like an oyster : rester muet comme une carpe
there is a fly in the ointment : il y a un os, il y a un hic
to have a bee in one's bonnet : avoir une idée fixe
to bark up the wrong tree : faire fausse route, se tromper d'adresse
his bark is worse than his bite : il fait plus de bruit que de mal
to be like a fish out of water : être dépaysé, mal à l'aise
I've got other fish to fry : j'ai d'autres chats à fouetter
to go to the dogs : aller à vau-l'eau, mal tourner
a little bird told me : mon petit doigt m'a dit

the bird has flown : l'oiseau s'est envolé
to buy a pig in a poke : acheter chat en poche
to tell about the birds and the bees : (*approx*) expliquer que les bébés ne naissent pas dans les choux
straight from the horse's mouth : de source sûre
to back the wrong horse : miser sur le mauvais cheval
a stag party : une réunion entre hommes
goose-pimples/goose-bumps/goose-flesh : chair de poule
the underdog : le perdant, l'opprimé
to make a beeline for : se diriger tout droit vers
in a beeline : à vol d'oiseau
leapfrog : saute-mouton
to be slippery as an eel : glisser comme une anguille
suede shoes : chaussures en daim
piggyback : sur le dos
give me a piggyback ! fais moi faire un tour sur ton dos !
to cry wolf : crier au loup

3. <u>Langue familière et argotique</u>.
that's not my pigeon ! ça n'est pas mes oignons !
we had a whale of a time : on s'est drôlement bien amusé !
to treat sb like a dog : traiter quelqu'un comme un chien
to lead a dog's life : mener une vie de chien
to make a pig of oneself : se goinfrer
she's no chicken ! elle n'est plus toute jeune !
a chick : une poulette
a chicken : un trouillard, un froussard
to play chicken : se dégonfler
a chicken : un froussard
horse sense : bon sens
to horse around : chahuter, jouer bruyamment
he eats like a horse : il mange comme quatre
a cock and bull story : une histoire à dormir debout
to monkey about : perdre son temps, faire l'idiot
a cat : une méchante femme : **she's a silly old cat** !
a cat : un type, un mec : **he's a nice cat** !
in a pig's eye ! jamais de la vie !
a rat : un salaud : **he's a dirty rat** !

you rat ! espèce de salaud !
rats ! mon œil !
swine : salaud : **you swine !**
a dog, a dirty dog : un sale type ; **a lucky dog** : un veinard ; **a sly dog** : un petit malin
bullshit : connerie(s)
he's a duck : c'est un chou
to duck sb : plonger qqn dans l'eau, faire boire la tasse à qqn
to get the bird : se faire siffler
to give sb the bird : envoyer paître
that's strictly for the birds : c'est bon pour les imbéciles
a barfly : un pilier de bar
like cat and dog : comme chien et chat
to play cat-and-mouse with : jouer au chat et à la souris
monkey business, monkey tricks : une affaire louche, une combine
a buck : un dollar
a party animal : un fêtard
a night owl, a night bird : un couche-tard, un noctambule
the teacher's pet : le chouchou du professeur
it's a dog's dinner/breakfast ! ça ne ressemble à rien !
a dog-eat-dog : compétition sans merci
silly little goose ! petite sotte !
don't bug me ! ne me casse pas les pieds !
he's a skunk ! c'est une canaille, c'est un salaud !
to duck down : esquiver un coup
pet name : petit nom
to be buffaloed (US) : être intimidé ou gêné (par qqch)
doggy : chien-chien, toutou
the dogs : les pieds, les panards
to go to the dogs : gâcher sa vie (personne), mal tourner (affaire)
dog-tired : crevé, claqué
watch the birdie ! Le petit oiseau va sortir !
you worm ! misérable !
a busy bee : une personne très occupée
a bird brain : une tête de linotte

4. <u>Néologismes</u>.

- On distingue dans le contexte boursier les **bulls**, les *haussiers* (qui spéculent à la hausse), et les **bears**, les *baissiers* (qui spéculent à la baisse). Le marché est ainsi **bullish** : *à la hausse* ou **bearish** : *à la baisse*.
  Quant aux **sharks** : *les requins*, ils désignent les raiders qui reprennent les entreprises pour les dépecer et gagner un profit maximum.
- Les deux grands partis politiques américains sont représentés par des animaux : ainsi, *l'âne*, **the donkey**, symbolise le parti démocrate tandis que *l'éléphant*, **the elephant** représente le parti républicain.
- **The Dragons** : les *dragons* sont les pays (notamment d'Asie du Sud-est) nouvellement industrialisés ; quant aux **Tigers** : *tigres*, ils désignent une nouvelle catégorie de petits pays dynamiques de la zone asiatique.
- **The Hawks** : les *faucons* et **the Doves** : les *colombes* sont face à face en matière de politique guerrière : les premiers y sont favorables, les seconds s'y opposent.
- **The dogs** désigne les courses de *lévriers* (**greyhounds**) en Angleterre.
- **A Frog, a Froggy**, est le terme péjoratif utilisé en Angleterre pour désigner les *Français* (ces derniers en effet mangent des grenouilles).
- **The Snake** désigne le mécanisme du *serpent monétaire* au sein de la Communauté européenne.
- **The Bear** symbolise la Russie.
- **The Bald Eagle** est l'emblème des États-Unis.
- **A lame duck**, un *canard boiteux*, peut désigner une entreprise en difficulté.
- L'expression **cold turkey** décrit l'*état de manque* d'un drogué (consommateur de drogues dures).
- Les termes **birdie, eagle** et **albatross** se réfèrent au vocabulaire du golf (nombre de coups au-dessous du par).
- Le terme **bug** : *insecte, bestiole* peut désigner un micro caché (**to bug a room** : *brancher des micros dans une pièce*) ; en informatique, c'est un *défaut*, un *problème*, un *blocage*, un *virus*.

• Un **doggy bag** est un sac utilisé pour les restes d'un repas (à l'origine pour le repas du chien).

5. Sens figuré.
zebra crossing (GB) : passage pour piétons
pigeonhole : casier
a bookworm : rat de bibliothèque
worm's eye view : contre-plongée
flea market : marché aux puces
dog-eared : écorné
a white elephant : du superflu
black sheep : brebis galeuse
chickenpox : la varicelle
dog days : la canicule
pigtail : natte
eager beaver : travailleur acharné, bourreau de travail
a big bug : une huile (personnage très important)
hot dog : un hot dog
A watchdog : un garde-fou, un organisme de supervision
the cock of the walk : le roi (de la basse-cour)
bull's eye : centre de la cible, mille
to hit the bull's eye : faire mouche, tirer dans le mille
a can of worms : un guêpier
sitting duck : victime, cible facile
a snake (in the grass) : un traître
rogue elephant : éléphant solitaire
snakes and ladders : (*approx*) jeu de l'oie
kangaroo court : tribunal irrégulier
to frogmarch sb : amener qqn de force (en le tenant par les quatre membres)
frogman : homme-grenouille
a mouse : souris (informatique)
to goose-step : marcher au pas de l'oie
werewolf : loup-garou
a bee (US) : une réunion entre voisins
the Great Bear : la Grande Ourse
teddy bear : ours en peluche

B 1 PRONONCIATION

bull	[bʊl]
ewe	[juː]
lamb	[læm]
lion, bison	[laɪən, ˈbaɪsn]
sow	[saʊ]
tortoise, porpoise	[ˈtɔːʳtəs, ˈpɔːʳpəs]
worm	[wɜːʳm]

B 2 REMARQUES LEXICALES

■ Cris d'animaux

the dog barks (or yaps), the donkey brays, the cat mews and purrs, the horse neighs : le chien aboie (ou jappe), l'âne brait, le chat miaule et ronronne, le cheval hennit.

the duck quacks, the turkey gobbles, the goose cackles, the hen clucks and the cock goes cock-a-doodle-doo : le canard cancane, le dindon glougloute, l'oie cacarde, la poule glousse et le coq fait entendre son cocorico.

the raven croaks, the owl hoots, the mouse and the rat squeak : le corbeau croasse, le hibou ulule, la souris et le rat chocotent.

the pig grunts, the sheep and goat bleat, the bull bellows, the cow moos : le cochon grogne, le mouton et la chèvre bêlent, le taureau beugle, la vache meugle.

the wolf howls, the elephant trumpets and the lion roars : le loup hurle, l'éléphant barrit et le lion rugit.

the frog caws, the bee and the wasp buzz, and the birds sing, twitter (warble) : la grenouille coasse, l'abeille et la guêpe bourdonnent, et les oiseaux chantent, gazouillent.

■ L'anglais utilise toute une série de termes pour traduire l'idée de *troupeau*, *meute*, etc. Ainsi, **herd** s'emploie pour les bovins et les chevaux (broutant dans un pré), **flock** pour les ovins (**a flock of sheep**), mais aussi pour les oiseaux (**a flock of seagulls**). Pour les oies, on parle de **gaggle**.

Pour les chiens et autre loups, on emploie **pack** (**a pack of wolves**).

Un banc de poissons : **a shoal of fish** ; **school** s'emploie également, notamment pour les mammifères marins.
Un essaim d'insectes : **a swarm of insects**

- Quelques verbes dérivés de noms d'animaux :
  to ape : singer
  to badger : harceler, importuner
  to clam up : (*fam*) la boucler, la fermer
  to ferret : fouiller, fureter
  to horse around : (*fam*) chahuter
  to lionise : fêter comme une célébrité
  to ram : enfoncer, pilonner
  to rat on : donner qqn, moucharder
  to snake : serpenter (route)
  to squirrel (away) : amasser
  to wolf (down) : engloutir
  to worm one's way : avancer à plat ventre ou en rampant
- Quelques adjectifs tirés de noms d'animaux :
  fishy : suspect, douteux, louche
  foxy : rusé, malin
  wolfish : vorace
  lousy : (*fam*) moche, dégueulasse, nul
  sluggish : mou, lent, apathique, stagnant
  lion-hearted : brave, courageux
- Pour distinguer le mâle de la femelle :
  De façon générale, lorsqu'il n'existe pas de terme spécifique, **he/she** attaché au nom indique le sexe de l'animal.
  ex. : **a she-wolf**: *une louve* ; pour la chèvre, on parle très souvent de **billy-goat** : *bouc* et de **nanny-goat** : *chèvre*.
  On emploie le terme **buck** pour plusieurs espèces animales telles que le lapin, le lièvre, le kangourou, l'antilope ou le cerf.
  Le terme **bull** désigne le *mâle* chez les bovins et chez d'autres grands animaux tels que l'éléphant et la baleine. Pour les *femelles*, on utilise le terme **cow**. Ainsi, **a cow-elephant**, une éléphante, **a bull-elephant**, un éléphant mâle.
  Le terme **cock** s'emploie pour les *oiseaux mâles* et quelques autres espèces, par exemple le homard.

- Le mot **pet** : *animal de compagnie* s'oppose à **pest,** qui désigne une *espèce nuisible.*
- **Hide** est le terme utilisé pour la *peau* de l'animal, contrairement à **skin** que l'on emploie pour l'être humain. ex. : **cowhide.**
- Attention à l'emploi de **bitch** : *chienne* qui est un terme péjoratif très vulgaire pour parler d'une femme.
- Les animaux de l'horoscope :
  Aries : Bélier
  Leo : Lion
  Pisces : Poisson
  Scorpio : Scorpion
  Taurus : Taureau
- **The Unicorn,** la Licorne
- L'anglais utilise une terminologie différente pour désigner l'espèce animale et la nourriture tirée de cette espèce. Ce sont les termes d'origine française qui sont employés en cuisine, les termes d'origine anglo-saxonne étant réservés aux espèces.

	terme culinaire	espèce
bœuf	**beef**	**ox**
veau	**veal**	**calf**
mouton	**mutton**	**sheep**
porc	**pork**	**pig**

- Par ailleurs, le terme **seafood** (fruits de mer), contrairement à **shellfish,** ne s'emploie qu'en cuisine.
- Autres termes culinaires :
  venison : la venaison (viande de cerf cuisinée).
  fowl et **poultry** : *volaille* s'emploient dans les deux contextes.

B 3 REMARQUES GRAMMATICALES

- Genre des animaux :
  De manière générale, les animaux sont neutres ; néanmoins, le féminin et le masculin sont employés dès que l'on

considère l'animal comme un être humain. Ainsi, le chat est généralement féminin, le chien masculin. L'*abeille* (**bee**), la *souris* (**mouse**) et la *perruche* (**parakeet**) sont en général désignées par le masculin.

■ Pluriel des animaux :
• Pluriels irréguliers
mouse, mice ; louse, lice ; ox, oxen ; goose, geese
Certains termes sont invariables : c'est le cas de **sheep** : moutons, **deer** : cerfs, **swine** : porcs, **grouse** : coqs de bruyère, ainsi que des espèces de *poissons de rivière* (**pike, perch, salmon, trout**, etc.).
• **Fish** accepte deux pluriels, **fish** et **fishes**. On emploie **fishes** moins fréquemment, lorsque l'on se réfère à la variété des espèces de poissons.

C 1 EXERCICES

A Chasser l'intrus.

1. kid, elk, ape, fin, hog
2. finch, ferret, lark, gull, crane
3. halibut, hake, herring, haddock, humbug

B Pour chaque animal, retrouver le cri correspondant.

1. cat	a. cackling
2. mouse	b. cawing
3. raven	c. mooing
4. cow	d. mewing
5. frog	e. squeaking
6. goose	f. croaking

C Traduire.

1. Combien d'œufs la poule a-t-elle pondu ?
2. La baleine est le plus grand mammifère marin existant.
3. Des milliers d'espèces sont aujourd'hui en voie de disparition.
4. Les moutons paissent dans les champs.

C 2 CORRIGÉS

A 1. fin. 2. ferret. 3. humbug.

B 1d. 2e. 3b. 4c. 5f. 6a.

C 1. How many eggs did the hen lay ?
2. The whale is the largest sea mammal on Earth.
3. Thousands of species are on the verge of extinction (are endangered) today.
4. The sheep are grazing in the fields.

20 PLANTES

A 1 VOCABULAIRE

A. CULTURES CÉRÉALIÈRES ET PLANTES FOURRAGÈRES, ETC. : GRAIN CROPS AND FODDER PLANTS, ETC.

agriculteur, trice	farmer
arroser	to water, to spray
avoine	oats
blé	wheat
canne à sucre	sugar cane
céréale	grain
champ	field
chanvre	hemp
colza	rape
coton	cotton
cultivateur	farmer, grower
cultiver	to grow
culture	cultivation
engrais	fertiliser
faucher	to mow
foin	hay
fourrage	fodder

herbe	grass
houblon	hop(s)
lavande	lavender
lin	flax
maïs	maize, (US) corn
oléagineux	oil-seeds
orge	barley
paille	straw
prairie	meadow
récolte	crop
récolter	to harvest
riz	rice
seigle	rye
semer	to sow (sowed, sown)
soja	soybean
tournesol	sunflower
trèfle	clover

B. LÉGUMES, ETC. : VEGETABLES, ETC.

ail	garlic
allée	walk, path
artichaut	artichoke
asperge	as*pa*ragus
bêche	spade
betterave	beetroot
betterave à sucre	sugar beet
carotte	carrot
céleri	celery
champignon	mushroom

chou	cabbage
choux de Bruxelles	Brussels sprouts
chou-fleur	cauliflower
concombre	cucumber
cornichon	gherkin
cresson	watercress
désherber	to weed
échalote	shallot
endive	chicory
épinard	spinach

fenouil	fennel	pois	pea
haricot	bean	pomme de terre	po*ta*to
haricot vert	French bean	potager	kitchen garden
jardiner	to garden	potiron	pumpkin
laitue	lettuce	pousser	to grow
légume	vegetable	radis	radish
lentille	lentil	râteau	rake
mauvaises herbes	weeds	rhubarbe	rhubarb
menthe	mint	romarin	rosemary
navet	turnip	salade	salad
oignon	onion	salsifis	salsify
oseille	sorrel	thym	thyme*
pelouse	lawn	tomate	to*ma*to
persil	parsley	truffe	truffle
poireau	leek		

C. FRUITS ET ARBRES FRUITIERS : FRUIT AND FRUIT-TREES

abricot	apricot	cueillir	to pick
abricotier	apricot-tree	datte	date
amande	almond	dattier	palm-tree, date-tree, date-palm
ananas	pine-apple	déraciner	to uproot
arbre fruitier	fruit-tree	figue	fig
avocat	avo*ca*do (pear)	figuier	fig-tree
baie	berry	fleurir	to blossom
banane	ba*na*na	fraise	strawberry
bananier	ba*na*na-tree	framboise	raspberry
cacahouète	peanut	greffer	to graft
cassis	black currant	groseille	(red)currant
cerise	cherry	groseillier	currant-bush
cerisier	cherry-tree	groseille à maquereaux	gooseberry
châtaigne	chestnut	mandarine	tanger*ine*
châtaignier	chestnut-tree	mûr, e	ripe
citron	lemon	mûrir	to ripen
citronnier	lemon-tree	mûre (baie)	blackberry
cognassier	quince-tree		
coing	quince		
cocotier	coconut-tree		

C. FRUITS ET ARBRES FRUITIERS (suite)

noisette	hazel nut
noisetier	hazel tree
noix	walnut
noix de coco	coconut
noyau	stone
noyer	walnut tree
olive	olive
olivier	olive-tree
orange	orange
oranger	orange-tree
palmier	palm-tree
pamplemousse	grapefruit
pêche	peach
pêcher	peach-tree
pépin	pip
poire	pear*
poirier	pear-tree
pomme	apple
pommier	apple-tree
prune	plum
prunier	plum-tree
raisin(s)	grapes
tailler	to prune
vendanges	vine-harvest, wine-harvest
verger	orchard
vigne	vine

D. ARBRES, ARBUSTES, PLANTS : TREES, SHRUBS, PLANTS

abattre	to fell
acajou	ma*hog*any
jonc	gorse
arbuste	shrub
aulne	alder(-tree)
bambou	bam*boo*(-tree)
bouleau	birch
bourgeon	bud
bourgeonner	to bud
branche	branch
brindille	twig
broussailles	undergrowth
bruyère	heather*
buis	box
buisson	bush
caféier	coffee-tree
cèdre	cedar
chêne	oak
chèvrefeuille	honeysuckle
cyprès	cypress
cytise	laburnum
écorce	bark
épine	thorn
érable	maple
feuillage	foliage
feuille	leaf (*pl* leaves)
fleur (arbre)	blossom
fougère	fern
frêne	ash(-tree)
genêt	broom
gland	acorn
gui	mistletoe*
haie	hedge
hêtre	beech(-tree)
houx	holly
if	yew(-tree)
laurier	laurel

liane	**liana**
lierre	**ivy**
marronnier	**horse-chestnut (tree)**
mélèze	**larch(-tree)**
nœud	**knot**
orme	**elm(-tree)**
pépinière	**nursery**
peuplier	**poplar(-tree)**
pin	**pine(-tree)**
plante	**plant**
plantes vertes	**evergreens**
platane	**plane(-tree)**
racine	**root**
rameau	**bough***
ronce	**bramble**
roseau	**reed**
sapin	**fir(-tree)**
saule	**willow**
saule pleureur	**weeping-willow**
scier	**to saw**
sève	**sap**
sureau	**elder(-tree)**
tilleul	**lime(-tree)**
tremble	**aspen**
tronc	**trunk**
tuteur	**prop**
vigne vierge	**Vir*gi*nia creeper**

E. FLEURS : FLOWERS

arrosoir	**watering can**
bassin	**pool**
bleuet	**corn flower**
bouquet	**bunch (of flowers)**
bouton d'or	**buttercup**
campanule	**bluebell**
chrysanthème	**chrys*an*themum**
coquelicot	**red poppy**
coucou	**cowslip**
cueillir	**to pick**
dahlia	**dahlia**
digitale	**foxglove**
églantier	**wild-rose bush, sweet briar**
églantine	**wild rose**
faner (se)	**to wither**
géranium	**ge*ra*nium**
giroflée	**wallflower**
glaïeul	**gladi*o*lus**
glycine	**wis*te*ria**
graine	**seed**
iris	**iris***
jacinthe	**hyacinth***
jasmin	**jasmine**
jonquille	**daffodil**
laurier rose	**oleander**
liane	**liana***
lilas	**lilac***
liseron	**con*vol*vulus**
lys	**lily**
muguet	**lily-of-the-valley**
myosotis	**for*get*-me-not**
nénuphar	**water lily**
œillet	**car*na*tion**
pâquerette	**daisy**
parfumé	**sweet-smelling, fragrant**
parterre	**flower bed**
pavot	**poppy**
perce-neige	**snowdrop**
pervenche	**periwinkle**

E. FLEURS : FLOWERS (suite)

pétale	**petal**	serre	**hot-house, conservatory**
pivoine	**peony**	souci	**marigold**
plante grimpante	**creeper**	tige	**stem, stalk**
primevère	**primrose**	tonnelle	**arbour, bower**
reine-marguerite	**china-aster**	tournesol	**sunflower**
réséda	**mignonette**	tulip	**tulip**
rose	**rose**	violette	**violet**
rose trémière	**hollyhock**		
rosier	**rose-bush**		

A 2 LEXIQUE EN SITUATION

food crop : culture vivrière
bumper crop : récolte exceptionnelle, record
rotation of crops, crop rotation : assolement
to lie fallow : être en jachère
to plough the soil (US **plow**) : labourer le sol
to shell peas : écosser des petits pois
to scrape carrots : éplucher des carottes
to peel a potato : éplucher une pomme de terre
to peel an apple : peler une pomme
to skin a fruit : peler, éplucher un fruit
keep off the grass : ne marchez pas sur les pelouses
a blade of grass : un brin d'herbe
tangle of weeds : enchevêtrement de mauvaises herbes
to mow the lawn : tondre la pelouse
to operate the lawn-mower : passer la tondeuse à gazon
a flower bed : un parterre de fleurs
a garden path : une allée de jardin
a clump of trees : un groupe d'arbres, un bosquet
to shed its leaves : perdre ses feuilles
deciduous trees : arbres à feuilles caduques
in full bloom : en pleine floraison.

A 3 REGISTRES DE LANGUE

the green pastures : les verts pâturages
the grass is always greener in the neighbour's plot (US **neighbor's plot**) : *l'herbe est toujours plus verte chez le voisin* (**plot** : *terrain, parcelle, lopin* ; **grass-plot** : *pelouse, carré de gazon*)
It's the last straw that breaks the camel's back : *c'est la dernière paille qui brise le dos du chameau, c'est la goutte d'eau qui fait déborder le vase.* D'où l'expression : **that's the last straw !** *c'est le comble, c'en est trop, c'est la goutte d'eau.*
to look for a needle in a haystack : chercher une aiguille dans une botte de foin.
to hit the hay (*fam*) : aller se coucher (**hay** : *foin*)
to sow one's wild oats : jeter sa gourme, faire les 400 coups (pour un adolescent) : m. à m. « semer ses avoines sauvages ».
to sow the wind and reap the whirlwind : semer le vent et récolter la tempête (**whirlwind** : *tourbillon, trombe*)
to live/to be like a cock in clover : vivre/être comme un coq en pâte (**clover** : *trèfle*).
as you sow, so shall you reap : tu récolteras ce que tu as semé.
the Reaper : la mort (la Faucheuse).
to call a spade a spade : appeler un chat un chat, appeler les choses par leur nom (**spade** : *bêche*)
to lead someone up the garden path : entraîner quelqu'un sur une fausse piste, mener en bateau.
the stick and the carrot : la carotte et le bâton
salad days : années de jeunesse, d'inexpérience
to hold out the olive branch : proposer la paix, présenter un rameau d'olivier.
the cherry on the cake : la cerise sur le gâteau.
an apple of discord : une pomme de discorde.
it is the apple of his eye : il en prend soin comme de la prunelle de ses yeux.
to upset the apple cart : bouleverser les plans, brouiller les cartes
a rotten apple spoils the barrel : une pomme pourrie fait pourrir le tonneau (et brebis galeuse contamine le troupeau).
to be/to go nuts : être/devenir cinglé.

to be nuts on/about someone/something : être fou de quelqu'un, de quelque chose.
it's a tough nut to crack : c'est un problème difficile à résoudre.
to beat about the bush : tourner autour du pot, tergiverser (m. à m. « battre autour du buisson »).
not to see the woods for the trees : c'est l'arbre qui cache la forêt.
to bark up the wrong tree : se tromper de cible, accuser à tort, suivre une fausse piste (m. à m. « aboyer au pied du mauvais arbre »).
to be out of the wood(s) : être sorti du bois, en avoir fini avec des difficultés (ex. : **we are not out of the wood yet** : nous ne sommes pas sortis de l'auberge).
to sleep like a log : dormir comme un loir (**log** : *bûche*)
a bird in the hand is worth two in the bush : un tiens vaut mieux que deux tu l'auras (**bush** : *buisson*).
to turn over a new leaf : changer de conduite, faire peau neuve, revenir de ses erreurs.
a thorn in the flesh : une épine dans le pied, un sujet permanent d'inquiétude, d'irritation, d'anxiété (**flesh** : *chair*).
an old chestnut : une plaisanterie éculée (**chestnut** : marron).
flower power : allusion aux hippies des années 60, retour à la nature et amour universel.
a wallflower : une personne qui fait tapisserie (bal, etc.).
life is not a bed of roses : tout n'est pas rose dans la vie. Variantes : **it's not all roses, it's not a bed of roses.**
to nip in the bud : tuer dans l'œuf (m. à m. « pincer dans le bourgeon »)
a budding artist : un artiste en herbe.

B 1 REMARQUES LEXICALES

■ Notez la différence entre :
grass : l'herbe (**a blade of grass** : une herbe, un brin d'herbe)
weed(s) : mauvaise(s) herbe(s)
herb(s) : herbe(s)/plante(s) aromatique(s)

PLANTS

■ Attention à **corn** qui en anglais britannique signifie *blé* mais veut dire *maïs* en américain.
Les noms « techniques » employés par les spécialistes pour éviter toute ambiguïté sont **wheat** pour le *blé*, **maize** pour le *maïs.*

• Attention à **cereal** (employé au singulier) qui désigne les *céréales pour le petit déjeuner.* Le terme général est **grain** ou **grain crops.**

■ Attention à **chicory** : 1. *chicorée* ; 2. (US) *endive.*

■ Attention à **fruit** qui peut désigner *un fruit, des fruits* :
Is a tomato a fruit ?
Bananas, apples and other fruits...
Mais fruit s'emploie le plus souvent comme collectif singulier.
ex. : **Eat more fruit** : Mangez davantage de fruits.
Fruit is expensive : Les fruits sont chers.

■ Attention à **plum** et **prune** : **plum** signifie *prune,* tandis que **prune** signifie *pruneau.*

■ Pour les arbres, *fleur(s)* se dit **blossoms.**
Fleurir : **to bloom, to blossom, to be in bloom, in blossom.**

■ *Bois de construction* se dit plutôt **timber** en anglais britannique, **lumber** en américain.

■ Attention à la différence entre **shade** : l'*ombre* du point de vue de la *fraîcheur,* et **shadow** : l'*ombre portée.*

■ Bien distinguer :
• **to sow** [səʊ], **sowed, sown** : *semer*
• **to sew, sewed, sewn** : *coudre,* malgré les apparences, se prononce de même : [səʊ]
to saw [sɔː], **sawed, sawn** : *scier*

■ **lemon** : *citron,* peut désigner, en langue familière, une personne laide ou sans intérêt, ou un objet de mauvaise qualité (par exemple, en américain, une voiture en mauvais état, une guimbarde).

B 2 PRONONCIATION

■ Attention à la prononciation de **pear** : *poire* [peəʳ] (cf. **bear** : *ours* ; **to bear** : *porter, supporter* ; **wear** : *porter, user* ; **to tear** : *déchirer*)

■ Attention à l'orthographe du pluriel de **potato** et **tomato** : **potatoes, tomatoes**, et à la différence de prononciation entre l'anglais britannique : [tə'mɑːtəʊ] et l'américain [tə'meɪtəʊ].

■ Attention à la prononciation de :
spinach : épinards ['spɪnɪdʃ]
thyme : thym [taɪm]

■ Le l de **almond** : *amande* n'est pas prononcé : ['ɑːmənd]

■ Attention à la prononciation de **vineyard** ['vɪnjəʳd] : *vignoble* ; mais **vine** [vaɪn] : *vigne*.

C 1 EXERCICES

A Compléter les formules toutes faites ou proverbes suivants.

1. to … in the bud.
2. a tough … to crack.
3. to sow one's wild …
4. to … up the wrong tree
5. to sleep like a…
6. it's the last … that breaks the camel's back
7. to look for a needle in a …
8. a bird in the hand is worth two in the …

B Traduire.

1. Le parterre de fleurs est plein de mauvaises herbes.
2. Il cultive du persil, du thym et de l'oseille.
3. Les pommiers du verger sont en pleine floraison.
4. Ne marchez pas sur les pelouses.
5. Elle a tondu la pelouse la semaine dernière.
6. Les cultivateurs s'attendent à une récolte record.

C **Donnez l'équivalent français.**

1. flax	6. gherkin	11. bark
2. hemp	7. turnip	12. sap
3. barley	8. leek	13. seed
4. rape	9. orchard	14. garlic
5. rye	10. birch	15. twig

C 2 CORRIGÉS

A

1. nip	4. bark	7. haystack
2. nut	5. log	8. bush
3. oats	6. straw	

B
1. The flower bed is full of weeds.
2. He grows parsley, thyme and sorrel.
3. The apple-trees in the orchard are in full bloom
4. Keep off the grass.
5. She mowed the lawn last week.
6. (The) farmers are expecting a bumper crop.

C

1. lin	6. cornichon	11. écorce
2. chanvre	7. navet	12 sève
3. orge	8. oseille	13. graine, semence
4. colza	9. verger	14. ail
5. seigle	10. bouleau	15. brindille

21 TEMPS ET CLIMAT

A 1 VOCABULAIRE

A. LE TEMPS QU'IL FAIT

accalmie	lull (in the storm)
air	air
anticyclone	anticyclone
averse	shower
blizzard	blizzard
bonhomme de neige	snowman
boue	mud
boule de neige	snowball
bourrasque	gale
brise	breeze
brouillard	fog
bruine	drizzle
brume	mist
canicule	heat wave, dog days
chaleur	heat
chasse-neige	snowplough, (US) snowplow
clarté	light, brightness
congère	snow drift
coup de soleil	sunstroke
coup de tonnerre, coup de foudre	thunderbolt
crachin	drizzle
cyclone	hurricane
dégel	thaw
déluge	downpour, deluge
dépression	de*pres*sion, trough of low pressure
douceur	mildness, gentleness
éclair	lightning
éclaircie	bright/sunny interval
enneigement	snow coverage
ensoleillement	periods/hours of sunshine
flocon	flake
foudre	lightning
frimas	wintertime, wintry weather
froid	cold
gel	frost
gelée	frost
gelure	frostbite
giboulée	showery rain
givre	white frost, glazed frost, ground frost
glace	ice
glaçon	icicle
goutte	drop
grêle	hail
grêlon	hailstone
grésil	sleet
grondement	rumble (of thunder)
humidité	hu*mid*ity, dampness
inondation	flood
lumière	light
mousson	mon*soon*
neige	snow
nuage	cloud
nuage noir/orageux	thundercloud

21 WEATHER AND CLIMATE

ombre	shadow, shade
ondée	rain shower
orage	thunderstorm
ouragan	hurricane
pluie	rain
précipitations	shower activity
rafale	gust, squall
rayon	ray
raz de marée	tidal wave, (US) tsu*na*mi
rosée	dew
sécheresse	drought*
soleil	sun
tempête	storm
temps	weather
tonnerre	thunder
tornade	tor*na*do, (US) twister
tourbillon	whirl*
tourmente	storm, gale
typhon	typhoon
vent	wind
verglas	black ice
boueux	muddy
brumeux	misty
calme	quiet, calm, still
changeant	changeable, un*set*tled
couvert	overcast, clouded over (*attrib*)
enneigé	snowy, snow-covered
ensoleillé	sunny
étouffant	stifling*
favorable	favourable
frais	cool

frisquet	chilly
froid	cold
glacial	icy
humide	humid, damp
lourd	heavy, sultry
maussade	gloomy, sullen
mauvais	bad
moite	sticky, muggy
neigeux	snowy
ombragé	shady, shaded
oppressant	op*pres*sive
orageux	stormy, thundery
pluvieux	rainy
radieux	radiant, dazzling, brilliant
rigoureux	harsh, vigorous
sec	dry
splendide	splendid
tiède	mild, balmy
torride	torrid, scorching
variable	variable, changeable, unsettled
venteux	windy
vif (air froid)	biting, bitter, sharp
briller (soleil)	to shine
bruiner	to drizzle
éclater (orage)	to break
fondre	to melt
geler	to freeze
givrer	to frost up, to ice up
grêler : il grêle	it is hailing

21 TEMPS ET CLIMAT

A. LE TEMPS QU'IL FAIT (suite)

gronder (orage)	to rumble
neiger	to snow
pleuvoir	to rain
réchauffer	to heat up, to warm up
ruisseler	to stream, to flow
s'abriter	to shelter, to take cover
s'améliorer	to improve
s'apaiser	to die down, to sub*side*
s'éclaircir	to clear (up)
se gâter	to change (for the worse)
se mouiller	to get (oneself) wet
se refroidir	to get cooler, to get colder
se tremper	to get soaked, to get drenched
souffler	to blow
taper (soleil)	to beat (down)
tomber	to fall, to come down
tomber à verse	to pour down
tonner	to thunder
tourbillonner, tournoyer	to whirl, to swirl, to eddy

B. LE CIEL, LA MÉTÉO ET LE CLIMAT

arc-en-ciel	rainbow
carte météo	weather chart
ciel	sky
cirrus	cirrus
climat	climate*
cumulo-nimbus	cumulo*nim*bus
cumulus	cumulus
effet de serre	greenhouse effect
grisaille	greyness
nébulosité	cloud cover(ing)
nuage	cloud
baromètre	ba*ro*meter
climat	climate
degré	degree
front	front
girouette	weather cock
météorologie	meteo*ro*logy
météorologue	meteo*ro*logist
bulletin météo	weather report/forecast
microclimat	microclimate
paratonnerre	lightning con*duc*tor
perturbation	dis*turb*ance
pression	pressure
réchauffement de la terre	global warming
saison des pluies	rain(y) season
saison sèche	dry season
satellite météorologique	weather satellite
stratus	stratus
température	temperature
temps	weather
thermomètre	ther*mo*meter
variation	variation
anticyclonique	anticy*clon*ic

aride	**dry, arid**
atmosphérique	**atmos*phe*ric**
climatique	**cli*mat*ic**
continental	**conti*nen*tal**
dégagé	**clear, cloudless**
dense	**thick, dense**
épais	**thick, deep**
équatorial	**equa*to*rial**
gris	**grey, (US) gray**
grisâtre	**greyish**
limpide	**limpid**
malsain	**un*healthy***
méditerranéen	**Mediter*ra*nean**
menaçant	**threatening, menacing**
nuageux	**cloudy**
océanique	**oce*an*ic**
polaire	**polar**
tempéré	**temperate**

tropical	**tropical**
annoncer (prédire)	**to forecast, to predict**
enregistrer	**to record**
percer (soleil)	**to come out, to break through**
prévoir	**to forecast**
s'amonceler (nuages, neige)	**to bank up**
s'assombrir	**to darken, to grow dark**
se couvrir	**to be*come* overcast, to cloud over**
se dissiper	**to break up, to dis*perse***
se dissiper (brouillard)	**to clear, to lift, to dis*perse***

A 2 LEXIQUE EN SITUATION

■ Le temps

what's the weather like ? quel temps fait-il ?
the weather is fine : il fait beau
fine, fair/bad weather : beau/mauvais temps
in this weather : par ce temps
in all weathers : par tous les temps
weather permitting : si le temps le permet
the weather situation : le temps qu'il fait (ou qu'il va faire)
it looks like rain : le temps est à la pluie
rainy weather : temps pluvieux
light drizzle : léger crachin
coastal fog : brouillard côtier
patches of fog : nappes de brouillard
morning mist : brumes matinales
icy roads : routes verglacées

heavy rainfall : chute de pluie violente
April shower : giboulées de mars
scattered showers : averses intermittentes, pluies éparses
outbreaks of rain : pluies intermittentes
bursts of rain : averses soudaines
spells of rain : quelques précipitations
light to moderate wind : vent faible à modéré
gale force wind : grand vent/tempête
north-easterly wind : vent du nord-est
south-westerly wind : vent du sud-ouest
the eye of the hurricane : l'œil du cyclone
a dry spell : une période de temps sec
the sun is shining : le soleil brille, il fait soleil
in the sun : sous le soleil
hazy sunshine : soleil voilé
sunny spell : période ensoleillée/de beau temps
choppy sea : mer un peu agitée
rough/heavy sea : mer agitée/houleuse
rogue wave : lame d'une violence exceptionnelle
ground swell : lame de fond
late frosts : gelées tardives

■ Le bulletin météo

A cold/warm air mass : masse d'air froid/chaud
high/low pressure area : zone de haute/basse pression
below freezing : au-dessous de zéro
on the Beaufort scale : sur l'échelle de Beaufort
tornado watch/warning : avis de tornade/alerte de tornade
gale warning : avis de bourrasque
the highest temperature recorded : la plus haute température enregistrée
and that was the weather forecast : c'était le bulletin météorologique
That's the weather forecast for tonight : c'était le bulletin météorologique pour ce soir

A 3 REGISTRES DE LANGUE

1. Proverbes.

It never rains but it pours : un malheur n'arrive jamais seul

2. Expressions toutes faites.

it's raining cats and dogs, it's raining buckets : il pleut à torrents, il tombe des cordes
a storm in a teacup : une tempête dans un verre d'eau
rain or shine : par tous les temps, qu'il pleuve ou qu'il vente, quoi qu'il arrive
to walk on thin ice : marcher sur des œufs
the sky's the limit ! tout est possible
under the open sky : à la belle étoile
under warmer skies : sous des cieux plus cléments
to be drenched/soaked to the skin : être trempé jusqu'aux os
it came out of a clear blue sky : c'est arrivé de façon tout à fait inattendue
to praise sb to the skies : porter qqn aux nues
nothing new under the sun : rien de nouveau sous le soleil
there's something in the air : il se prépare quelque chose
I need some air ! J'ai besoin d'air
(seen) from the air : vu d'en haut

sunshine roof : toit ouvrant
weatherproof : imperméable, étanche
sky-high : très haut dans le ciel
rain forest : forêt tropicale humide

3. Langue familière et argotique.

the weatherman : le présentateur météo
snow job : baratin
to give sb a snow job : baratiner qqn
to snow sb : enjôler qqn, avoir qqn au charme

4. Néologismes.

Le **smog** (**smoke + fog**), par exemple à Los Angeles, est un brouillard dense mêlé de fumées.

5. <u>Sens figuré</u>.
to be under the weather : ne pas être dans son assiette
to weather a storm : tenir le coup
to keep a weather eye on sb : surveiller qqn de près
there are squalls ahead ! Il y a de l'orage dans l'air !
to storm at sb : tempêter, fulminer contre qqn
to fog an issue : brouiller les cartes, embrouiller une question
the coast is clear : le champ est libre
to skyrocket (prices) : monter en flèche (prix)
prices are sky-high : les prix sont exorbitants
to be <u>on</u> the air : être à l'antenne, sur les ondes
to air (US) : diffuser (sur les ondes)
to walk on air : être aux anges

to be snowed under with work : être submergé, débordé de travail
to snowball : faire boule de neige

a rain check : billet pour un autre match ou spectacle
I'll take a rain check : ce n'est que partie remise

6. <u>Registre littéraire</u>.
The Flood, the Deluge : le Déluge
tempest : tempête ; *The Tempest* est l'une des grandes pièces de Shakespeare

B 1 REMARQUES LEXICALES

Le **white-out** est un phénomène climatique dans les régions polaires (dû à la neige et à la blancheur du ciel) qui entraîne la non-visibilité et une perte du sens des distances.
Chill factor (US) indique la sensation de froid en fonction de la vitesse du vent.
Doldrums : désigne la zone des calmes, le calme équatorial. Par extension, le terme a pris le sens figuré de marasme. Ainsi, **to be in the doldrums** : *être dans le marasme.*
Le terme **slush** désigne la neige fondue (au sol).

The Sunshine State désigne l'État de Floride.
Le **Sunbelt** aux États-Unis désigne les États du Sud qui jouissent d'un ensoleillement privilégié et attirent ainsi de nombreux travailleurs.
Snow White : Blanche-neige.

Le **Weather Bureau** aux États-Unis et le **Weather Centre** en Grande-Bretagne sont les offices nationaux de météorologie.

B 2 REMARQUES GRAMMATICALES

- Attention à l'emploi de la préposition **in** pour les éléments : **in the sun** : *au soleil*, **in the rain** : *sous la pluie*, **in the shade** : *à l'ombre*, **in the moonlight** : *au clair de lune*, **in darkness** : *dans l'obscurité*, **in a high wind** : *par grand vent.*

- Le suffixe **–bound** indique le fait d'être lié, attaché, pris par quelque chose. Ainsi, par exemple :
weatherbound : *immobilisé* ; **fogbound** : *pris par le brouillard* ; **snowbound** : *bloqué par la neige, complètement enneigé.*

- Ne pas confondre :
• **weather** : *le temps qu'il fait* et **time** : *le temps, la durée*
ex. : **What's the weather like ?** Quel temps fait-il ?
I don't have time, je n'ai pas le temps.
• **shade** : *l'ombre,* et **shadow** : qui désigne l'*ombre portée* par un corps par effet de lumière.
ex. : **in the shade** : à l'ombre,
the shadow of a tree : l'ombre d'un arbre

B 3 TEMPÉRATURES CELSIUS ET FAHRENHEIT

• Pour convertir des degrés Celsius en degrés Fahrenheit, multiplier par 9/5 et ajouter 32.
ex. : 15° C donnent 15×9/5 + 32 = 59° F

• Pour convertir des degrés Fahrenheit en degrés Celsius, retrancher 32 et multiplier par 5/9.
ex. : 90° F donnent 90 – 32 × 5/9 = 32, 2° C

C 1 EXERCICES

A Chasser l'intrus.

22 POLITICAL LIFE

A 1 VOCABULAIRE

accord	a*gree*ment
adhérent	member
— nombre d'adhérents	membership
adhérer	to join
adopter	to adopt
Affaires étrangères	foreign affairs
— ministère des Affaires Étrangères	(GB) Foreign Office ; (US) State De*part*ment
aile gauche, aile droite	left wing, right wing
appartenance à un parti	party membership
asile diplomatique	diplo*mat*ic a*sy*lum
asile politique	po*lit*ical a*sy*lum
asile	a*sy*lum*
assemblée	as*sem*bly
autodétermination	self-determi*na*tion
ballottage	tie
battre	to de*feat* ; (un sortant) to un*seat*
bureau de vote	polling station
campagne électorale	e*lec*tion campaign
candidat	candidate
censure	censorship
censurer	to censor ; (vote) to censure
centre	(GB) centre ; (US) center
centriste	centrist
chambre	house
chancelier	chancellor
chef d'état	head of state
chef	(parti, etc.) leader ; (d'un service officiel) head
circonscription	con*stit*uency
coalition	coa*li*tion
communisme	communism
communiste	communist
complot	plot
comploter	to plot
conjuré	plotter
conseil (organisme)	council
conseiller	ad*vis*er ; (US) aide
constitution	consti*tu*tion
constitutionnel	consti*tu*tional
coup d'état	coup d'état, coup
décompte (des voix)	tally (of votes)
démenti	de*ni*al
démission	resig*na*tion
démissionner	to re*sign*
démocrate	democrat
démocratie	de*mo*cracy
démocratique	demo*crat*ic
député	deputy ; (GB) Member of Parliament ; (US) Congressman
déstabilisation	destabili*za*tion
déstabiliser	to de*sta*bilize

dictateur	dic*ta*tor
dictature	dic*ta*torship
diplomate	diplomat
diplomatie	di*plo*macy
diplomatique	diplo*mat*ic
dissident	dissident
droit de vote	franchise* ; right of vote ; voting rights
droite	right
électeur	voter ; con*stit*uent ; (grand) e*lec*tor
élection(s)	e*lec*tion
— législatives	general e*lec*tion
— présidentielle(s)	presi*den*tial e*lec*tion
élire	to e*lect*
élus	e*lect*ed repre*sent*atives
empereur	emperor
exil	exile
exilé	to exile
expulser	to ex*pel*
expulsion	ex*pul*sion
extrémiste	ex*tre*mist
faction	faction
fédéral	federal
fédération	fede*ra*tion
fédérer	to federate
fraude électorale	e*lec*tion fraud ; e*lec*tion rigging
frontière	border
gauche	left
gouvernement	government ; (US) adminis*tra*tion
gouverner	to govern ; to rule ; to run
groupe de pression	pressure group, lobby
guérillero	guer*ril*la
indépendance	inde*pen*dence
indépendant, e (*adj*)	inde*pen*dent
instances (d'un parti)	party ex*e*cutive
irrégularité	irregu*la*rity
isoloir	polling booth
jour du vote, de l'élection	polling day
lever (des sanctions, etc.)	to lift
lever (une armée)	to levy*
libéral	liberal
libéraliser	to liberalize
libéralisme	liberalism
loi (votée)	act
maire	mayor
mairie	tow-hall, city-hall
mandat	term, term of office ; tenure
manifestant, e	demonstrator
manifestation	demon*stra*tion
— organiser une manifestation	to stage/to mount a demon*stra*tion
meeting	rally
ministre	minister
ministère	ministry
— de l'intérieur	Home Office
être partisan de	to advocate
modéré (*adj*)	moderate ; middle-of-the-road

modéré (*n*)	moderate ; middle-of-the-roader
monarchie	monarchy*
négociateur	neg*o*tiator
négociation	negoti*a*tion
négocier	to ne*go*tiate
observateur	ob*ser*ver
opinion publique	public o*pin*ion
opposant	op*po*nent ; dis*sen*ter
opposition	oppo*si*tion
Parlement	Parliament
parlementaire (*adj*)	parlia*men*tary
parlementaire (*n*)	Member of Parliament, (GB) M.P
parti politique	po*lit*ical party
parti	party
participation (électorale)	(election) turnout
partisan, e (*adj*)	partisan, prejudiced, bias(s)ed
partisan, e (*n*)	sup*por*ter
plébiscite	plebiscite
politique (*adj*)	po*lit*ical
politique	(vie) politics ; (mesure) policy
pouvoir	power
— au pouvoir	in office, in power
gouvernement provisoire	caretaker government
Premier ministre	Prime Minister, Premier
prendre la parole (devant une assemblée)	to take the floor
présenter (se)	to run (for election)
Président	president
présider	to chair ; to preside (over)
projet de loi	(government) bill
promesse électorale	el*ec*tion pledge
proposition de loi	private member's bill
provisoire	pro*vi*sional, interim
ras de marée (électoral)	landslide
réforme	re*form*
régime	re*gime*
règne	reign ; (sens large) rule
régner	to reign
reine	Queen
rejeter	to re*ject*
remaniement	reshuffle
renversement	overthrow
renverser (un gouvernement)	to over*throw*, to topple, to bring down ; to oust*
répression	re*pres*sion
réprimer	to repress
république	re*pub*lic
ressortissant	citizen, national
résultats (électoraux)	returns
retirer (se)	to with*draw* ; to step down
réunification	reunifi*ca*tion, reu*nit*ing

réunifier	to reu*nite*
roi	King
scission	rift
scrutin	ballot
Secrétaire d'État	Secretary of State
siège	seat
siéger	to sit
socialisme	socialism
socialiste	socialist
sommet	summit
— (rencontre au) sommet	summit (meeting)
sondage	(o*pin*ion) poll ; survey
sonder	to poll, to sur*vey*
sortant	in*cum*bent ; outgoing/re*ti*ring candidate
soulèvement	uprising
souverain	sovereign
suffrage universel	uni*ver*sal suffrage ; 'one man, one vote'
suffrage	(droit de vote) franchise ; (voix) vote
syndicalisme	unionism
syndicaliste	union member
syndicat	union ; (GB) trade-union ; (US) labor-union
totalitaire	totali*ta*rian
totalitarisme	totali*ta*rianism
train de mesures	package
transition (de)	caretaker
ultra (*n*)	ex*tre*mist, ultra, die-hard
urne	ballot box
vacances parlementaires	parlia*men*tary re*cess*
veto	veto
— émettre un veto	to veto
vice-présidence	vice-*pre*sidency
vice-président, e	vice-*pre*sident
voix	vote
votant	voter
vote à main levée	show of hands
vote	vote, ballot
voter	to vote ; to go to the polls
xénophobe	xenophobe
xénophobie	xeno*pho*bia

A 2 LEXIQUE EN SITUATION

to cast one's vote : voter.
to poll votes : obtenir des voix.
to tally the votes : compter les voix.
to have a casting vote : avoir voix prépondérante (en cas d'égalité).
tally of (the) votes : décompte des voix.
to fare badly at the polls : obtenir de mauvais résultats élec-

toraux.

to be trailing in the polls : être en retard dans les sondages.

to go to the polls : voter, aller voter.

to field a candidate : présenter un candidat.

to run for election : être candidat.

to be running neck and neck : être au coude à coude (candidats).

to be overwhelmingly defeated : subir une défaite écrasante.

to have an overwhelming lead : avoir une avance considérable.

to be swept into power by a conservative landslide : être porté au pouvoir par un ras de marée conservateur ; (**landslide** : glissement de terrain).

a crushing victory : une victoire écrasante.

to call early elections : organiser des élections anticipées.

to hold a general election : organiser des élections législatives.

to hold presidential election : organiser une élection présidentielle.

to endorse a candidate : accorder son soutien à un candidat, soutenir (publiquement, officiellement) un candidat.

to tie a candidate : être en ballottage avec un candidat, mettre un candidat en ballottage.

to unseat a candidate : battre, défaire un candidat.

to fall short of a majority : ne pas obtenir une majorité.

first ballot : premier tour.

second ballot : deuxième tour ; (US) runoff.

a three-cornered fight/contest : une élection triangulaire.

to go into recess : s'ajourner (Parlement), entrer en vacances parlementaires.

show of hands : vote à main levée.

sprinter group : groupe dissident.

an interim government : un gouvernement de transition.

a caretaker prime minister : un premier ministre provisoire chargé de l'expédition des affaires courantes.

to release/issue a statement : faire une déclaration, émettre un communiqué.

to defuse an issue : désamorcer une question, un problème.

to voice dissent : exprimer son désaccord, son opposition.

a smear campaign : une campagne de diffamation (**libel**).

to stage a demonstration : organiser une manifestation.
to engineer a coup : comploter en vue d'un coup d'état, organiser un coup d'état.
to stage a coup : organiser un coup d'état.
to foil/to thwart a coup attempt : déjouer une tentative de coup d'état.
the plotters : les mutins, les comploteurs.
to lift sanctions : lever des sanctions.
to lift the curfew : lever le couvre-feu.
to overrule a veto : passer outre un veto.
military rule : régime militaire.
military ruler : dirigeant militaire.
at grass roots level : au niveau de la base.
low profile : profil bas.
a staunch republican, democrat, etc. : un républicain, démocrate, etc. bon teint, convaincu.
a hard-liner : un dur, un partisan de la ligne dure.
a die-hard : un ultra, un ultra-conservateur, un conservateur intransigeant.

A 3 REGISTRES DE LANGUE

upper house : chambre haute.
lower house : chambre basse.
the law of the land : la loi votée.
general election : élections législatives.
first ballot : premier tour.
second ballot : deuxième tour.
spoiled ballot : bulletin nul.
borough : circonscription.
three-cornered fight : élection triangulaire.
maiden speech : premier discours (d'un parlementaire, etc.).
to boo and jeer : huer et pousser des cris de dérision.
boos and jeers : huées et cris de dérision.
money-bill : projet de loi de finance.
vote of no-confidence : vote de censure.
to leak information to the press : communiquer à la presse des informations secrètes (**a leak** : une fuite).

on condition that he not be identified : à condition que son nom ne soit pas révélé.

Vocabulaire ayant trait aux institutions britanniques.

the House of Commons : la Chambre des Communes (650 sièges).
the House of Lords : la Chambre des Lords.
M.P. (Member of Parliament) : parlementaire, membre de la Chambre des Communes, député.
life peer : pair à vie.
hereditary peer : pair héréditaire.
spiritual peer : dignitaire de l'église anglicane membre de droit de la Chambre des Lords.
Law Lord : juges siégeant de droit à la Chambre des Lords.
the Speaker : le Président de la Chambres des Communes.
the Lord Chancellor : le Président de la Chambre des Lords.
backbencher : député de base (sans fonction éminente dans le parti, siège sur les bancs du fond).
a division : un vote (à la Chambre des Communes).
Ayes and Noes : votes (voix) pour et contre.
cabinet reshuffle : remaniement de cabinet.
the Shadow Cabinet : le cabinet fantôme (des membres de l'opposition, symétrique des postes ministériels du parti au pouvoir).
a hung Parliament : un Parlement sans majorité.
Tories/conservatives : conservateurs.
Labour (party) : travaillistes.
Liberals (anciennement **Whigs**) : libéraux.
Social-democrats : sociaux-démocrates.
Westminster : le Parlement.
Whitehall : siège des ministères et des services administratifs.
Downing street (no. 10) : résidence du premier ministre en exercice.
the Foreign Office : le ministère des Affaires Étrangères.
the Home Office : le ministère de l'Intérieur.
the Board of Trade : le ministère du Commerce.
a white paper : un livre blanc (projet de programme gouvernemental).

<u>Vocabulaire ayant trait aux institutions américaines</u>.

Congress : le Congrès.
the House of Representatives : la Chambre des Représentants.
the Senate : le Sénat.
representative/congressman : représentant (435, en proportion de la population, élus pour deux ans).
senator : sénateur (100, 2 par état, élus pour six ans, renouvellement par tiers tous les 2 ans).
the Supreme Court : la Cour Suprême.
the Chief Justice : le Président de la Cour Suprême.
to be sworn in/take the oath of office : prêter serment (Président).
'I swear that I will faithfully execute the Office of President of the United States and that I will to the best of my ability preserve, protect and defend the Constitution of the United States. So help me God' : « Je jure que j'assurerai fidèlement les fonctions de Président des États-Unis et que je ferai tout en mon pouvoir pour préserver, protéger et défendre la Constitution des États-Unis. Que Dieu m'y aide. » (Serment prêté par le Président lorsqu'il prend ses fonctions).
the State Department : le ministère des Affaires Étrangères.
the Democrats : les démocrates.
the Democratic Party : le parti démocrate.
the Republicans : les Républicains.
the Republican Party : le parti républicain.
bipartisan : bi-partisan, qui implique l'accord des deux partis.
the White House : la Maison Blanche.
Pennsylvania Avenue : la Maison Blanche (du nom de l'avenue où elle se trouve).
Capitol Hill, The Hill : le Congrès.
presidential election : élection présidentielle.
electors : grands électeurs (sénateurs et représentants de chaque état).
primary : primaire.
mid-term election : élection législative (Sénat + représentants) au milieu d'un mandat présidentiel (de 4 ans).
caucus : réunion des instances ou des militants d'un parti.

gerrymandering : redécoupage sur mesure des circonscriptions électorales (du nom d'un certain Gerry qui s'était taillé une circonscription en forme de *salamandre* : **salamander**).
precinct : circonscription.
run-off : deuxième tour.
incumbent : en fonction.
incumbency : fait d'être en fonction.
to unseat the incumbent : battre le candidat sortant.
to concede : reconnaître officiellement sa défaite.
the ticket : le « ticket » (candidats à la présidence et à la vice-présidence).
to share the ticket : être le candidat officiel à la vice-présidence.
to win the nomination : être choisi comme candidat officiel d'un parti.
presidential hopeful : candidat à la nomination.
a dark horse : un candidat peu connu mais qui a des chances de l'emporter.
the Veep, the Vice-President : le vice-président.
the Chief-Executive : le Président.
a presidential aide : un conseiller du Président.
a maverick : un non-conformiste, un politicien indépendant n'obéissant pas aux consignes d'un parti.
a middle-of-the-roader : un candidat modéré, du centre.
a whistle-stop tour : une tournée électorale, (à l'origine en train, le sifflet appelant les citoyens à se rassembler pour écouter le candidat qui s'adressait à eux depuis la plate-forme arrière du train).
hustings : tréteaux électoraux, tribune ou estrade d'où les candidats haranguaient la foule. Par extension, campagne électorale (sur le terrain).
pork-barrelling : « assiette au beurre », pratique(s) consistant à se concilier l'électorat en faisant attribuer fonds et contrats à des organismes et entreprises de la circonscription de l'élu.
gavel : marteau du président de séance.
filibuster : obstruction parlementaire consistant à garder indéfiniment la parole.

B REMARQUES

Attention :

- à **to be eligible** :
  1. être éligible.
  2. remplir les conditions, avoir droit (à).

  to be eligible for a pension : avoir droit à la retraite (cf. **to qualify for**).
  to be eligible for re-election : être rééligible.

- à la différence entre **to appoint** et **to nominate** :
  to appoint : nommer à un poste → **the appointee**
  to nominate : désigner comme candidat → **the nominee**

- à **issue** : problème qui divise l'opinion.
  une issue : 1. (conséquence) **outcome** ; 2. (solution) **solution** ; 3. (sortir) **exit.**
  sensitive issue, (*fam*) **hot issue** : question brûlante, problème/sujet controversé.

- au français *commission*, qui sera souvent traduit par **committee** (deux **m**, deux **t**, deux **e**). L'anglais **commission** implique le plus souvent un organisme à rôle législatif, juridique ou exécutif.

- à **vote** : 1. voix ; 2. vote.
  Cf. **right of vote** : *droit de vote*. Mais le français *vote* sera souvent traduit par **voting** ou **polling** (**polling day** : *jour de vote*, **polling station** : *bureau de vote*).

- au sens de **to return to Parliament** (GB) : *élire* et non pas *réélire* (**to re-elect**).

- à la construction du verbe **to preside** :
  to preside over a meeting, to preside at a meeting (ou **to chair a meeting**) : présider une réunion.

- à **congressman** qui s'emploie, en américain, pour les membres de la Chambre des représentants et non pour les sénateurs.

• à **constituency** : *circonscription électorale*, ou électeurs au sens large, *électorat*.
De même **constituents** : *électeurs d'une circonscription*, ou *électeurs* au sens large.

• à la traduction de *les gouvernants* qui peut poser quelques problèmes : **those in power, the ruling majority, people in office**, etc.

• à la traduction de *un responsable* (**responsible** est adjectif, jamais nom) :
un responsable politique : **a political leader**
un responsable syndical : **a union leader, a union official**
Attention aussi à l'orthographe de **responsibility** : *responsabilité.*

• à **politics** : *la politique, la vie politique* et **policy** : *une politique, un programme, une stratégie.*

• à **ballot** : 1. bulletin de vote (**to cast one's ballot** : *mettre son bulletin dans l'urne*) ; 2. vote au scrutin ; 3. tour au scrutin

• à **poll** : 1. vote
2. sondage (**poll** : *tête, décompte des opinions*).

Poll et **survey** sont souvent synonymes mais alors que **poll** implique qu'on demande leur opinion aux sondés, **survey** peut être une étude statistique sans qu'on interroge des individus.

pollster : spécialiste des sondages.
to poll : 1. faire voter ; 2. obtenir des voix.
to poll votes : obtenir des voix.
polling day : jour des élections, du vote.
polling station : bureau de vote.
polling booth : isoloir.

• à la différence entre **bill** et **act** :
bill : *projet de loi* (venant du gouvernement) ou *proposition de loi* (venant de l'Assemblée, c'est-à-dire d'un député ou d'un groupe)
act : *voix votée*, qui devient « **the law of the land** ».

- à **whip** :
  1. député chargé de la discipline du parti
  2. document envoyé aux parlementaires à l'occasion d'un vote, et leur donnant ou non liberté de vote.

- aux trois mots possibles pour *frontière* :
  border : le terme général et administratif
  frontier désigne souvent la frontière au sens militaire
  boundary : frontière au sens de limite.

- à **to heckle**, perturber une réunion électorale, lancer des quolibets, porter la contradiction. S'emploie aussi dans un contexte de grève : **to heckle strike pickets** : *prendre à parti des piquets de grève*.

- à **exile**, verbe ou nom, qui en tant que nom peut signifier *exil* ou *exilé*(*e*).

- à la prononciation de **Senate, senator** ['senətə^r], ['senət], accentués sur la première syllabe.

- l'accentuation de :
  democrat (première), **democracy** (deuxième), **democratic** (troisième).

C 1 EXERCICES

A QCM.

1. He unseated the …
   a. incumbent b. poll c. vote d. tie
2. The two candidates are running neck … neck.
   a. to b. and c. for d. against
3. The US White House is on …
   a. Pennsylvania Avenue c. Capitol Hill
   b. Downing Street d. Whitehall
4. The situation is back to normal, and the curfew has been …
   a. called b. lifted c. polled d. fielded
5. The opposition finally forced him to …
   a. dismiss b. defuse c. cast d. resign

B Traduire.

1. Il a battu le candidat sortant au deuxième tour.
2. Elle a été portée au pouvoir par le raz de marée conservateur.
3. Il a obtenu de mauvais résultats aux élections.
4. Le décompte exact des voix n'est pas encore connu.
5. Le déplacement des voix est d'environ 5 %.
6. Dans cette circonscription la participation électorale a été en dessous de la moyenne nationale.
7. Il a obtenu 652 voix, son adversaire 427.
8. Son premier discours fut accueilli par des huées.
9. Il y a eu un remaniement du Cabinet.
10. Il arrive à la fin de son mandat.

C 2 CORRIGÉS

A 1a. 2b. 3a. 4b. 5d.

B
1. He unseated the incumbent in the runoff (GB : second ballot).
2. She was swept into power by the conservative landslide.
3. He fared badly at the polls.
4. The exact tally of notes is not in yet.
5. The swing in votes is about 5 %.
6. In this constituency, the election turnout (voters' turnout) has been below the national average.
7. He polled 652 votes, his opponent 427.
8. His maiden speech was booed.
9. There has been a cabinet reshuffle.
10. He is coming to/nearing the end of his term (mandate).

23 ÉCONOMIE

A 1 VOCABULAIRE

abondance	affluence, plenty
accord	a*gree*ment
signer un accord	to sign an a*gree*ment
actif(s)	asset(s)
action (bourse)	share, (US) stock
actionnaire	shareholder, (US) stockholder
affaire	business ; (entreprise) business firm ; (bonne) bargain
baisse	fall, drop, decrease
balance commerciale	trade balance, balance of trade
balance des paiements	balance of payments
barrière douanière	tariff-wall, tariff-barrier
bénéfice	profit
bénéfices des sociétés	corporate profits
biens de consommation	con*su*mer goods
biens d'équipement	capital goods
bilan	balance-sheet
blocage des prix	price-freeze
blocage des salaires	wage-freeze
bourse	stock-exchange
caisse d'épargne	savings bank
chômage	unem*ploy*ment
chômeur	unem*ployed* person/worker
chômeurs (les)	the unem*ployed*
commerce extérieur	foreign trade
compétition	compe*ti*tion
compétiteur	com*pet*itor
comptabilité	ac*coun*ting
concurrence	compe*ti*tion
concurrent	com*pet*itor
conjoncture	the e*con*omy, the present eco*nom*ic situ*a*tion, current trends
confiance	confidence
consommateur	con*su*mer
consommation	con*sump*tion
consommer	to con*sume*
courbe (graphique)	curve, graph
création d'entreprise	business for*ma*tion
crédit	credit
crédit (resserrement du, encadrement du)	credit squeeze
crise	crisis, slump
croissance	growth
déficit	deficit
déflation	de*fla*tion
déflationniste	de*fla*tionary
demande	de*mand*
dépense(s)	spending, ex*pen*diture(s)

23 ECONOMICS

dépression	de*press*ion
détail	retail
détail (vendre au)	to retail, to sell by retail
détaillant	retailer
dévaluation	deval*ua*tion
dévaluer	to de*val*ue, to de*val*uate
douanes	customs
droits de douanes	customs duties, customs tariffs
échelle des salaires	wage scale
échelle mobile	sliding wage scale
économie	the e*con*omy ; (science) eco*nom*ics
économie dirigée	planned e*con*omy
économie de marché	(free) market economy
économique	eco*nom*ic ; (rentable, qui fait faire des économies) eco*nom*ical
emploi	em*ploy*ment
employeur	em*ploy*er
emprunt	loan
entreprise	firm, business (firm), enterprise
épargnant	in*ves*tor, saver
épargne	saving(s)
épargner	to save
état providence	(the) welfare state
exportateur	ex*por*ter

exportation	export
exporter	to export
fisc	(GB) the Inland Revenue, (US) the Internal Revenue Service
fiscalité	tax*a*tion
frais	ex*pen*ses
frais généraux	overheads
fusion	merger
fusionner	to merge
gaspillage	waste
gaspiller	to waste
gérer	to manage, to run, to operate
gestion	management
gestionnaire	manager
graphique	chart, graph
grève	strike
grève (faire)	to go on strike, to strike, to be on strike
gros (*n*)	wholesale (trade)
grossiste	wholesaler
groupe de pression	pressure group ; lobby
hausse	rise, increase
impôt	tax ; tax*a*tion
impôt sur le revenu	income tax
impôt sur les sociétés	corporate tax ; (GB) company tax
incitation	in*cen*tive
indice	index
industrie pétrolière	(the) oil industry

23 ÉCONOMIE

inflation	in*fla*tion
inflationniste	in*fla*tionary
investir	to in*vest*
investissement	in*vest*ment
investisseur	in*ves*tor
libre échange	free-trade
licenciements	lay-offs, layoffs, (GB) re*dund*ancies
licencier	to lay off
logement	(secteur) housing
loi de l'offre et de la demande	(the) law of sup*ply* and demand
marasme (être dans le)	to be in the doldrums
marchandise	com*mod*ity, product
marchandises	goods
marché	market
milieux d'affaires	business quarters
niveau de vie	standard of living
obligation (bourse)	bond
offre	offer ; (de marchandises et services) sup*ply*
offre publique d'achat (OPA)	take-over bid
partenaire	partner
passif	lia*bil*ity, lia*bil*ities
patronat	management, managers
pays développé	de*vel*oped nation
pays en voie de développement	de*vel*oping nation
pénurie	shortage
perte	loss
plan	plan
planification	planning
planifier	to plan
pourcentage	per*cen*tage
prévision	forecast, estimate
production	pro*duc*tion
produire	to pro*duce*
produit	product
produit national brut	gross national product, GNP
pronostic	forecast, estimate
prospérité	pros*per*ity
protectionnisme	pro*tec*tionism
ralentissement	slowdown
récession	re*cess*ion
relance	pump-priming
relations industrielles	in*dus*trial re*la*tions
rendement	output ; yield (valeur, agriculture) ; per*form*ance
rentabilité	profita*bil*ity
rentable	profitable
reprise	re*cov*ery ; (bourse) rally
ressources énergétiques	energy re*sour*ces
revendication	claim
revendication salariale	wage-claim

23 ECONOMICS

revenu	**income**	tension	**tension, strain**
saturation	**satu*ra*tion, glut**	titre (boursier)	**se*cu*rity**
service(s)	**service(s)**	torpeur	**sluggishness**
sidérurgie	**(the) iron and steel industry**	transaction	**trans*ac*tion, deal, ope*ra*tion**
stimulant	**in*cen*tive**	trimestre	**quarter ; (académique) term**
stock	**inventory, stock, store**		
subvention	**subsidy**	troubles sociaux	**labour unrest**
subventionner	**to subsidize**	valeur	**worth, value ; (bourse) se*cu*rity**
surchauffer	**over*heat*ing**		
surproduction	**overpro*duc*tion**	vendeur, euse	**salesman ; saleswoman ; salesperson ; (*pl*) salespeople**
syndicat	**union ; (US) labor-union ; (GB) trade-union**	vente	**sale**
taux	**rate**	vente au détail	**retail sale**
tendance	**trend**		

A 2 LEXIQUE EN SITUATION

a consumer society : une société de consommation.
consumer demand : demande des consommateurs, niveau de la consommation.
the affluent society : la société d'abondance.
disposable income : revenu disponible.
Gross National Product : produit national brut.
per capita consumption : consommation individuelle.
household consumption : consommation des ménages.
investment in real estate : investissement immobilier.
business is booming : les affaires sont florissantes.
business is at a standstill : les affaires sont au point mort.
estimates have been revised downward (upward) : les prévisions ont été revues à la baisse (à la hausse).
competition is keener end keener : la concurrence est de plus en plus serrée.

the immediate outlook is gloomy : l'avenir immédiat est sombre.
a recovery is shaping up : une reprise se dessine.
the economy is in the doldrums : l'économie est dans le marasme.
an upturn is in the works : une reprise s'annonce.
the market is brisk, buoyant, steady : le marché est actif, soutenu, stable.
the industry has been plagued by strikes : le secteur a été victime de nombreuses grèves.
a rash of wildcat strikes : une épidémie de grèves sauvages.
beleaguered industrialists : industriels aux abois.
the Government advocates a policy of voluntary restraint : le gouvernement prône une politique de modération volontaire.
to speed up the wage-price spiral : accélérer la course prix-salaires.
to revive/refuel/rekindle inflation : raviver/relancer l'inflation.
to cut back the budget : réduire le budget.
to cut the payroll : licencier.
to go on a spending/buying spree : se lancer dans une fièvre d'achats, de dépenses.
a slack economy : une économie atone, apathique.
sagging demand : demande.
to step up production : augmenter le rythme de la production.
to reach a high, to hit a low : atteindre un sommet, un creux.
a record high, a record low : point le plus haut/le plus bas jamais atteint.
to open the money tap wider : libérer le crédit, ouvrir (davantage) le robinet du crédit.
credit squeeze : resserrement du crédit.
to turn a firm around : redresser une entreprise.
prime (lending) rate (US) : taux de base (à l'origine taux de crédit accordé par les banques à leurs meilleurs clients).
unfair practice, restrictive practice, practice in restraint of trade : atteinte à la libre concurrence.
to restrain competition : restreindre la concurrence, porter

atteinte à la libre concurrence, freiner le libre jeu de la concurrence.
to launch a firm : lancer une entreprise.
to float a loan : lancer un emprunt.

A 3 REGISTRES DE LANGUE

■ L'anglais utilise un nombre considérable de verbes et d'expressions pour indiquer les mouvements de hausse ou de baisse :

• monter, augmenter :
termes généraux : **to go up, to rise, to increase, to move up.**
progressivement : **to inch up, to edge up.**
fortement : **to swell, to surge, to balloon, to soar, to skyrocket.**

• faire monter :
to raise, to increase, to push up, to drive up.
fortement : **to boost.**

• baisser :
termes généraux : **to go down, to decrease, to fall, to drop.**
progressivement : **to edge down, to edge lower.**
fortement : **to sag, to sink, to slump, to plunge, to plummet.**

• faire baisser :
to lower, to decrease, to reduce, to push down.
au sens de réduire (effectifs, budget) : **to cut, to cut back, to cut down on.**

• verbes indiquant des fluctuations :
to fluctuate, to see-saw : monter et descendre.
to go into a roller-coaster (montagnes russes).

• Notez aussi la variété de mots indiquant une *reprise* :
recovery (terme le plus fréquent), **revival, rebound, upturn, pickup, rally** (boursière).
verbes : **to recover, to rebound, to look up, to pick up, to rally.**

■ Notez les verbes correspondant à la lutte contre l'inflation : (to fight inflation) :
to stem inflation : endiguer l'inflation
to curb inflation : juguler l'inflation
to check inflation : faire échec à l'inflation
to halt inflation : stopper l'inflation

■ **bullish** et **bearish** (de **bull** : *haussier* et **bear** : *baissier*) signifient souvent *en hausse*, *en baisse* ou *optimiste*, *pessimiste*.

B REMARQUES

■ Attention à l'orthographe de : **developed** (un seul **p**), **resource** (un seul **s**).

■ Attention au double sens de :
- **loan** : *emprunt* ou *prêt*.
Mais *prêter* : **to lend**, (US) **to loan**
emprunter : **to borrow**
- et de **debt** [det] : *dette* (argent que l'on doit) ou *créance* (argent qui vous est dû).

■ Attention à la prononciation de % : **per cent**, accentué sur **cent**.

■ Attention à la différence entre :
- **economics** (*sing* ou *pl*) : la science économique, les études d'économie, et **the economy** : l'économie d'un pays donné pendant une période donnée (d'où l'article **the**) : **the French economy** : *l'économie française*. **Economics** peut aussi signifier la situation économique ou la conjoncture.
- **economic** : *économique, de l'économie*, qui a trait à l'économie (au sens de **economics** ou **the economy**) et **economical** : *économique* au sens de qui fait faire des économies, rentable.
- **profit** et **benefit** : synonymes dans un sens général, ils sont très différents dans un contexte économique.
profit : bénéfice, profit
benefit : avantage, allocation, prestation sociale

unemployment benefit : allocation de chômage
bénéfices des sociétés : **company profits, corporate profits.**

- **company** et **society** :
Le premier désigne une *société de capitaux* (SA ou SARL). Le second, en dehors de son sens général – ex. **the consumer society** : *la société de consommation* – désigne une *association à but culturel ou humanitaire*, et qui ne fait pas de bénéfices (**non-profit**).
- **to rise** : monter, augmenter, croître, et
to raise : faire monter, (faire) augmenter.
- Ne pas confondre non plus
term : *trimestre* au sens *académique*, et
quarter : *trimestre* au sens *économique*.
- Attention aussi à la différence entre :
produce, qui n'a pas de pluriel et désigne un produit, une production, ou un ensemble de produits agricoles – ex. **dairy produce** : *produit(s) laitier(s)* – et
product, products : un, des produit(s), un, des article(s).
- **entrepreneur** : *entrepreneur* au sens économique du terme (créateur d'entreprise, etc.),
contractor : *entrepreneur ou sens contractuel* (**public works contractor** : *entrepreneur de travaux publics*) et
undertaker : *entrepreneur... de pompes funèbres*.
- Notez qu'*exportations* au sens des *produits exportés* sera **export(s)** plutôt qu'**exportation**, plus rare et réservé au sens de : le fait d'exporter.
- **Goods** au sens de *marchandises* ne s'emploie qu'au pluriel (*une marchandise* : **a commodity, a product**), mais on le trouve au singulier au sens de *bien* dans la langue des économistes :
a consumer good : *un bien de consommation.*
- **Statistics** s'emploie en général au pluriel mais que le singulier **a statistic** existe bien.

■ Remarquez l'emploi de **government** ou de **consumer** comme adjectifs dans des cas (nombreux) comme **consumer society** : *société de consommation*, **government spending** : *dépenses gouvernementales.*

■ Remarquez l'emploi de **in** après **increase, rise, fall, drop,** etc.
increase in prices ou **price increase** : augmentation de prix.

• Remarquez l'emploi facultatif en américain de **by** dans des cas comme :

US : **to go up (by) 5%**
GB : **to go up by 5%** } augmenter de 5 %

■ Assurez-vous par le contexte de bien comprendre le mot **stock** – au sens boursier –, susceptible d'avoir différents sens :

1. titre, valeur : **government stock** : *titre d'état, obligation d'état.*
2. ensemble des actions d'une société.
3. (US) = **share** : action.
stockholder = **shareholder** : actionnaire.

C 1 EXERCICES

A Traduire :

1. Nous avons réussi à juguler l'inflation.
2. Les syndicats s'opposent aux licenciements collectifs.
3. Les prévisions devront être revues en hausse.
4. Le déficit commercial préoccupe le gouvernement.
5. La concurrence est de plus en plus serrée.
6. Les prix ont augmenté de 3 % au cours des six derniers mois.
7. Les ventes au détail ont baissé de 5 % par rapport à l'année dernière.
8. Une reprise se dessine.
9. Notre marge de bénéfices est très mince.
10. Leurs agriculteurs sont subventionnés.

B Choisir la bonne réponse.

1. The market fluctuates according to the law of … and demand.
   a. offer b. bid c. supply d. boost
2. GNP stands for …
   a. Great National Production
   b. General Nation Products
   c. Grand National Produce
   d. Gross National Product
3. Profits have fallen … 5%.
   a. by b. of c. in d. up
4. The industry has been … by strikes.
   a. boomed b. plagued c. sagged d. dropped
5. The present … situation is worrying.
   a. economic b. economy c. economics d. economical.

C 2 CORRIGÉS

A
1. We have succeeded in curbing/checking inflation.
2. Unions oppose lay-offs.
3. Estimates will have to be revised upward(s).
4. The trace deficit causes government concern.
5. Competition is keener and keener.
6. Prices have gone up (by) 3% over the last six months.
7. Retail sales are 5% down on last year.
8. A recovery is shaping up.
9. Our profit margin is very thin (slender).
10. Their farmers are subsidized.

B 1c. 2d. 3a (ou rien). 4b. 5a.

24 ARGENT, BANQUE

A 1 VOCABULAIRE

accorder	to grant
acompte	de*pos*it
agence	branch
amortir	to write off
amortissement	writing off
argent	money ; silver
arriéré(s)	ar*rears*
avance	ad*vance*
avancer	to ad*vance*, to lend
banque centrale	central bank
banque d'affaires	merchant bank
banque	bank
banquier	banker
bénéfice	profit
bénéficiaire	bene*fi*ciary ; pa*yee*
billet à ordre	promissory note
bordereau	slip
caisse d'épargne	savings bank
caisse	cash-desk
caissier	cashier
carte de crédit	credit card
caution	deposit
chèque au porteur	bearer cheque, (US) check
chèque postal	giro cheque, (US) check
chèque sans provision	bad cheque, dud* check
chèque	cheque, (US) check
coffre fort	safe
compte en banque	bank(ing) ac*count*, (US) checking ac*count*
compte	ac*count*
cours	rate
crédit immobilier	real e*state* credit
crédit	credit
créditer	to credit
débit	debit
débiter	to debit
débiteur	debtor
découvert	overdraft
déficit	deficit
déficitaire	deficit
dépense(s)	spending
dépenser	to spend
déposer	to deposit
dépôt	de*pos*it
détenir un compte	to hold an ac*count*
détenteur	holder
dette	debt
devis	estimate
devise	currency
échéance	due date, ma*tu*rity
échoir	to fall due
économies	e*co*nomies, savings
économiser	to save, to e*co*nomise
effet de commerce	bill (of exchange)
émettre	to issue
émission	issue
employé de banque	bank clerk
emprunt	loan
emprunter	to borrow

24 MONEY, BANKING

emprunteur	borrower
encaisser	to cash (in)
endetté	in*debt*ed
endettement	in*debt*edness ; debt load
endetter (s')	to run into debt
endosser	to en*dorse*
épargne	savings
épargner	to save
escompte	discount
escompter	to dis*count*
finance	finance
financement	financing ; funding
financer	to finance ; to fund
financier	fi*nan*cier*
fonds	funds
frais	ex*pen*ses
garde d'objets de valeur	custody of valuables
gestion de porte-feuille	port*fo*lio management
guichet	window
guichetier	clerk
honorer	to honour, (US) honor
hypothèque	mortgage
hypothéquer	to mortgage
impayé	un*paid*
intérêt	interest
investir	to in*vest*
investissement	in*vest*ment
investisseur	in*ves*tor
lingot	ingot ; bullion
mensualité	(monthly) in*stal*ment, (US) in*stall*-ment
montant	a*mount*
monter à (se)	to a*mount* (to)
ouvrir un compte	to open an ac*count*
paiement	payment
pauvre	poor
pauvreté	poverty
payer	to pay
percevoir	to charge ; to levy
placement	in*vest*ment
placer	to in*vest*
politique moné-taire	monetary policy
portefeuille	port*fo*lio
prêt	loan
prêter	to lend, (US) to lend, to loan
prêteur	lender
protêt	protest
rapporter	to yield
reconnaissance de dette	I.O.U.
recouvrement	col*lec*tion
reçu	re*ceipt**
règlement	settlement
régler	to settle
relevé de compte	statement of ac*count*, bank statement
remboursement	reim*burse*ment, refund, paying back
rembourser	to reim*burse*, to re*fund*, to pay back
rendement	yield
retirer	to with*draw*

retrait	**with*draw*al**	tiré (le)	**(the) drawee**
riche	**rich, wealthy**	tirer	**to draw**
richesse	**wealth**	tireur	**drawer**
solde	**balance**	titre	**se*cur*ity**
solvabilité	**solvency**	traite	**draft, bill (of ex*change*)**
solvable	**solvent**		
somme	**a*mount*, sum**	vente à tempérament	**hire purchase**
souche	**stub**		
souffrance (en)	**out*stan*ding**	versement	**payment ; re*mit*tance**
succursale	**branch**		
talon	**stub**	verser	**to pay**
taux d'escompte	**discount rate**	virement	**transfer**
taux d'intérêt	**interest rate**	virer	**to trans*fer***
taux	**rate**		

A 2 LEXIQUE EN SITUATION

hard cash : argent liquide.
to open an account with a branch : ouvrir un compte dans une agence.
to open a current account : ouvrir un compte courant.
to open a giro account : ouvrir un compte chèque postal.
to hold/have an account : détenir un compte.
to credit an account : créditer un compte.
to debit an account : débiter un compte.
to balance an account : équilibrer un compte.
to charge a sum to an account : débiter un compte d'une somme.
to draw on an account : tirer sur un compte.
to apply for a loan : demander un prêt.
to qualify/be eligible for a loan : remplir les conditions pour obtenir un prêt.
to grant/make a loan : accorder un prêt.
to make individual loans : accorder des prêts personnels.
to grant overall facilities : accorder un découvert.
to float a loan : lancer, émettre un emprunt.
to pay (an) interest : payer un intérêt.

to earn/yield/carry/bear (an) interest : rapporter un intérêt.
to charge interest : faire payer un intérêt.
to seek higher interest : chercher un intérêt plus élevé, rechercher un meilleur rendement.
an I.O.U. (de **I owe you** : je vous dois) : une reconnaissance de dette.
to be in the red : être en découvert, être en déficit.
to be in the black : avoir un compte/solde créditeur ; avoir une gestion bénéficiaire.
to pay/make/leave a deposit : verser des arrhes.
to write/make out/issue a cheque (US : **check**) : rédiger, émettre un chèque.
to pay by instalments (US : **installments**) : payer/régler par versements échelonnés (en général : **monthly instalments** : mensualités).
draw on us three months after (date) : tirez sur nous à trois mois (de date).
to settle a debt : régler une dette.
to give notice : donner un préavis.
failing payment we will have to take legal action : faute de paiement, nous devrons engager des poursuites.

A 3 REGISTRES DE LANGUE

■ money

time is money : le temps c'est de l'argent.
to be in the money : être plein aux as (*fam* **to be flush**).
to get one's money's worth : en avoir pour son argent.
to marry money : faire un mariage d'argent.
to come into money : faire un héritage, devenir riche.
hush money : pot de vin, prix du silence.
key money : dessous de table (appartement).

■ cash

cash on the barrel : en espèces et au comptant, en espèces sonnantes et trébuchantes.
to cash in on : exploiter, tirer parti de (cf. **to capitalize on** ; **to make capital out of**).

■ **penny**

a penny saved is a penny gained/earned : un sou économisé est un sou gagné.

to be penny wise and pound foolish : faire des économies de bout de chandelle, économiser les sous et prodiguer les louis.

in for a penny, in for a pound : quand le vin est tiré il faut le boire.

take care of the pence and the pounds will take care of themselves : il n'y a pas de petites économies, les petits ruisseaux font les grandes rivières.

that will cost you a pretty penny : ça vous coûtera cher (*fam* chaud).

the penny's dropped : il/elle a compris (allusion à la pièce qui déclenche le fonctionnement d'une machine à sous).

penny-pincher : avare, pingre.

to spend a penny : (*fam*) uriner.

■ **divers**

the other side of the coin : l'autre aspect de la question, le revers de la médaille.

to coin a word/an expression : créer un mot, une expression.

to flip a coin : tirer à pile ou face.

heads or tails : pile ou face (**heads** : face).

to win the toss : gagner le tirage au sort (matches de football, etc.).

in mint condition : flambant neuf, à l'état neuf (comme une pièce sortant nouvellement fabriquée, sortant de l'Hôtel des monnaies).

to be legal tender : avoir valeur libératoire, devoir être accepté comme moyen de paiement.

to foot the bill (*fam*) : régler la note.

run on a bank : ruée sur une banque (pour retirer ses fonds, se faire rembourser, etc.).

from rags to riches : des haillons à la richesse, expression qui symbolise la réussite du rêve américain, avec ses « **success stories** » permettant aux pauvres immigrants de faire fortune en une génération.

all that glitters is not gold : tout ce qui brille n'est pas or.
the Fed, the Federal Reserve System : Banque centrale américaine.
the Old Lady of Threadneedle Street : la banque d'Angleterre.

B 1 REMARQUES

■ Attention à la prononciation de **dollar** [dɒlər], accentué sur la première syllabe.

■ Attention à la place des symboles du dollar et de la livre, qui se placent avant les chiffres :

$ 2,000 **two thousand dollars**
£ 250 **two hundred and fifty pounds**

• **Subdivisions de la livre :**

1	**pound**	£1 (= 100 pence)
50	**pence**	50 p
20	**pence**	20 p
10	**pence**	10 p
5	**pence**	5 p
2	**pence**	2 p
1	**penny**	1 p
a	**half-penny**	½ p

• **Subdivisions du dollar :**

1	**dollar**	$1 (= 100 cents)	
50	**cents**	**(half a dollar, half a buck)**	50
25	**cents**	**(a quarter)**	25
10	**cents**	**(a dime)**	10
5	**cents**	**(a nickel)**	5
a	**cent**	**(a penny)**	1

■ Attention aux chiffres :

two thousand cars mais **thousands of cars**
five hundred dollars mais **hundreds of dollars**

Dans **two thousand cars, five hundred people**, etc., **thousand** et **hundred** sont invariables parce qu'ils sont considérés comme adjectifs.

■ Notez que **loan** signifie à la fois *prêt* et *emprunt* :
to apply for a loan : demander un emprunt.
the bank made us a loan : la banque nous a accordé un prêt.

• De même, **debt** (prononciation : [det] – le **b** n'est pas prononcé) signifie à la fois *créance* et *dette*.
De même pour **debtor** ['detəʳ] : *débiteur*, **indebtedness** [in'detɪdnəs] : *endettement*.

■ Attention aussi à la prononciation de
mortgage ['mɔːʳgɪdʒ] : hypothèque
receipt [rɪ'siːt] : reçu

■ Différences entre l'anglais britannique et américain :

– **Orthographe** :

GB	US
cheque	**check**
traveller's cheque	**traveler's check**
instalment	**installment**
(**monthly instal(l)ment**	mensualité)

– **Prononciation** :

clerk [klɑːk]	[klɜːrk]	employé de banque

– **Vocabulaire** :

• prêter :

to lend	**to lend** ou **to loan** (alors qu'en anglais britannique, **loan** ne peut être que substantif)

• accorder une augmentation :

to grant a rise	**to grant a raise**

• caisse d'épargne : GB/US : **savings bank**
Pour l'accession à la propriété :
GB **Building Society**
US **Savings and Loan Association**

■ Différentes traductions de amortir :
amortir une dette : **to redeem a debt**
amortir des frais d'établissement : **to amortize**
amortir du matériel, etc. : **to write off**

24 MONEY, BANKING

■ Attention :

- à **to depreciate, depreciation**, qui désigne tantôt la perte de valeur, tantôt le processus comptable (amortissement) destiné à compenser cette perte de valeur.
- à la traduction de *richesse* : **wealth** ou, si c'est dans ce qu'elle a de plus abondant, et parfois provoquant et artificiel, **riches.**
- à la traduction de *dépenses* : **expenses**. Mais aussi **spending** (sommes dépensées, niveau de dépenses) ou **expenditure(s)** : dépense(s) budgetée(s) ou affectée(s) à un poste.
- au sens de **cash** : *argent liquide ou paiement comptant* (y compris par chèque ou par carte de crédit) selon le contexte. En principe, **to pay cash** : *payer comptant* se distingue de **to pay in cash** : *payer en liquide*.
- Notez la multiplicité des expressions signifiant *faire faillite*. Du plus formel au plus familier : **to go bankrupt, to file a petition in bankruptcy, to file for bankruptcy, to fail, to go under, to go broke, to go bust.**

C 1 EXERCICES

A Q.C.M.

1. I can't lend you any money. My bank account is already in the …
   a. blue b. dark c. black d. red
2. They told her she didn't … for a loan.
   a. qualify b. grant c. withdraw d. issue
3. Will you pay cash or by … ?
   a. creditors b. instalments c. loans d. borrow
4. This will … your account.
   a. acknowledge b. collect c. settle d. fall due
5. All that glitters is not …
   a. cash b. gold c. silver d. money

B Donnez trois traductions pour :

1. faire faillite
2. rembourser
3. compte en banque

C Traduire.

1. Emettre des chèques sans provision.
2. Tout ce qui brille n'est pas or.
3. Mettez cela à mon compte.
4. Payer à tempérament.
5. Ouvrir un compte dans une agence.
6. Accorder un prêt.
7. Se voir refuser un découvert.
8. Vérifier un relevé de compte.
9. Payer comptant.
10. Endosser un chèque.

C 2 CORRIGÉS

A 1d. 2a. 3b. 4c. 5b.

B
1. to go bankrupt ; to file a petition in bankruptcy ; to file for bankruptcy ; to fail ; to go under ; to go broke ; to go bust.
2. to refund ; to repay ; to pay back ; to reimburse.
3. bank account ; banking account ; (US) checking account.

C
1. to issue bad cheques (dud checks).
2. all that glitters is not gold.
3. charge it to my account.
4. to pay by instal(l)ments.
5. to open an account with a branch.
6. to grant a loan.
7. to be refused an overdraft.
8. to check a statement of account.
9. to pay cash.
10. to endorse a cheque/(US) check.

25 INDUSTRY

A 1 VOCABULAIRE

A. GÉNÉRALITÉS : GENERAL TERMINOLOGY

apprenti	**ap*pren*tice**
artisan	**craftsman, artisan**
artisanat	**craft industry**
assemblage	**as*sem*bling**
atelier	**workshop**
automation	**auto*ma*tion**
branche industrielle	**in*dus*trial branch**
centre industriel	**in*dus*trial center**
chaîne de montage	**as*sem*bly line**
chantier naval	**shipyard**
cheminée (d'usine)	**smokestack, factory chimney**
constructeur automobile	**carmaker, car manu*fac*turer**
contremaître	**foreman, supervisor**
énergie	**energy, power**
entreprise (industrielle)	**firm, con*cern***
entrepôt	**warehouse**
fabricant	**manu*fac*turer**
fabrication	**manu*fac*turing**
fibres artificielles	**arti*fi*cial fibers**
fibres synthétiques	**syn*thet*ic fibers**
industrialisation	**industriali*za*tion**
industrie	**industry**
industrie aéronautique et spatiale	**aerospace industry**
industrie agro-alimentaire	**agro-business**

industrie alimentaire	**food industry**
industrie automobile	**car industry, auto*mo*tive industry, automobile industry**
industrie chimique	**chemical industry**
industrie de haute technologie	**high tech industry**
industrie de l'armement	**arms industry**
industrie de l'habillement	**clothing industry**
industrie de pointe	**leading industry**
industrie de transformation	**processing industry**
industrie des télécommunications	**telecommuni*ca*tions industry**
industrie du bâtiment	**building industry, building trade**
industrie du luxe	**luxury goods industry**
industrie du spectacle	**show business, enter*tain*ment industry**
industrie ferroviaire	**rail/railway/railroad industry**
industrie informatique	**com*pu*ter industry**

A. GÉNÉRALITÉS (suite)

industrie lourde/ légère	heavy/light industry
industrie navale	shipbuilding
industrie pétrochimique	petro*chem*ical industry
industrie pharmaceutique	pharma*ceu*tical industry
industrie textile	textile industry
industriel	in*dus*trialist
laiterie	dairy (industry)
machine	ma*chine*, ma*chin*ery
machine-outil	ma*chine*-tool
manœuvre	labo(u)rer
matériau	material
matière première	raw ma*te*rial
métier à tisser	(weaving) loom
ouvrier	worker
ouvrier non qualifié	un*skilled* worker
ouvrier qualifié	skilled worker
patron	boss, owner, manager
pièces détachées	spare parts
production	pro*duc*tion, output
produit	product
produit fini	finished product
produit semi-fini	semi-finished product
produits	products, goods
produits manufacturés	manu*fac*tured goods
région industrielle	in*dus*trial area
robot	robot
robotique	ro*bot*ics
site (industriel)	site
tissage	weaving
transformation	processing
travail à la chaîne	as*sem*bly line/ pro*duc*tion line work
usine	factory, plant, works, mill
zone industrielle	(GB) in*dus*trial estate, (US) in*dus*trial park
industriel (*adj*)	in*dus*trial
industrieux	in*dus*trious
fabriquer	to manu*fac*ture
industrialiser	to in*dus*trialize
produire	to pro*duce*
transformer	to process

B. INDUSTRIES LOURDES (MÉTALLURGIE, SIDÉRURGIE ET MINES) : HEAVY INDUSTRIES (METALLURGY, IRON AND STEEL INDUSTRY, MINING)

acier	steel
aciérie	steel mill, steelworks
aluminium	a*lu*minum, alu*mi*nium
argent	silver

25 INDUSTRY

bassin	field
bauxite	bauxite
carrière	quarry, pit
charbon	coal
chrome	chromium
cobalt	cobalt
coke	coke
cuivre	copper
diamant	diamond
étain	tin
exploitation minière	mining de*vel*opment
extraction	mining
fer	iron
fonderie	smelting works, foundry
fonte	cast iron
fraiseur	milling ma*chine* operator
fraiseuse	milling ma*chine*
galerie	gallery, level
haut fourneau	blast furnace
houille	coal
houillère	colliery
industrie minière	mining industry
laminoir	rolling mill
lignite	brown coal
manganèse	manga*nese*
métallurgie	me*tal*lurgy
métallurgie lourde	heavy metal*lur*gical industry
mine	mine, pit
minerai	ore
mineur	miner
nickel	nickel
or	gold
phosphates	phosphates
plomb	lead*
puits de mine	mine shaft
sidérurgie	iron and steel industry
soudeur	solderer, welder
soudure	soldering, welding
tour	lathe*
tourneur	turner
zinc	zinc
extraire	to ex*tract* ; (marbre) to quarry
fondre	to smelt
fraiser	to mill
laminer	to laminate
souder	to solder, to weld

C. ÉNERGIE, PÉTROLE ET GAZ : SOURCES OF ENERGY, OIL AND GAS

barrage	dam
baril	barrel
biocarburant	biomass fuel
biogaz	biogas
biomasse	biomass
câble	cable
centrale	power plant, power station
centrale hydraulique	water power station
centrale nucléaire	nuclear plant
centrale thermique	thermal power station
champ de pétrole	oil field

C. ÉNERGIE, PÉTROLE ET GAZ (suite)

combustible	fuel
compagnie pétrolière	oil company
coupure de courant	power cut
courant	current, power
courant alternatif	alternating current
courant continu	direct current
électricité	electricity
énergie éolienne	wind energy
énergie géothermique	geo*ther*mal energy
énergie marémotrice	tidal energy
énergie nucléaire	nuclear energy, nuclear power
énergie solaire	sun energy, solar energy
énergies alternatives	al*ter*native sources of energy
forage	drilling, boring
gaz	gas
gaz de ville	town gas
gaz naturel	natural gas
gazoduc	gas main, gas pipeline
générateur	generator
gisement	de*po*sit
hydroélectricité	hydroelec*tri*city
industrie énergétique	power industry
industrie pétrochimique	petro*chem*ical industry
ligne à haute tension	high tension line
méthane	methane
oléoduc	oil pipeline
panne de courant	power failure
pétrochimie	petro*chem*istry
pétrole	(US) oil, (GB) pe*tro*leum
pétrole brut	crude oil, pe*tro*leum
pétrolier	oil tanker
pipeline	pipeline
plate-forme de forage	oil drilling platform
prospection	prospect(ing)
puits de pétrole	oil well
raffinerie	re*fin*ery
réacteur (nucléaire)	re*ac*tor
surgénérateur	fast breeder
terminal pétrolier	terminal
électrique	e*lec*tric(al)
extraire (pétrole)	to mine

D. LE BÂTIMENT : THE BUILDING TRADE

bâtiment	**building**
béton	**concrete**
bulldozer	**bulldozer**
carreleur	**tiler**
chantier	**building site, (road) works**
charpentier	**carpenter**
chenille	**caterpillar**
ciment	**cement**
construction	**con*struc*tion**
couvreur	**roofer**
électricien	**elec*tri*cian**
excavateur	**excavator, me*chan*ical digger**
grue	**crane**
maçon	**mason, bricklayer**
mortier	**mortar**
plâtrier	**plasterer**
plombier	**plumber***
serrurier	**locksmith**
tapissier	**up*hol*sterer, in*te*rior decorator**
terrassement	**exca*va*tion (works)**
vitrier	**glazier**
construire	**to build, to con*struct***

A 2 LEXIQUE EN SITUATION

to work on/in shifts : travailler par roulement.
to work on night shift/day shift : être (au poste) de nuit/de jour.
day shift : équipe de jour.
to go down the mine/pit : descendre dans la mine.
to work on the assembly line : travailler à la chaîne.
to work in a factory : travailler en usine.
factory work : le travail en usine.
to branch out into : étendre ses services ou ses activités dans, se lancer dans.
the firm is branching out into high tech : l'entreprise se lance dans la haute technologie.

A 3 REGISTRES DE LANGUE

1. <u>Proverbes</u>.
to strike while the iron is hot : battre le fer quand il est chaud.

2. <u>Expressions toutes faites</u>.

primary/secondary/tertiary industry : le secteur primaire/secondaire/tertiaire.

smokestack industries : industries lourdes traditionnelles.

sweatshop industry : industrie dont la production dépend d'ateliers (**sweatshops**) dans lesquels les conditions de travail et de rémunération sont très mauvaises (peut décrire aussi bien l'Angleterre du XIXe siècle que les ateliers clandestins aujourd'hui).

cottage industry : industrie traditionnelle où les ouvriers travaillent chez eux, et utilisent leurs propres outils (ex : l'Angleterre d'avant la Révolution industrielle ou bien de nombreux pays d'Afrique aujourd'hui).

closed shop : décrit un établissement industriel dans lequel règne un monopole syndical sur l'embauche ; tout nouveau employé doit être adhérent du syndicat présent dans l'entreprise (≠ **open shop**).

Industrial Revolution : Révolution industrielle.

industrial injury : accident du travail.

industrial school : (US) école technique.

industrial unrest : troubles sociaux.

industrial action : (GB) action syndicale, de la base.

industrial dispute : conflit social.

industrial relations : relations sociales (patronat-syndicats).

industrial waste(s) : déchets industriels.

industrial tribunal : (*approx*) tribunal des prud'hommes.

opencast mine : mine à ciel ouvert.

stainless steel : acier inoxydable, inox.

child labo(u)r : le travail des enfants.

(the) employers : le patronat.

jack-of-all-trades : homme à tout faire, bricoleur.

captain of industry : capitaine d'industrie.

factory farm : ferme « industrielle ».

factory town : « ville usine » (c'est-à-dire qui dépend très largement d'une seule industrie).

scrap iron : ferraille.

Newly Industrialized Countries (NICs) : pays nouvellement industrialisés.

CBI (**Confederation of British Industry**) : équivalent en Grande-Bretagne du CNPF français.
OPEC (**Organization of Petroleum Exporting Countries**) : l'OPEP (Organisation des pays exportateurs de pétrole).

3. Langue familière.
AC/DC (de **alternating current/direct current**) : bisexuel.

4. Néologismes.
sunrise/sunset industry : voir le chapitre 28, *Géographie*.
mini mills désigne aux États-Unis ces petites aciéries installées au bord de l'eau qui se sont développées au cours des années 70 et 80 ; très compétitives, ce sont elles qui ont relancé l'industrie sidérurgique américaine.

5. Sens figuré.
to have too many irons in the fire : mener trop de choses de front.
the iron curtain : le rideau de fer.
to rule with an iron hand : gouverner d'une main de fer.
steel nerves, nerves of steel : nerfs d'acier.

B 1 PRONONCIATION

iron ['aɪən] **power** ['paʊə^r]

B 2 REMARQUES LEXICALES

- Le terme **industry** possède un sens plus étendu en anglais qu'en français : il peut en effet désigner un secteur entier d'activité ; dans ce cas, il est proche de *secteur* en français.
  ex. : **this company is number one in the industry** : cette entreprise est la première de son secteur.
  Pour les emplois spécifiques de l'adjectif **industrial**, voir les expressions en A 3, 2.
  Par extension, on parlera beaucoup plus souvent d'**industry** pour les *services* (même si le français tend à faire de même à l'heure actuelle).

Ainsi, on dira :
the audio-visual industry : l'audiovisuel
the banking industry : le secteur bancaire
the housing industry : le logement
the insurance industry : le secteur de l'assurance
the media industry : les médias
the publishing industry : le secteur de l'édition
the ready-to-wear industry : le prêt-à-porter
the real estate industry : le secteur immobilier

- **Oil** (aux États-Unis) et **petroleum** (en Grande-Bretagne) désignent la substance minérale. Pour l'*essence*, les Américains emploient **gas (gasoline)** et les Britanniques **petrol.**
- '**the workshop of the world**' : « *l'atelier du monde* » est une expression qui caractérise l'industrie britannique archidominatrice du milieu du XIXe siècle.
- Attention à la traduction de *fabriquer* : **to manufacture** indique un processus de fabrication industrielle, **to make** implique que la fabrication s'effectue de façon artisanale, à la maison ; enfin, le verbe **to fabricate** s'emploie dans le cadre d'une histoire, d'un incident, d'une déclaration *montés de toutes pièces* (**to make up** est un synonyme).
- Le terme *entrepôt* existe en anglais mais contrairement à **warehouse,** il s'emploie presque toujours dans un contexte figuré pour désigner un pays qui joue le rôle de centre de transit de marchandises dans les échanges mondiaux (et qui bénéficie généralement d'une législation douanière très favorable).
  ex. : **Hong Kong has long been the world's entrepôt.**
- Attention à la traduction de *industriel* (nom) qui est **industrialist** et non **industrial.** Ce dernier terme existe cependant comme substantif pluriel, et décrit les valeurs boursières des grandes entreprises industrielles.
  ex : **the leading industrials on Wall Street** : les meilleures valeurs industrielles à Wall Street.
- Ne pas confondre **product** qui désigne un produit issu d'un processus industriel et **produce** (invariable) qu'on emploie toujours pour désigner des *productions agricoles* (ex : **farm produce, wine produce**).

• Il existe plusieurs termes pour *usine* : outre **factory** (terme générique) et **plant** (dont l'usage est devenu très fréquent), on emploie **mill** pour des *aciéries* (**steel mills**), ainsi que pour les industries textile et de la pâte à papier (**textile mill, paper mill**). Quant à **works**, il s'emploie parfois pour des usines sidérurgiques (**steelworks, ironworks**).

C 1 EXERCICES

A A quelles industries se rapportent les termes suivants ?

1. crane — a. metallurgy
2. pit — b. textile industry
3. loom — c. mining
4. rolling mill — d. building industry

B Traduire en anglais.

1. Ce pays exporte des machines-outils et importe des minerais.
2. L'industrie sidérurgique française a connu de graves difficultés dans les années 80.
3. De nombreuses mines de charbon ont dû fermer en Angleterre.
4. Le bâtiment est un secteur vital pour toute économie.
5. Certains s'opposent à l'ouverture de nouvelles centrales nucléaires.

C 2 CORRIGÉS

A 1d. 2c. 3b. 4a.

B
1. This country exports machine-tools and imports ore.
2. The French iron and steel industry met with serious difficulties in the eighties.
3. Several coal-mines/pits had to close down in England.
4. The building industry is vital for any economy.
5. Some oppose the opening of new nuclear plants.

26 SCIENCE ET TECHNIQUES

A 1 VOCABULAIRE

A. LA SCIENCE ET LES SCIENTIFIQUES

brevet	patent
cause	cause
chercheur	re*search*er
conclusion	con*clu*sion
connaissance	knowledge
conséquence	consequence
constatation	obser*va*tion
déduction	de*duc*tion, inference
démonstration	demon*stra*tion, proof
donnée(s)	datum (data)
échelle	scale
empirisme	em*pi*ricism
essai	test, testing
étude	study
expérience	ex*pe*riment
expérimentation	experimen*ta*tion
explication	expla*na*tion
hypothèse	hy*po*thesis
induction	in*duc*tion
intellect	intellect
intuition	intu*i*tion
invention	in*ven*tion
inventeur	in*ven*tor
laboratoire	la*bo*ratory (lab)
loi	law
matière	matter
mesure	measure*, measurement
observation	obser*va*tion
postulat	postulate
preuve	proof, evidence

progrès	progress
propriété	property
raisonnement	reasoning
recherche	re*search*
résultat	re*sult*
savant	scientist
savoir	knowledge
science	science
sciences appliquées	ap*plied* sciences
scientifique	scientist
scientisme	scientism
statistique	sta*tis*tic
substance	substance
technicien	tech*ni*cian
technique	tech*nique*, (US) technic
technologie	tech*no*logy
théoricien	theore*ti*cian
théorie	theory
unité (de mesure)	unit (of measure)
vulgarisation	populari*za*tion
déductif	de*duc*tive
empirique	em*pi*rical
expérimental	experi*men*tal
inductif	in*duc*tive
rationnel	rational
scientifique	scien*ti*fic
statistique	sta*tis*tical
technique	technical
technologique	techno*lo*gical
théorique	theo*re*tical

conclure	to con*clude*
confirmer	to con*firm*
constater	to note, to notice, to state (a fact)
déduire	to de*duce*, to in*fer*
démontrer	to demonstrate, to prove
étudier	to study
expérimenter	to ex*pe*riment
expliquer	to ex*plain*
induire	to induce, to in*fer*
inventer	to in*vent*
mesurer	to measure
mettre au point	to finalize ; to de*vise*
postuler	to postulate
savoir	to know
supposer	to sup*pose*, to imply

B. LA BIOLOGIE ET LA GÉNÉTIQUE

acide aminé	a*mi*no-acid
ADN (acide désoxyribo-nucléique)	DNA (deoxyribo-nu*cle*ic acid)
biologie	bi*o*logy
biologiste	bi*o*logist
cellule	cell
chromosome	chromosome
clone	clone
eugénisme	eu*gen*ics
gène	gene
génétique	ge*net*ics
globule	cor*pus*cle*
mutation	mu*ta*tion
patrimoine génétique	ge*net*ic in*her*itance, genotype
protéine	protein
tissu	tissue
biologique	bio*lo*gical
chromosomique	chromo*so*mal
génétique	ge*net*ic
cloner	to clone
muter	to mu*tate*

C. PHYSIQUE, L'ÉLECTRONIQUE ET LA CHIMIE

accélération	accele*ra*tion
acide	acid
acoustique	a*cous*tics
aérodynamique	aerody*nam*ics
aimant	magnet
alliage	alloy*
ampère	ampere, amp
antimatière	antimatter
atome	atom
azote	nitrogen
base	base
biochimie	bio*chem*istry
burette	bu*rette*
carbone	carbon
catalyseur	catalyst
centre de gravité	centre of gravity
champ magné-tique	mag*net*ic field
charge	charge

C. PHYSIQUE, L'ÉLECTRONIQUE ET LA CHIMIE (suite)

chimie	chemistry
chimiste	chemist (scientist)
cinétique	ki*net*ics
circuit électrique	e*lec*tric(al) circuit
combustion	com*bus*tion
concentré	concentrate
condensateur	ca*pa*citor, con*den*ser
conductibilité	conduc*tiv*ity
cybernétique	cyber*net*ics
distillation	distil*la*tion, distilling
ébullition	boiling point
électricité	elec*tri*city
électroaimant	e*lec*tromagnet
électrode	e*lec*trode
électrolyse	elec*tro*lysis
électron	e*lec*tron
électronique	elec*tron*ics
élément	element
énergie	energy
éprouvette	test tube
équilibre	equi*lib*rium
fission	fission
force	force
force centrifuge	cen*trif*ugal force
force centripète	cen*trip*etal force
force d'inertie	force of in*er*tia
foyer (optique)	focus
fusion nucléaire	nuclear fusion
gaz	gas
gaz carbonique	carbon di*ox*ide
hydraulique	hy*drau*lics
hydrogène	hydrogen

inertie	in*er*tia
informatique	data processing, infor*ma*tion technology (IT), com*pu*ter science
intelligence artificielle	arti*fi*cial in*tel*ligence
ion	ion
isotope	isotope
lentille	lens
liaison	bond
liquide	liquid
lumière	light
magnétisme	magnetism
masse	mass
mécanique	me*chan*ics, me*chan*ical engi*neer*ing
mécanique ondulatoire	wave me*chan*ics
métal	metal
microscope	microscope
molécule	molecule
moment, élan	mo*men*tum
neutron	neutron
noyau	nucleus
onde	wave
optique	optics
oxyde	oxide
oxygène	oxygen
particule	particle
pesanteur	gravity
photon	photon
physicien	physicist
physique	physics

physique nucléaire	nuclear physics
pipette	pi*pette*
poids	weight
précipité	pre*cip*itate
pression	pressure
proton	proton
puissance	power
radioactivité	radioac*tiv*ity
rayonnement	radi*a*tion
réaction	re*ac*tion
réaction en chaîne	chain re*ac*tion
résistance	re*sis*tance
robotique	ro*bot*ics
semi-conducteur	semi-con*duc*tor
solide	solid
solution	so*lu*tion
soufre	sulphur
tension (physique)	tension, pressure
tension (électrique)	voltage
théorie quantique	quantum theory
thermodynamique	thermody*nam*ics
transistor	tran*sis*tor
tube	tube
valence	valency
vapeur	vapour
vaporisation	spray, vapori*za*tion

vitesse de la lumière	speed/ve*lo*city of light
vitesse du son	speed of sound
volt	volt
watt	watt

acide	acid
alcalin	alkaline
basique	basic
biochimique	bio*chem*ical
chaotique	cha*o*tic
chimique	chemical
électrique	e*lec*tric(al)
électronique	elec*tron*ic
gazeux	gaseous
liquide	liquid
magnétique	mag*net*ic
mécanique	me*chan*ical
négatif	negative
neutre	neutral
positif	positive
radioactif	radio*ac*tive
solide	solid

attirer	to attract
bouillir	to boil
dissoudre	to dis*solve*
évaporer	to e*vap*orate
fondre	to melt
geler	to freeze
repousser	to re*pel*

D. SCIENCES HUMAINES ET SOCIALES

anthropologie	**anthro*pol*ogy**	linguistique	**lin*guis*tics**
criminologie	**crimi*nol*ogy**	métaphysique	**meta*phy*sics**
démographie	**de*mog*raphy**	morale	**morals**
droit	**law**	philosophie	**phi*lo*sophy**
économie	**eco*nom*ics**	psychanalyse	**psychoa*nal*ysis**
esthétique	**aes*thet*ics**	psychologie	**psy*chol*ogy**
éthique	**ethics**	sciences humaines	**human sciences**
ethnologie	**eth*nol*ogy**	sciences sociales	**social sciences**
géographie	**ge*o*graphy**	sociologie	**soci*o*logy**
histoire	**history**		

E. SCIENCES DE LA NATURE

alchimie	**alchemy**	minéralogie	**mine*ra*logy**
astronomie	**as*tron*omy**	océanographie	**ocea*nog*raphy**
astrophysique	**astro*phy*sics**	paléontologie	**palaeont*o*logy**
botanique	**botany**	sciences de la nature	**natural sciences**
écologie	**e*co*logy**	zoologie	**zo*o*logy**
géologie	**ge*o*logy**		

F. LES MATHÉMATIQUES

addition	**ad*di*tion, sum**	cercle	**circle**
aire	**area**	circonférence	**cir*cum*ference**
algèbre	**algebra**	cône	**cone**
angle	**angle**	constante	**constant**
bissectrice	**bi*sec*tor, bi*sec*ting line**	côté	**side**
		courbe	**curve**
boulier	**abacus**	cube	**cube**
calcul (le)	**a*rith*metic, calculus**	cylindre	**cylinder**
		décimale	**decimal**
calcul (un)	**calcu*la*tion**	diagonale	**di*a*gonal**
calculette	**calculator**	diamètre	**di*a*meter**
carré	**square**	différence	**difference**
centre	**centre, (US) center**	division	**di*vi*sion**
		droite	**straight line**

ellipse	el*lipse*
ensemble	set
équation	e*qua*tion
formule	formula
fraction	fraction
géométrie	ge*o*metry
hauteur	(perpen*di*cular) height
hyperbole	hy*per*bola
hypoténuse	hy*po*tenuse
inconnue	unknown
largeur	width, breadth
ligne	line
longueur	length
losange	diamond, lozenge, rhombus
mathématicien	mathema*ti*cian
mathématiques	mathe*ma*tics
multiplication	multipli*ca*tion
nombre	number
nombre entier	integer*
nombre premier	prime number
parabole	pa*ra*bola
parallélépipède	parallele*pi*ped
parallélogramme	paral*le*logram
paramètre	pa*ra*meter
périmètre	pe*ri*meter
plan	plane
point	point
prisme	prism
produit	product
profondeur	depth
puissance	power
pyramide	pyramid
quantité	quantity
quotient	quotient
racine	root
racine carrée	square root
rayon	radius
rectangle	rectangle
règle à calcul	slide rule
somme	sum
soustraction	sub*trac*tion
sphère	sphere
superficie	area
surface	surface
tangente	tangent
théorème	theorem
trapèze	(GB) tra*pe*zium, (US) trapezoid
triangle	triangle
variable	variable
vecteur	vector
volume	volume

algébrique	alge*bra*ic
géométrique	geo*met*ric(al)
impair	odd
isocèle	i*so*sceles
mathématique	mathe*ma*tical
pair	even
parallèle	parallel
perpendiculaire	perpen*di*cular
rectangulaire	rec*tan*gular
rond	round
sphérique	spherical

additionner	to add (up)
calculer	to calculate
compter	to count
diviser	to di*vide*
multiplier	to multiply
résoudre	to solve
soustraire	to sub*tract*

A 2 LEXIQUE EN SITUATION

to do/carry research into sth : faire des recherches sur qqch.
to do research (work) : faire de la recherche.
applied/fundamental research : recherche appliquée/fondamentale.
he is a researcher : c'est un chercheur.
mental arithmetic : calcul mental.
square/cubic meter : mètre carré/cube.
the genetic code : le code génétique.
it can be inferred that... : on peut en déduire que....
as a conclusion : en conclusion.
right/acute/obtuse angle : angle droit/aigu/obtus.
geometrical figure : figure géométrique.
to draw a circle : tracer un cercle.
to stand in a circle : faire un cercle.
to circle : encercler, entourer.
short-circuit : court-circuit ; **to short-circuit** : court-circuiter.
in theory : en théorie.
log/multiplication table : table de logarithmes/de multiplication.
to number : additionner, faire le total.
there is a cause and effect relation(ship) between these two phenomena : il y a une relation de cause à effet entre ces deux phénomènes.

A 3 REGISTRES DE LANGUE

1. Expressions toutes faites.

set theory : théorie des ensembles.
empty set : ensemble vide.
quantum theory : théorie quantique.
20-odd : vingt et quelques.
square-dancing : le quadrille.
she is absolutely square : elle est l'honnêteté même.
a square deal : un arrangement équitable.
to get a square deal : être traité équitablement.

black hole : trou noir.
weightlessness (zero gravity dans la langue commune) : l'apesanteur.
to come full circle : revenir à son point de départ.
the element oxygen : l'élément oxygène (chimie).
in numbers : en nombre, en grande quantité.
there is safety in numbers : (*approx*) on se sent plus sûr quand on est en groupe.
to gather momentum : prendre de la vitesse.
to lose momentum : perdre de la vitesse.

2. Langue familière et argotique.
maths, (US) math : les maths.
he/she is good at math(s) : il/elle est bon(ne) en maths.
math(s) expert/specialist : matheux.
we're back to square one : nous nous retrouvons au point de départ/nous recommençons à zéro.
to be a square : être ringard, conventionnel, vieux jeu.

3. Néologismes.
R&D (Research and Development), Recherche et développement.

4. Sens figuré.
political/business circles : les milieux politiques/d'affaires.
the 'missing link' : le « chaînon manquant » ; cette expression, employée de manière générale, peut également se référer à Darwin pour qui le chaînon manquant se trouve entre les grands singes et l'homme.
to gather momentum : gagner du terrain.
to lose momentum : perdre du terrain.

B 1 PRONONCIATION

science	[saɪəns]
chemical, chemistry	['kemɪkəl], ['kemɪstrɪ]
préfixes : bio–	['baɪəʊ]
dio–	['daɪəʊ]

dia–	['daɪə]
hydro–	['haɪdrəʊ]
hypo–	['haɪpəʊ]
hyper–	['haɪpə^{r}]
suffixe –ide	[aɪd]
ex : dioxide	[daɪ'ɒksaɪd]
minus	['maɪnəs]
triangle, circle	['traɪæŋgl], [sɜː^{r}kl]
mechanics	[mɪ'kænɪks]
theory	['θɪərɪ]
chaos	['keɪɒs]

B 2 REMARQUES LEXICALES

- Ne pas confondre **physicist**, physicien, et **physician**, médecin.

- Attention à l'adjectif *théorique* en anglais qui se dit **theo<u>retic</u>al**.

- Compter et calculer en anglais

• **two plus/and five is/equals seven** : $2+5=7$
three minus one is/equals two : $3-1=2$
two (multiplied) by eight is/equals sixteen : $2\times8=16$
ten divided by two is/equals five : $10\div2=5$
two power three : deux à la puissance trois (au cube)
three squared : trois au carré
four is the square of two : quatre est le carré de deux
to raise to the power of 10 : élever à la puissance 10

• Attention à la décimale en anglais ; on utilise le point, car la virgule indique les milliers :
2.7 = **two point seven** = 2,7 (deux virgule sept)
100,000 = **one hundred thousand**
< se lit **is less than**
> se lit **is greater than**

• Attention à la traduction de zéro :
En mathématiques, on dit **zero** ou **nought**
Pour les températures, **zero**

Dans un numéro de téléphone, on lit **O (oh)**
Au tennis et au squash, on emploie **love** ; **to lead by two games to love**, mener deux jeux à zéro
Au football et dans certains autres sports (principalement en Grande-Bretagne), on emploie **nil**

- Unités de mesure (longueur et surface)
1 **inch** (in.) (un pouce) = 2,54 cm
1 **square inch** (un pouce carré) = 6,45 cm^2
1 **foot** (ft) (un pied) = 30,48 cm
1 **square foot** (un pied carré) = 9,29 dm^2
1 **foot equals 12 inches**, un pied est égal à 12 pouces
1 **yard** (yd) (un yard) = 0,91 cm
1 **square yard** (un yard carré) = 0,8361 m^2
1 **mile** (ml) (un mile) = 1609 cm
1 **acre** (ac) = 40,47 ares

■ Quelques grands savants de l'histoire :
Euclid, Euclide
Pythagoras, Pythagore
Galileo, Galilée
Copernicus, Copernic
Newton's laws, les lois de Newton
Einstein's theories of relativity, les théories de la relativité d'Einstein

■ **Pythagoras' theorem : in a right-angled triangle, the square of the length of the hypotenuse equals the sum of the other two sides** : Le théorème de Pythagore : dans un triangle rectangle, le carré de l'hypoténuse est égal à la somme des carrés des deux autres côtés.

B 3 REMARQUE GRAMMATICALE

Beaucoup de termes décrivant des sciences (ex : **physics, acoustics, economics**, etc.) portent un s au singulier :
ex. : **physic<u>s</u> <u>is</u> my favourite subject** : la physique est ma matière préférée.

C 1 EXERCICES

A Lire les formules suivantes :

1. $15-7=8$
2. $4\div2\times2=4$
3. $\sqrt{16}=4$
4. $a^2+b^2=c^2$

B Traduire en anglais.

1. Ses recherches en physique portent sur le mouvement des particules élémentaires au sein du noyau.
2. Je pose trois et je retiens un.
3. L'ADN donne des renseignements précieux sur le code génétique.
4. Ce célèbre scientifique vient de se voir attribuer le prix Nobel de chimie.
5. Selon la théorie d'Einstein, la masse *m* et l'énergie *E* sont équivalentes quand $E=mc^2$, *c* étant la vitesse de la lumière.

C 2 CORRIGÉS

A

1. fifteen minus seven equals/is eight
2. four divided by two multiplied by two equals/is two
3. the square root of sixteen is four
4. *a* squared plus *b* squared equals *c* squared

B

1. His research in physics focuses on the movements of elementary particles inside the nucleus.
2. I put down three and carry one.
3. DNA provides precious information about the genetic code.
4. That renowned scientist has just been awarded the Nobel prize in chemistry.
5. In Einstein's theory, mass *m* and energy *E* are equivalent according to the equation $E=mc^2$, where *c* is the speed of light.

27 THE MEDIA

A 1 VOCABULAIRE

A. PRESSE ÉCRITE

article vedette	**feature**
bande dessinée (magazine)	**comic book**
bande dessinée	**comic strip, comics**
bande dessinée quotidienne	**daily strip**
chaîne de journaux	**(press) syndicate**
communiqué de presse	**press re*lease***
courrier des lecteurs	**letters to the editor**
couverture (d'événement)	**coverage**
couverture (page de)	**cover ; cover page**
couvrir un événement	**to cover an event**
double page	**double-page spread**
éditer	**to publish**
édition (l')	**publishing**
édition (une)	**e*di*tion**
éditorial (*adj*)	**publishing**
éditorial (*n*)	**edi*to*rial, leader**
éditorialiste	**edi*to*rial/leader writer**
exemplaire	**copy**
faire la une	**to hit the front page**
gros titre	**banner headline**
groupe de presse	**press group ; chain of newspapers**

hebdomadaire	**weekly (magazine)**
journal de mode	**fashion magazine**
journal	**newspaper**
journalisme	**journalism**
journaliste indépendant	**freelance journalist**
journaliste	**journalist ; news(paper) man**
journaliste politique	**po*lit*ical correspondent**
lectorat par exemplaire	**pass-on readership**
lectorat	**readership**
lettre confidentielle	**newsletter**
magazine économique	**business magazine**
magazine féminin	**women's magazine**
magnat de la presse	**press Lord**
magnat	**magnate, tycoon**
maison d'édition	**publishing house/firm/company**
manchette	**headline, banner**
mensuel	**monthly (publi*ca*tion)**
mise en page, maquette	**layout**
numéro	**issue**

A. PRESSE ÉCRITE (suite)

petites annonces	classified ads, classifieds
photographe de presse	press pho*to*grapher
première page	front page ; cover page
presse écrite	print media
publié sous la direction de	edited by
publier en feuilleton	to serialize
publier	to publish
publier une petite annonce	to run an ad
quotidien	daily (newspaper)
rédacteur (en chef)	editor (in chief)
rédaction (la)	editorial staff
reportage	(action) newsgathering, coverage ; (résultat) article, report
reporter	reporter
responsabilité éditoriale	editorship
revue pornographique	porn mag
revue sexy	girlie magazine
revue sportive	sports magazine
rubrique	(partie) section ; (titre) heading
rubrique sportive	sports section
semestriel	half-yearly (publi*ca*tion)
supplément du dimanche	Sunday supplement
tabloïde	tabloid
texte rédactionnel	editorial matter
tirage	circu*la*tion
tirer	to print
trimestriel	quarterly (publi*ca*tion)

B. TÉLÉVISION

animateur de spectacle	MC, emcee
Audimat	ratings
bande vidéo	video tape
câble (le)	cable TV, cable
cassette vidéo	video cassette
chaîne de télé	TV channel/station
chaînes indépendantes de tout réseau (cf. B 4)	inde*pen*dent tele*vi*sion
comédie de situation	sitcom
diffuser	to broadcast
diffusion	broadcast, broadcasting
diffusion en direct	live broadcast
documentaire	docu*men*tary ; fact(ual) film
éditorialiste	program(me) di*rec*tor

émission	broadcast ; show, programme, (US) program
émission de jeux	game show ; give-away show
émission de prestige	feature program
émission de variétés	variety show
émission en différé	pre-recorded broadcast
émission en direct	live program
enchaînement	program packaging
entretien/débat télévisé	talk show
faire monter l'Audimat	to boost ratings
feuilleton à l'eau de rose	soap opera
feuilleton	serial
film de fiction	fiction film
grille des programmes	program schedule
grille du début de soirée	prime slate
grille horaire	program schedule
guerre de l'Audimat	rating battle
heure de grande écoute	peak viewing time
heure de grande écoute (début de soirée)	prime time
interview	interview
journal télévisé	newscast, news re*port*, telenews
journaliste de télévision	newscaster, news anchorman
(film de) long métrage	feature (film)
magazine de télé	TV magazine
magazine féminin (télévisé)	women's interest program
magnétoscope	video cassette re*cor*der (VCR)
magnétoscoper	to videotape
passer à l'antenne	to go/to be on the air
passer à la télé	to be broadcast, to be on TV
poste de télé	TV set
présentateur de journal	anchorman, anchor
présentateur, animateur	(GB) an*noun*cer, (US) pre*sen*ter ; host, anchor
présentatrice de journal	anchorwoman, anchor
présenter une émission	to host/to emcee a show
programme régulier	across-the-board program
projection	screening, showing
reportage	re*port*, coverage
reportage en direct	live coverage
reprise, rediffusion	rerun
réseau câblé	cablenet, cable network
retransmission	re*broad*casting, retrans*mis*sion

B. TÉLÉVISION (suite)

série (télé)	(TV) series
spectacle de variétés	musical show
télé poubelle	trash TV
télé-enseignement	distance learning
téléfilm	telepix, tele*vi*sion picture ; telefilm, tele*re*cording
téléspectateur	(tele)viewer
téléspectateurs	TV audience
télévision à la carte	pay-per-view
télévision à péage/payante	pay-TV ; pay-as-you-see tele*vi*sion
télévision câblée	wired broadcasting
télévision commerciale	com*mer*cial tele*vi*sion ; sponsored tele*vi*sion
télévision des réseaux	network tele*vi*sion
télévision éducative	edu*ca*tional TV
télévision en circuit fermé	closed-circuit tele*vi*sion
télévision grand public	general public tele*vi*sion
télévision par câble	cable TV ; cablecasting
télévision par câble payante	paycable
télévision, télé	tele*vi*sion, TV
tranche horaire précédant les heures de grande écoute	prime/primetime access
transmission en direct	live trans*mis*sion
zapper	to flick/to switch/ to surf channels

C. RADIO

animateur radio	disc-jockey, DJ, deejay
auditeur	listener
bande son	sound track
bruitage	sound ef*fects*
bulletin d'information	news bulletin, radio news
CB, canal banalisé	CB, Citizen Band
cibiste, cébéiste	CB user
commentateur	commentator, nar*ra*tor
compact disque	compact disc/disk
diffusion audionumérique	digital audio broadcasting
disque	record
émettre	to broadcast
émission de jeux	game show ; give-away show

émission en différé	**re*cor*ded broadcast**
enregistrement (sur bande)	**(tape) re*cor*ding**
enregistrer	**to re*cord***
flash d'information	**news flash ; news in brief**
fréquence radio	**radio frequency**
grille des programmes	**program(me) schedule**
heure de grande écoute	**peak listening time ; prime time**
hit parade (chansons)	**charts**
indicatif musical, sonal	**jingle**
indice d'écoute	**program(me) rating**
jeu radiophonique	**radio quiz**
journal parlé	**news broadcast**
journal radiodiffusé	**news magazine, radio news**
journaliste sportif	**sportcaster**
longueur d'ondes	**wavelength**
mixage	**(US) mixing ; (GB) dubbing**
modulation de fréquence (FM)	**frequency modu*la*tion (FM)**
montage	**editing**
onde courte	**short wave (SW)**
onde longue/ grandes ondes	**long wave (LW)**
onde moyenne	**medium wave (MW)**
parasites	**static, inter*fe*rence**
passer à l'antenne	**to go/to be on the air**
passer à la radio	**to be on radio ; to be broadcast**
poste de radio	**radio set**
préenregistrement	**pre-re*cor*ding**
présentateur du journal	**newscaster**
programmation musicale	**music programming**
programme enregistré	**re*cor*ded program(me)**
radio locale	**local radio**
radio	**radio**
radiodiffusion	**broadcast(ing) ; radio broadcasting**
refrain publicitaire, jingle	**jingle**
se brancher sur une station	**to tune in on a station**
speaker(ine)	**an*noun*cer, newscaster**
station de radio	**radio station**

D. PUBLICITÉ

affichage	**bill-posting, bill-sticking**
affiche	**poster**
agence de publicité	**advertising agency**
annonceur	**advertiser**

D. PUBLICITÉ (suite)

budget publicitaire (annonceur)	**advertising ac*count*, ac*count***
budget publicitaire (chaîne)	**advertising budget**
cadeaux publicitaires	**give-aways**
campagne de publicité	**advertising campaign**
campagne de publicité promotionnelle	**give-away cam*paign***
chaîne de télé-achat	**teleshopping channel**
faire passer un message	**to convey a message**
infomercial	**info*mer*cial**
lancer une campagne	**to launch a cam*paign***
mailing	**direct mail**
panneau d'affichage	**billboard ; hoarding**
parrainer, sponsoriser	**to sponsor**
publicitaire (*n*)	**advertising man ; adman**
publicitaire à l'antenne	**to air a com*mer*cial**
publicité (la)	**advertising**
publicité (une)	**ad*ver*tisement ; (GB) advert ; (US) ad**
publicité préenregistrée	**canned com*mer*cials**
publicité presse	**newspaper advertising**
publicité rédactionnelle	**editorial advertising**
publipostage	**direct-mail advertising ; mailing ; mail shot**
recettes publicitaires	**advertising revenues**
refrain publicitaire	**jingle**
sponsor, commanditaire	**sponsor**
spot publicitaire	**com*mer*cial**
support publicitaire	**advertising medium**

A 2 LEXIQUE EN SITUATION

this newspaper sold close to one million copies of yesterday's issue : ce journal a vendu près d'un million d'exemplaires du numéro d'hier.

Bob Wilkins will be hosting this program/this program will be hosted by Bob Wilkins : Bob Wilkins présentera cette émission/cette émission sera animée par Bob Wilkins.

our guest tonight is Jerry Lewis : ce soir, notre invité est Jerry Lewis.

we'll be back (to you) after a word from our sponsor : nous vous retrouverons après un message de notre sponsor/commanditaire.

this show was sponsored by the American League for Cancer : cette émission a été parrainée par la fondation américaine de cancérologie.

advertising revenues and donations will go to AIDS research : les recettes publicitaires et les dons serviront à la recherche pour la lutte contre le SIDA.

tune in on WCK : branchez-vous sur la fréquence de WCK.

stay tuned : restez à l'écoute de notre station/chaîne.

we're on the air : nous avons l'antenne/nous sommes à l'antenne.

call-in/phone-in program : émission radio ou télé invitant les auditeurs ou téléspectateurs à intervenir à l'antenne en appelant la station.

our special correspondent Michael Wilson reporting from Moscow : voici maintenant le reportage que notre envoyé spécial Michael Wilson nous transmet de Moscou.

I prefer the original sound track to the dubbed version : je préfère la bande son originale à la version doublée.

I do my best to keep abreast of current events : je fais de mon mieux pour me tenir au courant de l'actualité.

this programme/(US program) is aimed at a teenage audience : cette émission vise un public d'adolescents.

the target audience of this broadcast is senior citizens : le troisième âge est le public-cible de cette émission/cette émission est destinée au troisième âge.

I watch the evening news on television and listen to the morning news on the radio : je regarde les informations du soir à la télévision et j'écoute les nouvelles du matin à la radio.

this scandal will surely hit the headlines : ce scandale va sûrement défrayer la chronique/faire les gros titres.

the news spread like wildfire : la nouvelle s'est propagée comme une traînée de poudre.

a rerun of my favo(u)rite film is scheduled on Channel 4 next Tuesday : une reprise de mon film préféré est programmée sur la 4 mardi prochain.

A 3 REGISTRES DE LANGUE

Langue familière, argotique.

- **television** (outre l'abréviation classique TV) a pour équivalent familier britannique **telly**. Elle est désignée péjorativement par l'expression **the boob tube** qui dénote son côté abêtissant : littéralement « le tube (cathodique) pour imbéciles ». Le dénigrement peut aller jusqu'à **trash TV** : *télé poubelle*.
- Deux termes argotiques désignent un « reporter à scandale » : **newshawk** ou **newshound** et, plus grossier, **muckraker** ['mʌkreikəʳ] : fouille-merde ; **muckraking** fait référence à ce genre d'activité peu honorable. Les vocables **scandalmongering** (colportage de scandales) et **hatemongering** (propagation de la haine) sont à ranger dans le même registre.
- **chat show** est un équivalent familier de **talk show** pour désigner une *causerie télé*.
- **a hack** est un terme désignant péjorativement un *journaliste*.
- A l'expression vulgaire *film de cul* correspond **a skinflick** ou **porn film**/(US) **movie**. De même, on dit **a skin mag, a porn mag** pour un *magazine porno*.
- **a docu** est l'abréviation argotique de **documentary**.
- **to MC a show** est une façon argotique de traduire *animer un spectacle*.
- **canned music** (littéralement « musique en conserve ») désigne de la musique préenregistrée, en boîte, au mètre, ou de la musique d'archives, tout comme **canned laughter** s'applique à des rires préenregistrés.
- **pig squeal** (littéralement « hurlement de cochon ») désigne un récepteur télé à décodeur.

B 1 REMARQUES LEXICALES

- **a media** est une expression impossible. L'anglais **media** ne prend jamais d's puisqu'il porte déjà la marque du pluriel latin.

  On dira ainsi **a medium** : *un support* ou (s'il faut l'admettre) *un média* au singulier et **media** : *des supports* ou *des médias* au pluriel.

ex. : **TV commercials are the most effective medium to promote our product** : Les spots publicitaires télévisés sont le support le plus efficace pour la promotion de notre produit.

Print media suffer a loss of advertising revenues :
La presse écrite souffre d'une perte de recettes publicitaires.

- Pour les publicitaires, **print media** distingue la *presse écrite* et les *supports papier* des **broadcast media** : *médias radio et télévision*.
- Ne pas confondre **advertising** : *la publicité* (secteur d'activité) et **advertisement** : *une publicité* (résultat de cette activité). Se reporter plus bas en B 2 à propos de la prononciation de ce second terme, raccourci en **advert** en anglais britannique et en **ad** en américain, avec **advt.** pour abréviation.
  ad est également l'abréviation de **advertising** dans **an adman (an advertising man)** : un publicitaire.
- Veiller à bien distinguer l'**adman** de l'**advertiser** : le premier est le professionnel qui vend son expertise et ses services au second qui est son client : *l'annonceur*.
- Ne pas confondre **to publish/a publisher** : *publier, éditer, un éditeur* et **to edit/an editor**. Dans le domaine de la presse, **to edit** fait référence à la recherche préalable et à la préparation d'un article pour la publication en procédant aux modifications, aux coupes et au montage nécessaires (**editing**) ou à la direction d'un périodique. Il se traduit donc, selon le cas, par *rechercher, préparer* ou *diriger* ; dans le domaine de la télévision, par *monter*. Dans le premier cas, l'**editor** est le *rédacteur en chef*, dans le second *un monteur*.
- Attention : s'il est correct d'employer le mot **radio** non précédé de l'article défini dans des expressions telles que **to go on radio** : passer à la radio, son emploi est obligatoire dans des tournures aussi fréquentes que **on the radio** : à la radio.
  ex. : **I heard it on the radio** : Je l'ai entendu à la radio.
  to listen to the radio : écouter la radio.

- Veiller également à éviter la double faute [**at the**] **TV** pour traduire le français *à la télé*. Les seules traductions possibles sont **on television** ou **on TV**.
  to watch TV/television : regarder la télé(vision).
- **antenna** ou **aerial** ne désignent l'*antenne* que dans son sens propre de *dispositif de réception*. Au sens figuré, ce mot se traduit par **air** et entre dans la composition de nombreuses expressions de grande fréquence telles que **air time** : *le temps d'antenne*, **to be on the air** : *avoir l'antenne*, **to go on the air** : *passer à l'antenne, être diffusé*.
- **dubbing** employé au sens technique de *mixage* en anglais britannique a, des deux côtés de l'Atlantique, le sens de *doublage, repiquage du son, postsynchronisation*. En argot, **a dub** est *une doublure*.
- Les **soap operas**, *feuilletons à l'eau de rose* diffusés à la radio ou à la télévision, doivent leur nom aux programmes financés aux États-Unis par les « lessiviers », grandes entreprises fabriquant des détergents.
- L'expression journalistique *le dossier (de la semaine, du mois)* mis en évidence sur la couverture de la publication a pour équivalent **the cover story**. Il s'appuie généralement sur une *enquête* (**survey**) et/ou un *sondage* (**poll**).
- Outre son sens de *revue*, **review** signifie aussi *la/une critique* (littéraire, artistique, etc. **A film review** désigne *une critique cinématographique, la critique d'un film*. *Un critique* (journaliste) se traduit par **a reviewer**.
- A l'euphémisme français *le quatrième pouvoir*, faisant référence au pouvoir des médias, correspond l'anglais **the fourth estate**.

B 2 PRONONCIATION

- Veiller à bien prononcer la troisième syllabe du mot **advertisement** avec un **i** bref [tis], la deuxième syllabe portant l'accent tonique. Cependant, en américain, ce mot est parfois prononcé ['ædvɜːrtaizmənt].

• La place de l'accent tonique distingue le verbe **to record** [ri'kɔːʳd] : enregistrer, accentué sur la deuxième syllabe), du nom **a record** ['rekɔːrd] : un disque, un record (accentué sur la première syllabe).

B 3 AMÉRICANISMES

• Aux États-Unis, **network television** (par opposition à **independent television**) fait référence à la *télévision des réseaux*, c'est-à-dire aux trois chaînes principales et concurrentes que sont CBS (**Columbia Broadcasting System**), NBC (**National Broadcasting Corporation**) et ABC (**American Broadcasting Company**). PBS (**Public Broadcasting System**) est une chaîne américaine non commerciale.

• Dans le contexte de la radio et de la télévision, les Américains emploient **a commercial** (plutôt que **an ad** qu'ils réservent à la presse) pour traduire *une pub, un spot publicitaire.*

• le terme **billboard** désigne soit un *panneau d'affichage*, soit le *générique* qui apparaît sur un écran (**opening billboard** : *générique de tête*).
En outre, **the billboard ten** serait, pour les dix chansons en tête du hit-parade (**the charts**) à un moment donné, l'équivalent américain du « Top 50 » français.

• Comme on l'a vu dans le lexique de la presse écrite, **a press syndicate** est « une chaîne de journaux » si bien que **a syndicated feature** désigne tout article (ou rubrique, y compris les bandes dessinées) publié dans tous les organes de presse faisant partie de la chaîne et pour lequel elle a acheté les droits.

• Le terme **endorsement** n'a pas d'équivalent exact en français malgré sa très grande fréquence aux États-Unis. Il dénote en quelque sorte l'adoption officielle d'une marque, d'un produit ou d'un service par une célébrité qui accepte (moyennant finances) d'en vanter les mérites dans les médias.
ex. : **Michael Jordan endorsed brand X** : Michael Jordan a accepté de représenter/de faire la publicité de la marque X.

B 4 NÉOLOGISMES

- Le terme récemment créé de *publireportage* correspondant dans la plupart des cas à la *publicité rédactionnelle* a les équivalents suivants : **editorial advertisement, reader advertising** et **reading notice** en américain. Sa traduction la plus courante combinant, comme en français, deux mots (**advertising** et **editorial**) est **advertorial.**
Le néologisme français *infomercial* (annonce publicitaire contenant des informations sur le produit) est un calque du terme américain utilisant la même dérivation combinatoire.
- Fondé sur un procédé de création lexicale identique, on trouve également **docudrama** et son calque français *docudrame* pour décrire un documentaire romancé, mélange de faits réels et de fiction, de telle sorte qu'il a pour synonyme l'anglais **faction,** contraction de **fact** et de **fiction.**
- Le mot **anchormania** a été composé pour faire référence à la *starification,* au *vedettariat* des présentateurs de journaux télévisés. **Anchor** est la forme abrégée de **anchorman** ou **anchorwoman.**
- Il est intéressant de noter la lexicalisation effectuée à partir de sigles. Ainsi, MC (**Master of Ceremonies** : *maître de cérémonies,* c'est-à-dire *animateur d'émission*) peut s'écrire emcee et devenir un verbe : **to emcee a show** : *animer une émission.*
Il en va de même pour DJ : *disc jockey, animateur radio* qui s'orthographie avec la valeur phonétique de ses initiales : **a deejay.** Ce phénomène récent est à rapprocher de dérivations similaires opérées il y a plusieurs décennies sur **a** GP (**General Purpose**) **vehicle** et VP (**vice-president**) devenus respectivement **a jeep** et **the Veep.**
- Afin de suivre le développement des stations de radio locales, a été forgé le terme **narrowcasting** (antonyme de **broadcasting**) qui désigne la *radiodiffusion de proximité.*

C 1 EXERCICES

A Complétez les phrases suivantes.

1. That commercial is … every hour before the radio news.
2. It is not the first screening of this film on TV. It is a …
3. Advertisers watch the … of the major channels closely in order to plan their next advertising campaigns.
4. Radio and television are referred to as … media, as opposed to print media.
5. I didn't read last week's … of *The Economist*.

B Trouvez la bonne réponse.

1. This film got excellent … in all TV magazines.
   a. criticisms c. reviews
   b. critiques d. reruns

2. There are so many bad-quality programs on television that the medium has come to be called … TV.
   a. trash c. junk
   b. litter d. garbage

3. *Time* magazine features a very interesting … story this week.
   a. report c. survey
   b. cover d. news

4. What you hear most often on the radio is … music.
   a. background c. boxed
   b. tinned d. canned

5. Commercials are extremely expensive at … time.
   a. peak c. high
   b. rush d. prime

C Traduisez les phrases suivantes.

1. C'est mon présentateur de journal télévisé préféré.
2. Comme d'habitude, CNN a été la première chaîne à couvrir l'événement.

3. Le dernier scandale politique a fait la une de tous les journaux.
4. Je déteste les feuilletons à l'eau de rose et j'adore les documentaires.
5. Cet animateur de radio a fait monter l'indice d'écoute de la station.

C 2 CORRIGES

A 1. aired/broadcast. 2 rerun. 3 ratings. 4 broadcast. 5 issue.

B 1c. 2a. 3b. 4d. 5d.

C 1. He is my favo(u)rite anchorman/anchor.
2. As usual, CNN was the first channel to cover the event.
3. The latest political scandal hit the front page of all newspapers.
4. I hate soap operas and love documentaries/documentary films.
5. That DJ (deejay) boosted the station's ratings.

28 GEOGRAPHY

A 1 VOCABULAIRE

A. LA GÉOGRAPHIE (GÉNÉRALITÉS)

altitude	altitude, height*
atlas	atlas
boussole	compass
carte	map, chart
cartographie	car*to*graphy
compas	compass
cordonnées	co-*or*dinates
dimension	di*men*sion
échelle	scale
emplacement	place, site, lo*ca*tion
est	east
géographe	ge*o*grapher
géographie	ge*o*graphy
géologie	ge*o*logy
géologue	ge*o*logist
latitude	latitude
légende	legend
longitude	longitude
mappemonde	map of the world
niveau	level
nord	north
orientation	orien*ta*tion
ouest	west
plan	plane
planisphère	planisphere
points cardinaux	cardinal points, points of the compass
région	region, area
repère	line, mark, landmark
situation	situation, po*si*tion, lo*ca*tion
sud	south
superficie	area
topographie	to*po*graphy
zone	zone, area
cartographier	to map
faire/dresser la carte de	to map
orienter	to di*rect*, to orientate
relever	to sketch, to plot
répertorier	to list
s'élever	to rise
situer	to lo*cate*, to site, to situate
abrupt	abrupt, steep
aérien	aerial (*epith*), air (*epith*)
alpin	alpine
aquatique	under*wa*ter (*epith*)
bas	low
cartographique	carto*gra*phic(al)
continental	conti*nen*tal
côtier	coastal
déchiqueté	jagged*, ragged*
découpé	jagged, in*den*ted
dépeuplé	de*pop*ulated
désertique	barren, desert (*epith*)
détaillé	detailed

A. LA GÉOGRAPHIE (GÉNÉRALITÉS) (suite)

échancré	in*den*ted, jagged
élevé	high, lofty
enneigé	snowy, snow-covered
équatorial	equa*to*rial
escarpé	steep
étendu	wide, ex*ten*sive
étroit	narrow, re*strict*ed, con*fined*
frontalier	border (*epith*), frontier (*epith*)
géographique	geo*graph*ic(al)
glaciaire	glacial, ice (*epith*)
hachuré	hachured
haut	high, tall
inhabité	unin*hab*ited
insulaire	island (*epith*), insular
isolé	isolated, lonely, re*mote*
large	broad, wide
limitrophe	border (*epith*)
local	local
localisé	localized

marécageux	marshy, swampy, boggy
méridional	southern
montagneux	mountainous
occidental	western
oriental	eastern
peuplé	populated
plat	flat
polaire	polar
précis	pre*cise*, clear, accurate
régional	regional
sauvage	wild
septentrional	northern
surpeuplé	over*po*pulated
tempéré	temperate
terrestre	land (*epith*), earth (*epith*), ter*res*trial
topographique	topo*graph*ic(al)
tourmenté	tortured
tropical	tropical
vallonné	undulating
vierge	pristine, virgin (*epith*)
volcanique	vol*can*ic

B. L'ÉTENDUE TERRESTRE, LE RELIEF

à-pic	cliff
abysse	a*bys*sal zone
affluent	tributary
archipel	archi*pel*ago
atoll	atoll
aurore boréale	northern lights, au*ro*ra bore*a*lis

baie	bay
barrière naturelle	natural barrier
bassin	basin
bras de mer	sound, arm of the sea
canal	ca*nal*
canyon	canyon

cap	cape
caverne	cave, cavern
cercle polaire	polar circle
chaîne (de montagne)	(mountain) range
ciel	sky
cirque	cirque
climat	climate
col	pass
colline	hill
confluent	confluence
continent	continent
corniche	cornice
côte	coast
cours d'eau	streams, rivers and waterways
cratère	crater
crête	crest, ridge
crevasse	crevice
crique	creek
croûte terrestre	earth's crust
défilé	gorge, de*file*, narrow pass
delta	delta
dénivellation	difference in level, slope
dérive	drift
désert	desert
détroit	strait
dune	dune
embouchure	mouth
équateur	e*qua*tor
équinoxe	equinox
estuaire	estuary
étendue	stretch
faille	fault
falaise	cliff
fjord	fiord, fjord

fleuve	river
fonds marins	seabed
fosse	fall
forêt	forest
frontière	border, frontier
geyser	geyser
globe	globe
golfe	gulf
gorge	gorge
gouffre	abyss, gulf, chasm*
grotte	cave, cavern
hémisphère	hemisphere
horizon	ho*ri*zon
iceberg	iceberg
île	island, isle
îlot	islet, small island
isthme	isthmus
jungle	jungle
lac	lake
lagon	la*goon*
lagune	la*goon*
lave	lava
lieu	place
limite	boundary
littoral	coast
localisation	locali*za*tion
marécage	marsh, swamp, bog
marée	tide
massif	massif
mer	sea
méridien	me*rid*ian
monde	world
mont	mount
montagne	mountain
oasis	oasis

B. L'ÉTENDUE TERRESTRE, LE RELIEF (suite)

océan	ocean
panorama	pano*ra*ma
parallèle	parallel
pays	country
paysage	landscape, scenery
péninsule	pe*nin*sula
pente	slope
plage	beach
plaine	plain
plateau	plateau
pôle	pole
presqu'île	pe*nin*sula
profondeur	depth
ravin	ra*vine**
récif	reef
relief	relief
rivage	shore
rive	(mer, lac) shore, (rivière) bank
rivière	river
roc	rock
ruisseau	stream, brook
ruisseau (petit)	rivulet
savane	sa*van*nah
sol	ground, soil
sommet	summit
source	spring
sous-continent	subcontinent
steppe	steppe
surface	surface
taïga	taiga
terrain	ground, soil, ter*rain*
terre	earth, ground, soil, land
territoire	territory
torrent	torrent
toundra	tundra
tropique	tropic
vallée	valley
volcan	vol*ca*no

C. L'ASTRONOMIE ; L'ESPACE

anneau	ring
année-lumière	light year
apesanteur	weightlessness
astre	star
astronaute	astronaut
astronome	a*stron*omer
astronomie	a*stron*omy
astrophysicien	astro*phys*icist
atmosphère	atmosphere
biosphère	biosphere
comète	comet
compte à rebours	countdown
cosmonaute	cosmonaut
cosmos	cosmos
constellation	constel*la*tion
croissant	crescent
éclipse	eclipse
équinoxe	equinox
espace	space
espace (extra-terrestre)	outer space
étoile	star
étiole filante	shooting star
extra-terrestre	alien

fusée	rocket
galaxie	galaxy
gravitation	gravi*ta*tion
lancement	launching
lune	moon
lunette astronomique	astro*no*mical telescope
martien	Martian
météorite	meteorite
nadir	nadir
navette spatiale	space shuttle
nébuleuse	nebula
observatoire	observatory
orbite	orbit
OVNI	UFO (Uni*den*tified Flying Object)
planétarium	plane*ta*rium
planète	planet
pleine lune	full moon
révolution	revo*lu*tion
rotation	ro*ta*tion
satellite	satellite
soleil	sun
solstice	solstice
station	station
stratosphère	stratosphere
télescope	telescope
univers	universe
vaisseau spatial	spaceship, spacecraft
zénith	zenith
Jupiter	Jupiter
Mars	Mars
Mercure	Mercury
Neptune	Neptune
Pluton	Pluto
Saturne	Saturn
Uranus	Uranus
Vénus	Venus
la Grande Ourse	the Great Bear, Ursa Major, (US) the Big Dipper, (GB) the Plough
la Petite Ourse	the Little Bear, Ursa Minor, (US) the Little Dipper
l'étoile polaire	the Pole Star, the North Star
l'étoile du berger	the Evening Star
la Voie lactée	the Milky Way
le système solaire	the Solar System
astral	astral
astronomique	astro*no*mical
extra-terrestre	extra-terrestrial
galactique	ga*lac*tic
infini	infinite
intersidéral, interstellaire	interstellar
lunaire	lunar
planétaire	planetary
solaire	solar
spatial	spatial, space (*epith*)
alunir	to land on the moon
graviter	to gravitate
observer	to observe, to watch
tourner	to ro*tate*

D. L'HOROSCOPE

ascendant	as*cen*dant
astrologie	as*tro*logy
astrologue	as*tro*loger
horoscope	horoscope
signe	sign
zodiaque	zodiac
Balance	Libra
Bélier	Aries, Ram
Cancer	Cancer
Capricorne	Capricorn
Gémeaux	Gemini
Lion	Leo
Poisson	Pisces*
Sagittaire	Sagit*ta*rius, Archer
Scorpion	Scorpio
Taureau	Taurus, Bull
Verseau	Aquarius
Vierge	Virgo

E. CONTINENTS, FLEUVES, MONTAGNES, ETC.

Afrique	Africa
Amérique centrale	Central A*me*rica
Amérique du Nord	North A*me*rica
Amérique du Sud	South A*me*rica
Amérique latine	Latin A*me*rica
Antarctique	the Ant*arc*tic
Arctique	the Arctic
Asie	Asia
Europe	Europe
Europe occidentale	Western Europe
Europe orientale	Eastern Europe
Océanie	Oceania, the Central and South Pacific
Tropique du Cancer	Tropic of Cancer
Tropique du Capricorne	Tropic of Capricorn
la Tamise	the Thames
le Nil	the Nile*
le Rhin	the Rhine*
le Saint-Laurent	the Saint-Lawrence
le Cap de Bonne Espérance	the Cape of Good Hope
le Grand Canyon	the Grand Canyon
le Grand-Nord	the Great North
les Alpes	the Alps
les Antilles françaises	the French An*til*les
les Appalaches	the Appa*la*chians
les Caraïbes, les Antilles	the Carib*be*an, the West Indies
les Grands Lacs	the Great Lakes
l'Himalaya	the Hima*la*yas
les Îles anglo-normandes	the Channel Islands
les Îles britanniques	the British Isles

l'Île de Man	**the Isle of Man**
les montagnes Rocheuses	**the Rocky Mountains, the Rockies**
les Prairies	**the Prairies**
Terre-Neuve	**Newfoundland***

G. OCÉANS, MERS ET DÉTROITS

l'océan Antarctique	**the Ant*arc*tic Ocean**
— Arctique	**the Arctic Ocean**
— Atlantique	**the At*lan*tic Ocean**
— Glacial	**the Polar Sea**
— Indien	**the Indian Ocean**
— Pacifique	**the Pa*cif*ic (Ocean)**
la Baltique	**the Baltic (Sea)**
la Manche	**the Channel**
la Méditerranée	**the Mediter*ran*ean (Sea)**
la mer des Sargasses	**the Sar*gas*so Sea**
la mer du Nord	**the North Sea**
la mer Morte	**the Dead Sea**
la mer Noire	**the Black Sea**
la mer Rouge	**the Red Sea**
le détroit de Gibraltar	**the Straits of Gi*bral*tar**
le Pas de Calais	**the Straits of Dover**

G. QUELQUES VILLES DONT L'ORTHOGRAPHE DIFFÈRE

Alger	**Al*giers***
Athènes	**Athens**
Bagdad	**Bagh*dad***
Bruxelles	**Brussels**
Copenhague	**Copen*ha*gen**
Damas	**Da*mas*cus**
Édimbourg	**Edinburgh**
Genève	**Ge*ne*va**
La Havane	**Ha*va*na**
La Haye	**The Hague**
La Mecque	**Mecca**
Le Caire	**Cairo**
Le Cap	**Cape Town**
Londres	**London**
Manille	**Ma*ni*la**
Moscou	**Moscow**
Pékin	**Bei*jing***
Téhéran	**Teh*ran***
Varsovie	**Warsaw**
Venise	**Venice**
Vienne	**Vienna**

A 2 LEXIQUE EN SITUATION

all over the world, the world over : dans le monde entier.
to go round the world : faire le tour du monde.
on Earth : sur terre.
on land : à terre.
ashore : à terre.
to go ashore/on shore : débarquer.
on the sea : en mer.
by the sea/at the seaside : au bord de la mer.
throughout the land : dans tout le pays.
over land and sea : sur terre et sur mer.
dry land : la terre ferme.
by/in the moonlight : au clair de lune.
by starlight : à la lumière des étoiles.
a starry/starless night : une nuit étoilée/sans étoile.
sunrise/sunset : lever/coucher de soleil.
at sunrise/at sunset : au lever/coucher du soleil.
the sun rises east : le soleil se lève à l'est.
the space conquest : la conquête de l'espace.
in outer space : dans l'espace (intersidéral).
to put into orbit : mettre sur orbite.
continental drift : la dérive des continents.
tectonic plates : les plaques tectoniques.
natural boundary : frontière naturelle.
a ranger : un garde-forestier (notamment dans les parcs nationaux aux États-Unis).
An islander : un habitant d'une île.
virgin forest : forêt vierge.
ancient forest : forêt primaire.
at 40° longitude west/east : à 40 degrés de longitude ouest/est.
the river flows into the sea : le fleuve se jette dans la mer.
this river has its source in/springs up in the Alps : cette rivière prend sa source dans les Alpes.
to scale : à l'échelle.
to scale : dessiner à l'échelle.
this map is not to scale/out of scale : les distances ne sont pas respectées sur cette carte.

on a small/large/scale : à petite/grande échelle.
the open sea : la haute mer, le large.
the wide open spaces : les grands espaces (vides).
wilderness areas : les étendues sauvages.
overseas : outre-mer, à l'étranger.
overseas territories : territoires d'outre-mer.
territorial waters : les eaux territoriales.
relief map : carte en relief.
upstream, downstream : en amont, en aval.
uphill, downhill : (*approx*) en montant, (*approx*) en descendant.

A 3 REGISTRES DE LANGUE

1. Expressions toutes faites.

to sleep out in the open/under the stars : dormir à la belle étoile.
to see stars : voir trente six chandelles.
to be born under a lucky star : être né sous une bonne étoile.
here on Earth : ici-bas.
to the ends of the Earth : au bout du monde.
the sky's the limit ! tout est possible.
to see the world : voir du pays.
it's a small world ! que le monde est petit !
the New World : le Nouveau Monde.
to bay at the moon : hurler à la lune.
the seven seas : toutes les mers du globe.
the tide of events : le cours des événements.
there has been a turn of the tide : la chance a tourné.
the ebb and flow : le flux et le reflux.
land flowing with milk and honey : terre d'abondance, pays de cocagne.
the promised land : la terre promise.
the money keeps flowing in : l'argent rentre bien.
ocean/sea bed : fond sous-marin.
river bed : lit de la rivière.
down-to-earth : terre à terre, réaliste.
heaven on earth : le paradis sur terre.

the call of the sea : l'appel du large.
this city was wiped off the map : cette ville fut entièrement rasée.
to bring/throw relief into sth : mettre qqch en relief, faire ressortir qqch.

2. Langue familière et argotique.
oceans of : énormément de.
I'm all at sea : j'ai perdu le nord.

3. Néologismes.
sunrise industry : désigne une industrie en plein essor et riche de promesses, principalement dans les domaines de l'électronique et de la haute technologie (on l'oppose à parfois aux **sunset industries** : *industries vieillissantes*).
moonlighting : travail au noir (éventuellement en complément d'un travail régulier).
offshore account/funds : désigne des fonds et/ou comptes en banque qui se trouvent dans des pays étrangers (souvent sur une île, « en mer ») bénéficiant d'une législation fiscale très favorable.
flow chart, flow sheet : organigramme, planning.
to streamline : utilisé tout d'abord dans le sens de « donner un profil aérodynamique » à des voitures ou des avions, le terme s'emploie aujourd'hui couramment dans le contexte de l'entreprise ; il désigne une stratégie de rationalisation qui implique en général réductions de taille et d'effectifs (**a streamlining policy**).
global village : le *village mondial* tel qu'il fut défini par l'Américain McLuhan ; la terre est devenu un village du fait de l'explosion des télécommunications et de la dimension planétaire des enjeux économiques, politiques et sociaux.

4. Sens figuré.
to promise sb the earth : promettre la lune à qqn.
to come back to earth : redescendre sur terre.
to ask/cry for the moon : demander la lune.
in dire straits : dans une situation désespérée.

to stem the tide/the flow of : endiguer (le flot de).
to go with the tide/stream : suivre le courant.
to go against the tide/stream : aller à contre-courant.
landslide victory : victoire écrasante, raz-de-marée.
beachcomber : vagabond, propre à rien.
off the map : à l'autre bout du monde, perdu.
to map out a strategy : établir les grandes lignes d'une stratégie.
a movie star : une étoile de cinéma, une « star ».

5. Vocabulaire plus littéraire.
stream of consciousness : mouvement littéraire qui vise à décrire la vie mouvante et complexe de la conscience humaine (cf. notamment des écrivains comme Virginia Woolf dans le domaine anglais).
Mother Earth : la Terre mère, notre mère nourricière la Terre.
strand : grève, rivage, rive.
to strand : échouer (bateau).
to leave stranded : laisser en rade.
dale : vallée, vallon (terme usuel dans le Nord de l'Angleterre).
the heavens : le ciel, le firmament.
the Orient : l'Orient, **the Occident** : l'Occident ; ces deux termes ne s'emploient que dans un contexte littéraire.

B 1 PRONONCIATION

Europe	['jʊərəp]
Leicester, Worcester	['lestə], ['wʊstə]
Chicago	[ʃɪ'kɑːgəʊ]
the Thames	[ðə temz]
Edinburgh	['edɪnb(ə)rə]
canal	[kə'næl]
Africa	['æfrɪkə]
height	[haɪt]
terrain	[tə'reɪn]
desert (*n*)	['dezəʳt]
desert (*v*)	[dɪ'zɜːʳt]
relief	[rɪ'liːf]

B 2 REMARQUES LEXICALES

- Ne pas confondre **map** qui est la *carte routière, géographique*, et **chart** qui désigne une *carte marine, météo* ou du *ciel.*
- Les termes **border** et **frontier** sont des synonymes qui désignent la *frontière* ; néanmoins, le terme **frontier** en Amérique du Nord est aussi un concept, celui des *limites de la civilisation* ou encore de la *connaissance* ; ainsi, on parle de **frontier spirit**, de **frontiersmen** (qui sont des pionniers).
- **island** est le terme usuel pour *île* ; le terme **isle** est littéraire ou désigne une île précise ; ex. : **the Isle of Wight** : l'île de Wight.
- Attention à la traduction de *sol* en anglais : **ground** est le terme générique, **floor** s'emploie généralement pour un *sol artificiel* (plancher) et **soil** dans un contexte agricole ou géologique (sens de *terrain*). Notons tout de même l'emploi de **floor** pour le *sol d'une rivière ou de la mer*.
- Attention aux adjectifs **earthy** et **earthly** : **earthy** se rapporte à la terre en tant que matière, tandis que **earthly** signifie terrestre en opposition au divin.
- Attention à l'adjectif **global** en anglais qui signifie *universel, mondial* car il se rapporte au globe, au monde.
- Bien que l'adjectif **Asiatic** existe, c'est le terme **Asian** qui est d'usage le plus courant en anglais.
- Les termes **lowlands** et **highlands** désignent respectivement les terres basses et les terres hautes dans de nombreux pays (par exemple en Écosse : les **Lowlands** sont dans le Sud, les **Highlands** dans le Nord du pays). Il en est de même pour les adjectifs **lower** et **upper** : ainsi, on distingue historiquement le **Lower Canada** : *Bas-Canada* du **Upper Canada** : *Haut-Canada*.
- Les quatre points cardinaux (très souvent en majuscule en anglais) ont donné les adjectifs **eastern, northern, western** et **southern** ['sʌðəʳn]qui à leur tour ont donné naissance à des noms, **Easterner, Northerner, Southerner** et **Westerner**, qui désignent les habitants de l'Est, du Nord, du Sud ou de l'Ouest d'un pays. Par exemple aux États-

Unis, les **Southerners** habitent les États du sud alors que les **Westerners** vivent dans les États de l'Ouest. Quant aux **Continentals**, ils désignent en Grande-Bretagne les Européens (c'est-à-dire les habitants du continent européen).

- Il est possible en anglais de former des noms à partir du suffixe **–scape**, que l'on trouve dans **landscape** : *paysage* ; ainsi, on parlera de **mountainscape** : *paysage de montagne*, de **seascape** : *paysage marin*, etc.
- Le terme **watershed**, qui désigne en géographie la *ligne de partage des eaux*, s'emploie couramment dans un contexte abstrait où il signifie moment critique, décisif, ou encore grand tournant (de l'histoire par exemple).

B 3 REMARQUES GRAMMATICALES

- On n'emploie pas d'article pour les sommets montagneux ; ex. : **Mount McKinley** : sommet d'Amérique du Nord, **Mount Everest** : l'Everest, **Ben Nevis** : le Ben Nevis, sommet des Îles britanniques.
- Par contre, l'article défini est toujours attaché aux éléments naturels, aux astres et à la terre : **the sun, the moon, the sea, the air, the Earth** (mais **Planet Earth** : la planète Terre).
- L'article défini est également utilisé pour les fleuves et rivières ; ex. : **the Thames, the Mississippi, the Loire.**
- Les adjectifs de nationalité et de lieux géographiques portent toujours une majuscule en anglais ; ex. : **the <u>At</u>lantic coast, the <u>Af</u>rican desert, the <u>S</u>wiss Alps.**
- Attention à l'emploi de la préposition **in** :
  the largest country <u>in</u> the world : le plus grand pays <u>du</u> monde.
- La préposition **off** indique la distance d'un point d'une côte ou de la terre :
  ex. : **<u>off</u> X City Harbo(u)r** : au large de X City Harbo(u)r.
  That island lies 15 miles <u>off</u> the coast :
  cette île se trouve à 15 miles de la côte.

C 1 EXERCICES

A Traduire en anglais.

1. Le Mont McKinley, d'une altitude de 6194 m (20320 pieds), est le plus haut sommet d'Amérique du Nord.
2. L'Himalaya, dont plusieurs pics dépassent 7500 m (25000 pieds), est la plus haute chaîne de montagne du monde.
3. Lorsque l'astronaute américain Armstrong atterrit sur la lune en 1969, il s'écria : « C'est un petit pas pour l'homme, mais un pas de géant pour l'humanité ! »
4. La Terre est la seule planète habitée du système solaire.

B Chasser l'intrus.

1. brook, flow, stream, rivulet, river
2. Leo, Libra, Virgo, Ram, Crab
3. ambush, tributary, confluence, estuary, delta

C 2 CORRIGÉS

A

1. Mount McKinley is the highest peak in North America, with a height of 6194 m (20320 ft).
2. The Himalayas are the highest range in the world, with several peaks over 7500m (25000 ft).
3. When the American astronaut Armstrong landed on the moon in 1969 he exclaimed : 'A small step for man, a giant leap for humankind !'
4. The Earth is the only inhabited planet in the solar system.

B

1. flow.
2. Crab.
3. ambush.

29 HISTORY

A 1 VOCABULAIRE

A. L'HISTOIRE, GÉNÉRALITÉS

alliance	**al*li*ance**
allié	**ally***
ancêtre	**ancestor, forbear, forefather**
annexion	**annex*a*tion**
anniversaire	**anni*ver*sary**
archéologie	**archae*o*logy**
archéologue	**archae*o*logist**
archives	**archives**
autonomie	**au*ton*omy**
chef	**leader, chief (of a tribe)**
chronique	**chronicle**
chronologie	**chro*no*logy**
chute	**fall**
citoyen	**citizen**
citoyenneté	**citizenship**
civilisation	**civiliz*a*tion**
colon	**colonist, settler**
colonie	**colony**
colonisateur	**colonizer**
colonisation	**coloniz*a*tion, settlement**
conquête	**conquest**
coup d'état	**coup**
date	**date**
découverte	**dis*co*very**
descendant	**des*cen*dant**
doctrine	**doctrine**
document	**document**
dogme	**dogma**
élection	**e*lec*tion**
ère	**era**
État	**state**
événement	**event**
fouille	**exca*va*tion**
généalogie	**ancestry, gene*a*logy**
généalogiste	**gene*a*logist**
hégémonie	**he*ge*mony**
histoire	**history**
historien	**his*to*rian**
historiographie	**histori*o*graphy**
indépendance	**inde*pen*dence**
invasion	**in*va*sion**
jalon	**milestone**
joug	**yoke**
junte	**junta**
nation	**nation**
nationalisme	**nationalism**
occupation	**occu*pa*tion**
opposant	**op*po*nent**
opposition	**oppo*si*tion**
parti politique	**po*li*tical party**
partisan	**pro*po*nent, sup*por*ter, partisan**
patrie	**homeland, country**
passé	**past**
personnage	**person, personage**
(grand) personnage	**great figure**
peuple	**people, nation**
(le) peuple	**the people, populace**

A. L'HISTOIRE, GÉNÉRALITÉS (suite)

pouvoir	power
rebelle	rebel
rébellion	re*bel*lion
réforme	reform
régime	re*gime*
révolte	revolt, re*bel*lion
révolution	revo*lu*tion
siège	siege*
source	source
successeur	suc*ces*sor
succession	suc*ces*sion
repère	landmark
tutelle	super*vi*sion, tutelage
contemporain	con*tem*porary
historique	his*to*ric, his*to*rical
passé	past
préhistorique	prehis*to*ric
annexer	to annex
assiéger	to be*siege*
civiliser	to civilize
coloniser	to colonize
conquérir	to conquer*
occuper	to occupy
renverser	to overthrow
se passer	to take place, to happen
se révolter contre	to re*bel* against
révolutionner	to revo*lu*tionize
s'opposer à	to op*pose*
succéder à	to suc*ceed*

B. LA PRÉHISTOIRE ET L'ANTIQUITÉ

âge de (la) pierre	Stone Age
âge du bronze	Bronze Age
âge de fer	Iron Age
Antiquité	An*ti*quity
cité	city
Empire romain	Roman Empire
esclavage	slavery
esclave	slave
Angle	Angle
Barbare	Bar*ba*rian
Celte	Celt
Gaël	Gael
Gaule	Gaul
Gaulois	Gallic
Grec	Greek
Grèce ancienne	ancient Greece
grotte	cave
hiéroglyphes	hiero*glyph*(ic)s
homme préhistorique	prehis*to*ric man
néolithique	Neo*lith*ic
paléolithique	Palaeo*lith*ic
nomadisme	nomadism
nomade	nomad
Normand	Norman
Perse	Persia
Phénicien	Phoe*ni*cian
préhistoire	pre*his*tory
Romain	Roman

Saxon	Saxon
Spartiate	Spartan
tribu	tribe
Viking	Viking
antique	ancient
barbare	bar*ba*rian, bar*ba*ric
celte	Celtic
grec	Greek
nomade	no*mad*ic
préhistorique	prehis*to*ric
romain	Roman
sédentaire	settled, sedentary

C. LE MOYEN ÂGE

arbalète	crossbow
armure	armour
bouclier	shield
bûcher	stake
charte	charter
château fort	stronghold, (fortified) castle
chemin de ronde	covered way
chevalerie	chivalry
chevalier	knight
corvée	corvée
cotte de mailles	coat of mail
créneau	crenel
croisade	cru*sade*
croisé	cru*sa*der
donjon	keep
écuyer	squire, equerry
épée	sword
féodalité	feudal system, feu*da*lity, feudalism
fief	stronghold
fossé, douves	moat
la Grande Charte	Magna Carta
guerre de Cent Ans	Hundred Years' War
guerre des Deux-Roses	the Wars of the Roses
hallebarde	halberd
Inquisition	the Inqui*si*tion, the Holy Office
lance	spear, lance
mâchicoulis	machico*la*tion
meurtrière	loophole
Moyen Age	the Middle Ages
ordre	order
oubliettes	dungeon
page	page(boy)
pont-levis	drawbridge
seigneur	lord
serf	serf
servage	serfdom
sorcellerie	witchcraft
sorcière	witch
tour	tower
tournoi	tournament
valet	valet
vassal	vassal
féodal	feudal
médiéval	medi*e*val, medi*ae*val

29 L'HISTOIRE

D. LES TEMPS MODERNES

abdication	abdic*a*tion
absolutisme	absolutism
archiduc	archduke
aristocrate	aristocrat
aristocratie	aris*to*cracy
baron	baron
baronnie	barony
bourgeoisie	bourgeoisie, burgesses, middle class
Christophe Colomb	(Christopher) Columbus
comte	(GB) earl, count
comté	earldom
comtesse	countess
la Contre-réforme	Counter-Refor*ma*tion
la Cour	court
couronne	crown
la Couronne	the Crown
couronnement	crowning
duc	duke
duché	dukedom
duchesse	duchess
empereur	emperor
empire	empire
grandes découvertes	great dis*co*veries
guerre de Sept Ans	Seven Years' War
impératrice	empress
Indiens d'Amérique, Amérindiens	A*me*rican Indians, Native A*me*ricans
guerre de Trente Ans	Thirty Years' War

monarchie	monarchy
monarchie absolue/ parlementaire	absolute/parlia*men*tary monarchy
monarchiste	monarchist
monarque	monarch
navigateur	navigator
noble	nobleman, noblewoman
la noblesse	the no*bil*ity
le Nouveau Monde	the New World
prince	prince
princesse	princess
principauté	princi*pal*ity
la Réforme	the Refor*ma*tion
réforme agraire	land re*form*
la Renaissance	the Re*nais*sance
reine	queen
la Révolution française	the French Revo*lu*tion
roi	king
royaume	kingdom
royauté	monarchy, kingship
souverain	sovereign, monarch
Tiers-Etat	the Third Estate
titre	title
trône	throne
vicomte	viscount
vicomtesse	viscountess
noble	noble
princier	princely
royal	royal

abdiquer	to abdicate
anoblir	to con*fer* a title of no*bil*ity, to en*no*ble
couronner	to crown
régner	to reign
régner sur	to rule over

E. L'HISTOIRE CONTEMPORAINE

amendement	a*mend*ment
antisémitisme	anti-Semitism
après-guerre	post-war period/years
avant-guerre	pre-war years
bloc de l'Est	East bloc
camp de concentration	concentration camp
capitalisme	Capitalism
chambre à gaz	gas chamber
communisme	Communism
constitution	consti*tu*tion
croix gammée	swastika
crise économique mondiale	global (eco*no*mic) slump
débarquement	landing
décolonisation	decoloni*za*tion
démocratie	de*mo*cracy
dictateur	dic*ta*tor
dictature	dic*ta*torship
l'Empire britannique	the British Empire
ère industrielle	in*dus*trial era
l'ère victorienne	the Vic*to*rian Era
Grande dépression	the Great De*pres*sion
la Grande famine	the Great Famine
guerre de Corée	Ko*re*an War
guerre de Sécession	A*me*rican Civil War, Se*ces*sion War
Guerre d'indépendance (américaine)	A*me*rican Revo*lu*tion, War of A*mer*ican Inde*pend*ence
guerre du Viêt-Nam	Viet*nam* War
guerre froide	Cold War
impérialisme	im*pe*rialism
Marxisme	Marxism
nazi	Nazi
nazisme	Nazism
plan Marshall	Marshall Plan
Première Guerre mondiale	First World War, World War I (one)
prolétariat	prole*ta*riat
protectorat	pro*tec*torate
race	race
racisme	racism
reconstruction	recon*struc*tion
république	re*pub*lic
la Résistance	the (French) Re*sis*tance
résistant	Re*sis*tance fighter/worker
révolution d'Octobre	Russian Revo*lu*tion, Oc*to*ber Revo*lu*tion
révolution industrielle	In*dus*trial Revo*lu*tion

E. L'HISTOIRE CONTEMPORAINE (suite)

rideau de fer	**iron curtain**	xénophobie	**xeno*pho*bia**
séparatisme	**separatism**		
socialisme	**Socialism**	diviser	**to di*vide***
Seconde Guerre mondiale	**Second World War, World War II (two)**	pacifier	**to pacify**
		réunifier	**to re*u*nify**

A 2 LEXIQUE EN SITUATION

historic event : événement historique.
a history book : un livre d'histoire.
a history play : une pièce d'histoire.
in the Middle Ages : au Moyen Age.
at the turn of the century : au tournant de ce siècle.
to dethrone : chasser du trône.
to come to the throne : monter sur le trône.
in power : au pouvoir.
to take office : prendre le pouvoir.
to be in office, to hold office : être au pouvoir.
to come to power : accéder au pouvoir.
he will go down in history : il entrera dans l'histoire.
to find one's place in history : laisser son nom dans l'histoire.

A 3 REGISTRES DE LANGUE

1. Proverbes.
posterity will be the judge, history will tell : l'histoire jugera.
to divide and rule : diviser pour mieux régner.

2. Expressions toutes faites.
for the record : pour la petite histoire.
to make history : être historique.
history is constantly being remade : l'histoire est un éternel recommencement.
a turning point in history : un tournant de l'histoire.
the footnotes of history : la petite histoire.

medical history : passé médical.
to be burned at the stake : être brûlé au bûcher.
to live at court : vivre à la cour.

3. <u>Langue familière et argotique</u>.
that's all ancient history! tout ça, c'est de l'histoire ancienne !

5. <u>Sens figuré</u>.
to be a landmark in history : faire date dans l'histoire.
a glorious page, a glorious chapter in history : une page d'histoire.
a watershed : moment décisif, grand tournant de l'histoire.

B 1 NE PAS CONFONDRE

- **history** : *l'histoire, le processus historique* et **story** : *une histoire, des faits relatés.*
- **historic** : *qui fait date, important* et **historical** : *qui se réfère à l'histoire.*
  ex. : **a historic decision/a historical perspective**
  NB : **historic** est souvent précédé de **an**.
- **anniversary** : *commémoration d'un événement* et **birthday** : *anniversaire d'une personne.*
- Attention à l'adjectif **ancient** qui se réfère le plus souvent à la période de l'Antiquité.

B 2 FAITS ET PERSONNAGES HISTORIQUES

- Les **Pilgrim Fathers** ou **Pilgrims** désignent ces puritains qui débarquèrent du Mayflower en 1620 et créèrent la colonie de Plymouth en Nouvelle-Angleterre.
  Quant aux **Founding Fathers,** ils désignent les membres de la Convention de 1787 qui participèrent à l'élaboration de la constitution américaine.
- Le terme **Westward move** décrit la conquête de l'ouest américain qui s'acheva dans les années 1880. Celle-ci est

étroitement liée dans l'histoire américaine au concept de **frontier** : *frontière.*

- **Black Thursday**, le « jeudi noir » fait allusion au terrible krach boursier de 1929 (**1929 stock market crash**) à Wall Street.
- **V-Day**, le jour de la victoire, se réfère à la deuxième guerre mondiale, **V-E Day** plus particulièrement à la victoire des Alliés en Europe le 8 mai 1945 et **V-J Day** à la victoire sur le Japon le 15 août de la même année.
- Quelques grands personnages :
  William the Conqueror : Guillaume le Conquérant
  Robin Hood : Robin des Bois
  Joan of Arc : Jeanne d'Arc
  Bloody Mary, surnom donné à Mary Tudor, reine d'Angleterre. C'est également aujourd'hui le nom d'un cocktail.
  Mary, Queen of Scots, Mary Stuart, reine d'Écosse décapitée sous l'ordre d'Elizabeth I.
  William and Mary désigne Guillaume II d'Orange et sa femme Marie II Stuart qui régnèrent de 1682 à 1702.
- **The Union Act** : lie les royaumes d'Angleterre et d'Écosse en 1707.
  The Partition Act : sépare en 1921 l'Irlande en deux parties, le Nord (les comtés de l'Ulster) rattaché à la Grande-Bretagne et le Sud qui devient la République d'Irlande.
- Le **King's English** ou **Queen's English** (selon le souverain régnant) désigne l'anglais britannique standard.
- **The Union Jack** est le nom du drapeau du Royaume-Uni de Grande-Bretagne et d'Irlande du nord, **the Stars and Stripes** ou **Star-Spangled Banner** celui du drapeau des États-Unis d'Amérique.
- Le terme **Commonwealth** désigne deux réalités historiques bien distinctes, d'une part la république qui exista en Grande-Bretagne entre 1649 et 1660 (principalement sous le règne de Oliver Cromwell) et d'autre part le **Commonwealth of Nations** (créé en 1936), association d'États souverains qui sont ou ont été sous tutelle britannique.

B 3 REMARQUES GRAMMATICALES

Les noms de souverains :
King Edward : le roi Edward
Queen Elizabeth II : dire « **Queen Elizabeth the second** » : la reine Elizabeth II
Louis XIV : dire « **Louis the fourteenth** »

B 4 PRONONCIATION

archives	[ˈɑːʳkaɪvz]
bourgeoisie	[bɔːʳʒwɑːˈziː]
Celtic	[ˈkeltɪk]
coup	[kuː]
feudal	[ˈfjuːdl]
knight	[naɪt]
monarchy	[ˈmɒnəʳkɪ]

C 1 EXERCICES

A Rétablir la chronologie.
1. The Seven Years' War
2. The Hundred Years' War
3. The Thirty Years' War
4. The Wars of the Roses
5. The Cold War
6. The American Civil War

B Chasser l'intrus : quel est le terme qui ne se réfère pas au Moyen Age ?
crossbow, stake, keep, kernel, moat

C Traduire en anglais.
1. La reine Elizabeth II règne depuis plus de 40 ans.
2. La chute du mur de Berlin mit symboliquement fin à la guerre froide entre les deux blocs.

3. Les hommes du paléolithique étaient des nomades qui vivaient de la chasse et de la cueillette.
4. Les grands personnages de l'histoire contribuent à affirmer l'identité d'un pays.

C 2 CORRIGÉS

A
2. 1337-1453.
4. 1455-1485.
3. 1618-1648.
1. 1756-1763.
6. 1861-1865.
5. après 1945.

B kernel

C
1. Queen Elizabeth II has reigned for more than 40 years.
2. The fall of the Berlin wall symbolized the end of the Cold War between the two blocs.
3. Palaeolithic men were hunting-gathering nomads.
4. Great historical figures contribute to asserting a country's identity.

30 WAR AND ARMIES

A 1 VOCABULAIRE

A. L'ARMÉE DE TERRE : THE ARMY

arbalète	cross-bow
arc	long-bow
archer	bowman
carquois	quiver
arme blanche	hand-weapon
arme	weapon, arm
armure	suit of armo(u)r
arrière-garde	rear-guard
artillerie	ar*til*lery
artilleur	gunner
assiéger	to be*siege*
avant-garde	ad*vance*-guard
baïonnette	bayonet
balle	bullet
bataillon	bat*tal*ion
batterie	battery
bélier	ram
blindé	armo(u)red car, tank
blindés	armo(u)red corps
bombardement	bombing
bombarder, canonner	to shell, to bomb
bombe	bomb
bombe à retardement	time bomb
bombe lacrymogène	teargas bomb
bouclier	shield
boulet de canon	cannonball
brancard	stretcher
calibre	calibre
camouflage	camouflaging, camouflage
camoufler	to camouflage
canon (fusil)	barrel
canon à longue portée	long-range gun
canon	cannon
cartouche	cartridge
cavalerie	cavalry
cavalier	cavalryman
chenilles	caterpillars
colonne	column
compagnie	company
convoi	convoy
cotte de maille	coat of (chain-) mail
coup	shot
cuirasse	breast-plate
déminage	mine clearance
démineur	bomb disposal expert
détonation	(fusil) re*port* ; (obus, bombe) deto*na*tion, ex*plo*sion
en grande tenue	in full dress
en tenue de combat	in battle dress
épée	sword
État-major	staff
explosion	ex*plo*sion
fantassin	infantryman
fantassins	the foot
flèche	arrow
forteresse	stronghold
fortification	fortifi*ca*tion

A. L'ARMÉE DE TERRE : THE ARMY (suite)

franc-tireur	**sniper**
fronde	**sling**
front	**front line**
fusée	**rocket**
fusil	**rifle**
gaz asphyxiant	**poison gas**
gaz lacrymogène	**tear gas**
Génie	**the Engi*neers***
grade	**rank**
grenade	**gre*nade***
infanterie	**infantry**
la troupe	**the rank and file**
lance	**spear**
lance-missiles	**missile launcher**
lance-roquettes	**rocket launcher**
légion	**legion**
légionnaire	**legion*naire***
militaire	**serviceman**
mine	**mine**
missile	**missile**
mitrailleuse	**machine-gun**
mortier	**mortar**
munitions	**ammu*ni*tion**
obus	**shell**
officier d'état-major	**staff officer**
patrouille	**patrol**
peloton	**squad**
percer les lignes	**to break through the lines**
pistolet	**pistol**
poudre	**gunpowder**
quartier général	**headquarters**
renseignements	**in*tel*ligence service**
revolver	**re*vol*ver, gun**

section	**pla*toon***
siège	**siege**
simple soldat	**private**
tank	**tank**
tranchées	**trenches**
troupe	**troop**
unité	**unit**

GRADES	RANKS
deuxième classe	**private**
première classe	**(GB) lance corporal ; (US) private 1st class**
caporal	**corporal**
sergent	**sergeant**
maréchal des logis	**(GB) staff sergeant ; (US) sergeant-major**
adjudant	**warrant officer**
adjudant-chef	**warrant officer**
sous-lieutenant	**second lieu*ten*ant, (US) chief warrant officer**
lieutenant	**(GB) lieu*ten*ant ; (US) 1st lieu*ten*ant**
capitaine	**captain**
commandant	**major**
lieutenant-colonel	**lieu*ten*ant-colonel**
colonel	**colonel**
général de brigade	**(GB) briga*di*er ; (US) briga*di*er general**
général de division	**lieu*ten*ant-general**

général de corps d'armée	general		(US) General of the Army
général en chef	(GB) field marshal ;	maréchal	marshal, major-general

B. L'ARMÉE DE L'AIR : THE AIR FORCE

abattre	to shoot down
alerte	alarm
avion	plane, aircraft
bombardement aérien	air raid, aerial bombing
charge de bombes	bomb load
chasseur	(air)fighter
D.C.A. (défense contre avions)	ack-ack
forces aéroportées	airborne forces
formation serrée	close for*ma*tion
frappe aérienne	strike
navigateur	navigator
objectif	target area
parachutiste	parachutist, paratrooper
parachutistes	paratroops
pilote de bombardier	bomber-pilot
pilote de chasse	fighter pilot
piquer du nez	to nosedive
piquer sur	to zero in on
planeur	glider
projecteur	searchlight
raid aérien	air-raid
ravitaillement	refuelling
sauter en parachute	to bale out
sirène	siren
survoler	to fly over
tir de D.C.A.	flak
tourelle de tir	gun turret

GRADES	RANKS
deuxième classe	(GB) aircraftsman ; (US) airman basic
première classe	(GB) leading aircraftsman ; (US) airman 3rd class
caporal	(GB) corporal ; (US) airman 1st class
sergent	(GB) sergeant ; (US) staff sergeant
sous-lieutenant	(GB) pilot officer ; (US) second lieu*ten*ant, chief warrant officer
capitaine	(GB) flight lieu*ten*ant ; (US) captain
commandant	(GB) squadron leader ; (US) major

B. L'ARMÉE DE L'AIR : THE AIR FORCE (suite)

lieutenant-colonel	(GB) wing com*man*der ; (US) lieu*ten*ant colonel
colonel	(GB) group captain ; (US) colonel
général	(GB) air (chief) marshal ; (US) general

C. LA MARINE : THE NAVY

abordage	boarding
bateau de sauvetage	lifeboat
combat naval	sea-battle
contre-torpilleur	de*stroy*er
corvette	cor*vette*
croiseur	cruiser
cuirassé	battle-ship
dragueur de mines	mine-sweeper
flotte	fleet
frégate	frigate
galère	galley
grenade sous-marine	depth charge
lance-torpilles	tor*pe*do tube
navire de guerre	warship
officier de marine	naval officer
porte-avions	aircraft-carrier
protection antiaérienne	flak-ship
radar	radar
sous-marin	submarine
torpille	tor*pe*do
torpilleur	tor*pe*do-boat
transport	troopship
vaisseau amiral	flagship
vaisseau école	training ship
vedette	launch

GRADES	RANKS
matelot	(GB) able seaman (junior rating) ; (US) seaman re*cruit*
quartier-maître	(GB) leading seaman, petty officer ; (US) 3rd class
officier marinier	petty officer
élève officier	(GB) cadet ; (US) warrant officer
aspirant	midshipman, (US) ensign ; (GB) naval cadet
enseigne de vaisseau	lieu*ten*ant
capitaine de corvette	lieu*ten*ant-com*man*der
capitaine de frégate	com*man*der
capitaine de vaisseau	captain, commodore

contre-amiral	rear-admiral
vice-amiral	vice-admiral
amiral	admiral

D. LA VIE MILITAIRE : MILITARY LIFE

aller en permission	to go on leave, on furlough*
ancien combattant	ex-service man, (US) war veteran
appelé	conscript, draf*tee*
armée de métier	regular army
armée de réserve	re*serve*
butin	booty
cantine	can*teen*
caserne	barracks
casque	helmet
conscription	con*scrip*tion
conseil de guerre	war council
contingent	(US) draft
corvée	fatigue
décoration	order
défense passive	Civil Defense Corps
défilé	pa*rade*
déserteur	de*ser*ter
enrôler	to en*list*
équipement	kit, outfit
exercer, instruire	to drill
faction	guard duty
fait d'armes	feat of arms
faits de guerre	war exploits
former les rangs	to form up
galon	stripe
instruction	training
invalide de guerre	war cripple
maniement des armes	weapon training
manœuvre	ma*noeu*vre*, (US) ma*neu*ver
manœuvres militaires	war games
marches d'entraînement	route marches
médaille	medal
objecteur de conscience	con*scien*tious objector
officier	com*mis*sioned officer (C.O.)
officier de liaison	li*ai*son officer (L.O.)
passer en revue	to re*view*
recrue	re*cruit**
régiment	regiment
réserve	re*serve*
revue	re*view*
s'engager	to join the army
soldat	soldier
soldats (les)	the rank and file
solde	pay
sous-officier	non-com*mis*sioned officer (N.C.O.)
tactique	tactics
terrain de manœuvres	pa*rade* ground
transmissions	Signals
treillis	combat uniform
uniforme	uniform
volontaire	volun*teer*

E. GUERRE ET PAIX : WAR AND PEACE

abri	shelter
aide humanitaire	humani*ta*rian aid, re*lief*
allié	ally
arme à feu	fire-arm
arme chimique	chemical weapon
armistice	armistice
arrêt des hostilités	ces*sa*tion of hos*til*ities
arrêter	to ar*rest*
assaut	as*sault*
attaque	at*tack*
avance	ad*vance*
avant-postes	outposts
barbelés	barbed wire
barricades	barricades
base militaire	military base
bataille rangée	pitched battle
battre en retraite, se retirer	to re*treat*, to with*draw*
belligérant (*adj*)	bel*lig*erent
blessé	wounded, injured
bombe atomique	a*tom*ic bomb
bombe H	H-bomb
camp	camp
camp de base	base camp
camp de concentration	concen*tra*tion camp
camp retranché	fortified camp
campagne	cam*paign*
campement	en*camp*ment
céder du terrain	to yield ground
cessez-le-feu	cease-fire
champ de bataille	battlefield
champignon	mushroom cloud
chevalier	knight
commando	com*man*do
conclure la paix	to con*clude* peace
conquérir	to conquer
coalition	coa*li*tion
corps d'armée	army corps
correspondant de guerre	war corres*pond*ent
criminel de guerre	war criminal
débarquement	landing
déclarer la guerre à	to declare war on
déclenchement des hostilités	outbreak of hos*til*ities
défaite	defeat
déflagration	blast
demander la paix	to ask for peace
déporté	depor*tee*, prisoner
désarmement	dis*ar*mament
désastre	di*sas*ter
détruire	to des*troy*
dissuasion	de*ter*rence
échapper à	to es*cape*
écraser	to crush
embuscade	ambush
encercler	to en*cir*cle
ennemi	enemy
envahir	to in*vade*
envoi	envoy
escadron	squadron
escarmouche	skirmish

escorte	escort
espion	spy
espionnage	espionage
essai nucléaire	nuclear test
être en guerre	to be at war
exode	evacu*a*tion, exodus
faire la guerre	to wage war
faire une sortie	to sally out
feu nourri	heavy fire
force de dissuasion	de*ter*rent force
force de frappe	strike force
forces de maintien de la paix	peacekeeping troops
gagner du terrain	to gain ground
génocide	genocide
guérilla	guer*ril*la warfare
guerre civile	civil war
guerre	war
guerre atomique	nuclear war
guerre-éclair	blitzkrieg
guerrier (*adj*)	warlike
guerrier	warrior
harceler	to harass
indemne	unhurt
l'armée, les militaires	the military
libérer	to set free, to free, to release
lignes	lines
lutte armée	armed struggle
maquis	maquis
massacrer	to slaughter
mercenaire	mercenary
mettre en déroute	to rout
mettre le siège devant	to lay siege to
morse	Morse code
ogive, tête nucléaire	nuclear warhead
opposant	op*po*nent
otage	hostage
ouvrir le feu	to open fire
pacifisme	pacifism
pacifiste	pacifist
paix	peace
pertes	casualties
piller	to plunder
pilonnage	pounding, shelling, bom*bard*ment
pilonner	to pound, to shell, to bom*bard*
porté disparu	Missing in Action (M.I.A.)
poursuivre	to chase, to pur*sue*
prisonnier de guerre	Prisoner of War (P.O.W.)
radiation	radi*a*tion
rançon	ransom
rationnement	rationing
renforts	rein*force*ments
repousser	to push back
représailles	re*pri*sals
reprise (hostilités)	re*sump*tion, re*new*al
résister	to re*sist*
retirer (troupes)	to pull out
retraite	re*treat*
retranchement	en*trench*ment
retrancher	to en*trench*

E. GUERRE ET PAIX : WAR AND PEACE (suite)

s'enfuir	**to flee**
sain et sauf	**safe and sound**
sauver	**to rescue**
se rendre	**to sur*ren*der**
sentinelle	**sentry**
signer un traité	**to sign a treaty**
stratège	**strategist**
survivant	**sur*vi*vor**
tirer à bout portant	**to fire at close quarters**
tirer	**to fire, to shoot**
tirs sporadiques	**spo*ra*dic fire**
torture	**torture**
torturer	**to torture**
traité de paix	**peace treaty**
trêve	**truce**
tuer	**to kill**
ultimatum	**ulti*ma*tum**
vaincre, mettre en déroute	**to de*feat***
vaincu	**vanquished**
victoire	**victory**
victorieux	**vic*to*rious**
zone de combat	**combat zone**

A 2 LEXIQUE EN SITUATION

■ Dénominations des corps d'armée aux États-Unis et en Grande-Bretagne :

• Pour la marine : **US Navy/Royal Navy**
Pour l'armée de l'air : **USAF (US Airforce)/RAF (Royal Air Force)**
Pour l'armée de terre : **US Army/British Army**

• Il existe dans les deux pays un corps particulier, celui des **Marines** : ces derniers sont des soldats servant sur les bateaux. Aux États-Unis, il s'agit du **US Marine Corps** ; en Grande-Bretagne, on parle des **Royal Marines** (les fusiliers marins).
Le **Peace Corps** est une agence fédérale américaine qui envoie des *volontaires* (**volunteers**) dans des pays en voie de développement pour des missions humanitaires et culturelles.
UN Peacekeeping troops (Blue Helmets) : les Casques bleus

■ Le service militaire obligatoire ayant été supprimé dans les pays anglo-saxons, les expressions ci-dessous sont des approximations :

to do one's military service : faire son service militaire
to be exempt from military service : être exempté du service

militaire
to be declared unfit for military service : être réformé
to be called up : être appelé (sous les drapeaux), être mobilisé
deferment of draft : sursis d'incorporation
draft (US) : conscription
to dodge the draft : échapper à la conscription ; **a draft dodger**

■ **to join the army** : s'engager (dans l'armée)
to go into the army : entrer dans l'armée
to be in the army, to be in the military : être dans l'armée, être militaire
to be on duty/to be off duty : être de service, de permanence/avoir quartier libre
to put sb under arrest : mettre qqn aux arrêts
the Red Army : l'armée Rouge
the Salvation Army : l'Armée du Salut
occupying army : armée d'occupation
the Foreign Legion : la Légion étrangère
the British Legion : la Légion britannique

■ **the war has just broken out** : la guerre vient d'éclater
to wage (make) war on/against : faire la guerre contre
to declare war upon : déclarer la guerre à
to conduct a war : mener une guerre
to be at war : être en guerre
the warring countries : les pays en guerre
wartime : temps de guerre
in wartime : en temps de guerre
the American Civil War : la guerre de Sécession
the First World War (WWI, 'World War One') : la Première Guerre mondiale
the Second World War (WWII, 'World War Two') : la Seconde Guerre mondiale
the 'phoney war' : la « drôle de guerre »
the Allies, Allied Forces : les Alliés, les Forces alliées
the Resistance : la Résistance
the Collaboration : la Collaboration
the Post-war era : l'après-guerre
the Cold War : la Guerre froide

the post-cold war period : l'après-guerre froide
the Vietnam War : la guerre du Viêt-nam
the Gulf war : la guerre du Golfe

■ **Other types of war** : autres types de guerre :
psychological war : guerre psychologique
holy war : guerre sainte
economic war : guerre économique
trade war : guerre commerciale
religious war : guerre de religion
a war of nerves : la guerre des nerfs
attrition war : guerre d'usure
all-out war : guerre à outrance
war of succession : guerre de succession
total warfare : guerre totale

■ **to be killed in action** : tomber au champ d'honneur
to be reported missing in action : être porté disparu
casualties of war : les pertes de guerre
within cannon shot : à portée de canon
to give the military salute : faire le salut militaire
salute to the colors : salut au drapeau
to plant a bomb : poser une bombe
to defuse a bomb : désamorcer une bombe
the arms race : la course aux armements

A 3 REGISTRES DE LANGUE

1. Expressions toutes faites.
the war to end all wars : la der des ders
to take to the maquis : prendre le maquis
up lads and at 'em !, away boarders ! à l'abordage !
to serve in the Navy : servir dans la Marine
attention ! garde à vous !
stand at ease ! repos !
order arms ! reposez armes !
shoulder arms ! portez armes !
dismiss ! rompez !
quick march !, forward march ! en avant, marche !

to stand to attention : se mettre au garde-à-vous
good day to you, sir : mes respects, mon colonel
D-Day : le Jour J

2. Langue familière, argot.
your hat has been in the wars ! ton chapeau a fait la guerre !
you've been in the wars again ! tu t'es encore fait amocher !
the doughboys (US) : les soldats américains (à leur retour au pays)
a vet : abréviation de **veteran** (US et Canada) : ancien combattant
Tommy (GB) : soldat britannique
G.I. (US) : soldat américain
tell that to the marines ! à d'autres !

3. Néologismes.
surgical war (« guerre chirurgicale ») : expression employée lors de la guerre du Golfe, de même que **surgical strike** : *frappe chirurgicale.*

4. Sens figuré.
to battle with sb : batailler avec qqn
to wage war against injustice : partir en guerre contre les injustices
a flagship product : un produit vedette
a flagship industry : une industrie phare
cannon fodder : chair à canon
navy blue : bleu marine
entrenchment : le fait de « camper sur ses positions » (par ex. dans un contexte commercial ou politique)

B 1 PRONONCIATION

Attention aux mots suivants :

lieutenant :	GB : [lef'tenənt]	US : [luː'tenənt]
Corps	[kɔːʳ]	
Colonel	['kɜːnl]	

B 2 REMARQUES LEXICALES

- Attention à la différence d'emploi entre **war** et **warfare** : **war** désigne le conflit à proprement parler, alors que **warfare** se réfère surtout aux techniques mises en place pour combattre l'ennemi.
- Le verbe **to combat** s'emploie dans un sens figuré : **to combat against disease**, lutter contre la maladie.
- Le terme **U-Boat** s'emploie uniquement pour désigner les sous-marins allemands.
- **Guerrilla** signifie un *guérillero*, alors que *<u>la</u> guérilla* se dit **guerrilla war(fare)**.
- Attention à ne pas confondre les verbes **to defuse** : *désamorcer* et **to diffuse** : *diffuser, répandre*.
- Pour rendre la notion française de *service civil*, il est préférable en anglais de parler de **community jobs** ; ainsi : **to perform community jobs as an alternative to military service** signifiera *faire un service civil*.

C 1 EXERCICES

A Traduisez.

1. Il s'est engagé dans l'armée de terre il y a trois ans.
2. Les chasseurs ont pilonné la zone occupée pendant plusieurs heures.
3. Ces deux pays voisins se font la guerre depuis des décennies.
4. Les pourparlers sont en bonne voie ; un traité de paix devrait en effet être signé dans les prochains jours.
5. On a durement critiqué la France pour sa campagne d'essais nucléaires.

B Retrouvez les grades correspondants :

1. commandant (armée de l'air)	a. warrant officer
2. élève officier (marine)	b. private
3. capitaine de vaisseau	c. major (US)
4. deuxième classe	d. cadet
5. adjudant chef	e. commodore

C 2 CORRIGÉS

A 1. He joined the army three years ago.
2. Airfighters bombarded the occupied zone for several hours.
3. These two neighboring countries have been at war for decades.
4. Talks are well under way ; a peace treaty should indeed be signed in the coming days.
5. France was harshly criticized for its nuclear test campaign.

B 1c. 2d. 3e. 4b. 5a.

31 L'ORDRE PUBLIC

A 1 VOCABULAIRE

A. DÉLITS ET DÉLINQUANTS

abus de confiance	**breach of trust**
agression	**as*sault* ; mugging**
assassiner	**to murder ; to kill ; to slay**
attentat à la pudeur	**in*de*cent ex*po*sure, in*de*cent as*sault***
attentat aux mœurs	**in*de*cent be*ha*viour**
attentat	**criminal at*tempt* ; outrage**
auteur d'un détournement de fonds	**em*bezz*ler**
auteur d'un faux témoignage, parjure	**perjurer**
braconnier	**poacher**
cambriolage, vol avec effraction	**burglary**
cambrioler	**to burglarize**
cambrioleur	**burglar ; housebreaker**
chantage	**blackmail**
commettre un crime	**to commit a crime ; to commit a felony**
condamné, détenu	**convict**
contravention de simple police	**breach of police regu*la*tions**
contrebandier	**smuggler**
contrefaçon, falsification	**forgery ; counterfeiting**
contrefacteur	**counterfeiter**
contrefaire	**to counterfeit ; to fake**
corrompre	**to bribe, to cor*rupt***
corruption	**bribery, cor*rup*tion**
coups et blessures	**as*sault* and battery**
coups et blessures ; voie de fait	**battery**
crime capital	**capital of*fence* ; capital crime**
crime contre nature	**un*nat*ural crime**
crime	**crime, of*fence*, felony**
crime d'État	**treason**
crime d'incendie ; incendie criminel	**arson**
criminalité	**crime, crime rate**
criminel	**(*n*, *adj*) criminal**
déclarer, reconnaître qqn coupable	**to con*vict* sb**
délictueux	**punishable (by law) ; ma*li*cious**
délinquance	**de*lin*quency ; of*fence* ; crime ; crime rate**
délinquance juvénile	**juvenile de*lin*quency**

31 LAW AND ORDER

délinquant (auteur d'une infraction)	wrongdoer
délinquant	of*fend*er ; de*lin*quent
délinquant primaire	first of*fend*er
délit contre l'ordre public	breach of the peace
délit d'initié	in*si*der trading
délit, acte délictueux	of*fence*, (US) of*fense* ; misde*mean*our, (US) misde*mean*or
détournement de fonds	em*bezz*lement
détournement de fonds ; abus de confiance	misappropri*a*tion
détourner des fonds	to em*bezz*le ; to misap*pro*priate funds
effraction, bris de clôture	breach of close
erreur judiciaire	mis*car*riage of justice
escroc	crook ; scoundrel ; swindler
escroquerie (l')	swindling
escroquerie (une)	swindle
faire chanter qqn	to blackmail sb
faussaire, faux-monnayeur	forger
faux (un)	forgery, fake ; falsifi*ca*tion
faux serment	perjury
faux témoignage	false evidence ; perjury
fraude fiscale	tax fraud, tax e*va*sion, tax cheating ; tax dodging
fraude	fraud
harcèlement sexuel	sexual harassment
homicide involontaire/par imprudence	manslaughter ; (US) second-degree murder
homicide volontaire	wilful homicide, murder ; (US) first-degree murder
méfait, écart de conduite ; infraction à la loi	wrongdoing
infraction	in*fringe*ment ; of*fence*
larcin	petty larceny
maître chanteur	blackmailer
meurtre, assassinat	murder ; slaying, as*sas*sination
meurtrier, assassin	murderer, killer
mystificateur	hoaxer
parjure	perjury
pot de vin	bribe ; payoff
recel	re*ceiv*ing and con*ceal*ing
receleur	re*ceiv*er
récidive	second of*fence*
récidiviste	second of*fend*er
repris de justice	ha*bit*ual of*fend*er ; former convict
rupture de contrat	breach of contract

31 L'ORDRE PUBLIC

A. DÉLITS ET DÉLINQUANTS (suite)

subornation de témoin	witness tampering
supercherie, mystification	hoax
trahir	to be*tray*
trahison	treason
traître	traitor
viol	rape
violation de domicile, effraction	breach of domicile
violeur	rapist
vol	theft ; robbery ; larceny
vol à l'étalage	shoplifting
vol à la tire	pocket-picking
voler	to steal
voleur à l'étalage	shoplifter
voleur à la tire	pickpocket
voleur de grand chemin	highwayman
voleur	thief, robber

B. POLICE

alias	alias ; also known as (a.k.a.)
autopsie	post-mortem exami*na*tion
aveu	con*fes*sion ; ad*mis*sion
casier judiciaire	criminal record
cellule	cell
commissariat de police	po*lice* station
contre-interrogatoire	cross-exami*na*tion
contrôle d'identité	i*den*tity check
coupable	(*adj*) guilty ; (*n*) culprit
dénonciation	denunci*a*tion
déposer plainte	to lodge a com*plaint*
empreintes digitales	fingerprints
enquête	in*quir*y, en*quir*y ; investi*ga*tion
être en garde à vue	to be held in custody
expertise	expert's re*port*
faire une déposition ; porter témoignage	to bear, to give evidence
filer un témoin	to shadow a suspect
fouiller	to search ; to frisk
garde à vue	custody
interrogatoire	investi*ga*tion
perquisition	(house) search
pièce à conviction	ex*hib*it, object pro*duced* in evidence
police judiciaire	(GB) Criminal Investi*ga*tion De*part*ment

présomption(s)	**pre*sump*tive evidence ; pre*sump*tion**
preuves	**evidence**
prison	**jail/goal ; prison**
procès-verbal	**re*port***
recueillir la déposition de qqn	**to take sb's evidence**
surveiller	**to watch**
suspect	**suspect**

C. JUSTICE, TRIBUNAUX

accorder l'appel à qqn	**to grant sb a new trial**
accusation (l')	**the charge**
accusé (l')	**the de*fend*ant, the ac*cused***
accusé (l')	**the prisoner at the bar**
accuser qqn de qqch	**to ac*cuse* sb of sth ; to charge sb with sth**
acte d'accusation, inculpation	**in*dict*ment* ; ar*raign*ment**
action civile	**civil trial**
action en justice	**action at law**
affaire en délibéré	**case under private consid*era*tion**
affaire, procès	**case, brief**
aller en justice	**to go to law**
audience (du tribunal)	**(court) hearing**
avocat d'assises/au criminel	**criminal lawyer**
avocat plaidant	**trial lawyer**
barre des témoins	**the witness box**
barreau	**bar**
box des accusés	**dock**
causer un préjudice à qqn	**to wrong sb**
charge de la preuve	**burden of proof**
chef d'accusation	**count (of in*dict*ment)**
citation à comparaître	**writ of summons ; sub*poe*na**
citer qqn en justice	**to take sb to court, to go to law with sb**
condamné par contumace	**sentence in ab*sen*tia**
contumace (non comparution)	**de*fault*ing ; non-ap*pear*ance (in court)**
contumace (un)	**de*fault*er**
culpabilité	**guilt**
débats	**pro*ceed*ings**
dédommagement	**compen*sa*tion**
délibération	**delibe*ra*tion, de*bate* ; reso*lu*tion**
demander justice à qqn	**to seek redress from sb/at the hands of sb**
demandeur, plaignant	**plaintiff**
demandeur, plaignant, défendeur	**prosecutor**

C. JUSTICE, TRIBUNAUX (suite)

dénoncer ses complices (contre pardon)	(GB) to turn King's/Queen's evidence ; (US) to turn State's evidence
dommages-intérêts	damages
droit (le)	law
droit (un)	right
droit pénal ; droit criminel	criminal law
être au banc des prévenus	to be in the dock
faire justice à un coupable	to deal with a culprit
faire tort à qqn ; léser qqn	to do sb wrong
incriminer qqn, accuser qqn	to charge sb with a crime
innocence	innocence
juge d'instance	(US) trial judge
jugement par jury	trial by jury
jurisprudence	precedents ; case law
jury	jury
législateur	lawmaker
liberté conditionnelle/surveillée	pro*ba*tion
litige	dis*pute* ; liti*ga*tion
mandat	warrant
mettre qqn en accusation, inculper	to ar*raign*, to in*dict* sb
mettre qqn en liberté provisoire	to put sb on bail
Ministère public	the prose*cu*tion
mise en liberté provisoire sous caution	bail
négociation sur la peine	(US) plea-bargaining
outrage à magistrat	contempt of court
parties plaidantes, les parties	the parties ; the litigants
passer en jugement, comparaître	to stand trial
personne mise en examen	the ac*cused*
plaider + nom	to put in a plea of ; to plead
plaider coupable	to plead guilty
plaider non coupable	to plead not guilty
plaider que	to sub*mit* a plea that
plaider	to plead ; to go to court
plaider un dossier	to argue a case
point de droit	moot point, moot case
porter plainte contre qqn	to bring/to lay a charge against sb
poursuivre qqn au criminel	to take criminal proceedings against sb
poursuivre, traduire en justice	to prosecute

poursuivre qqn en justice	to institute legal pro*ceed*ings against sb ; to take (legal) action against sb
préjudice ; délit civil	tort
préjudiciable ; dommageable	wrongful
prendre une délibération	to carry/to pass a reso*lu*tion
présomption d'innocence	pre*sump*tion of innocence
prêter serment	to take the oath
procès (d'un inculpé)	trial
procès (poursuite)	lawsuit, legal action
procès criminel	criminal trial
règlement à l'amiable	amicable settlement
rendre justice à qqn	to do sb justice
rendre la justice	to dis*pense* ; to ad*min*ister justice
réquisitoire	Public Prose*cu*tor's charge
responsabilité civile	lia*bil*ity
retirer sa plainte	to with*draw* one's charge
saisie	seizure
salle d'audience	court room
sursis à exécution	stay of exe*cu*tion
sursis	re*prieve*
témoignage	testimony
témoigner contre ses complices	(GB) to turn King's/Queen's evidence ; (US) to turn State's evidence
témoigner	to testify
témoin à charge	evidence for the prose*cu*tion ; witness for the prose*cu*tion
témoin	witness
témoins à décharge	evidence for the defence
témoins	evidence ; witnesses
tort ; dommage ; préjudice	wrong
verdict	verdict

D. PEINES, PRISON

à perpétuité	for life
amende	fine
chaise électrique	*elec*tric chair
condamner qqn	to sentence sb
détention provisoire	de*ten*tion under re*mand*
emprisonnement	im*pris*onment
emprisonner	to jail ; to com*mit* to jail
infliger une amende à qqn	to fine sb
libération conditionnelle	re*lease* on licence
mandat d'arrêt	ar*rest* warrant

D. PEINES, PRISON (suite)

mandat de perquisition	search warrant
mettre en accusation	to in*dict* ; to ar*raign* ; to com*mit* for trial
passer aux aveux	to make a con*fess*ion
peine de mort	death penalty
peine	punishment, penalty
pendaison	death by hanging
prison	jail, prison
purger une peine	to serve a sentence
réclusion	solitary con*fine*ment
recours en grâce	ap*peal* for mercy ; pe*ti*tion for re*prieve*
servir un peine de prison	to serve time

A 2 LEXIQUE EN SITUATION

it is only simple justice to admit that... : la justice la plus élémentaire nous force à reconnaître que...
it is only right/fair to say that... : ce n'est que justice de dire que...
it is only just : ce n'est que justice.
this is fair to say : on peut le dire en toute honnêteté/loyauté.
which is only fair/as is only fair : ce qui n'est que justice.
it is only fair to give him a hearing : il est de toute justice de l'entendre.
he must be given a fair hearing : il faut l'entendre en toute objectivité.
I acknowledge in all fairness that... : je reconnais, en toute justice, que...
Justice must be done to him : justice doit lui être rendue.
the merits of a case : le bien-fondé d'une cause.
the case which is at issue : l'affaire qui est en cause.
the case must be judged on its merits : l'affaire doit être jugée au fond/en considérant ses qualités intrinsèques.
he's got a strong case : sa cause est solide/il a de quoi défen-

dre valablement son point de vue/son point de vue est tout à fait recevable.

he must be given credit for his contribution : il faut rendre justice à son action/on doit rendre hommage à ce qu'il a apporté.

the justness/equity of his cause is unquestionable : la justice de sa cause est incontestable.

the law will have its way : la justice suivra son cours.

the truth will (come) out : la vérité finira par éclater/par s'imposer.

there is strong evidence : les preuves sont convaincantes.

the evidence is cogent : les preuves sont prégnantes, incontestables.

he wronged her unintentionally : il lui a involontairement fait du tort.

the woman had been grievously wronged : cette femme avait été cruellement lésée.

the employer is sued for wrongful/unwarranted/unfair dismissal : l'employeur est poursuivi pour licenciement abusif/injustifié.

he's the father of an unlawful child : il est le père d'un enfant illégitime.

she is committing an offence : elle est en infraction.

this amounts to breaking the law : ceci constitue une infraction à la loi.

he received a summons for a motoring offence : il a reçu une contravention pour infraction au code la route.

we'll have a burglar alarm installed : nous allons nous faire installer une alarme antivol.

legal action will be taken against the company for patent infringement : des poursuites judiciaires seront intentées à la société pour infraction à la loi sur les brevets.

a lawsuit will be brought against the firm/proceedings will be instituted against the firm : des poursuites seront engagées contre l'entreprise/une action en justice sera entamée contre l'entreprise.

the case was referred to a criminal court : l'affaire a été portée devant une juridiction criminelle.

he was convicted of indecent exposure : il a été déclaré coupable/convaincu d'attentat à/d'outrage public à la pudeur.
an extremist made an attempt on the life of the political leader : un extrémiste a commis un attentat contre le leader politique.
a bomb attempt was perpetrated at the party headquarters : un attentat à la bombe fut perpétré au siège du parti.
the prosecution produced very strong evidence of (wilful) murder/(US) of first-degree murder : la partie plaignante/le Ministère Public a produit des preuves très convaincantes d'homicide volontaire.
the lawyer could easily prove that it was a case of manslaughter/(US) of second-degree murder : l'avocat a pu facilement prouver qu'il s'agissait d'un cas d'homicide par imprudence/involontaire.
the court of appeal upheld his conviction : la cour d'appel a confirmé sa condamnation.
the court ruling/the court decision/the verdict was quashed/nullified/repealed/rescinded : la décision du tribunal/le verdict a été cassée/annulée/abrogée.
that's a moot point : c'est un point que l'on peut discuter/c'est un sujet à controverse.
the judge deemed that there was probable cause and therefore issued an arrest warrant : le juge a estimé disposer d'information suffisantes pour émettre un mandat d'arrêt.
there is reasonable doubt : le doute se justifie.
there are reasonable suspicions : les soupçons sont bien fondés.
the alleged killer is being heard by Scotland Yard : le meurtrier présumé/le suspect est entendu par Scotland Yard.
the suspect is helping the police with their inquiry : le suspect aide la police dans son enquête.
his counsel will put forward a plea of insanity : son avocat va plaider la folie.
the defendant put in a plea of alienism : l'accusé va alléguer sa qualité d'étranger.
the accused denies the actions with which he is charged : l'accusé nie les faits qui lui sont reprochés.
he'll be brought to trial/he'll be brought up for trial/he'll

stand trial next week : il passera en jugement/son procès aura lieu la semaine prochaine.

the police searched the suspect's premises : la police a perquisitionné le domicile du suspect.

he is liable to a fine : il est passible d'une amende.

in case of a bankruptcy, partners are liable for the debts of the general partnership : en cas de faillite, les associés sont responsables des dettes de la société en nom collectif.

Statute law is the legislation enacted by Parliament and to which the Monarch has given his/her royal assent : le droit écrit est la législation promulguée par le Parlement, après ratification par le souverain.

common law principles can be altered or abolished by an Act of Parliament : les principes de la **common law** peuvent être amendés ou abolis par un texte de loi.

the American Congress is responsible for civil and criminal legislation : le Congrès américain est responsable de la législation civile et pénale.

continuity, flexibility, judicial review and judicial independence are the main features of the American system of justice : Continuité, souplesse, examen de la constitutionnalité et indépendance du judiciaire demeurent les principales caractéristiques du système juridique américain.

state constitutions and decisions of state courts are taken into consideration on the federal level : la constitution des États ainsi que les décisions prises par les tribunaux des États interviennent au niveau fédéral.

McColloch v. (versus) Maryland (1819). Decision of the Supreme Court of the United States : McCulloch c. (contre) l'État du Maryland. Arrêt de la Cour suprême des États-Unis.

the American Bill of Rights is contained in the first Ten Amendments of the Constitution : la Déclaration des Droits américaine est contenue dans les dix premiers amendements de la Constitution.

whereas in England the jury is used only for criminal cases in the Crown Court, in the United States juries exist both in civil and criminal cases : alors qu'en Angleterre on n'a recours au jury que pour des affaires criminelles, aux États-Unis, le système du jury est utilisé aussi bien pour des affaires civiles que pour des affaires criminelles.

the suspect will be released on bail pending the trial : le suspect sera mis en liberté sous caution jusqu'au/dans l'attente du procès.

A 3 REGISTRES DE LANGUE

1. Langue familière, argotique.

■ La locution **to be caught in the act** : *être pris en flagrant délit* a un équivalent familier : **to be caught red-handed** : *être pris la main dans le sac/sur le vif.*

■ L'expression *raide comme la justice* se rend approximativement par **straight as a yard of pump water.**

■ En Grande-Bretagne, **the Criminal Investigation Department**, désigné familièrement par son sigle **the C.I.D.**, est l'équivalent de la P.J., la Police Judiciaire.

■ En argot, **a cop** désigne *un flic* et **the fuzz** est un collectif singulier qui désigne *la flicaille, la rousse*. Aux USA, **the fuzz** est l'équivalent des *stups*, la Brigade Fédérale des Stupéfiants.

■ Parmi les nombreux mots utilisés pour nommer les *escrocs*, *coquins* et *chenapans* en tous genres, on peut citer **scoundrel, rogue, rascal**, auxquels on peut ajouter **a tough/a shady character** : *un dur, un malfrat*, **a hooligan** : *un voyou*, **a hoodlum** : *un vaurien, un jeune apache*.

■ Différents adjectifs existent pour qualifier le *faux* en dehors de **forged** et **fake** ou **faked** qui sont d'un usage normal. Dans un registre plus familier, on trouve :

• **a sham transaction** : une fausse transaction
that's all sham : c'est de la frime
he is a sham : c'est un imposteur

• **a bogus cop** : un faux flic

• **a dud cheque/a rubber cheque** (US) **check)** : un faux chèque, un chèque sans provisions, un chèque en bois.

■ L'insécurité urbaine a donné naissance au verbe **to mug sb** : *agresser qqn*, **a mugger** : *un agresseur*, **a mugging** : *une agression*. En argot, **mug** signifie *fiole, bobine, tronche*, d'où les expressions **a mug-shot** : *un trombino*, c'est-à-dire la photo d'un suspect prise par les services anthropométriques, et **mug and dabs** : *photo et empreintes digitales*.

■ Le *panier à salade* a plusieurs équivalents dont le plus fréquent est **Black Maria** [mə'raɪə] en anglais britannique, à côté de **meat-wagon** et **hurry-up cart**. Aux États-Unis, on désigne le fourgon de police sous le nom de **paddy-wagon**.

■ Si *purger une peine de prison* se dit classiquement **to serve time**, son équivalent familier est **to do time** ; **to do a stretch**. **He's doing time/He's doing 10 years** : *il est en prison/il a dix ans de taule à tirer*. L'équivalent de *la taule, le violon* est **clink**. **To be in clink** : *être en taule/au placard*.

■ Comme on pourrait s'y attendre, le *milieu* (le monde criminel) a divers équivalents : **the mob, the Mafia, gangland.**
An underworld capo : un chef de la mafia, un parrain.
A mobster : un mafioso.

2. <u>Sens figuré</u>.

- Le terme **gallows** ['gæloʊz] désigne *la potence, le gibet*.
to have a gallows look/to have the gallows in one's face : avoir une mine patibulaire/sentir la potence.
a gallows bird : un gibier de potence.
- **It's a crime to have demolished this house** : c'est un crime d'avoir démoli cette maison.
It's not (really) a crime : ce n'est pas un (grand) crime.
- **To make much ado about nothing/to make a mountain out of a molehill** (littéralement « faire une montagne d'une taupinière » : faire un crime d'une bagatelle).
- **Death Row** (littéralement la « rangée de la mort ») fait référence aux condamnés à mort qui, dans les prisons américaines, sont nombreux à attendre, souvent pendant de longues années, leur exécution. On peut rendre l'expression par *l'antichambre de la mort*.
- L'expression américaine **to take the fifth** signifie que, bénéficiant de la protection que lui offre le 5e Amendement de la Constitution des États-Unis, un citoyen ne peut être forcé de fournir des informations susceptibles de conduire à sa propre inculpation.

3. Néologismes.

La criminalité étant elle aussi un reflet des évolutions sociales, le vocabulaire en porte témoignage à travers les néologismes qui sont créés pour nommer des phénomènes nouveaux.

- **White-collar crime** désigne « la criminalité en col blanc », les escroqueries pratiquées par des cadres (par opposition à **blue-collar** : *col bleu, ouvrier*).
- **Greenmail**, formé sur **blackmail** : *chantage* et **greenback**, terme familier désignant *le billet vert*, fait référence, dans le contexte d'une OPA inamicale, au rachat par la société cible, au-dessus du cours, de ses actions détenues par un **raider**.
- Deux termes ont été créés sur la base du mot **alimony** : *pension alimentaire*. Il s'agit de **palimony** et **galimony**. Ils désignent respectivement la pension alimentaire à verser, après séparation, à sa concubine (**pal** signifie *copain/copine* ou, dans une relation homosexuelle entre deux femmes, à son ex-compagne (**gal** = **girl** = *fille*).
- Deux locutions verbales se rencontrent dans le contexte juridique américain :
  - **hit and run** : attaque par un agresseur ayant pris la fuite
  - **slip and fall** : chute et blessure d'une personne glissant, par exemple, sur de la neige ou des ordures qui n'auraient pas dû se trouver sur un trottoir.

  Toutes ces expressions donnent lieu à de nombreux procès qui font la fortune d'avocats se spécialisant dans ce type d'affaires.

4. Proverbes.

nobody must take the law into his own hands : personne ne doit se faire justice à lui-même.

opportunity makes the thief : l'occasion fait le larron.

a fault confessed is half-redressed : faute avouée est à moitié pardonnée.

common gossip is not evidence : les commérages n'ont pas valeur de preuve.

B 1 REMARQUES LEXICALES

■ Attention ! La locution *se faire justice* peut avoir divers équivalents lorsqu'elle s'applique à un criminel. Elle peut signifier *se suicider*, auquel cas elle se traduit par **to commit suicide.** Au sens de *se venger, se substituer à la loi*, elle se traduit soit par **to get one's revenge** soit par **to take the law into one's own hands.**

■ Le français *délit* a plusieurs traductions possibles qui ne sont pas toutes interchangeables.
La plus courante est **offence/(US) offense.** Vient ensuite **misdemeano(u)r** qui désigne un *délit contraventionnel* (coups et blessures, fraude, faux témoignage, diffamation) ou un *acte délictueux* de moindre gravité que **felony** (crime, meurtre, incendie volontaire, vol à main armée, faux).
A high misdemeano(u)r est *un grave délit.*
Tort désigne *un délit civil.*
Breach of the peace : *délit contre l'ordre public.*
A noter que **offence** est également l'équivalent du français *infraction* (qui se traduit aussi par **infringement**) et *crime.*

■ Prendre garde au substantif **evidence.**
• C'est un collectif singulier qui ne prend jamais d'**s.**
• Il signifie *preuves*; <u>*une*</u> *preuve* se dira **a piece of evidence.**
• Il a également le sens de *témoignage, déposition, porter témoignage, faire une déposition* : **to give evidence, to bear evidence.** *Une pièce à conviction* se traduit par **exhibit** ou **object produced in evidence** tandis que **documentary evidence** signifie *document probant.*

■ Ne pas confondre **damage** : *un dommage, un préjudice* et **damages**, toujours employé au pluriel, qui désigne *les dommages-intérêts.* **To sue sb for damages** : *poursuivre qqn en dommages-intérêts.*

B 2 PRONONCIATION

• Dans l'expression **Black Maria** : *panier à salade*, le deuxième terme n'est pas prononcé comme le prénom [mə'riːə] mais avec un i diphtongué : [mə'r<u>aɪ</u>ə].

- Distinguer bien **law** [lɔː] prononcé avec un **o** long très ouvert, de l'adjectif **low** [ləʊ] dont le **o** est diphtongué. A signaler le phénomène dit du **linking r** (ou *r de liaison*) qui se manifeste lorsque le mot qui suit commence par une voyelle : **law and order** se prononce ainsi [lɔːrən(d)ɔːdə].
- L'anglais **alibi** se prononce ['ælɪbaɪ].
- L'anglais **alias** se prononce ['eɪlɪəs]. Si vous éprouvez quelques difficultés, vous pourrez toujours remplacer ce mot d'origine latine par son équivalent anglais **also known as** (littéralement « connu également sous le nom de »), qui s'abrège en **a.k.a.** :
  Malcolm Little a.k.a. Malcolm X : Malcolm Little alias Malcolm X.
- Le terme **gaol** est une variante orthographique de **jail** ayant le même sens et la même prononciation: [dʒeɪl].
- Dans le verbe **to indict** : *mettre en accusation* et le substantif **indictment** : *inculpation*, la deuxième syllabe se prononce [daɪt] et non [dɪkt].
- Le terme **subpoena** : *citation à comparaître/assigner à comparaître* se prononce [səb'piːnə].

B 3 LE DROIT AMERICAIN

- Aux États-Unis, intenter un procès n'est pas, comme cela peut être le cas en France, la dernière extrémité, sur laquelle pèserait une charge émotionnelle, mais plutôt, pour ainsi dire, la première. L'Américain a en effet tout naturellement recours à son **lawyer** : « conseiller juridique » dans de nombreuses circonstances de la vie courante, privée ou professionnelle, ne fût-ce qu'à titre préventif pour recueillir l'avis d'un spécialiste. Cette expertise coûte extrêmement cher, compte tenu du niveau des *honoraires juridiques* (**legal fees**).
  Plusieurs raisons peuvent expliquer la prééminence des avocats dans la société américaine. La première est historique. Le droit américain, fondé sur le droit anglais, n'est pas un droit écrit : il repose sur le précédent et il varie en outre d'un État à l'autre. D'où la nécessité du recours à l'homme

de loi pour interpréter la jurisprudence (**precedents, case law**).

Un autre facteur rendant compte de la « surconsommation » américaine des services juridiques est lié à la pratique tout à fait licite outre-Atlantique et illégale en France du **contingency fee**. Cette disposition permet à l'avocat de recevoir en paiement de ses services une proportion négociable des sommes attribuées à son client à titre de dédommagement (**compensation**) si ce dernier gagne son procès.

Cette pratique est ironiquement nommée **ambulance-chasing**, « poursuite de l'ambulance » : elle fait référence à l'avocat courant après une ambulance pour proposer ses services à une victime d'accident. Ce type de contrat offre au justiciable une assistance juridique gratuite puisqu'elle oblige l'avocat à renoncer à percevoir une avance.

Une autre raison expliquant la prospérité des avocats américains tient à leur degré de spécialisation, leur permettant de réclamer des honoraires exorbitants dans des affaires où ils ont obtenu des dédommagements non moins étonnants pour leurs clients. Parmi les spécialités juridiques les plus courantes aujourd'hui, on peut citer :

- les **malpractice suits** : *procès pour faute ou négligence professionnelle* intentés contre la profession médicale par des patients s'estimant victimes de faute professionnelle, ou simplement insatisfaits des soins qu'ils ont reçus. De tels procès sont devenus si courants que les médecins refusent de traiter certains malades si ces derniers ne signent pas une décharge attestant qu'ils sollicitent de leur plein gré cette assistance médicale et qu'ils font confiance au praticien – d'où le coût prohibitif des primes d'assurance souscrites par les médecins, frais répercutés sur leurs patients.
- les **liability suits** : *procès en responsabilité civile* intentés contre des fabricants par des consommateurs victimes d'accidents liés à la consommation de certains produits ou l'utilisation de certains appareils. *Les dommages-intérêts* (**damages**) obtenus dans ces affaires sont souvent extrêmement élevés.

A cela, il faut ajouter un genre de procès – pouvant sembler encore plus surprenant aux Français – grâce auxquels les avocats exploitent des courants sociologiques en se spécialisant dans des « créneaux » lucratifs : par exemple, les contrats prénuptiaux ou autres **palimony suits** évoqués plus haut en A3 – 3.

■ Tous les conflits ne se résolvent cependant pas devant les tribunaux grâce à deux pratiques fort courantes :

- les **out-of-court** (ou **amicable**) **settlements** : *règlements à l'amiable* qui offrent en outre aux défenseurs l'avantage d'éviter d'ébruiter publiquement ces affaires.
- Le **plea-bargaining**, forme de *négociation sur la peine* autorisée dans certains districts : elle permet de régler rapidement et à peu de frais certaines affaires, l'avocat de la défense négociant directement avec le procureur.

C 1 EXERCICES

A Traduisez.

1. Il existe des preuves convaincantes d'homicide volontaire.
2. La victime a déposé une plainte pour coups et blessures.
3. L'adolescent est soupçonné d'incendie criminel.
4. Il est coupable d'abus de confiance.
5. Les chefs d'accusation retenus contre lui sont le chantage et la corruption.

B Complétez à l'aide des mots qui conviennent.

1. He is already known to the police as he is a second …
2. At the beginning of the cross-examination, the suspect told the police officer that he would take the …
3. The individual who was arrested where the bomb was planted will be held in … at the police station.
4. A … will be brought against the maker who is responsible for the accident.
5. Companies are concerned over the increase in white-… crime.

C Comment dit-on ?

1. un faux flic.
2. être mis en liberté sous caution.
3. la Déclaration des Droits.
4. John Doe c. (contre) l'État d'Arizona.
5. être pris en flagrant délit.
6. contrefaçon.
7. dommages-intérêts.
8. erreur judiciaire.
9. cambrioleur.
10. agression.

C 2 CORRIGÉS

A
1. There is convincing evidence of wilful murder/(US) first-degree murder.
2. The victim lodged a complaint for assault and battery.
3. The teenager is suspected of arson.
4. He is guilty of breach of trust.
5. The charges against him/The counts of his indictment are blackmail and bribery.

B
1. offender.
2. fifth.
3. custody.
4. lawsuit/legal suit/suit.
5. collar.

C
1. a bogus cop.
2. to be released on bail.
3. the Bill of Rights.
4. John Doe v. (versus) Arizona.
5. to be caught in the act/to be caught red-handed.
6. forgery/counterfeiting.
7. damages.
8. miscarriage of justice.
9. burglar.
10. assault/mugging.

32 LA DURÉE, LE TEMPS

A 1 VOCABULAIRE

A. LES UNITÉS DE TEMPS : TIME UNITS

an	**year**	mois	**month**
année	**year**	seconde	**second**
décennie	**decade**	semaine	**week**
heure	**hour**	semestre	**se*mes*ter**
jour	**day**	siècle	**century**
millénaire	**mil*len*nium**	trimestre	**quarter ; term**
minute	**minute**		

B. LE JOUR ET LA NUIT : DAY AND NIGHT

après-midi	**after*noon***	lever du jour	**sunrise**
aube	**dawn, daybreak**	matin	**morning**
aurore	**dawn, daybreak**	matinée	**morning**
coucher de/ du soleil	**sunset**	midi	**mid*day*, noon**
		minuit	**midnight**
crépuscule	**twilight ; dusk**	soir	**evening**
jour	**day**	soirée	**evening**
journée	**day, daytime**		

C. LES JOURS DE LA SEMAINE : THE DAYS OF THE WEEK

dimanche	**Sunday**	jeudi	**Thursday**
lundi	**Monday**	vendredi	**Friday**
mardi	**Tuesday**	samedi	**Saturday**
mercredi	**Wednesday**		

D. LES MOIS DE L'ANNÉE : THE MONTHS OF THE YEAR

janvier	**January**	juillet	**Ju*ly***
février	**February**	août	**August**
mars	**March**	septembre	**Sep*tem*ber**
avril	**April**	octobre	**Oc*to*ber**
mai	**May**	novembre	**No*vem*ber**
juin	**June**	décembre	**De*cem*ber**

E. LES SAISONS : THE SEASONS

printemps	spring
été	summer
automne	autumn, (US) fall
hiver	winter

F. AU FIL DU TEMPS : AS TIME GOES BY

abréger	to shorten, to abridge
accumulation	accumu*la*tion
accumuler	to ac*cu*mulate
adolescence	ado*les*cence
adolescent, e	ado*les*cent
allongement	lengthening
allonger	to lengthen
aménagement des horaires	flexible working hours, flexitime
amnistie	amnesty
amnistier	to amnesty, to pardon
an	year
anachronique	anachro*nis*tic
anachronisme	a*na*chronism
ancien, ne	old ; (précédent) former, previous
ancienneté	age, an*ti*quity, seni*o*rity
annales	annals, re*cords*
année	year
année-lumière	light-year
anniversaire	(personne) birthday ; anni*ver*sary
annualiser	to annualize
annuel	annual ; yearly
annuellement	annually, every year, yearly
antécédents	past re*cord*
antérieur	previous, former, prior
antérieurement	previously
antériorité	anteri*o*rity, ante*ce*dence
anticipation	antici*pa*tion
anticipé, e	early
anticiper	to an*ti*cipate
antidater	to predate, to antedate, to foredate
antique	ancient
antiquité	an*ti*quity, ancient times
approcher	to ap*proach*, to near
après dîner	after dinner
après midi	after*noon*
après	after ; afterwards
après-demain	the day after to*mor*row
arrêt	stop, halt
arrêter	to stop, to halt
arriver	to come ; (à une période) to reach ; (se produire) to happen, to occur

F. AU FIL DU TEMPS : AS TIME GOES BY (suite)

atermoiement	de*lay*, procrasti*na*tion
atermoyer	to delay, to pro*cras*tinate
attendre	to wait
attendu, e	ex*pect*ed
attente	wait ; expec*ta*tion
aujourd'hui	today
aussitôt	im*me*diately, at once
autrefois	formerly
avance	ad*vance*
être en avance	to be early
en avance sur son temps	a*head* of one's time
avancer	(montre) to be fast ; (date) to bring forward
avant-coureur	pre*lim*inary
avant-guerre	pre-war period ; before the war
bâcler	to botch, to bungle
bientôt	soon
bref, ève	short
brièvement	briefly
brièveté	brevity
brusque	sudden
brusquement	suddenly
but	goal
butoir (date)	deadline
centenaire	cen*te*nary, cen*ten*nial ; (personne âgée de cent ans) cente*nar*ian
cessation	ces*sa*tion, ceasing, discontinu*a*tion
cesser	to cease, to stop
changement de date	change of dates
cible	target
cibler	to target
coexistence	coex*is*tence
coexister	to coex*ist*
commencement	be*gin*ning, start
commencer	to be*gin*, to start
conclure	to con*clude*
conclusion	con*clu*sion ; close
conjoncture	present situ*a*tion
conséquemment	consequently
conséquence	consequence ; outcome
conservateur, trice	con*ser*vative
conservation	preser*va*tion, conser*va*tion
conservatisme	con*ser*vatism
constamment	constantly
constant, e	constant
continu	con*tin*uous
continuation	continu*a*tion
continuel	con*tin*ual, un*ceas*ing, permanent
continuellement	con*tin*ually, constantly

continuer	to con*tin*ue ; (à faire qqch) to keep (on) doing sth
continuité	conti*nu*ity
correspondance	corres*pond*ence
correspondre	to corres*pond*
couper	to cut
coupler	to couple
coupure	cut
couramment	commonly, frequently, usually
courant	current
le 5 courant	the fifth of this month
courir du… au…	to run from… to…
couronner	to crown, to cap
cours	course, passage (of time)
coutumier	usual
couvrir (se — contre un risque)	to hedge
couvrir (une période)	to cover
création	cre*a*tion
créer	to cre*ate*
culmination	culmi*na*tion
culminer	to culminate
cumul	cumu*la*tion
cumuler	to cumulate
cycle	cycle
cyclique	cyclical
d'abord	first
date	date
dater	to date
début	be*gin*ning, start
débuter	to be*gin*, to start
décade	10 days, 10-day period
décalage	gap, lag
décaler	to change, to shift, to move
décennie	decade
déclin	de*cline*
décliner	to de*cline*
dégrader (se)	to wear out
déjà	al*ready*
démarrage	start
démarrer	to start
démodé	old-*fash*ioned
dénouement	outcome ; issue
départ	de*par*ture ; start
dépasser (en durée)	to ex*ceed* ; to out*last*, to out*live*
dépêcher (se)	to hurry
déplacer	to change, to shift, to transfer, to move
dernier	last
dernièrement	recently
déroulement	de*vel*opment, un*fold*ing
dérouler (se)	to take place
désormais	from now on
désuet, ète	obsolete
désuétude	disuse, obso*les*cence
devancer	to pre*cede*, to over*take*
dilatoire	dilatory

F. AU FIL DU TEMPS : AS TIME GOES BY (suite)

diligence	promptness, speed
discontinu	discon*tin*uous
discontinuer	to discon*tin*ue
discontinuité	discontin*u*ity
diurne	di*ur*nal, day
durable	lasting, durable
durablement	durably
durant	during ; over
durée	du*ra*tion
durer	to last
échéance	ma*tu*rity, due date
économie (de temps)	saving
économiser du temps	to save time
qui économise du temps	time-saving
écouler (s')	to pass
émergence	e*mer*gence
émergent	e*mer*ging
émerger	to e*merge*
enfuir (s') (temps)	to fly (by)
engager (s')	to com*mit* oneself, to pledge oneself
engager	to be*gin*, to start, to open
engendrer	to generate, to pro*duce*, to breed
ennui	boredom
ennuyer (s')	to be/get bored
ennuyeux	boring
enraciné	(deep-)rooted
enregistrement	record, re*cor*ding
enregistrer	to re*cord*
ensuite	then ; afterwards
ensuivre (s')	to follow, to en*sue*
entraîner	to en*tail*, to bring about, to lead to, to re*sult* in, to cause
environ	a*bout*, a*round*
éphémère	short-*lived*, brief, fleeting, e*phem*eral
épisode	episode
épisodique	spo*ra*dic, epi*so*dic
époque (d')	period
époque	era, age, time, period
épuisement	exhaustion
épuiser	to ex*haust*
ère	era
érosion	wear and tear, at*tri*tion, e*ro*sion
escompter	to ex*pect*, to an*ti*cipate
espacer	to space
espérance de vie	life expec*ta*tion/expectancy
espérer	to hope
espoir	hope
esquisse	sketch, draft, outline

esquisser	to outline
estival	summer
estomper (s')	to get/grow blurred
étalement	spreading ; (vacances) staggering
étaler	to spread
étendre (s')	to spread, to ex*tend*, to run
étendre	to spread, to ex*tend*
éternel	e*ter*nal, ever*last*ing
éternellement	e*ter*nally, for ever
éterniser (s')	to drag on, to go on and on
éternité	e*ter*nity
événement	event
éventualité	possi*bil*ity, con*tin*gency
éventuel	possible ; e*ven*tual
éventuellement	possibly, e*ven*tually
évolutif	e*vol*utive
évolution	evo*lu*tion
exceptionnel	ex*cep*tional
exercice (= année)	trading year, fi*nan*cial year, fiscal year
expectative	expec*ta*tion, ex*pec*tancy
expédier	to dis*patch*
expéditif	prompt, fast, expe*di*tious
expérience (acquise)	ex*pe*rience
expérimenté	ex*pe*rienced
express	ex*press*
fatal	fatal, in*ev*itable ; (mortel) deadly
fatalité	fate
feu	the late
fixe (date)	set, fixed
fixer	to set, to fix
fois	time(s)
une fois	once
deux fois	twice
trois fois, etc.	three times, etc.
frais, fraîche	fresh
fréquence	frequency
fréquent, e	frequent
fugitif, ve	fleeting
fuir (temps)	to fly
fuite (du temps)	passage of time
futur	future
futuriste	futu*ris*tic
futurologie	futu*rol*ogy
futurologue	futu*rol*ogist
gagner (du temps)	to save (time)
gain	gain, saving
généalogie	gene*al*ogy
généalogique (arbre)	family-tree
généalogiste	gene*al*ogist
généalogique	genea*log*ical
génération	gene*ra*tion
habitude	habit
habituel	usual, customary
habituellement	usually
habituer (s')	to get used (à : to)

F. AU FIL DU TEMPS : AS TIME GOES BY (suite)

habituer	to ac*cus*tom
hâte	haste
hâter (se)	to hurry
hâter	to speed up, to hasten
hâtif	hasty
hâtivement	hastily
héréditaire	he*red*itary
hérédité	he*red*ity
heure	hour
hiatus	hi*a*tus
hibernation	hiber*na*tion
hiberner	to hibernate
hier	yesterday
histoire	history ; story
historien	his*to*rian
historique	his*to*ric, his*to*rical
historiquement	his*to*rically
hiverner	to hibernate
horaire	schedule, time-table
horizon	ho*ri*zon
horloge	clock
immature	imma*ture*
immaturité	imma*tur*ity
immédiat, e	im*me*diate
immédiatement	im*me*diately
immémorial	imme*mor*ial, be*yond* all memory
imminence	imminence
imminent	imminent ; (danger) im*pend*ing
immortalisation	immortali*za*tion
immortaliser	to im*mor*talize
immortalité	immor*tal*ity
immuable	im*mut*able, un*chang*ing
impair, e	odd
importun	troublesome, un*wel*come
imprévisible	unfore*see*able, unpre*dic*table
imprévision	want of foresight
imprévoyance	want of fore-sight ; im*prov*idence
imprévoyant, e	im*prov*ident
imprévu, e	unfore*seen*, unex*pec*ted
improbabilité	improba*bil*ity, un*like*lihood
improbable	un*like*ly
impromptu, e	un*planned*, improvised
improvisation	improvi*sa*tion
improviser	to improvise
improviste (à l')	unex*pect*edly
inaccoutumé, e	un*u*sual, unac*cus*tomed
inachevé, e	un*fin*ished, uncom*ple*ted
inattendu	unex*pec*ted
inauguration	inaugu*ra*tion
inaugurer	to in*au*gurate
incessamment	im*me*diately, very soon
incessant	con*tin*uous, ceaseless

incidemment	inci*den*tally
incident	incident
indéfiniment	in*def*initely
inexorable	in*ex*orable, unre*len*ting
inexpérience	inex*pe*rience
inexpérimenté	inex*pe*rienced
ininterrompu	uninter*rupt*ed, steady, regular
initial	i*ni*tial
initialement	i*ni*tially
initier	to i*ni*tiate
innovant	innovating
innovateur (*n*)	innovator
innovation	inno*va*tion
innover	to innovate
inopportun	un*time*ly
instabilité	insta*bil*ity, un*stead*iness
instable	un*sta*ble, un*steady*
instant	instant
instantané	instant, im*me*diate, instan*ta*neous
instantanément	instan*ta*neously
intempestif	un*time*ly, ill-timed
intemporel	timeless
intercaler	to in*ter*polate, to in*sert*
interférence	inter*fer*ence
interférer	to inter*fere*
intermède	interlude
intermédiaire	inter*me*diary
interminable	endless, never-ending
interminablement	endlessly
interrompre	to inter*rupt*
interrompu	inter*rupt*ed
intervalle	interval
irrégulier	ir*reg*ular
irrégulièrement	ir*reg*ularly
irrévocable	ir*rev*ocable
jadis	formerly, in the past
jamais	never
jeune	young
jeunesse	youth
jour	day
journalier	daily, everyday
journée (dans la)	in the daytime
journée	day
journellement	daily, every day
lancement	launching
lancer	to launch
lendemain (sans)	short-*lived*
lendemain	the day after, the next day, the morrow
liquidation	liqui*da*tion
loisir	leisure*
long, ue	long ; lengthy
longtemps	long, a long time, for a long time
longuement	for a long time
longueur	length, du*ra*tion
maintenant	now
maintenir	to maintain
malthusianisme	Mal*thu*sianism
malthusien	Mal*thu*sian
matin	morning
matinal	morning, early morning

F. AU FIL DU TEMPS : AS TIME GOES BY (suite)

matinée	morning
maturation	matu*ra*tion
mature	ma*ture* ; ripe
maturité	ma*tu*rity
mémoire	memory
mémorisation	memori*za*tion, memorizing
mémoriser	to memorize
menace	threat
menacer	to threaten
mensualisation	payment/paying by the month
mensualiser	to pay by the month
mensualité	monthly payment ; monthly in*stal*ment
mensuel	monthly
mensuellement	monthly
mettre à jour	to update
midi	mid*day*, noon
millénaire	mil*len*nium ; thousand years
millésime	year, date ; vintage
minorité	mi*no*rity
minute	minute
mise à jour	updating, (*fam*) update
moderne	modern
modernisation	moderni*za*tion
moderniser	to modernize
moment	moment
momentané	momentary, temporary
momentanément	momentarily, temporarily
monotone	mo*no*tonous ; dull
monotonie	mo*no*tony, sameness, dullness
montre	watch
mort	death
mortalité	mortal ; deadly, lethal
mortellement	mortally, fatally
mourir	to die
mûr	mature
mûrir	to ripen, to mature
mutation	mu*ta*tion
naissance	birth
naissant	nascent
naître	to be born ; to arise, to rise
nonagénaire	nonage*na*rian
nouveau, -elle	new
nouveauté	newness ; inno*va*tion, change, new de*vel*opment
nouvel an	new year
nouvellement	newly, recently
nouvelles	news
novateur (*adj*)	innovative, inno*va*tory
novateur (*n*)	innovator
novation	inno*va*tion
novice	novice, fresh hand

nuit	night
nuitamment	at night
objectif	goal, ob*jec*tive, target, aim
obsolescent	obso*les*cent
obsolète	obsolete
occasion	oppor*tu*nity, oc*ca*sion
occasionnel	oc*ca*sional
occasionnellement	oc*ca*sionally
occasionner	to cause, to give rise to
occurrence	oc*cur*rence
octogénaire	octoge*na*rian
opportun	oppor*tune*, timely
opportunément	oppor*tune*ly
opportunisme	oppor*tu*nism, time-serving
opportuniste	time-server
opportunité	oppor*tu*nity
option	option
optionnel	optional
ordinaire	ordinary, usual, common, standard
ordinairement	as a rule, usually, ordinarily
organisation	organi*za*tion, planning
organiser	to organise, to plan
originaire	o*ri*ginating (from)
originairement	o*ri*ginally, in*it*ially
original	o*ri*ginal
origine	origin
originel	o*ri*ginal, in*it*ial
oubli	for*get*ting ; for*get*fulness ; o*bliv*ion ; o*mis*sion, oversight
oublier	to for*get*
pair (jour)	even
panne (être en)	to have broken down ; (négociation) to be deadlocked
parcours (professionnel)	record, background
passage	passage
passager	temporary, momentary
passagèrement	momentarily, temporarily
passé (*n* et *adj*)	past
passer	to pass
perdurer	to last
péricliter	to go down*hill*, to be ailing, to be in a bad way
périmé	out of date, ex*pir*ed, no longer valid
pérennité	perenni*al*ity
période	period
périodicité	perio*di*city
périodique	peri*o*dical
périodiquement	peri*o*dically
péripéties	ups and downs ; ad*ven*tures

F. AU FIL DU TEMPS : AS TIME GOES BY (suite)

périr	to die, to perish
périssable	perishable
permanence	permanence
permanent	permanent
perpétuel	per*pet*ual
perpétuellement	per*pet*ually
perpétuer	to per*pet*uate
perpétuité	perpe*tu*ity ; (*jur*) life sentence
persévérance	perse*ver*ance
persévérant	perse*ver*ing
persévérer	to perse*vere*, to con*tin*ue, to per*sist*
persister	to per*sist*
perspective(s)	prospect(s)
phase	phase
plage (horaire)	slot
plan	plan
planifier	to plan
planning	plan ; schedule, programme
ponctuellement	punctually
ponctualité	punctu*a*lity
ponctuel	punctual
portée (à longue)	long-term
postdater	to post-date
postérieur	subsequent ; later ; pos*te*rior
postérieurement	at a later date
postérité	pos*te*rity, future gene*ra*tions
posthume	posthumous
potentialité	potenti*a*lity
potentiel, le	po*ten*tial
potentiellement	po*ten*tially
poursuite	purs*uit*
poursuivre	to purs*ue*, to con*tin*ue, to proc*eed* (with)
préalable (*adj*)	previous
préalablement	previously
préambule	preamble
préavis (donner un)	to give notice
précédemment	previously
précédent (*n*)	precedent
précédent, e (*adj*)	previous
précéder	to pre*cede*
précipitation	haste, great hurry
précipitamment	hastily
précipité	hasty
précipiter (se)	to rush
précoce	pre*co*cious ; early
précocité	pre*co*city, pre*co*ciousness
précurseur (*adj*)	pre*cur*sory
précurseur (*n*)	pre*cur*sor
prédécesseur	predecessor
prédestination	predesti*na*tion
prédestiné	pre*des*tined
prédétermination	predetermi*na*tion
prédéterminé	prede*ter*mined
prédire	to fore*tell* ; to forecast

préétabli	pre-es*tab*lished
préexistant	pre-ex*ist*ing
préexistence	pre-ex*ist*ence
préfiguration	prefigu*ra*tion, pre*fig*uring
préfigurer	to pre*fig*ure, to fore*shad*ow
préhistoire	pre*hist*ory
préhistorique	prehis*tor*ic, prehis*tor*ical
préliminaire (*adj* et *n*)	pre*lim*inary
prélude	prelude
prématuré	prema*ture*
prématurément	prema*ture*ly
premier	first
premièrement	firstly, first
prémonition	premo*ni*tion
prémonitoire	pre*mon*itory
prénatal	pre*na*tal
préparatifs	prepa*ra*tions
préparation	prepa*ra*tion
préparatoire	pre*pa*ratory
préparer	to pre*pare*
préretraite	early re*tire*ment
présage	presage
mauvais présage	bad omen
présager	to por*tend*, to fore*bode*
présent (à)	at present, currently
pressent	present, current
présentement	at present, now
préservation	preser*va*tion, pro*tec*tion
préserver	to pre*serve*
présomption	pre*sump*tion
présumer	to pre*sume*
prêt, -e	ready
prévenir	to an*tic*ipate ; to pre*vent*, to a*vert* ; to notify
préventif	pre*ven*tive
prévention	pre*ven*tion
prévision	forecast
prévisionnel	estimated
prévisionniste	forecaster
prévoir	to fore*see* ; to forecast
prévoyance	foresight
prévoyant	provident ; far-sighted
primitif	primitive, i*ni*tial
primitivement	i*ni*tially, o*ri*ginally
prioritaire	pri*o*rity
être prioritaire	to be a pri*o*rity
prioritairement	as a pri*o*rity
priorité	pri*o*rity
probabilité	proba*bil*ity, likelihood
probable	likely, probable
probablement	probably
prochain, e	next ; early
prochainement	soon, shortly
proche	near
programmation	programming
programme	programme, (US) program
programmer	to programme, (US) to program
progrès	progress, ad*vance*, breakthrough
progresser	to pro*gress*

F. AU FIL DU TEMPS : AS TIME GOES BY (suite)

progressif, ve	pro*gress*ive
progression	pro*gress*ion
progressivement	pro*gress*ively
progressivité	pro*gress*iveness
projection	pro*jec*tion
projeter	to pro*ject*, to plan
prologue	*pro*logue
prolongation	lengthening, ex*ten*sion
prolongement	ex*ten*sion
prolonger	to ex*tend*, to pro*long*
prompt	prompt, quick
promptement	promptly, quickly
promptitude	promptness, quickness
pronostic	forecast
prophète	prophet
prophétie	prophecy
prophétique	pro*phet*ic
prophétiser	to prophesy
prorogation	ex*ten*sion
proroger	to ex*tend*, to pro*long*
prospectif, ve	pro*spec*tive
prospective (*n*)	forecasting
provisoire	pro*vis*ional, temporary
provisoirement	pro*vis*ionally, temporarily
quarantaine (avoir la)	to be in one's forties
quart d'heure	quarter (of an hour)
quinquagénaire	(*n*) fifty-year-old person ; (*adj*) (to be) in one's fifties
quarantaine	forty
quinquennal	five-year
quinquennat	five-year term
quinzaine	fortnight
quotidien	daily
quotidiennement	daily, every day, on a daily basis
raccourcir	to shorten
rajeunir	to re*ju*venate ; to modernize ; to up*date*
rajeunissement	re*ju*venation ; modernizing ; up*dat*ing
ralentir (se)	to slow down
ralentir	to slow down
ralentissement	slowdown, slowing down
rapide	fast ; quick
rapidement	quickly
rapidité	speed
rappel	re*mind*er
rappeler (se)	to re*mem*ber
rappeler qqch à qqn	to re*mind* sb of sth
rapproché	close, near
rare	rare
rarement	seldom, rarely
raviver	to re*vive*
recommencer	to be*gin*/start again ; to re*sume*
reculer (une réunion, etc.)	to post*pone*, to de*fer*

récurrent	re*curr*ing
rééchelonnement	re*sched*uling
rééchelonner	to re*sched*ule
régresser	to re*press*
régression	re*gress*ion
régulier	regular
régulièrement	regularly, at regular intervals
réminiscence	remi*nis*cence, memory
renaissance	re*birth*, re*viv*al, re*new*al ; the Re*nai*ssance
renaître	to be born again; to revive ; to reap*pear*
rénover	to renovate
renouveau	re*new*al
renouvelable	re*new*al
renouveler	to re*new*
renouvellement	re*new*al, re*new*ing
rénovateur (*adj*)	renovating
rénovateur (*n*)	renovator
rénovation	reno*va*tion
répit	res*pite* ; breathing-space
report	post*pone*ment, de*fer*ment
reporter	to post*pone*, to de*fer*
repousser (date)	to post*pone*, to de*fer*
reprendre	to re*sume*
reprise	re*sump*tion
rétablir	to re-es*tab*lish, to res*tore*
rétablissement	re-es*tab*lishment, resto*ra*tion
retard	de*lay*
retardataire	late-comer
retarder	to de*lay*
retenir	to de*tain*, to hold up
retraité, e	pensioner, reti*ree*
retraite	re*tire*ment
réviser	to re*vise*
révision	re*vi*sion
revivre	to be re*viv*ing
revoir	to re*vise* ; to re-ex*am*ine
roulement	ro*ta*tion, alter*na*tion ; turnover
routine	rou*tine* ; (ad*mini*strative) red tape
routinier	rou*tine*
sablier	hour-glass, land-glass
saison	season
saisonnier	seasonal
seconde	second
séculaire	century-old
semaine	week
semestre	se*mes*ter
semestriel	half-yearly
semestriellement	half-yearly
septennat	seven-year term
septuagénaire	seventy-year-old, septuage*na*rian ; (to be) in one's seventies
séquence	sequence

F. AU FIL DU TEMPS : AS TIME GOES BY (suite)

séquentiel	se*quen*tial
série	series
service (de)	on duty
service	service ; duty
sexagénaire	sexage*na*rian
siècle	century
soixantaine	about sixty
sommaire	summary, brief, super*f*icial
sommairement	summarily, super*f*icially
sommeil	sleep
sommeil (en)	asleep
soudain (*adj*)	sudden
soudain (*adv*)	suddenly
soudainement	suddenly
soudaineté	suddenness
souffrance (en)	pending ; (marchandises), a*wait*ing de*liv*ery ; held up
souvenir (se)	to re*mem*ber
souvenir	memory
souvent	often
stade	stage, phase
stage	(dans une entreprise) internship ; (de formation) course, training period
stationnaire	stationary
statu quo	status quo
subit	sudden
subitement	suddenly
subséquemment	subsequently
subséquent	subsequent
subsister	to re*main*, to sur*vive*
succéder	to suc*ceed*
successeur	suc*ces*sor
successif	suc*ces*sive
succession	suc*ces*sion
successivement	suc*ces*sively
succinct	brief, con*cise*, suc*cinct*
succinctement	briefly, con*cise*ly, suc*cinct*ly
suite	continu*a*tion ; result, consequence
suivant, e	next, following
suivi (assurer le)	to follow through/up
suivi, e	con*tin*uous, sus*tain*ed
suivre (à)	to be con*tin*ued
suivre	to follow
supplément	supplement
supplémentaire	ad*di*tional, supple*men*tary
suppression	cancel*la*tion
supprimer	to cancel
suranné	old-fashioned, quaint
sur-le-champ	on the spot
surlendemain	two days later
surseoir (à)	to sus*pend*, to de*lay*, to put off
sursis	re*prieve* ; (militaire) de*fer*ment

sursitaire	temporarily ex*empt*ed conscript
survenir	to oc*cur*
survie	sur*vi*val
survivance	sur*vi*val
survivant	sur*vi*ving
survivre	to sur*vive*
susdit	a*bove*-mentioned, above
susmentionné	a*bove*-mentioned
susnommé	a*bove*-mentioned
suspendre	sus*pend*ed
suspendre	to discon*tin*ue, to sus*pend*
suspension	sus*pen*sion
synchrone	synchronous, in step
synchronisation	synchroni*za*tion, synchronizing, (*fam*) sync
synchroniser	to synchronize
tabler sur	to count on, to bank on
tampon (date)	deadline
tantôt… tantôt…	sometimes… sometimes…
tard	late
tarder (à)	to be long (in + verbe + –ing)
tarder (sans)	with*out* de*lay*
tardif	fate
tardivement	fate
tasser (se)	to settle down
tempérament (à)	by in*stal*ments, (US) in*stall*ments

temporaire	temporary ; pro*vi*sional
temporairement	temporarily ; pro*vi*sionally
temporel	temporal
temporisation	temporizing
temporiser	to temporize, to pro*cras*tinate
temps (à)	in time
temps	time
tenace	te*na*cious, stubborn
tenacement	te*na*ciously
ténacité	stubbornness, te*na*city
tendance	trend, tendency
tendre (vers)	to tend to*wards*
tenir	to hold
tenue (d'une réunion)	holding
tergiversation	beating about the bush
tergiverser	to beat about the bush
terme (à court)	in the short term/run ; short term
terme (à long)	in the long term/run ; long term
terme (à moyen)	in the medium term ; medium term
terme	end, limit, term, com*ple*tion, termi*na*tion, outcome
terminal	final

F. AU FIL DU TEMPS : AS TIME GOES BY (suite)

terminer (se)	to end, to come to an end
terminer	to end ; to com*plete*
testament	will, testament
tester	to test, to try
tomber en désuétude	to be*come* obsolete
tomber	to fall
tortue	tortoise
tôt	early
toujours	always ; ever
tour d'horloge, de cadran	twelve hours
tournant (*adj*)	re*volv*ing
présidence tournante	ro*tat*ing presidency
tournant décisif	watershed
tournant	turning point
tourner (heure)	to pass, to fly, to go by
tradition	tra*di*tion
traditionaliste	tra*di*tionalist, con*ser*vative
traditionnel	tra*di*tional
traînard	laggard
traîne (à la)	lagging behind
traîner	to lag
tranche (horaire)	slot
transmettre	to trans*mit*
trépassé	dead, de*ceased*
trépasser	to die ; to go the way of all flesh
trépassés (les)	the dead, the de*ceased*
trêve	truce
tricentenaire	(*n*) tercen*ten*ary ; (*adj*) tercen*ten*nial, every three centuries, lasting three centuries
triennal	lasting three years ; for a term of three years ; (oc*cur*ring) every third year
trimestre	(économie) quarter ; (scolaire) term
trimestriel	quarterly
trimestriellement	every quarter ; every term
uniforme	uniform
uniformément	uniformly
unité	unit
urgence	urgency
urgent	urgent
usagé	old, worn, worn-out, used, second-hand
usage	use, custom
usé	worn, worn-out
usité	current, in current use, in common use
usuel	usual, customary
usuellement	usually
usufruit	usufruct
usufruitier	usu*fruc*tuary, bene*fi*ciary

usure	wear and tear	vieille (*adj*)	old
utopie	u*to*pia	vieille (*n*)	old woman
utopique	u*to*pian	vieillesse	old age
vacance	holiday, va*ca*tion	vieilli	aged
vacances	holidays	vieillir	to grow old, to get old
vacation	service paid on a time basis ; (paiement) fee	vieillissement	ageing
vécu	real life, actual ex*pe*rience, personal ex*pe*rience	vieillot	old-*fash*ioned, antiquated
végéter	to vegetate ; to lead a dull life	vieux (*adj*)	old
veille	eve ; the day be*fore*, the previous day	vieux (les)	old people, the elderly, senior citizens
veillée	evening (spent in company)	vieux (*n*)	old man
veiller	to sit up	vite	quick
venir (je viens de)	to have just	vitesse	speed
vers	a*round*, about	vivant	a*live*
vert (pas mûr, pas expérimenté)	green	de son vivant	during his/her lifetime
vie	life	vivre	to live
vieillard	old man, old person	zénith	apex, zenith
		zéro heure	midnight, zero hours
		zéro (partir de)	to start from scratch

A 2 LEXIQUE EN SITUATION

to be early : être en avance, être tôt.
at an early date : à une date prochaine ; tôt.
early in the morning : tôt le matin.
tomorrow morning : demain matin.
to be late : être en retard ; être tard.
I haven't seen him lately : je ne l'ai pas vu ces temps derniers.
late at night : tard le soir, la nuit.
yesterday night : hier soir.
a sleepless night : une nuit blanche.

my watch is slow : ma montre retarde.
my watch is fast : ma montre avance.
next week, next month, next year : la semaine prochaine, le mois prochain, l'année prochaine.
last week, last month, last year : la semaine dernière, le mois dernier, l'année dernière.
in the last past/past few days/weeks : au cours des derniers jours, ces dernières semaines.
in the next few days/weeks : dans les prochains jours, au cours des semaines à venir.
at/over the weekend : pendant le week-end.
two hours a week : deux heures par semaine.
tomorrow week : demain en huit.
in the past : dans le passé, dans le temps, jadis.
in the distant past : dans un passé lointain.
in future : à l'avenir.
in the near future : dans un avenir proche.
to meet a deadline : honorer des délais.
a short spell : une courte période.
a spell of fine weather : une période de beau temps.
for a while : pendant un certain temps.
over a long period : pendant/sur une longue période.
within minutes/seconds of : quelque minutes/secondes après.
a last-minute solution : une solution de dernière minute.
per annum, p. a. : par an.
a protracted strike : une grève prolongée.
to be brief : en bref.
to make it brief : en bref.
to cut it short : pour être bref.
to cut/make a long story short : pour être bref.
in a nutshell : en un mot, bref.
with (the wisdom of) hindsight : avec le recul du temps, rétrospectivement.
in retrospect : après coup, avec le recul du temps, rétrospectivement.
are few and far between : sont peu nombreux/nombreuses, se produisent rarement.
it was dead on half past ten : il était dix heures et demi pile.
at eleven sharp : à onze heures précises.

DURATION, TIME

■ Clock

round the clock : 24 heures sur 24.
4 hours by the clock : 4 heures d'horloge.
to work against the clock : travailler contre la montre.
to put, to turn/to set the clock back : revenir en arrière.
to put the clock forward : avancez l'horloge.
clockwise : dans le sens des aiguilles d'une montre.
anti-clockwise : dans le sens inverse des aiguilles d'une montre.

■ Day

day in, day out : toute la journée et tous les jours.
every other day : tous les deux jours.
day to day : quotidien, au jour le jour.
to live from day to day : vivre au jour le jour.
the day is done (*lit*) : la journée est terminée.
seven days a week : sept jours par semaine.
for days on end : pendant des jours et des jours.
one/some of these days : un de ces jours.
it's all in the day's work : ça fait partie de la routine.
in this day and age : à l'époque actuelle, aujourd'hui.
to the day : au jour près.
dog days : canicule.
to take a day off : prendre un jour de congé.
the day of reckoning : le jour du jugement, quand on fait les comptes.
let's call it a day ! ça suffira pour aujourd'hui.
to carry the day : remporter la victoire.
to beat/frighten the living daylights out of someone : flanquer une volée/la frousse à quelqu'un.
D-day : le jour J.
at the end of the day : quand tout est dit, en fin de compte.
those were the days : c'était le bon temps.
days of yore : le temps jadis.
in bygone days : jadis, dans l'ancien temps.
on and off : par à-coups, de façon intermittente.
more often than not : assez fréquemment, dans la plupart des cas.

■ **Hour**

after hours : après la fermeture des bureaux, après le travail.
office hours : heures de bureau.
rush hour : heure de pointe, d'affluence.
to keep late hours : travailler/rentrer/veiller tard.
the small hours : les premières heures (après minuit).
the happy hour : l'heure de l'apéritif, des cocktails.

■ **Time**

in time : à temps.
on time : à l'heure.
in the daytime : dans la journée.
at the same time : en même temps.
for the time being : pour l'instant.
at the present time : en ce moment, aujourd'hui.
at the time : à l'époque.
at one time : jadis, il y a un certain temps.
in the meantime : entre-temps, en attendant, dans l'intervalle.
in no time : en un rien de temps.
in good time : en temps utile, le moment venu.
in due time : le moment venu, à l'heure voulue.
time and again : de façon répétée.
the date and time : le jour et l'heure.
to take time off : faire une pause.
a part-time job : un emploi à temps partiel.
time-sharing : temps partagé.
time and a half : (heures supplémentaires) une fois et demi le tarif normal.
to time : fixer/prévoir/fixer, calculer le moment ; chronométrer.
timing : choix du moment opportun ; minutage ; (musique) mise en place.
a timely reminder : un rappel opportun.
time-saving : qui fait gagner du temps.
time-consuming : qui prend du temps.
time-wasting : qui fait perdre du temps.
a loss of time, a waste of time : une perte de temps.
with the passage of time : au fil du temps, au fil des années, avec le temps.

to while away the time : passer le temps.
time flies by : le temps s'est enfuis.
to have time on one's hands : avoir du temps libre ; être désœuvré.
to bide one's time : attendre son heure, attendre le moment favorable pour agir.
to make up for lost time : rattraper le temps perdu.
to be worn away by time : subir l'usure du temps.
to keep ahead of one's time : être en avance sur son temps.
to keep up with the times : être de son temps ; suivre la mode, être à la page.
to be behind the times : être en retard sur son temps, son époque, être vieux jeu.
time out of mind : depuis des temps immémoriaux.
to have a good time : bien s'amuser.
to have the time of one's life : s'amuser comme un fou.
to give sb a bad time : en faire voir de toutes les couleurs à qqn, faire passer un mauvais quart d'heure à quelqu'un.
to fall on hard times : traverser une période difficile, tomber dans la misère.
to do time/to serve time : faire de la prison.
a time-server : un opportuniste.
time-span, time-frame : période, durée.
time-slot : créneau horaire, tranche horaire.
timetable : emploi du temps, horaire, calendrier.
time-trial : (cyclisme) une épreuve contre la montre.

A 3 REGISTRES DE LANGUE

<u>Formules proverbiales</u>

time is money : le temps, c'est de l'argent.
a stitch in time saves nine : mieux vaut prévenir que guérir (une reprise à temps en économise neuf).
time and tide wait for no man : les événements n'attendent personne.
all in good time ! chaque chose en son temps !
Time, ladies and gentlemen ! (pubs) C'est l'heure (de la fermeture), on ferme.

you can't turn the clock back : ce qui est fait est fait, on ne peut pas revenir en arrière.
those were the days ! c'était le bon temps !
tomorrow is another day : ça ira mieux demain.
every dog has his day : à chacun vient sa chance, chacun à son heure de gloire.
the early bird catches the worm : la chance sourit à ceux qui se lèvent tôt.
let bygones be bygones : oublions le passé, passons l'éponge.
the fine hour : l'heure de gloire.

B 1 DIRE L'HEURE

- Pour dire l'heure, l'anglais utilise deux cadrans :
  un cadran du matin : **a.m.** [eɪ em]
  un cadran de l'après-midi : **p.m.** [piː em]
- D'autre part, on divise l'un ou l'autre cadran de part et d'autre de la *demie* (**half-hour** [hɑːf aʊə^r^] ; on donne alors les minutes passé l'heure, ou les minutes en direction de l'heure suivante. On dira donc :

  8 o'clock [eɪt ə'klɒk] : *8 heures* ou **8 a.m.** : *8 heures du matin*
  a quarter past nine (a.m.) : *9 heures et quart (du matin)*
  half past ten : *dix heures trente*
  twenty-five to eleven : *onze heures moins vingt-cinq*
  twelve o'clock : *midi*, puis *minuit*
  2 p.m. : *quatorze heures*

- **What time is it ?** Quelle heure est-il ?
  What is the time ? Quelle heure est-il ?
  It's seven sharp : Il est sept heures précises
- Pour les horaires officiels (aéroports, gares, etc.) et dans certaines organisations (armée, etc.), on utilise le plus souvent les heures de 1 à 24.
  Ainsi : 15 h = **15:00** ; 23 h 32 = **23:32**.

B 2 REMARQUES GRAMMATICALES

■ L'emploi du temps

• La forme en –**ing** indique qu'une action est en train de se dérouler.

• En anglais, on emploie le ***prétérit***, temps du passé, pour tout fait passé et daté, proche ou lointain :
I saw him yesterday : je l'ai vu hier
I met her ten years ago : je l'ai rencontrée il y a dix ans.

On emploie le ***present perfect*** pour :

· un fait qui dure encore :

we've been here for two weeks/since the beginning of the month : nous sommes ici depuis deux semaines/depuis le début du mois

· ou pour un fait passé vu sous l'angle de ses conséquences présentes :

Have you been to the U. S. ? Êtes-vous allé aux États-Unis (connaissez-vous les États-Unis) ?

• Après les conjonctions de temps (**as soon as** : *dès que*, **when** : *quand* au sens de *lorsque*), en emploie le présent au lieu du futur français :
we'll leave when he is ready : nous partirons quand il sera prêt

• Pour opposer le passé au présent, on utilisera **used to** :
Things aren't what they used to be : Les choses ne sont plus ce qu'elles étaient

■ Le cas possessif peut être employé pour indiquer des notions de temps,
soit de durée :
the week's profits : les bénéfices de la semaine
soit de date :
today's newspaper : le journal d'aujourd'hui

■ Bien distinguer entre :
- (the) **last** : (le) dernier
- **the latest** : le/la plus récent(e), le dernier (la dernière) en date
- **the latter** : le dernier/la dernière cité(e)
- **the late** : feu
  the late Mr Fox : feu M. Fox
- **the least** : le/la moindre
  (Cf. **last but not least** : le dernier mais pas le moindre)

■ Notez l'emploi de **last** sans article dans : **last month, week, year**, etc. : *le mois dernier*, etc.
De même : **next month, next week** : *le mois prochain*, etc.
- Attention à :
  the past/last few months : ces/les derniers mois
  the next few weeks : les semaines à venir, où l'emploi de **few** est obligatoire.

■ Distinguez entre **for** et **during**, ce dernier ne s'employant qu'au sens de *au cours de*.
He worked with them for three weeks : Il a travaillé avec eux pendant trois ans.
I only see him during my holidays : Je ne le vois que pendant mes vacances.

■ Notez l'emploi de **when** dans **the day when** : *le jour où*, etc.

B 3 REMARQUES LEXICALES

■ Distinguez bien entre :
- **lastly** : *en fin* (= fin d'une énumération, purement factuel) et **at last** : *enfin* (fin d'une attente, indique un soulagement).
- **quarter** : *trimestre* (en économie) et **term** : *trimestre scolaire, universitaire*.
- **to remember** : *se souvenir* et **to remind** : *rappeler* (*qqch à qqn* : **to remind sb of sth**).
- **experience** : *expérience* (acquise, professionnelle) et **experiment** : *expérience scientifique, expérimentation*.

- **history** : *l'histoire* (la science historique, le passé) et **story** : *l'histoire* (que l'on raconte).
- **at this time** : *aujourd'hui* et **at that time** ou **at the time** : *à l'époque.*
- **Actually** est un faux ami qui signifie *réellement*, *en fait*, *véritablement.*
  actuellement se traduit par **currently, at present, today.**
- **Eventually** signifie *à la longue*, *en fin de compte*, *finalement*
  éventuellement : **possibly ; potentially.**
- N'employez **nowadays** : aujourd'hui, qu'au sens de *de nos jours.*
- **Delay** signifie *retard.*
  délai : **deadline, time-limit(s), period, term.**
  On ne traduira donc *délai* par **delay** que lorsqu'il a le sens de *retard* (cf. *de trop longs délais*, etc.).
- Notez la traduction de *en huit* :
  aujourd'hui en huit : **a week (from) today, this day week.**
  demain en huit : **tomorrow week.**
  mardi en huit : **Tuesday week.**
- Traduction de *rapide* :
  fast (véhicule), **quick** (réaction), **speedy** (guérison), **hasty** (trop rapide, hâtif, cf. décision, etc.).
- Traduction de *prévoir* :
  to expect (*s'attendre à*), **to anticipate, to plan** ;
  to foresee : prévoir (à titre personnel).
  to foretell : prévoir (et le faire savoir, prédire, sans base scientifique).
  to forecast : prévoir (et le faire savoir, en expert).
  Notez aussi **to provide** : prévoir une situation et y pourvoir :
  the law provides that... : la loi prévoit que... (cf. **a provision** : *une clause*).

B 4 ORTHOGRAPHE

Majuscule obligatoire en anglais pour les jours de la semaine (**Monday**, etc.) et les mois de l'année (**January**, etc.).

B 5 PRONONCIATION

- Le **h** n'est pas prononcé dans **hour, hourly** :
a whole hour [ə həʊl aʊə[r]] : une heure entière
- Attention à **Wednesday** : [ˈwenzdɪ].
- Attention au pluriel de **month, months** [mʌnθs] : ne pas rajouter d'*e* intercalaire entre le **th** et le **s** final.

B 5 DIFFÉRENCES ENTRE ANGLAIS BRITANNIQUE ET AMÉRICAIN

- **Presently** signifie *bientôt* en anglais britannique, mais *à présent, aujourd'hui, en ce moment* en américain.
Momentarily signifie *momentanément* en anglais britannique, mais *immédiatement, d'ici quelques secondes* en américain.
- L'anglais britannique dira **from Monday <u>to</u> Friday** : *du lundi à vendredi*, mais l'américain : **from Monday <u>through</u> Friday.**
- En américain, **through** pourra, dans des annonces destinées au grand public, s'écrire **thru.** De même **tonight** pourra être **tonite.**
- **a fortnight** : *une quinzaine*, est plus britannique qu'américain (**two weeks, two weeks' time**)
- **this** sera souvent prononcé [ʒ] (*j* français) en américain dans **this week, this month, this year.**

C 1 EXERCICES

A Traduire.

1. la semaine dernière
2. au cours des dernières semaines
3. dans un avenir proche.
4. Veuillez préciser le jour et l'heure
5. Ils sont arrivés en même temps.
6. Nous sommes ouverts 24 heures sur 24.
7. Ils ne pourront pas respecter les délais.
8. Oublions le passé.

9. C'était le bon temps !
10. Quels sont les films qu'on peut voir actuellement ?

B Compléter.

1. to make up for … time
2. to be behind the …
3. in the next … weeks
4. last but not …
5. a … reminder
6. time … of mind
7. to be ahead of one's …
8. to fall on …
9. a … in time saves nine
10. to keep up with the…

C 2 CORRIGÉS

A
1. last week.
2. during/for/over the last few weeks.
3. in the near future.
4. Please state/specify the date and time.
5. They arrived at the same time.
6. We are/stay open round the clock.
7. They won't be able to meet the deadline.
8. Let bygones by bygones.
9. Those were the days !
10. What films are currently showing/on show ?
    What are the films currently on show ?

B
1. lost
2. times
3. few
4. least
5. timely
6. out
7. time
8. hard times
9. stitch
10. times

A 1 VOCABULAIRE

abbaye	abbey
abbé	monk
adage	saying
adorer	to worship
agnostique	ag*nos*tic
âme	soul
amulette	amulet, charm
ange	angel
archevêque	arch*bish*op
Armée du Salut	Sal*va*tion Army
astrologue	a*stro*loger
athée	atheist
au-delà	afterworld, here*af*ter
augure	omen
aumône	alms
aumônier	chaplain
autel	alter
baguette divinatoire	di*vin*ing-rod
baguette magique	(magic) wand
banc d'église	pew
baptême	christening
baptiser	to christen, to bap*tize*
bas-côté	aisle
béatitude	blessedness
beffroi	belfry
bénédiction	blessing
bénir	to bless
bien	good
bouddhisme	Buddhism
boule de cristal	crystal ball
cagoule, capuchon (de moine)	cowl
cathédrale	ca*the*dral
chaire	pulpit
chanoine	canon
charité	charity
chiromancie	palm-reading
chœur	(architecture) chancel ; (musique) chorus, choir
enfant de chœur	choirboy
chrétien	Christian
chrétienté	Christendom
christianisme	Christi*an*ity
Chute (la)	the Fall
Ciel	Heaven
cilice	hair-shirt
clairvoyance	clair*voy*ance, second sight
cloche	bell
clocher	steeple
cloître	cloister
communier	to receive com*mu*nion
confesser	to con*fess*
conte de fées	fairy tale
couvent	convent
crainte	fear, awe
Créateur	Cre*a*tor
crèche	crib, manger
credo	creed
crédule	credulous
critère	cri*te*rion (*pl* cri*te*ria)
croire	to be*lieve*
croisade	cru*sade*

Croissant	Crescent
croix	cross
croyance	creed, be*lief*
croyant	be*liev*er
culte	worship
damné	damned
démon	devil, demon, fiend
désincarné	disincar*na*ted, fleshless
destin	fate
destinée	destiny
devin	soothsayer
diable	devil
dieu	god
dissident	dis*sent*er, noncon*form*ist
divin	di*vine*
divination	soothsaying, divi*na*tion
divinité	di*vin*ity, godhead
doctrine	tenet, doctrine
dogme	dogma
eau bénite	holy water
ecclésiastique	(*n*) clergyman ; (*adj*) eccle*si*astical
église	church
élu	chosen
encens	incense, frankincense
encensoir	censer
enchanté	en*chant*ed, magical
enfer	hell, the In*fer*no
enfers	Hades ; the underworld
envoûté	spellbound (*v* to spellbind)
ésotérique	eso*ter*ic
Évangile	Gospel
exorciser	to exorcize
Extrême Onction	Ex*treme* Unction ; last rites
façade	front
fanatisme	fa*nat*icism
fantôme	ghost
fatalisme	fatalism
fataliste	fatalist, fata*lis*tic
fatalité	fate
fée	fairy
royaume des fées	fairyland
féerie	en*chant*ment
féerique	fairy ; magic ; fairy-like
feindre	to feign, simulate, sham
feint	feigned, as*sumed*, sham
fête	feast, festival
fidèle	faithful
fidèles (l'assemblée des)	congre*ga*tion
flèche (d'église)	spire ; steeple
foi	faith
franc-maçon	freemason
frère	friar, monk
funérailles	funeral
gargouille	gargoyle
géant	giant (*adj* gi*gan*tic)
Genèse	Genesis
glas	knell

Gnose	Gnosis
gnosticisme	Gnosticism
grigri	charm
hanté	haunted
hérétique	(*n*) heretic ; (*adj*) her*et*ical
hostie	wafer
hypnotisme	hypnotism
icône	icon
iconoclaste	(*n*) i*co*noclast ; (*adj*) iconoc*las*tic
idéaliste	(*n*) idealist ; (*adj*) idea*lis*tic
idéaux	i*de*als
impie	godless, impious, blasphemous
impiété	im*pi*ety, blasphemy
impitoyable	pitiless
incroyable	unbe*liev*able, in*cred*ible
initié	(*n*) in*i*tiate ; (*adj*) in*i*tiated
initier	to in*i*tiate
Jugement dernier	Doomsday ; Last Judgement ; the Day of Reckoning
juif	(*n*) Jew ; (*adj*) Jewish
laïc	(*n*) layman ; (*adj*) lay
libre pensée	free-thinking
libre penseur	free-thinker
logique	logic ; (*adj*) logical
loup-garou	werewolf
lutin	goblin, imp
mage	magus, (*pl*) magi
magicien	ma*gi*cian, wizard
magie	magic
magique	magical
magnétiser	to magnetize
magnétiseur	magnetizer
mal	evil
malédiction	curse
maléfices	evil spells
maléfique	evil, baleful, ma*le*ficent
martyr	martyr
maudire	to curse
mauvais œil	evil eye
mauvais	wicked, evil
médium	medium
mériter	to deserve
messe	mass
minaret	minaret
miséricorde	mercy
miséricordieux	merciful
moine	monk
morale	(*n*) ethics, mo*ral*ity ; (*adj*) ethical ; moral
mosquée	mosque
musulman	Muslim
mystique	(*n*) mys*tique* ; (*adj*) mystical
mythologie	mythology
mythologique	mytho*lo*gical
nain	dwarf
néant	void
nef	nave
néophyte	neophyte, be*gin*ner

noces	wedding
non-conformisme	Noncon*form*ity
nonne	nun
novice	novice
nymphe	nymph
oblat	oblate, lay-brother
occulte	oc*cult*
œcuménisme	ecu*men*ism
office des Morts	Burial Service
office du matin	morning prayer
office du soir	evening prayer
officiant	of*fi*ciating priest
offrande	offering
païen	pagan, heathen*
pape	pope
parabole	parable
paradis	paradise*
paroisse	parish
paroissial	pa*ro*chial
paroissien	pa*rish*ioner
Parques	Parcae
pasteur	(Protestant) minister ; parson
péché	sin, trespass
pèlerin	pilgrim
piété	godliness, piety
pieux	pious*
pratiquant	churchgoer, (*adj*) practising
pratiquer	to practise
prêcher	to preach
présage	omen
prêtre	priest
prier	to pray
prière	prayer

prodige	prodigy
prodigue	prodigal
prophétie	prophecy
prophétiser	to prophesy ; pre*dict*
psaume	psalm
purgatoire	purgatory
pythie	pytho*ness*
quête	col*lec*tion ; quest, search
quotidien	daily
rabbin	rabbi*
Grand Rabbin	Chief Rabbi
rachat	a*tone*ment
réconfort	comfort
réformé	Protestant
Réforme	Refor*ma*tion
réformer	to re*form*, to a*mend*
refoulement	re*pres*sion
réjouissance	rejoi*c*ing
religieuse	nun
remords	re*morse*
repentir (se)	(*v*) to re*pent* ; (*n*) re*pent*ance
revenant	ghost
rosaire	rosary
sacré	sacred
sacrements	sacraments
sagesse	wisdom
Saint Siège	Holy See
saint	holy
Saint-Esprit	Holy Spirit, Holy Ghost
salut éternel	eternal sal*va*tion
sanctuaire	shrine
Sauveur	Saviour
sectaire	sec*ta*rian

Seigneur	**Lord**	stalle	**stall**
sermonner	**to sermonize, to lecture**	stoïcien	**stoical ; stoic**
		surnaturel	**super*nat*ural**
sophisme	**sophism ; fallacy**	tables tournantes	**rapping tables**
sorcellerie	**witchcraft, sorcery**	tabou	**ta*boo***
		temple	**chapel**
sorcier	**sorcerer ; wizard**	tentation	**temp*ta*tion**
sorcière	**witch ; sorceress**	Tout-Puissant	**the Al*mighty***
sornettes	**humbug**	tsigane	**gypsy**
sort	**destiny**	vertu	**virtue**
sortilège	**spell, charm**	vicaire	**curate**
soufre	**sulphur**	vice	**vice**
soutane	**cassock**	vitraux	**stained-glass windows**
spectre	**ghost**		
spiritisme	**spiritualism**	voûte	**vault**

A 2 LEXIQUE EN SITUATION

God willing : s'il plaît à Dieu.
for God's sake : pour l'amour de Dieu.
God forbid : Dieu m'en préserve.
to put the fear of God in someone : terrifier quelqu'un.
god-fearing : prudent.
God Almighty ! Dieu tout-puissant !
a god-forsaken place : un trou perdu.
to bid someone godspeed : souhaiter bon voyage à quelqu'un.
the devil's advocate : l'avocat du diable.
go to the devil ! allez au diable !
a devil of a mess : une sacrée confusion.
it's devilish hard : c'est très difficile.
he's devilishly clever : il est sacrément intelligent.
evil tidings : mauvaises nouvelles.
of evil omen : de mauvais présage.
the Evil one : le Malin.
evil-minded : porté au mal.
good and evil : le bien et le mal.

to do good, to do evil : faire le bien, faire le mal.
the evil eye : le mauvais œil.
an evil smell : une mauvaise odeur.
to be in the seventh heaven : être au septième ciel.
to go to heaven : aller au ciel.
Good heavens ! juste ciel !
for heaven's sake : pour l'amour de Dieu.
to move heaven and earth : remuer ciel et terre.
heaven-sent : providentiel.
to say mass : dire la messe.
count your blessings : être heureux de ce qu'on a.
bless you : Dieu vous bénisse.
guardian angel : ange gardien.
gospel truth : absolument vrai ; vrai comme l'évangile.
the Holy Land : la Terre Sainte.
Church of England : Église d'Angleterre, Église anglicane.
Established Church : Église établie, Église d'État.
disestablishment : séparation de l'Église et de l'État.
to cast a spell over someone : jeter un sort à quelqu'un.
to hold someone spellbound : envoûter quelqu'un.
to be under a spell : être envoûté.
to hoodwink someone : tromper quelqu'un.
to pull the wool over someone's eyes : berner, tromper quelqu'un.
to live in sin : vivre dans le pêché, vivre ensemble sans être mariés, cohabiter.
to give up the ghost : rendre l'âme.

A 3 REGISTRES DE LANGUE

1. Proverbes.
a fault confessed is half redressed : péché avoué est à moitié pardonné.
God helps them who help themselves : aide-toi, le Ciel t'aidera.
better the devil you know than the devil you don't : mieux vaut un mal connu.

to be between the devil and the deep blue sea : être entre Charybde et Scylla.
it's not the cowl that makes the monk : l'habit ne fait pas le moine.
talk of the devil, he will appear : quand on parle du loup, on en voit la queue.

2. Les fêtes : feasts and festivals.

Candlemas	la Chandeleur
Christmas	Noël
Ash Wednesday	mercredi des Cendres
Shrove Tuesday	Mardi Gras
Lent	Carême
Palm* Sunday	dimanche des Rameaux
Good Friday	Vendredi Saint
Easter	Pâques
Whitsun	Pentecôte
Trinity Sunday	Trinité
Michaelmas*	Saint-Michel
Boxing Day	26 décembre
All Saints' Day	Toussaint
Thanksgiving Day (US)	jour d'action de grâces
Halloween (US)	veille de la Toussaint

3. Les sept pêchés capitaux : the seven deadly sins.

avarice	avarice
wrath	colère
envy	envie
gluttony	gourmandise
lechery	luxure
sloth	paresse
pride	orgueil

4. The twelve signs of the Zodiac.

Aries ['eəriːz], the ram	Bélier
Taurus ['tɔːrəs], the bull	Taureau
Gemini, the twins	Gémeaux
Cancer, the crab	Cancer

Leo, the lion	Lion
Virgo, the virgin	Vierge
Libra, the scales	Balance
Scorpio, the scorpion	Scorpion
Sagittarius, the archer	Sagittaire
Capricorn, the goat	Capricorne
Aquarius [ə'kweərɪəs], **the water-carrier**	Verseau
Pisces ['paɪsiːz], **the fish**	Poisson

B 1 REMARQUES LEXICALES

- **High Mass** : *grand-messe, grande messe* ; la messe la plus importante.
- Notez aussi l'opposition **high church/low church** dans l'Église anglicane, la première soulignant l'importance des cérémonies et des rites, plus proche de l'église catholique ; la seconde, plus austère, plus calviniste.
- **service** correspond à *office* dans le vocabulaire religieux. **morning service, morning prayer, matins** : *office du matin* ; **evensong** : *office du soir*.
- **The gods** dans le vocabulaire du théâtre : *le poulailler*, les places les moins chères, tout en haut du théâtre.
- Notez aussi **godchild** : *filleul* ; **godson, god-daughter** ; et **godmother** : *marraine* ; **godfather** : *parrain*.
- Attention à **vicar** : *pasteur*, et non *vicaire* qui se traduit par **curate** ou **assistant priest**.
- Autre faux ami : **mercy** : *pitié, miséricorde*
  to have mercy : avoir pitié.
  to call, to beg for mercy : demander grâce.
  merciful : miséricordieux.
  merciless : sans pitié, impitoyable
  Lord, have mercy on us : Seigneur, ayez pitié de nous
  Pitiful signifie souvent *pitoyable, lamentable*.
- **malice** : *méchanceté* : **the malice of the devil**
  d'où **malicious** : *méchant, plein de malignité*.
  Malicieux se dit **mischievous**.

- **to trespass** : *pécher* ; **trespasser** : *pécheur*, mais aussi dans un sens plus général : *personne en infraction.*
 No trespassing : défense d'entrer.
 Trespassers will be prosecuted : Défense d'entrer sous peine d'amende.
- Attention à **to cast (cast, cast) someone's horoscope** : *faire l'horoscope de quelqu'un.*
 to cast signifie *jeter* ; cf. **to cast dice** : *jeter les dés* ; **the die is cast** : *le dé, le sort en est jeté.*
- Notez **to lead into temptation** : *induire en tentation* et **to fall into temptation, to yield to temptation** : *succomber à la tentation.*
 to tempt providence : *tenter la providence*, faire quelque chose de dangereux, qui peut tourner mal.
- UFO : **unidentified flying object** : *OVNI, objet volant non identifié.* **flying saucer** : soucoupe volante
- WASP (US) : **White Anglo-Saxon Protestant**
- **Hell** est employé dans des contextes qui ne sont pas du tout religieux (comme **devil**, d'ailleurs) :
 there'll be hell to pay : cela va coûter cher, aura des conséquences terribles
 to raise hell : faire une scène
 hell-cat : une mégère
 to make a hell of a noise : faire un bruit d'enfer, un sacré chahut
 to give someone hell : faire passer un mauvais quart d'heure à qqn
 to work like hell : travailler avec acharnement
 at hell-bent speed : à une allure infernale, à toute vitesse

B 2 PRONONCIATION

- Attention à la prononciation de **Catholic** ['kæθlɪk] et à **Catholicism** [kə'θɒlɪsɪzm].
- Attention au **p** muet dans **psalm** [sɑːm] : *psaume*, comme dans **psychology** [saɪ' kɒlədʒɪ] et **psychoanalysis** [saɪkəʊ-ə'nælɪsɪs].

C 1 EXERCICES

A Traduire.

1. C'est un catholique pratiquant.
2. Sa foi est proche du fanatisme.
3. Il y avait beaucoup de pèlerins au Moyen Âge.
4. Le Pape a béni la foule réunie pour fêter Pâques.
5. L'orgueil est un des péchés capitaux.
6. Les vitraux étaient magnifiques.
7. Faire l'horoscope de quelqu'un.
8. Ils passent *La Nuit du loup-garou* dans notre cinéma de quartier.
9. La fée agita sa baguette magique, et tout disparut.
10. Les gens nés sous le signe du Verseau sont censés être très intelligents, mais je préfère le Bélier.

B Q.C.M.

1. He … a spell on her.
   a. said b. thought c. cast d. made
2. I will consult a fortune-…
   a. sayer b. maker c. teller d. putter
3. To be spell-bound means …
   a. to be damned c. to be fascinated
   b. to be intrigued d. to be annoyed
4. The house was haunted by …
   a. charms b. ghosts c. omens d. spires
5. For God's …, don't do it !
   a. name b. fear c. forbid d. sake

C 2 CORRIGÉS

A
1. He's a practising Catholic.
2. His faith is close to fanaticism.
3. There were many pilgrims in the Middle Ages.
4. The Pope blessed the crowd gathered to celebrate Easter.
5. Pride is one of the capital sins.
6. The stained-glass windows were magnificent.
7. To cast someone's horoscope.
8. They are showing *The Night of the Werewolf* at our local cinema.
9. The fairy waved her magic wand, and everything disappeared.
10. People born under the sign of Aquarius are supposed to be intelligent, but I prefer Aries.

B 1c. 2c. 3c. 4b. 5d.

A 1 VOCABULAIRE

accent tonique	stress
accent	accent
accentué	stressed
acception	meaning
acclamer	to cheer
accord	agr*ee*ment
accorder (s')	to agree
adage	saying
adjectif	adjective
adjectif composé	compound adjective
affirmation	statement
affirmer	to state, to de*clare*
aigu	shrill, high-*pitched*
allusion (faire)	to al*lude*
américain	Am*e*rican
anglais	English
anglophone	English-speaking
appeler	to call, to name
applaudir	to clap, to ac*claim*
apprendre	to learn, to in*form*
approbation	ap*prov*al
approuver	to ap*prove*
à-propos	(*n*) aptness ; (*adj*) apt, to the point
arabe	Arabic
archaïsme	archaism
argot	slang
argotique	slangy
arguer	to in*fer*, to de*duce* ; to argue
argumenter	to argue
argutie	quibble
articulation	link, con*nec*tion; utterance, manner of speech
articuler	to ar*tic*ulate
aspiré	aspirated
auditeur	listener, hearer
autoriser	to authorize
avis	ad*vice*
avouer	to ad*mit*, to confess
babiller	to prattle, to chatter
bafouiller	to splutter, to stammer
baragouiner	to jabber, to talk gibberish
bavarder	to chatter, to chat
bégayer	to stammer
bègue	stammerer, stutterer
bléser	to lisp
boutade	sally, flash of wit
bredouiller	to gabble, to stutter
bref	brief, short
brève	short syllable
bruit	noise, din
bruyant	noisy, loud
buter	to stumble, to falter
calembour	play on words, pun

calomniateur	slanderer, ca*lum*niator
calomnie	slander, libel, calumny
calomnier	to slander, to libel
calomnieux	slanderous, libellous
cancaner	to gossip
caractère	character ; graphic symbol, type
causer	to con*verse*, to chat
causeur	talkative, chatty
chahut	noise, uproar
chahuter	to boo, to rag
chahuteur	rowdy
chamailler (se)	to nag, to bicker
chevroter	to quaver
chinois	Chi*nese*
chuchoter	to whisper
chut !	hush !
citation	quo*ta*tion
citer	to quote
cliché	cliché, set phrase, stock phrase
colloque	conference, col*lo*quium
commander	to order
commentaire	commentary, comment
communiqué	of*fi*cial statement, com*mu*niqué
communiquer	to com*mu*nicate
comprendre	to grasp, to under*stand*
concis	con*cise*, terse
conclure	to con*clude*
conférence	talk, lecture ; meeting
confirmer	to con*firm*, to cor*rob*orate
conflit	dis*pute*
congrès	conference, meeting
conseil	ad*vice*
conseiller	to ad*vise*
consonne	consonant
— sonore	voiced consonant
— sourde	unvoiced consonant
conte	tale, story
contester	to con*test*, to dis*pute*
conteur	story-teller
contradictoire	contra*dic*tory, incon*sis*tent
contraindre	to com*pel*
contredire	to contra*dict*
contresens	misinterpre*ta*tion
controverse	controversy
convaincre	to con*vince*
converser	to con*verse*, to talk
convoquer	to summon
copier	to copy, to tran*scribe*
corde vocale	vocal cord
corriger	to cor*rect*
corroborer	to cor*rob*orate
couper	to inter*rupt*
crier	to cry out, to shout
débat	dis*cus*sion, de*bate*

débiner	**to dis*pa*rage**
débit	**de*liv*ery, utterance**
déblatérer	**to talk nonsense, to rail**
déclamer	**to de*claim*, to in*veigh*, rail (against)**
déclarer	**to state, to pro*claim***
déclinaison	**de*clen*sion**
déduction	**inference, de*duc*tion**
déduire	**to in*fer*, to de*duce***
défendre	**to up*hold* ; to for*bid***
définir	**to de*fine***
délibérer	**to de*lib*erate, to take counsel**
délirer	**to rave**
demande	**re*quest***
demander	**to ask**
démasquer	**to un*mask*, to show up**
démentir	**to re*fuse*, to de*ny***
dénigrer	**to denigrate**
désinvolte	**casual, off-*hand***
deviner	**to guess**
devise	**motto**
deviser	**to chat**
devoir	**task, home-work**
dialecte	**dialect**
dialoguer	**to con*verse***
diction	**diction, de*liv*ery**
dictionnaire	**dictionary**

diffamer	**to libel, to slander**
différer	**to differ**
diminutif	**di*min*utive**
dire	**to say, to tell**
discorde	**strife, dis*sen*sion**
discours	**speech, talk**
discréditer	**to dis*pa*rage**
discuter	**to de*bate*, to dis*cuss***
disputer	**to dis*pute*, to con*test*, to argue, to have an argument**
distinguer	**to dis*tin*guish**
divaguer	**to ramble, to di*gress*, (*lit*) to divagate**
divertir	**to a*muse***
divulguer	**to di*vulge*, to re*veal*, to dis*close***
doute	**doubt, mis*giv*ing**
douter (se)	**to sus*pect*, to sur*mise***
douter	**to doubt, to question**
ébauche	**outline, sketch**
écouter	**to listen**
écrire	**to write**
écriture	**(hand-)writing**
écrivain	**writer, author**
éditer	**to edit, to publish**
éditeur	**publisher**

édition	e*dit*ion, publishing
effacer	to rub out, to e*rase*, to o*blit*erate
éloge	praise, eulogy
emphase	bombast
emphatique	em*phat*ic
encre	ink
énoncé	statement
enroué	hoarse, husky
entendre	to hear ; to under*stand*
entériner	to ratify
envisager	to con*sid*er, to contemplate
épeler	to spell
ergoter	to quibble
erreur	mis*take*
erroné	wrong
étayer	to back up
éviter	to e*vade*
évoquer	to e*voke*, to conjure up
exagérer	to ex*ag*gerate, to over*state*
exemple	ex*am*ple
exhorter	to ex*hort*, to urge
exiger	to de*mand*, to re*quire*
expliciter	to make clear
expliquer	to ex*plain*
faux	false, un*true*, wrong
félicitation	congratu*la*tion
féliciter	to con*gra*tulate
feuille	sheet
fiche	index-card
ficher	to file
fichier	file
finir	to finish, to end, to com*plete*
finlandais	Finnish
flatter	to flatter
flou	hazy, blurred, un*clear*
galimatias	far*ra*go
geindre	to whine
gémir	to groan, to moan
genre	gender
gérondif	gerund
glapir	to yap
grammaire	grammar
grave	low-*pitched*, bass
grec	Greek
gribouillage	scribble, scrawl
grogner	to grunt
grommeler	to mutter, to grumble
gronder	to scold, to chide
grossier	coarse, rude
harasser	to harass, to harry
héler	to hail
hollandais	Dutch
huer	to boo, to hoot
hurler	to howl
idiome	idiom, dialect
illettré	il*lit*erate
inciter	to urge, to prompt

incohérent	incon*sis*tent
incongru	in*con*gruous
indice	clue, sign
indicible	un*ut*terable
indiscutable	indis*pu*table
instruit	educated, learned
interdire	to for*bid*
interpeller	to challenge, to heckle
intransigeant	un*com*promising
intriguer	to puzzle
jacasser	to jabber
jargon	jargon, lingo
jaser	to gossip
jurer	to swear
juron	swear-word, oath
lamentation	la*ment*
lamenter (se)	to la*ment*, to wail
langue	tongue
langue du pays	ver*na*cular
lapsus	slip (of the tongue), mis*take*
lexique	glossary
libellé	wording
lieu commun	commonplace
louer	to praise
majuscule	capital letter
marmonner	to mumble
marmotter	to mutter
médire	to slander, to vilify
médisance	slander, scan-dal-mongering
menteur	liar
mentir	to lie
minuscule	small letter, lower-case
moqueur	de*ri*sive
mot clé	key-word
muer (voix)	to break
muet	dumb, mute, speechless
murmurer	to murmur
négation	ne*ga*tion, negative
nier	to de*ny*
nom	(*gram*) noun ; (personne, etc.) name
nommer	to name
nouvelles	news
nuancer	to qualify
obligatoire	com*pul*sory
obliger	to com*pel*, to force
ordonner	to order, to com*mand*
orthographe	spelling
outrager	to insult
papoter	to gossip
parenthèse	pa*ren*thesis
parler	to speak
parole	word
petit-nègre	pidgin
phrase	sentence
plaindre (se)	to com*plain*, (en mauvaise part) to moan
plaisanter	to jest, to joke
platitude	dullness, platitude, trite remark

pluriel	plural
polyglotte	multi*lin*gual
préciser	to specify
préjugé	bias, prejudice
présenter	to intro*duce*
prétendre	to as*sert*, to claim
procédés stylistiques	stylistic de*vi*ces
proclamer	to pro*claim*
prolixe	wordy
promettre	to promise*
pronom	pronoun
proposer	to sug*gest*
public	audience
querelle	quarrel
querelleur	quarrelsome
raconter	to tell, to nar*rate*, to re*late*
radoter	to talk nonsense/drivel
rauque	hoarse, husky
reconnaître	to admit
remercier	to thank
renseigner (se)	to in*quire*
renseigner	to in*form*
répondeur	answering-machine
répondre	to answer
réprimander	to scold, to chide*
rythme	rhythm
sens	meaning
signifier	to mean
silencieux	silent
son	sound
souligner	to under*line*, to stress
sourd	deaf
sourd-muet	deaf and dumb
spirituel	witty
syllabe	syllable
terme	term, ex*pres*sion
traduction	trans*la*tion
traduire	to trans*late*, to con*vey*
trait d'esprit	flash of wit, sally, witticism
tromper	to de*ceive*
vacarme	din, uproar
verbe	verb
voix	voice
volubile	voluble, talkative
volubilité	glibness
voyelle	vowel
zézayer, zozoter	to lisp

PONCTUATION	PUNCTUATION
apostrophe	a*pos*trophe
deux-points	colon
entre parenthèses	in/be*tween* brackets
guillemets	quo*ta*tion marks, in*vert*ed commas
point	full stop, (US) period
point d'exclamation	excla*ma*tion mark
point d'interrogation	question mark
point-virgule	semi*co*lon
tiret	dash
trait d'union	hyphen
virgule	comma

A 2 LEXIQUE EN SITUATION

at the top of one's voice : à tue-tête.
in a low voice : à voix basse.
to raise one's voice : hausser le ton.
to be left speechless : être sans voix.
in other words : autrement dit.
in the words of : selon l'expression de.
well-worded : bien exprimé.
beyond words : inqualifiable.
the proper word : le mot juste.
to drop/give someone a hint : donner une indication à quelqu'un.
to hint at sth : faire allusion à qqch.
to imply, to intimate : laisser entendre que.
to nag at sb : faire des reproches incessants à qqn.
to have it out with sb : s'expliquer avec qqn.
to have an argument/a row : se disputer.
to fall out with sb : se brouiller avec qqn.
to pick a quarrel : chercher querelle à qqn.
to object to sth : s'opposer à qqch.
to smooth things over : aplanir les difficultés.
to sort things out : aplanir les difficultés.
to offer one's apologies : s'excuser.
to hush up a scandal : étouffer un scandale.
hush ! chut !
a turn of speech, of phrase : une tournure d'expression.
on second thoughts : à la réflexion, réflexion faite.
think it over : pensez-y.
to be at a loss : être perplexe.
to take sides : prendre parti.
to change sides : changer de parti.
grounds for complaint : raisons de se plaindre.
to fail to understand : mal comprendre.
to make a mistake : faire une erreur.
to give oneself away : se trahir.
to make out : distinguer.
according to me : selon moi.

to get a message across : communiquer ses idées.
to voice one's thoughts : exprimer ses pensées.
to speak plainly : parler clairement.
to convey a meaning : exprimer qqch.
to set off : faire ressortir.
to set apart : mettre à part, isoler.
to deliver a speech : prononcer un discours.
to be biased : avoir des préjugés.
to be articulate/inarticulate : s'exprimer facilement/difficilement.
to be fluent : parler couramment.
to speak broken English/a smattering of English : parler mal l'anglais/des bribes d'anglais.
to brush up your English : revoir ses notions d'anglais.
colloquial language : langage parlé, familier.
mother tongue : langue maternelle.
tongue-tied : muet d'étonnement, ou par timidité.
a tongue-twister : une phrase difficile à prononcer.
to talk rubbish : dire des bêtises.
to talk shop : parler boutique.
to talk straight : parler clairement.
baby-talk : langage enfantin.
double-talk : propos ambigus.
small talk : propos futiles.
to talk somebody into/out of doing something : convaincre qqn de faire qqch ou de ne pas le faire.
What are you driving at ? où voulez-vous en venir ?
to cut a long story short : bref…
to ask a question point-blank : poser une question à brûle-pourpoint.
a lengthy speech : un discours verbeux.
to drag on : traîner en longueur.
well-phrased : bien rédigé ; **de phrase** : expression.
as the phrase goes : comme on dit.
allegedly : paraît-il.
alleged : prétendu.
to jabber, stammer, stutter, gabble, falter : bégayer, parler de façon embrouillée.

a garbled account : un compte-rendu faussé.
to make up your mind : se décider.
to keep/bear in mind : garder à l'esprit.
I'm in two minds about it : j'hésite.
to be of one mind : être d'accord.
to speak your mind : dire ce que l'on pense.
to set your mind on something : avoir la ferme intention de.
turn/cast of mind : tournure d'esprit.
a mind-reader : qqn qui lit dans les pensées.
mind-bending : renversant !
mind-blowing : hallucinant.
he gave me a piece of his mind : il m'a dit sa façon de penser.
mind the step ! attention à la marche !
Never mind ! Tant pis ! Ce n'est pas grave.
you must be out of your mind ! tu es fou !
to tell the truth, a lie : dire la vérité, mentir.
I told you so : je vous/te l'avais bien dit.
tell-tale : révélateur.
to tell someone off : gronder qqn.
her age is beginning to tell : on commence à voir son âge.
you never can tell : on ne sait jamais.
you're telling me ! à d'autres ! à qui le dites-vous !
to drop one's *h*'s : ne pas aspirer les *h*.

A 3 REGISTRES DE LANGUE.

not to mince matters/one's words : dire carrément, ne pas y aller par quatre chemins.
to make a lightning retort : répondre du tac au tac.
to keep someone in the dark : dissimuler qqch à qqn.
to keep someone informed : tenir au courant.
keep me posted ! (*fam*) : tiens-moi au courant.
it's on the tip of my tongue : avoir au bout de la langue.
say ! dites donc !
I say ! ça alors !
a word to the wise : à bon entendeur salut !
mum's the word ! motus et bouche cousue !
shut up ! la ferme !

to call a spade a spade : appeler un chat un chat.
to have a frog in one's throat : avoir un chat dans la gorge.
silence is a sign of consent : qui ne dit mot consent.
truth will out : la vérité finit toujours par se découvrir.
great minds think alike : les grands esprits se rencontrent.
out of sight, out of mind : loin des yeux, loin du cœur.

B 1 REMARQUE LEXICALES

Attention aux faux amis :

■ **to dispute** : *contester.* Le français *disputer* se dit **to scold**, ou **to tell someone off.**

• **Argument** veut dire *débat, controverse,* et aussi *dispute* :
they had an argument : ils se sont disputés.
Il signifie également *argument* (raison avancée) :
his argument is that : il soutient que

■ **to ignore** : passer sous silence :
to ignore the facts : ne pas tenir compte des faits.

• Ce verbe signifie aussi *feindre d'ignorer* :
she ignored him : elle fit semblant de ne pas le connaître.

■ **to question** signifie aussi *mettre en doute* :
I question his honesty : je doute de son honnêteté
beyond all question : hors de doute.

■ **to injure** : *blesser, faire du tort* ; **injury** : *blessure, tort* :
industrial injuries : accidents du travail
the injured party : l'offensé.

• *Injurier* se dit **to insult.**

■ **Phrase** en anglais signifie *expression* ; c'est **sentence** qui veut dire *phrase.*

■ **an issue** : *un problème, un résultat.*
to face the issue : regarder un problème en face
to force the issue : forcer une décision

• **Issue** signifie aussi *numéro* (d'un magazine) :
a back issue : vieux numéro.

• une issue : **way out.**

- **to realize** : *comprendre, se rendre compte.*
- **to relate** veut dire *établir une relation* et aussi *raconter.*
- La *phonétique* se dit **phonetics** (comme la *linguistique* : **linguistics**, la *physique* : **physics**).
- *rappeler qqch à qqn* : **to remind sb of sth**
  se rappeler qqch : **to remember sth**
- **Advice** ne se met pas au pluriel :
  demander des conseils : **to ask for advice**
  un conseil : **a piece of advice** (comme **a piece of information**).
- Attention à **to cry** : *pleurer* et **to cry out** : *s'écrier.*

B 2 ORTHOGRAPHE

- Attention à l'orthographe de
  - **example** : *exemple* en français : **for example** : par exemple
    En abrégé : **e.g.** (du latin *exempli gratia*).
  - **address** : *adresse* en français
  - **literature** : *littérature* en français
  - **To inquire** : *se renseigner*, s'écrit aussi **to enquire** ; de même, **to make inquiries/enquiries** (même sens).

C 1 EXERCICES

A **Traduire.**

1. Il criait à tue-tête.
2. — Parlez-vous allemand ? — Oui, couramment.
3. Sa remarque grossière m'a laissé sans voix.
4. Elle est pleine de préjugés.
5. Nous nous sommes disputés il y a quelques jours, mais j'espère que nous nous réconcilierons bientôt.
6. Il ne cesse de se lamenter à propos de sa santé.
7. Nous avons papoté toute l'après-midi.
8. Il bégaie parce qu'il est timide.
9. Parlez plus fort, s'il vous plaît ; je ne vous entends pas.
10. Elle commençait à hausser la voix.

B Q.C.M.

1. He talked me … doing it.
   a. for b. into c. off d. at
2. The scandal must be hushed …
   a. up b. off c. away d. on
3. 'Hush !' he … in a low voice.
   a. shouted b. shrieked c. whispered d. put
4. You are hoarse when you have … too much.
   a. shouted b. murmured c. cried d. said
5. If you cannot hear, you are …
   a. dumb b. deaf c. inarticulate d. husky

C 2 CORRIGÉS

A
1. He was shouting at the top of his voice.
2. 'Do you speak German ?' 'Yes, fluently.'
3. His rude remark left me speechless.
4. She is very biased.
5. We had a row a few days ago, but I hope we will soon make it up.
6. He keeps moaning about his health.
7. We gossiped all afternoon.
8. He stammers because he is shy.
9. Speak up, please, I can't hear you.
10. She was beginning to raise her voice.

B lb. 2a. 3c. 4a. 5b.

35 FINE ART

A 1 VOCABULAIRE

abstrait	abstract
amateur	lover, patron (of art)
aquarelle	water-colour
aquarelliste	water-colour painter
architecture	architecture
arrière-plan	back-ground
artiste	artist, painter
argile	clay
assortir	to match
atelier	studio
atténuer	to tone down
barbouillage	daub, bad picture
barbouiller	to daub, to smear
bas-relief	bas relief, low relief
biseauter	to bevel
bohème	bo*he*mia
bossage	em*boss*ing
bosse (en)	in relief, in the round
bosseler	to em*boss*
bronze	bronze
brunir	to darken ; to burnish (gold)
burin	etcher's needle, graver
buriner	to en*grave* (copper-plate)
byzantin	Byz*an*tine
cadre	frame
camée	cameo
carton à dessin	port*fo*lio

chapiteau	capital
chevalet	easel
chef d'œuvre	masterpiece
ciseau	scissors
citer	to quote
clair/obscur	light/dark, light and shade
clair-obscur	chiaro*scu*ro
colonne	column
contour	outline
craie	chalk*
crayon	pencil
crayonnage	pencilling ; pencil-sketch
crayonner	to pencil ; to make a pencil sketch
critique (d'art)	art-critic
croquis	sketch
croûte	daub
décalque	tracing off
décalquer	to trace off, to transfer
décorer	to adorn
dessin	drawing
dessinateur	draughtsman ; (US) draftsman
dessiner	to draw
détail	detail
diluer	to di*lute*, to water down
disparate	dis*sim*ilar, jarring
dissolvant	solvent
dorure	gilt, gilding
eau-forte	etching

ébauche	outline, rough sketch
encadrement	frame
enluminure	il*lu*mination
épreuve	print
ériger	to e*rect*
esquisse	sketch
esquisser	to draft, to outline
estampe	print
esthétique	aes*thet*ics
estimer	to ap*praise*, to value
estompe	stump
estompé	blurred, soft
estomper	to stump, to shade off
étude	study, sketch
exposer	to ex*hib*it
exposition	exhi*bi*tion
façon	workmanship
factice	arti*fi*cial
facture	treatment
faux	fake
figuratif	figurative
figure	figure, form, shape
figurer	to repre*sent*
figurine	statu*ette*, figu*rine*
flou	hazy
fondre	to cast
fresque	fresco
frise	frieze
fusain	charcoal
galerie	gallery
génie	genius
gomme	rubber, (US) e*ras*er
gommer	to e*rase*
gouache	gouache
goût	taste
grandeur nature	life-size
graver	to en*grave*
gravure	en*gra*ving
grisaille	tint drawing
icône	icon
illustration	illus*tra*tion, picture
image	picture
incruster	to inlay
interpréter	to in*ter*pret, to render
ivoire	ivory
lavis	wash-tint
manière	manner
marbre	marble
marine	seascape
mécène	patron, pro*tec*tor
modèle	pattern ; model
modeler	to model
moule	to mould
musée	mu*se*um
nature morte	still life
nu	nude
nuance	shade, hue
nuancer	to blend, shade
œuvre d'art	work of art
orné	or*nate*
ornement	ornament, em*bel*lishment
orner	to ornament, ad*orn*
palette	palette
paysage	landscape
peindre	to paint

peinture à l'huile	**oil painting**	sculpture sur bois	**wood-carving**
peinture murale	**mural**	socle	**base**
pinceau	**paint-brush, brush**	statue	**statue**
		tableau	**painting**
pittoresque	**pictu*resque***	tapisserie	**tapestry**
poser	**to sit**	teint, e	**tint, hue**
rapin	**art student, dauber**	térébenthine	**turpentine***
		toile	**canvas**
ressemblant	**like**	touche	**stroke, touch**
retouche	**touching up**	trait	**line**
retoucher	**to touch up, to re*touch***	vernis	**varnish**
		vernissé	**varnished**
romantisme	**ro*mant*icism***	vernissage	**varnishing day ; opening of an exhi*bi*tion**
sanguine	**red chalk**		
sculpter	**to sculpt**		
sculpteur	**sculptor**	voyant	**gaudy, garish**
sculpture	**sculpture**		

A 2 LEXIQUE EN SITUATION

art for art's sake : l'art pour l'art.
to be on exhibition : être exposé.
to set up an exhibition : préparer une exposition.
exhibitor : celui qui expose.
the preview of an exhibition : exposition préalable, en avant-première.
to view an exhibition : visiter une exposition.
a private viewing : une visite privée.
foreground : premier plan.
background : arrière-plan.
middle ground : au milieu.
to stand out against the background : se détacher du fond.
a picture hung on the line : un tableau accroché à la cimaise.
stroke : coup de pinceau, touche.
to paint in water-colours : peindre à l'aquarelle.
from life : d'après nature.
lifelike : ressemblant, vivant.

lifeless : sans vie.
to be like : être ressemblant.
a good likeness : une bonne ressemblance.
full-length portrait : portrait en pied.
half-length : en buste.
to sit for one's portrait : poser.
a portrait-painter : portraitiste.
arts and crafts : artisanat.
craft : métier artisanal.
craftsman : artisan.
craftsmanship : dextérité manuelle ; métier.
abstract art : art abstrait.
artefact : objet d'art.
arty : prétentieux.
arty-crafty ou **artsy-craftsy** : maniéré.
to forge : contrefaire ; d'où **forged, fake** : faux.

A 3 REGISTRES DE LANGUE

1. Colours (US colors) : Couleurs.
black : noir.
blue : bleu.
brown : marron.
crimson : écarlate, cramoisi, pourpre.
golden : doré.
green : vert.
grey, (US) gray : gris.
mauve : mauve.
orange : orange.
pink : rose.
purple : pourpre.
red : rouge.
russet : roux.
scarlet : écarlate.
violet : violet.
yellow : jaune.
white : blanc.

primary colours : couleurs primaires.
secondary colours : couleurs binaires, composites.
colourful/colourless : coloré/sans couleurs.
colour-blind : daltonien, qui ne voit pas les couleurs.
colour-fast : qui ne déteint pas.

2. Sens figuré.
to see things in their true colours : voir les choses comme elles sont.
colour : le teint ; d'où **to colour** : rougir.
to be off colour : ne pas être en forme.
colours : pavillon, drapeau.
with flying colours : haut la main, triomphalement.
to show oneself in one's true colours : jeter le masque, se montrer tel que l'on est.
the colour problem : le problème racial.
colour-bar : ségrégation raciale.
to go white : pâlir.
as white as a ghost, as a sheet : pâle comme la mort, comme un linge.
white-hot : chauffé à blanc.
red-hot : (chauffé au) rouge.
to see red : voir rouge.
red-head : rouquin, e.
to redden : rougir.
red as a beetroot : rouge comme une pivoine (m. à. m. : comme une betterave).
to be in the red : être fauché.
to be caught red-handed : être pris la main dans le sac, en flagrant délit.
to paint the town red : faire la fête.
a red-letter day : un jour mémorable.
pitch-black : noir comme dans un four (m. à m. : comme de la poix).
jet-black : noir de jais.
black eye : œil au beurre noir.
to black out : perdre conscience.
black economy : travail au noir.

black mark : mauvais point.
black sheep : brebis galeuse.
blackmail : chantage.
black and blue : couvert de bleus.
to feel blue, to have the blues : avoir le cafard.
blue-stocking : bas-bleu.
a bolt from the blue, out of the blue : qqch qui tombe du ciel, imprévu.
a blue film : un film porno.
true-blue : patriote.
to be yellow : être lâche, dégonflé.
to have green fingers : avoir la main verte.

B REMARQUES

■ **the Arts** : les Lettres : langues, littérature, histoire, etc., d'où le titre universitaire **Bachelor of Arts** (BA), qui correspond à la *licence de lettres*, et **Master of Arts** : *Maîtrise*.

■ Notez la différence dans les styles :

• **Roman** : *romain*.
Le français *roman* se traduit par **Romanesque**.
L'architecture romane anglaise : **Norman architecture.**
Perpendicular style s'emploie pour le style gothique perpendiculaire anglais. Le style du Moyen Âge se dit **medieval** (ou **mediaeval**).

• **Neo-Gothic, mock-Gothic**, ou **Gothick** est employé pour le style gothique du XXe siècle à la Viollet-le-Duc.

■ Attention : le pluriel de **still life** : *nature morte* est **still lifes.**

C 1 EXERCICES

A Traduire.

1. C'est de l'art pour l'art.
2. La nature morte était le plus beau tableau de la galerie.
3. La reine va poser pour son portrait.
4. Le bijou était incrusté d'or.
5. Avez-vous vu la grande exposition Van Gogh en Hollande l'an dernier ?

6. La statue était posée sur un socle de marbre.
7. C'était un portrait en pied.
8. J'aime ses aquarelles, mais je n'aime pas ses gravures.
9. Le tableau représentait un paysage sous l'orage.
10. Il a renversé un pot de térébenthine dans son studio.

B Q.C.M.

1. These colours do not …
   a. stir b. match c. cast d. draft
2. The figures stood … against the background.
   a. in b. off c. out d. on
3. He is an excellent …
   a. craftsman b. craftman c. craftmen d. craftyman
4. 'To turn crimson' means to become …
   a. blue b. black c. white d. red
5. A daub is …
   a. a work of art c. a bad painting
   b. a statue d. a seascape

C 2 CORRIGÉS

A
1. It's art for art's sake.
2. The still-life was the best painting in the gallery.
3. The queen is going to sit for her portrait.
4. The jewel was inlaid with gold.
5. Did you see the big Van Gogh exhibition in the Netherlands last year ?
6. The statue was set on a marble base.
7. It was a full-length portrait.
8. I like his water-colours, but not his engravings.
9. The picture showed a stormy landscape.
10. He spilt a pot of turpentine in his studio.

B 1b. 2c. 3a. 4d. 5c.

A 1 VOCABULAIRE

accident	acci*den*tal
accompagnateur	ac*com*panist ; (jazz) sideman
accompagnement	ac*com*paniment
accompagner	to ac*com*pany
accord diminué	di*min*ished chord
accord	chord
accordé	tuned
accordéon	ac*cor*dion
accordéoniste	ac*cor*dion player
accorder	to tune
air	tune
altération(s)	acci*den*tal(s) ; in*flect*ing
altiste	vi*o*la player ; alto sax player ; alto saxo*phon*ist
alto	alto ; vi*o*la ; alto sax
anche	reed
anches (les)	reed instruments, (jazz) the reeds
archet	bow
arpège	ar*peggio*
arrangement	ar*range*ment
arranger	to ar*range*
arrangeur	ar*ranger*
au piano	on (the) piano
au, à la	on
auditoire	audience
baguette	(chef) baton ; (batterie) drumstick
balai, balais (batterie)	brush, brushes
ballade	ballad
banjo	banjo
banjoïste	banjo player, banjoist
baryton	baritone
bas, basse	low ; flat
basse (*n*)	bass
basse à cordes	double-*bass*, string bass
basson	(*instr*) bas*soon* ; (musicien) bas*soon*ist, bas*soon* player
bassoniste	bas*soon*ist, bas*soon* player
batterie	drums
batteur	drummer
bécarre	natural
bémol	flat
berceuse	lullaby
bis	re*peat* ; encore
bisser	to re*peat* ; to encore
blanche	minim, (US) half note
bois, bois (les)	wood, woodwind, (jazz) the woods
bugle	flugel horn
caisse claire	snare drum
canard	wrong note
canon	canon ; round
cantatrice	singer, vocalist
cantique	hymn, canticle

chanson	song
chant	song ; singing
chanter faux	to sing off-*key*, to sing out of tune
chanter juste	to sing in tune
chanter	to sing (sang, sung)
chanteur, euse	singer, vocalist
chantonner	to hum
chef d'orchestre	con*duc*tor ; (jazz, etc.) bandleader ; (militaire) bandmaster
chœur (en)	in a chorus, all to*geth*er
chœur	choir ; chorus
chorale	choral society
choriste	choir singer ; chorus singer
chorus	chorus
chromatique	chro*mat*ic
clairon	bugle
clarinette basse	bass clari*net*
clarinette	clari*net*
clarinettiste	clari*net*(t)ist, clari*net* player
clavecin	harpsichord
clavier	keyboard
clé de sol	treble clef, G clef
clé, clef	key, clef, key signature
coda	coda
comédie musicale	musical (comedy)
composer	to com*pose*, to write
compositeur	com*pos*er
composition	compo*si*tion, piece
concert	concert
concertiste	concert player
conservatoire	music school, con*ser*vatory
contrebasse à cordes	string bass
contrebasse à vent	brass bass, tuba
contrebasse	double-*bass*, bass
contrebassiste	bassist, bass player
contrepoint	counterpoint
cor anglais	English horn, tenor oboe
cor d'harmonie	French horn
cor	horn
corde	string
cordes (les)	the strings
cordes vocales	vocal cords
cornet (à pistons)	cornet
cornettiste	cornet player, cor*net*(t)ist
couac	squawk, goose
coulisse (de trombone)	slide
couplet	verse
croche	quaver, (US) eighth note
cuivre	brass instrument, brass
cuivres (les)	the brass, the brass section
cymbale	cymbal
cymbalier	cymbalist

da capo	da capo, from the top
déchiffrage	sight-reading
déchiffrer	to sight-read
demi-pause	minim rest, (US) half-note rest
demi-soupir	quaver rest, (US) eighth-note rest
demi-ton	semitone
désaccordé	out of tune
descente	des*cent*
développement	de*vel*opment
diapason	tuning fork ; pitch
diatonique	dia*ton*ic
dièse	sharp
diminué	di*min*ished
direction (d'orchestre)	con*duct*ing
diriger (orchestre)	to con*duct*
disque	record ; disk, disc
do	C
doigté	fingering
dominante	dominant
duettiste	du*et*tist
duo	du*et*
écrire	to write (wrote, written) ; to com*pose*
embouchure	(*instr*) mouthpiece
enregistrement	re*cord*ing
enregistrer	to re*cord*
exécutant	per*form*er
exécuter	to per*form*, to play
exécution	per*form*ance
exposer une mélodie	to state a melody
exposition	expo*si*tion ; (d'une mélodie) statement
fa	F
face (d'un disque)	side
fanfare	fanfare, marching band
faux	(trop aigu) sharp ; (trop bas) flat ; (désaccordé) out of tune ; (discordant) off-key
fifre	fife
flûte à bec	re*cor*der
flûte	flute
flûtiste	flautist, (US) flutist, flute player
fondamentale	funda*men*tal, root note
gamme descendante	des*cend*ing scale
gamme montante	as*cend*ing scale
gamme	scale
gorge	throat
grosse caisse	bass drum
guitare basse	bass gui*tar*
guitare	gui*tar*
guitariste	gui*tar*ist, gui*tar* player

harmonica	har*moni*ca, mouth-organ
harmonie	harmony
harmonique	harmony
harpe	harp
harpiste	harpist, harp player
haut	high ; (trop haut, faux) sharp
hautbois	oboe*
hautboïste	oboist*, oboe player
hélicon	helicon
hymne	(*relig*) hymn* ; (national) national anthem
improvisateur	improviser
improvisation	improvi*sa*tion
improviser	to improvise
indicatif	signature tune
inflexion	in*flec*tion
instrument	instrument
instrumental	instru*men*tal
instrumentiste	instru*men*talist
interprétation	interpre*ta*tion, per*for*mance ; ren*di*tion
interprète	per*form*er
interpréter	to per*form*, to in*ter*pret, to play
intervalle	interval
introduction	intro*duc*tion
jeu	playing
jouer d'oreille	to play by ear
jouer juste, faux	to play in tune, out of tune
jouer/exposer la mélodie	to play, to state the melody

jouer ; jouer du piano	to play ; to play the piano
juste	in tune ; (properly) tuned
justesse	into*na*tion, true pitch, accuracy of pitch
la	A
lecture	reading
lent	slow
lèvre(s)	lip(s)
ligne de basse	bass line
ligne mélodique	me*lod*ic line
ligne	fine
lire	to read
livret	li*bret*to
luth	lute
lyre	lyre ; (pour tenir des partitions) music stand
lyrique (artiste)	singer, opera singer
lyrique	lyrical ; oper*at*ic
majeur	major
manche (guitare)	neck ; finger board
marche	march
médiator	pick
médium	medium, medium-fast
mélodie	melody, me*lod*ic line
mélodique	me*lod*ic
mesure	(GB) bar, (US) measure ; time
battre la —	to beat time
chanter/jouer en —	to keep time, to sing, play in time

en —	in time
métronome	metronome
mi	E
mineur	minor
mise en place	timing
moduler	to modulate
montée	rise, as*cent*
monter	to go up, to as*cend*, to rise
morceau	piece, number, tune
mouvement	movement
musicien	mu*si*cian, player
être musicien	to be a mu*si*cian; (avoir l'oreille musicale) to be musical, to have a good ear (for music)
musique	music
noire	crotchet ; (US) quarter-note
note	note
octave	octave
orchestration	orches*tra*tion, scoring
orchestre de chambre	chamber orchestra
orchestre symphonique	symphony orchestra
orchestre	orchestra, (jazz, etc.) band
orchestrer	to orchestrate, (jazz) to score
oreille absolue	perfect pitch
organiste	organist, organ player
orgue	organ
ouverture	overture
partie	part
partition	score
pause	(GB) semibreve rest, (US) whole-note rest
pavillon (d'instrument)	bell
pédale	pedal
percussion	per*cuss*ion
percussionniste	per*cuss*ionist
philharmonique	philhar*mon*ic
phrase	phrase
phrasé	phrasing
phraser	to phrase
pianiste	pianist, piano player
piano	piano
piano à queue	grand piano
demi-queue	semi-grand
piano droit	upright piano
piano mécanique	player-piano
piston	valve
plateau	stage
point d'orgue	fer*ma*ta, pause
pointé, e	dotted
portée	staff, stave
premier violon	(GB) leader of the orchestra ; (US) concert-master
prendre, faire un solo	to play a solo, to solo, (jazz, etc.) to chorus
prestation	per*form*ance
prise (d'un morceau enregistré)	take

produire (se)	**to per*form***
public	**audience**
pupitre	**music-stand**
quadruple croche	**(GB) hemidemisemiquaver, (US) thirty-second note**
quart de queue	**baby grand**
quarte	**fourth**
quatuor à cordes	**string-quartet**
quatuor d'orchestre	**strings**
quatuor	**quar*tet***
quinte	**fifth**
rapide	**fast**
ré	**D**
réexposition	**recapitu*la*tion**
refrain	**re*frain*, chorus**
registre	**register, pitch**
répertoire	**repertoire, repertory**
répéter	(reprendre) **to re*peat*;** (s'entraîner, mettre au point) **to re*hearse***
répétition (séance)	**re*hears*al**
ronde	**(GB) semibreve, (US) whole note;** (danse, etc.) **round**
rouleau (piano mécanique)	**roll, piano roll**
rythme	**rhythm**
rythmique	**rhythm, rhythmic, rhythmical**
s'accorder	**to tune up**
saxophone alto	**alto saxophone**
— baryton	**baritone sax, baritone saxophone**
— basse	**bass saxophone**
— soprano	**so*pra*no saxophone**
— ténor	**tenor saxophone**
saxophone	**saxophone, (*fam*) sax (*pl* saxes)**
scène	**stage,** (jazz) **bandstand**
section	**section**
section rythmique	**rhythm section**
septième	**seventh**
septième diminuée	**di*min*ished seventh**
si	**B**
siffler	**to whistle**
sixte	**sixth**
sol	**G**
solfège	**sol-fa, sol*feg*gio**
solfier	**to solfa**
soliste	**soloist**
solo	**solo**
sonorité	**sound, tone**
sopranino	**sopra*ni*no**
soprano	**so*pra*no**
soubassophone	**sousaphone**
soupir	**(GB) crotchet rest, (US) quarter-note rest**
sourdine	**mute**
succès (populaire)	**hit**

suite	suite
symphonie	symphony
symphonique	symphony
syncopé	syncopated
syncope	synco*pa*tion
syncoper	syncopate
synthétiseur	synthesiser
technique	tech*nique*
tempo	tempo
temps, à quatre temps	beat, time ; four-four, quadruple time
ténor	tenor
tessiture	tessi*tu*ra ; range ; register
thème	theme
tierce	third
timbale	timpani, tympani ; kettle-drum
timbalier	timpanist ; kettle-drummer
timbre	timbre, tone
ton	tone ; whole tone ; key
tonalité	key, to*na*lity
tonique (*n*)	tonic, key note
touche	key
triangle	triangle
triolet	triplet
triple croche	(GB) demisemiquaver, (US) sixteenth-note

trombone	(*instr*) trom*bone*; (musicien) trom*bone* player, trom*bo*nist
tromboniste	trom*bone* player, trom*bo*nist
trompette	(*instr*) trumpet ; (musicien) trumpeter, trumpet player
à la trompette	on (the) trumpet
tuba	tuba
tubiste	tuba player
variation	vari*a*tion
vibraphone	vibraphone, (*fam*) vibes
viole de gambe	viol, gamba, vi*o*la da gamba
violon	vio*lin*, (*fam*, folklore) fiddle
violon-alto	viola
violoncelle	cello
violoncelliste	cellist, cello player
violoniste	vio*lin*ist, vio*lin* player ; (folklore) fiddler
vocalise	vocalise ; run ; singing/technical exercise
voix	voice ; part
xylophone	xylophone

A 2 LEXIQUE EN SITUATION

to play music : jouer de la musique.
to play a tune, a number, (classical) a piece : jouer un air, un morceau.
to hum a tune : chantonner un air.
to whistle a tune : siffler, siffloter un air.
to play an instrument : jouer d'un instrument.
to take a solo, to play a solo, to solo : prendre/faire un solo.
to wield the baton : tenir/manier la baguette (de chef d'orchestre).
to strike up the band : faire attaquer l'orchestre.
to strike up a tune : attaquer un morceau.
to receive a standing ovation : recevoir une ovation du public (qui s'est levé).
to sing in tune : chanter juste.
to be off-key : détonner, ne pas être dans le ton, chanter/jouer/être faux.
a jarring note : une note discordante.
to hit a high/low note : atteindre une note aiguë/grave.
a powerful voice : une voix puissante.
to play loudly : jouer fort.
sight-reading : lecture à vue.
to read the score : lire la partition.
to beat time : battre la mesure.
to join an orchestra, (jazz) a band : entrer dans un orchestre.
to form an orchestra, (jazz, etc.) a band : former (fonder), constituer un orchestre.
a ten-piece orchestra : un orchestre de dix musiciens.
to attend a concert : assister à un concert.
to attend a rehearsal : assister/participer à une répétition.
to stage a show : monter un spectacle.
background music : musique de fond.
to set to music : mettre en musique.
music lover : mélomane.
to show musicianship : faire preuve de musicalité.
a marching band : un orchestre de parade.
a brass band : un orchestre de cuivres.

to release/issue a record, a compact disc/CD : sortir un disque, un compact.
to record tune : enregistrer un morceau.
recording studio : studio d'enregistrement.
to go on a tour (of), to tour : faire une tournée.

A 3 EXPRESSIONS D'ORIGINE MUSICALE

to call the tune : être le patron, donner des ordres, diriger/contrôler la situation
to face the music : affronter l'orage, la colère de qqn, faire face à la critique.
to play it by ear : faire quelque chose au pifomètre, m. à m. : le jouer d'oreille.
to drum up customers : susciter de la clientèle, chercher à se faire des clients (cf. un roulement de batterie pour attirer l'attention).
to jump on the bandwagon : prendre le train en marche (origine : lors des parades électorales, les notables manifestaient leur soutien d'une cause en sautant sur le char où jouait l'orchestre, ce soutien intervenant souvent pour voler au secours de la victoire.
swinging couples : couples « libérés ».
the music of the spheres : la musique des sphères (croyance à l'harmonie universelle).

B 1 REMARQUES LEXICALES

Attention :
- à l'abréviation de **saxophone** : **sax** et non *saxo.*
- à *instrumentiste* : **instrumentalist** et à soliste : **soloist**
- à *avec Untel au piano* : **with X on the piano**
- à l'emploi de **the** dans : **to play the piano, to play the trumpet** (on peut cependant trouver **to play piano**, mais ce n'est pas la formule habituelle, surtout si l'on fait allusion à un orchestre précis).
- à bien omettre l'article dans : *jazz Nouvelle-Orléans* : **New-Orleans Jazz** ; *le jazz moderne* : **modern jazz.**

- à *être musicien* :
  1. métier : **to be a musician**
  2. avoir de l'oreille : **to be musical**
- à distinguer entre *connaître la musique* : **to know the ropes, to be an old hand** et *connaître la chanson* : **to have heard it (all) before.**
- à *direction d'orchestre* : **conducting**
- à la différence entre **to whistle** et **to hiss,** ce dernier indiquant l'hostilité et l'insatisfaction.
- à **to chant** qui veut dire *psalmodier*.
- à *répéter* :
  1. travailler un instrument chez soi : **to practise,** (US) **to practice.**
  2. pour mettre au point un morceau, à l'orchestre : **to rehearse.**
  3. jouer à nouveau : **to repeat, to play again, to replay.**

B 2 ORTHOGRAPHE

Attention à l'orthographe de :

clarinet :	**1 seul t**
trombone :	**avec e**
trumpet :	**u et un seul t**
rhythm :	**h après le r**

B 3 PRONCIATION

Attention à la prononciation de **xylophone** ['zaɪləfəun]

C 1 EXERCICES

A Traduire.

1. mi bémol
2. fa dièse
3. battre la mesure
4. assister à un concert
5. répéter un morceau
6. jouer d'oreille
7. musique de fond
8. s'accorder
9. jouer de la trompette
10. les cuivres

B Compléter.

1. He also plays the piano, but I think he's better … trumpet.
2. The introduction is in F sharp, but the main theme is in B …
3. He always sings off-key. I guess he hasn't got a very good …
4. It's not a valve trombone. It's got a …
5. The audience was enthusiastic and the musicians received a standing …

C Q.C.M.

1. To play the violin, you need a …
   a. bow b. valve c. mouth piece d. bell
2. The flute is a … instrument.
   a. brass b. wind c. finger d. reed
3. She can't read music. She plays … ear.
   a. at b. by c. from d. with
4. The recording session went badly and none of the … was never released.
   a. reeds b. verses c. drums d. takes
5. I know the tune. What … do you play it in ?
   a. score b. string c. key d. chord

C 2 CORRIGÉS

A
1. E flat
2. F sharp
3. to beat time
4. to attend a concert
5. to rehearse a number
6. to play by ear
7. background music
8. to tune up
9. to play (the) trumpet
10. the brass (instruments)

B
1. on the
2. flat
3. ear
4. slide
5. ovation

C 1a. 2b. 3b. 4d. 5c.

37 CLOTHES, FASHION

A 1 VOCABULAIRE

acheteur	buyer
aiguille	needle
ajusté	tight-*fit*ting
alliance	wedding ring
ample	full
assortir	to match
attacher	to fasten
bague	ring
bas	stocking
baskets	speakers
bijou	jewel
blouse	overall
blouson	jacket, windcheater
bonnet	bonnet, cap
boucle d'oreille	earring
bouffant	puffed
bouillonné	shirring
bouton	button
bouton de manchette	cufflink
bracelet	bracelet
braguette	fly
bretelle	strap
bretelles	braces, (US) sus*pen*ders
brillanté	glossed
broche	brooch
brodé	em*broid*ered
cagoule	cowl
caleçon	(under)pants
caleçon de bain	bathing costume, bathing trunks
caleçons longs	long johns
canadienne	lumber-jacket
canotier	boater
cape	cloak
casquette	cap
ceinture	belt
châle	shawl
chandail	sweater
chas (d'une aiguille)	eye (of a needle)
chaussette	sock
chaussure	shoe
chemise	shirt
chemise de nuit	night-dress, night-gown, night-shirt
chemisier	blouse, shirt
chiffonné	crumpled, creased
cintre	coat-hanger
ciré	oilskins
ciseaux	scissors
col	collar
collant	tights
collection	fashion-show
collier	necklace
combinaison	slip
combinaison d'ouvrier	overalls, dungar*rees*
complet	suit
corsage	blouse
costume	costume, dress
coudre	to sew
couture	sewing
couturier	fashion-designer
couturière	dressmaker, seamstress
cravate	tie

cuir	leather
daim	suede, skin
dé	thimble
débraillé	slovenly, untidy
déchiré	torn
décolleté	low-necked
décoloré	bleached
découdre	to uns*ew*, to un*stitch*
défilé	fashion pa*rade*
dégrafer	to un*fas*ten, to un*hook*
dégriffé	off-label
déguenillé	ragged, tattered
délavé	faded, washed-out
démodé	out of fashion, dated
dentelle	lace
désassorti	unmatched
doublé	lined
doublure	lining
drap	cloth
écharpe	scarf
élargir	to widen
élégant	smart
élimé	threadbare, shabby
empesé	starched
encolure	neck opening, size
enfiler	to pull on
enfiler une aiguille	to thread a needle
épingle	pin
escarpin	shoe, pump
essayage	fitting
essayer	to try on
étoffe	ma*te*rial
étole	store
falbalas	frills and flounces, frippery, furbelows
fanfreluches	frills, trimmings
faufiler	to tack
faux col	de*tach*able collar
faux pli	crease
faux	fake
fendu	split
fermeture Éclair	zip
feston	fes*toon*
feutre	felt
finition	finish
foulard	scarf
fourreur	furrier
froissé	creased, crumpled
froncé	gathered
fuseaux	skiing trousers, stretch ski-pants
gandin	dandy
ganse	braid
gant	glove
gantelet	gauntlet
garde-robe	wardrobe
garniture	trimming
gilet	waistcoat
gland	tassel
griffe	signature, maker's label
guenilles	rags
habillé	smart, dressy
habillement	clothing, outfit
habit	formal, evening dress, tails

haillons	rags	modèle	model, pattern
imperméable	raincoat	modiste	milliner
imprimé	printed	montant	high-necked
jaquette	(homme) morning coat, (femme) jacket	moucheté	flecked
jarretière	garter	mouchoir	handkerchief
jupe	skirt	mousseline	muslin, (de soie) chiffon
jupon	slip, petticoat	négligé	slovenly, sloppy
lacet	lace	nœud	bow, knot
lainage	woollen (garment, material), woolly	nœud papillon	bow tie
laine	wool	ombrelle	sunshade
lavable	washable	organdi	organdie
lin	linen	ourlet	hem
lingerie	lingerie	paletot	overcoat, greatcoat
loques	rags	pan	flap, tail
machine à coudre	sewing machine	pantalon	slacks, trousers
maillot de bain	bathing costume, (homme) bathing trunks	pantoufle	slipper
maillot de corps	vest	parapluie	um*brell*a
mal fagoté	dowdy	parure	finery, set
manche	sleeve	peignoir	dressing gown
mannequin	model, (objet) dummy	peignoir de bain	bathrobe
manteau	coat, overcoat	pendentif	pendant
marque	label	pli	pleat
mesures	measurement, size	plissé	pleated
mètre (à ruban)	tape measure	poche	pocket
mitaines	mittens	podium	catwalk
mocassins	loafers	point	stitch
		pointure	size
		pois (à)	polka-dot, spotted
		prêt à porter	ready to wear
		pyjama	py*ja*mas
		raccommoder	to mend
		rapiécé	patched
		rayé	striped
		repasser	to iron, to press
		retouche	alteration

37 MODE ET PHÉNOMÈNES DE MODE

rétrécir	to shrink, (*tr*) to take in
revers	lapel, turn up
robe	dress
robe de chambre	dressing-gown
ruban	ribbon
sabot	clog
sac à main	handbag
semelle	sole
s'habiller	to get dressed, to wear
slip	(homme) briefs, underpants ; (femme) panties
smoking	dinner jacket, (US) tux*e*do
soldes	sales
sole glacée	watered silk
sole	silk
soutien-gorge	bra
strass	paste, strass
survêtement	track-suit
tablier	apron
tailleur	suit
talon	heel
teindre	to dye
tenue	outfit
tissu	fabric, ma*te*rial
toile	cloth
toilette	clothes
trame	weft, woof
tricot	knitwear, jumper, woolly
tricoter	to knit
trousseau	trousseau
velours	velvet
veste, veston	coat, jacket
vêtement	garment
vison	sable
voile	veil
voilette	(hat) veil
voyant	showy, loud

A 2 LEXIQUE EN SITUATION

to dress, to put on one's clothes : s'habiller.
to undress, to take off one's clothes : se déshabiller.
to clothe (*tr*) : vêtir.
to wear fancy dress : se déguiser.
to slip on : enfiler.
to try on : essayer.
to fit : être à la taille.
to suit : convenir.
this colour suits you : cette couleur te va.
in one's shirt sleeves : en bras de chemise.
short-sleeved/long-sleeved : à manches courtes/longues.
in plain clothes : en civil.
a plainclothes policeman : un policier en civil.

warmly clad : habillé chaudement.
fast colour : grand teint.
synthetic fibres : fibres synthétiques.
dry-clean only : nettoyage à sec.
washable : lavable.
high-heeled/low-heeled shoes : chaussures à talons/plates.
a dress cut low at the back : une robe décolletée dans le dos.
a strapless dress : une robe sans couture.
seamless : sans couture.
to tack a seam : faire une couture.
a floor-length skirt : jupe longue.
double-breasted : veston croisé.
breast pocket : poche de poitrine.
inside breast pocket : poche intérieure.
trouser pocket : poche de pantalon.
hip pocket : poche revolver.
pocket-book (US), **wallet** (GB) : portefeuille.
to pocket something : empocher qqch.
the sales are on : c'est le moment des soldes.
a bargain : une affaire.
shop-soiled : article défraîchi.
to cut prices : baisser les prix.
full price : prix normal.
20% off : réduction de 20 %.
to scrimp on costs : lésiner, économiser.
to splash out : dépenser beaucoup.
to buy off the peg : acheter un vêtement de confection.
a ready-made garment : un vêtement de confection.
ready to wear clothes : prêt-à-porter.
custom-made : sur mesure.
it must hang properly : cela doit bien tomber.
from top to toe : de la tête aux pieds.
V-necked : décolleté en pointe.
turtleneck : col roulé.
a crew-neck sweater : un pull-over à col ras.
fashion house : maison de couture.
fashion show : défilé de mode.
fashionable : à la mode.

out of fashion, outdated : démodé.
a trend : une tendance, une vogue.
trendy : à la mode, dernier cri.
trendsetter : personne qui lance une mode.
to have/to lack taste : avoir/manquer de goût.
tasteful/tasteless : de bon/mauvais goût.
flawless elegance : élégance impeccable.
formal/casual : habillé/décontracté.
white tie : habit.
immaculately turned out : très bien habillé.
stylish : chic.
cheap : bon marché.
sleazy : louche, sordide.
to be in mourning : être en deuil.
to wear a black armband : porter un crêpe.
to take the veil : prendre le voile.

A 3 REGISTRES DE LANGUE

the clothing trade, the rag trade (*fam* GB), **the garment industry** (US) : l'industrie de l'habillement.
glad rags (*fam*) : belles fringues.
to be in glad rags : être en grand tralala.
to go from rags to riches : passer de la misère à la richesse.
posh (*fam*) : chic, rupin.
to be all poshed up : être sur son trente et un.
to swank : se donner des airs, faire de l'épate.
swanky : snob, prétentieux.
spanking new : flambant neuf.
to be all dolled up/to be in one's Sunday best : être sur son trente et un.
to be dressed to kill : être sur son trente et un.
in one's birthday suit : en tenue d'Adam/d'Eve.
to be stark naked, (*fam*) **starkers** : complètement nu.
to streak : courir tout nu en public.
to pocket one's pride : mettre son orgueil dan sa poche.
they are hand in glove : ils s'entendent comme larrons en foire.
a wolf in sheep's clothing : un loup déguisé en brebis.

to cut one's coat according to one's cloth : vivre selon ses moyens.
the cloth : le clergé.
to roll up one's sleeves : se retrousser les manches, se mettre au travail.
to laugh up one's sleeve : rire dans sa barbe.
he's got something up his sleeve : il cache quelque chose.
to shake in one's shoes : avoir une peur bleue.
that's another pair of shoes : c'est une autre paire de manches.
to live on a shoestring : se serrer la ceinture.
camp : qui fait parade de mauvais goût.
kitsch : kitsch, pompier.
a passing fad : un engouement passager.
the fad/craze for mini-skirts : la folie des minijupes.

B REMARQUES LEXICALES

■ Attention à la traduction de **blouse** : *corsage*. Le français *blouse* se dit **overall**.
La *blouse blanche* du médecin : **white coat**.

■ Souvenez-vous que **material** veut dire *tissu*, et **chiffon** : *mousseline de soie*.
Ainsi **a chiffon blouse** : *un corsage en soie*.

■ **a negligée** : *un déshabillé*.

■ **a slip** *un jupon* ; le *slip* se dit **briefs** ou **panties**.

■ **lace** veut dire *dentelle* mais aussi *lacet*, ainsi **shoe-laces** : *lacets de chaussure*.

■ **to dress up** veut dire *s'habiller de façon élégante*, et aussi *se déguiser*.
dress suit : habit de soirée ; **dress uniform** : uniforme de cérémonie.
dress circle : corbeille, premier balcon.

• **dressing** veut dire aussi assaisonnement ; ainsi : **salad dressing**.

• **dress rehearsal** : répétition générale.

• **to give someone a dressing down** : passer un savon à quelqu'un.

■ **pyjamas**, comme **trousers**, s'emploie au pluriel.

C 1 EXERCICES

A Traduire.

1. Sa robe était froissée.
2. Elle portait un maillot de bain bleu.
3. Les soldes ont commencé, nous allons trouver des affaires.
4. Ce chapeau est complètement démodé.
5. Les articles défraîchis sont évidemment moins chers.
6. Il était en bras de chemise.
7. Vous devriez acheter cette écharpe : la couleur vous va très bien.
8. C'était un policier en civil.
9. Il portait un smoking.
10. Quelle taille faites-vous ?

B Q.C.M.

1. to buy … the peg.
   a. in b. on c. off d. at
2. He was in black from … to toe.
   a. tap b. top c. tock d. tick
3. She was immaculately turned …
   a. on b. off c. in d. out
4. A colour that does not run is …
   a. hard b. fast c. loud d. firm
5. It fits like a …
   a. dove b. love c. glove d. grove

C 2 CORRIGÉS

A 1. Her dress was crumpled.
2. She was wearing a blue bathing-suit (bathing-costume).
3. The sales are on : we shall find bargains.
4. This hat is completely out of fashion.

5. Shop-soiled articles are of course cheaper (less expensive).
6. He was in his shirt sleeves.
7. You should buy this scarf, the colour suits you perfectly.
8. He was a plain-clothes policeman.
9. He was wearing a dinner jacket/a tuxedo.
10. What size are you ?

B 1c. 2b. 3d. 4b. 5c.

38 PERCEPTION : LES SENS

A 1 VOCABULAIRE

A. LA VUE : SIGHT

apercevoir	to catch sight of
aveugle	blind
borgne	one-eyed
brouillé	dim, vague
cataracte	cataract
cécité	blindness
cils	eyelashes
cligner	to blink
clin d'œil	wink
contempler	to gaze
coup d'œil	glance
daltonien	colour-blind
dévisager	to stare
distinguer	to make out, to dis*tin*guish
examiner	to eye
explorer (du regard)	to scan
fixer	to stare
glaucome	glau*co*ma
guetter	to be on the look-out, to watch out for
jumelles	bi*noc*ulars
longue-vue	spy-glass
loucher	to squint, to be cross-eyed
loupe	magnifying-glass
lunettes	glasses, spectacles
myope	short-sighted

observer	to watch
œil	eye
opticien	op*ti*cian
orbite	orbit, socket
paupière	eye-lid
presbyte	long-sighted
prunelle	iris
pupille	pupil
regarder	to look, to have a look
— bouche bée	to gape
— avec colère	to glare
— à la dérobée	to peep, to steal a glance at
— fixement	to stare
— de travers	to scowl, to look as*kance* at
remarquer	to notice
rétine	retina
décollement de la rétine	de*tach*ing of the retina
scruter	to peer at
sourcil	eye-brow
strabisme	squint, stra*bis*mus,
témoin	witness
verres de contact	contact-lenses
voir	to see, to behold
vue	sight

B. LES LUMIÈRES : LIGHTS

ampoule	bulb
aveugler	to dazzle
allumer/ éteindre	to switch a light on/off
bougeoir	candlestick
bougie	candle
brillant	bright
briller	to shine
chatoyer	to shimmer
clignoter	to flicker
éblouir	to dazzle
étinceler	to sparkle, to glint
flamboyer	to flare, to blaze
fusible	fuse
interrupteur	switch
lampe de poche	torch
luire	to glow, to gleam, to glimmer, to glitter
lumineux	luminous
lustre	chande*lier*
miroiter	to flash, to shimmer
obscurité	darkness
ombre	shadow
prise	plug
rayon	ray
vaciller	to flicker

C. L'OUÏE, LES BRUITS : HEARING, NOISES

aboyer	to bark
aigu	shrill, sharp
applaudir	to clap
applaudissement	ap*plause*, clapping
assourdissant	deafening
beugler	to bellow
boules Quiès	earplugs
bourdonner	to drone, to hum, to buzz
braire	to bray
brouhaha	racket, uproar
broyer	to crunch
bruire	to rustle, to whirr
caqueter	to cluck, to cackle
chahut	din, uproar
chanter	to sing
chantonner	to hum, to croon
chuchoter	to whisper
chuinter	to hiss
clapoter	to lap
claquer	to bang, to slam
cliquetis	click, clash, clanking
cloche	bell
couiner	to squeal
craquer	to crack, snap, crunch, creak
crécelle	rattle
crépiter	to crackle, to sputter
crier	to shout, to cry out

C. L'OUÏE, LES BRUITS (suite)

crisser	to squeal, to screech
détonation (arme à feu)	report (of a gun)
éclabousser	to slash
éclater	to pop, to burst
écouter	to listen (to)
entendre	to hear
faible	faint
feulement	growl
fort	loud
froissement	crumpling, rustling
gicler	to squirt
glouglou	gurgle
glousser : poule	to cluck
— : dinde	to gobble
— : personne	to giggle, to chortle
grésiller	to sizzle, to sputter
grincer	to grate, to squeak, to grind
gronder	to rumble, to growl
huluer	to hoot
hurler	to howl
miauler	to mew
mugir : mer	to boom
— : vache	to low
— : taureau	to bellow
— : vent	to howl
murmurer	to murmur
nasillement	twang
oreille	ear
ouï-dire	hearsay
pépiement	chirping
pétiller	to fizz, to crackle
pleurer	to cry, to weep
racler	to scrape
raie	rattle
ronfler	to snore
ronronner	to purr
rugir	to roar, to bellow
sangloter	to sob
siffler	to whistle, to hiss
silencieux	(*adj*) silent ; (*n*, d'une arme) a muffler
sonner	to ring, to sound
strident	shrill
tapage	din
tic-tac	tick-tock, ticking
tintement : d'une sonnette	tinkling (of a bell)
— : de clés	jingling (of keys)
— : de verres	chinking (of glasses)
tinter	to ring, to toll
tollé	outcry
vacarme	din
vagir	to wail, to cry
vibrer	to rattle
vrombir	to drone, to throb

D. L'ODORAT : SMELL

âcre	acrid, bitter, pungent
bouquet	fragrance, aroma, bou*quet*
capiteux	heady
désagréable	nasty, smelly
étouffant	stifling
fétide	foul, fetid, rank
flairer	to sniff
humer	to in*hale*
inodore	odourless, scentless, scentfree
malodorant	smelly
moisi	musty, fusty
musqué	musky
narine	nostril
nauséabond	of*fen*sive, nauseous, foul-smelling
nez	nose
odeur	smell, odour, (US) odor
parfum	perfume, scent
parfumé	scented, sweet-smelling, fragrant, balmy
persistant	per*va*sive
poivré	spicy
puanteur	stench
puer	to stink
rance	rancid
rassis	stale, musty
relent	reek
renfermé	stuffy, close
renifler	to sniff
sentir	to smell
vicié	stale

E. LE GOÛT : TASTE

acide	acid, bitter
âcre	acrid, tart
aigre	sour
aigre-doux	bitter-sweet
amer	bitter
avaler	to swallow
bouche	mouth
bouchée	mouthful
connaisseur	connois*seur*
corsé	full-bodied
dur	tough
délecter de (se)	to relish
épicé	spicy
fade	tasteless, bland, flat
farineux	floury
festin	feast
filandreux	stringy
insipide	tasteless
gastronomie	ga*stro*nomy
gorgée	gulp
goulu	greedy, gluttonous
gourmand	greedy
gourmet	gourmet, epicure

E. LE GOÛT (suite)

goût	taste, flavour
goûter	to taste, to enjoy
goutte	drop
jus	gravy
langue	tongue
mijoter	to stew, to simmer
palais	palate
régal	treat
relevé	highly seasoned
repoussant	re*pul*sive
salé	salty
saveur	savour
savourer	to savour
savoureux	savoury
sucre	sweet, sugary
tendre	tender
vomir	to throw up

F. LE TOUCHER : TOUCH

brûlant	burning
caresser	to stroke, to pet
chatouiller	to tickle
collant	sticky
cuisant	smarting
détrempé	soggy
doux	soft
dur	hard
duveteux	downy, fluffy
effleurer	to graze
égal	even
empoigner	to grab
étreindre	to grasp
ferme	firm
flasque	flabby
frapper	to hit, to strike
froid	cold
glabre	smooth, clean-shaven
glacé	freezing
glissant	slippery
gratter	to scratch
griffer	to scratch, to claw
grossier	coarse
humide	camp, wet
lécher	to lick
lisse	smooth
moite	moist, clammy
mou	limp
palper	to feel
pétrir	to knead
poilu	hairy, furry
raide	stiff
râpeux	raspy
raser	to skim, to shave
rêche	rough
rugosité	roughness, ru*go*sity
rugueux	rough, gnarled, rugged
saisir	to grasp
sec	dry
serrer	to squeeze
souple	supple
soyeux	silky
taper	to tap, to hit, to strike

tapoter	to pet, to drum	tiède	tepid, lukewarm
tâter	to feel	tripoter	to finger, to paw
tâtonner	to grope		
tendre	tender	visqueux	viscous, slimy

A 2 LEXIQUE EN SITUATION

■ **la vue : sight**

a glimmer of hope : une lueur d'espoir
it flashed across my mind : je pensai soudain
a flash of lightning : un éclair
a flash in the pan : un feu de paille
a blaze of anger : un coup de colère
in the blaze of day : en plein midi
to end in a blaze of glory : finir en beauté
all that glitters is not gold : tout ce qui brille n'est pas or
to grope one's way : avancer à tâtons
it's worth seeing : cela vaut la peine d'être vu
a see-through dress : une robe transparente
at first sight : à première vue
love at first sight : coup de foudre
within sight : à portée de vue
out of sight : hors de vue
to lose sight of someone : perdre quelqu'un de vue
I can't bear the sight of him : je ne peux pas le voir
to know someone by sight : connaître quelqu'un de vue
sight-reading : lecture à vue
to wear glasses : porter des lunettes
to set /clap eyes on something : apercevoir quelque chose
an eye-sore : une horreur (qui blesse les yeux)
a sight for sore eyes : un spectacle réjouissant
to open one's eyes wide : ouvrir de grands yeux
that was an eye-opener : cela lui a ouvert les yeux
in the twinkle of an eye : en un clin d'œil
to keep an eye on someone : surveiller quelqu'un
to turn a blind eye to : fermer les yeux sur quelque chose
to make sheep's eyes at sb : faire les yeux doux à qqn
to look sheepish : avoir l'air penaud

■ **l'ouïe : hearing**

bruits sourds : **thud, thump**
bruits d'eau : **splash** (clapotis, éclaboussement)
babble (murmure d'un ruisseau)
gurgle (gargouillis)
squelch (la boue)
hubbub, uproar, hurly-burly, hullabaloo : vacarme
a clap/a peal of thunder : un coup de tonnerre
the rolling of drums : roulement de tambours
a blare of trumpets : sonnerie de trompettes
stomach rumblings : borborygmes
within earshot : à portée de voix (≠ **out of earshot**)
to be hard of hearing : être dur d'oreille
to stop one's ears : se boucher les oreilles
to strain one's ears/to prick up one's ears : tendre l'oreille
to be all ears : être tout ouïe
to eavesdrop : écouter aux portes
by word of mouth : de bouche à oreille
to slam the door : claquer la porte
to snap one's fingers : claquer des doigts
to click one's heels : claquer des talons
to stamp one's feet : frapper du pied
to take the rap : se faire taper sur les doigts
to burst out laughing : éclater de rire
to burst into tears : éclater en sanglots
to speak through one's nose : parler du nez, d'une voix nasillarde
your ears must have burned : les oreilles ont dû vous tinter

■ **l'odorat : smell**

to give off a smell : dégager une odeur
to have a keen sense of smell : avoir l'odorat fin
to smell nice : sentir bon mais **it smells** : cela sent mauvais
to smell a rat : soupçonner anguille sous roche
bad breath : mauvaise haleine
smelly : qui sent mauvais
pong (*fam*) : mauvaise odeur
to have a good nose : bien reconnaître les odeurs

the nose of a wine : le bouquet d'un vin
to wear scent : porter du parfum
to scent one's handkerchief : parfumer son mouchoir
a whiff of garlic : une bouffée d'ail
whiffy (*fam*) : qui sent mauvais

■ **le goût : taste**
to have a delicate palate : avoir le palais fin
palatable : agréable au palais
it makes my mouth water : cela me met l'eau à la bouche
mouth-watering : qui met l'eau à la bouche
to eat like a horse : manger comme un ogre
to pick at one's food : faire la petite bouche
to gulp down : avaler à grosses bouchées
to smack one's lips : se lécher les babines
to keep something as a tit-bit : garder quelque chose pour la bonne bouche
it's my treat/it's on me : c'est ma tournée
a master of taste : une affaire de goût
people of taste : les gens de goût
everyone to his taste : à chacun son goût
the kiss of life : le bouche à bouche
you mustn't talk with your mouth full : il ne faut pas parler la bouche pleine

A 3 REGISTRES DE LANGUE

1. **La vue : expressions idiomatiques**.
seeing is believing : voir c'est croire
to see eye to eye with someone : voir les choses d'un même œil
he didn't bat an eyelid : il n'a pas sourcillé
my eye ! mon œil !
it's all eyewash : c'est de la poudre aux yeux
there's more to this than meets the eye : on ne voit pas le dessous des cartes
an eye for an eye, a tooth for a tooth : œil pour œil, dent pour dent (**the law of retaliation** : la loi du talion, *lex talionis*)
the apple of my eye : la prunelle de mes yeux

out of sight, out of mind : loin des yeux, loin du cœur
I didn't sleep a wink : je n'ai pas fermé l'œil
a peeping Tom : un voyeur
to play blind-man's-buff : jouer à colin-maillard

2. Sens particuliers de *touch*.
it was touch and go : c'était moins cinq
I never touch wine : je ne bois jamais de vin
to lose touch : perdre quelqu'un de vue
touching : émouvant
touchy : susceptible
he's slightly touched (*fam*) : il est un peu fêlé

B REMARQUES LEXICALES

- Attention a **spectacles**, qui veut dire *lunettes*.
- **an eye-glass** : un monocle
  a glass eye : un œil de verre
- tourner de l'œil : **to faint**
  cela saute aux yeux : **it's plain as a pikestaff**
  avoir les yeux plus gros que le ventre : **to bite off more than you can chew**
- Pensez aux différents emplois de **to see** :
  to see somebody home : raccompagner quelqu'un
  I'll see to it : je m'en occuperai
  to see into something : examiner qqch à fond
  to see things : avoir des hallucinations
  to see the doctor : consulter le médecin
- **sight** veut dire à la fois *vue* et *spectacle*, d'où au pluriel **sights** : *les monuments, les curiosités*
  to go sightseeing : visiter les monuments d'une ville
  sightseer : touriste
  a sad sight : un spectacle navrant
  his face was a sight : vous auriez vu sa tête !

C 1 EXERCICES

A Traduire.

1. Il lui fit un clin d'œil.
2. L'enfant regardait entre ses doigts.
3. Mon père est myope et dur d'oreille.
4. Il y eut un éclair éblouissant, puis un coup de tonnerre.
5. L'odeur délicieuse m'a mis l'eau à la bouche.
6. Après la pluie, le sol était très glissant, mais les étoiles scintillaient dans le ciel.
7. Il se mit à ronfler et je pris mes boules Quiès pour ne plus l'entendre.
8. C'est une affaire de goût.
9. Elle sortit de la pièce en claquant la porte.
10. J'avançais à tâtons dans l'obscurité.

B Q.C.M.

1. The leaves were … in the wind.
   a. jingling — c. rustling
   b. clanging — d. squeaking

2. She burst … laughing.
   a. in — c. off
   b. out — d. away

3. I could hear the … of his watch.
   a. tocking — c. beating
   b. ticking — d. chinking

4. There wasn't a … of light.
   a. glance — c. glimmer
   b. glisten — d. gloating

5. The birds were … in the trees.
   a. buzzing — c. droning
   b. hissing — d. chirping

C 2 CORRIGÉS

A 1. He winked at her.
2. The child was peeping through his fingers.
3. My father is short-sighted and hard of hearing.
4. There was a dazzling flash of lightning and then a clap of thunder.
5. The delicious smell made my mouth water.
6. After the rain the ground was very slippery, but the stars were twinkling in the sky.
7. He began to snore and I took my ear-plugs so as to be able to sleep.
8. It's a master of taste.
9. She left the room, slamming the door.
10. I groped my way in the dark.

B 1c. 2b. 3b. 4c. 5d.

39 FEELINGS

A 1 VOCABULAIRE

A. PLAISIR, JOIE, AMOUR

admirer	to ad*mire*
affection	af*fec*tion
affectueux	af*fec*tionate
aimer	to love
agréable	pleasant
allégresse	e*la*tion
amant	lover
ami	friend
amitié	friendship
attaché	at*tach*ed
attachement	at*tach*ment, af*fec*tion
attendri	tender, melting
attendrir (s')	to be moved, softened
attendrissement	e*mo*tion, pity
attente	expec*ta*tion
attentif	at*ten*tive
attirance	at*trac*tion
attirer	to at*tract*, to en*tice*
baiser	kiss
bienveillant	be*ne*volent
bonheur	happiness
câliner	to fondle
caresser	to caress, to stroke
charmant	charming, de*light*ful
cocu	cuckold
cœur	heart
confiance	trust
consolation	comfort, solace
content	pleased, glad
contentement	con*tent*ment, satis*fac*tion
convoiter	to covet, to desire
convoler	to marry
cordial	hearty
courageux	brave
délice	de*light*
délicieux	de*light*ful
désir	de*sire*, longing, craving, yearning
divertir	to amuse, to di*vert*
divertissement	enter*tain*ment ; recreation ; di*ver*sion
doux	gentle, sweet
douceur	gentleness
embrasser	to kiss, to em*brace*
émoi	ex*cite*ment
émouvoir	to move, to af*fect*
ému	moved
énamouré	en*a*moured
enchantement	spell, en*chant*ment, de*light*
enchanteur	en*chant*ing, de*light*ful, be*witch*ing
enflammé	flaming
enjoué	jaunty, cheerful

A. PLAISIR, JOIE, AMOUR (suite)

enthousiasme	en*thu*siasm
épris	in*fat*uated
espérer	to hope
étreindre	to em*brace*, to hug
exulter	to gloat
félicité	bliss
fidèle	faithful, loyal
fidélité	faithfulness, loyalty
fier	proud
fierté	pride
fiévreux	feverish
flamme	flame, fire
flirter	to flirt
folie	madness, folly
foucade	whim, fancy
fougueux	fiery, passionate
gai	merry, gay, happy, cheerful
galant (*n*)	suitor, ad*mi*rer
galant (*adj*)	gallant, courteous
garçonnière	bachelor flat
gentil	nice, pleasant
heureux	happy, joyful, blissful
impatient	eager, im*pa*tient
infidèle	un*faith*ful
insouciance	uncon*cern*
insouciant	happy-go-lucky
intime	intimate
intimité	intimacy
intuitif	in*tu*itive
ivresse	intoxi*ca*tion, exhila*ra*tion
jalousie	jealousy
joie	joy
joyeux	joyful, gleeful, merry, jolly
jouir	to en*joy*
jouissance	en*joy*ment, de*light*, pleasure
jouisseur	sensualist
jubiler	to ex*ult*, to jubilate
liaison	af*fair*
maîtresse	mistress
mariage	marriage, wedding, wedlock
merveilleux	marvellous, wonderful
mésalliance	misal*li*ance
mielleux	smooth, honeyed, unctuous
minauder	to simper
passionnant	ex*ci*ting
passionné	passionate
penchant	liking, incli*na*tion, pro*pen*sity
plaire	to please
plaisant	pleasing
plaisir	pleasure
préférer	to pre*fer*
radieux	radiant
raffoler	to adore, to dote (on)
ravi	de*light*ed
ravissant	beautiful, ravishing

ravissement	rapture
réconforter	to comfort, to cheer up
régal	treat
réjouir	to de*light*, to thrill, to re*joice*
réjouissance	fes*tiv*ities, merry-making
réjouissant	joyful, heartening
repousser	to re*ject*
satisfaire	to satisfy
séducteur	se*du*cer
séduction	se*duc*tion, charm
séduire	to se*duce*, fascinate, captivate
séduisant	se*duc*tive, tempting
sérénité	equa*nim*ity
soupirer	to sigh
sympathie	sympathy, feeling
tempérament	temperament, character
tendresse	tenderness, fondness
touchant	moving
vœu	vow, wish

B. CRAINTE, INQUIÉTUDE, HAINE

abattement	de*jec*tion
abattu	de*jec*ted, dis*pi*rited
affligé	sorrowful
affliger	to pain, to dis*tress*
affreux	frightful
affront	insult
agitation	flurry, agi*ta*tion
angoissant	a*larm*ing
angoissé	anguished
anxiété	un*eas*iness
aversion	a*ver*sion, dis*like*
blesser	to wound, to injure
blessure	wound, injury
bouder	to sulk
boudeur	sulky
bouleversant	shattering, staggering, over*whelm*ing
bouleverser	to distress, to over*whelm*
brutal	brutal, violent ; (en paroles) plain, out*spo*ken
buté	stubborn, mulish
chagrin (*n*)	grief, sorrow
chagrin (*adj*)	de*jec*ted, woeful
colère	anger, wrath
coléreux	*iras*cible, quick-tempered
cholérique	choleric, fiery
consternation	conster*na*tion, dis*may*
consterné	dis*may*ed
contraire	adverse, contrary
contrarié	up*set*, thwarted
contrarier	to an*noy*, to dis*tress*

B. CRAINTE, INQUIÉTUDE, HAINE (suite)

contrariété	vex*a*tion
crainte	fear, awe
craindre	to fear, to be a*fraid* (of)
craintif	timorous
curieux	curious, odd ; in*qui*sitive, nosy
déception	disap*point*ment
décevoir	to disap*point*
déconcerté	non*plussed*
découragé	dis*cour*aged, down*cast*
dédaigneux	dis*dain*ful, con*temp*tuous, scornful
dédain	con*tempt*, score
défaillant	faint, weak
dégoût	dis*gust*
dépit	spite
déprimé	de*pressed*, de*ject*ed
désabusé	disil*lu*sioned, disen*chan*ted
désarmé	helpless
désemparé	be*wil*dered*, dis*traught**
désespéré	desperate
désespoir	des*pair*
désolant	dis*tress*ing
désolé	sorry ; dis*con*solate
déterminé	de*ter*mined*, resolute
détester	to hate, to dis*like*, to de*test*, to loathe
deuil	mourning
douleur	sorrow, pain
doute	doubt, un*cer*tainty
douteux	doubtful
dur	hard, harsh
dureté	hardness, harshness, se*ver*ity
ébahi	flabbergasted, a*stound*ed, dumbfounded
ébahissement	a*maze*ment
effarant	be*wil*dering, startling
effaré	be*wil*dered, con*fused*, startled
effarement	a*larm*, trepi*da*tion, scared
effarouché	a*larmed*
effrayer	to frighten, to scare
effroi	fright
effroyable	ap*pall*ing
égoïste	selfish
endurer	to bear
ennui	boredom
ennuyé	bored, bothered
épouvantable	awful
épouvanté	terror-stricken
épouvanter	to terrify
étonner	to sur*prise*
frayeur	dread
frémir	to shudder

frissonner	to shiver
geindre	to whine
gémir	to groan
grognon	grumpy
grommeler	to grumble
haine	hate, hatred
hargne	peevishness, bad temper
hargneux	peevish
honte	shame
honteux	a*shamed* ; shameful
horreur	loathing, horror
hostile	hostile, un*friend*ly
humeur	temper
impressionnant	im*press*ive, daunting
indigné	in*dig*nant
infamant	infamous
ingrat	un*grate*ful
injure	a*buse*, insult
injuste	un*just*
inimitié	enmity, hate
inoffensif	harmless
inquiet	anxious, un*eas*y, worried
inquiéter	to worry, to a*larm*
inquiétude	anxiety, worry
insensible	callous, un*feel*ing, im*per*vious
intrépide	fearless
irréductible	in*dom*itable
irréfléchi	hasty, thoughtless
irrésolu	ir*res*olute, inde*cis*ive
irritable	irritable, petulant
irrité	an*noyed*, angry
jalousie	jealousy
jaloux	jealous
larme	tear
larmoyant	tearful, maudlin
larmoyer	to snivel, to whimper
malchanceux	un*lucky*
malheur	mis*for*tune, ca*lam*ity
malheureux	un*hap*py, wretched, un*for*tunate
malignité	malice, spite
malveillance	ma*lev*olence
mécontent	dis*sat*isfied, dis*pleased*
méfiance	dis*trust*, sus*pic*ion
méfiant	dis*trust*ful, sus*pic*ious
mélancolie	melancholy, gloom
mélancolique	melancholy ; melan*cho*lic, gloomy
menacer	to threaten
mépris	scorn, con*tempt*
méprisant	scornful, con*temp*tuous
mépriser	to scorn, to des*pise*
morgue	haughtiness, arrogance
odieux	hateful, odious
offenser	to of*fend*

B. CRAINTE, INQUIÉTUDE, HAINE (fin)

offusquer (s')	to re*sent*	répulsion	re*pul*sion, dis*gust*
opposer	to ob*ject*, to re*ject*	ressentiment	re*sent*ment
passion	passion	sangloter	to sob
passionné	passionate	sensible	sensitive
pénible	painful	sombre	gloomy
peur	fear	soucieux	worried
peureux	nervous, timorous	soupçonneux	dis*trust*ful, sus*pi*cious
plaindre	to pity	soupirer	to sigh
plaindre (se)	to com*plain*, to moan	stupéfait	dumbfounded
		surpris	sur*pris*ed, as*ton*ished
pleurer	to cry, to weep		
pleurer qqn	to mourn, to grieve	terreur	terror
		terrifier	to terrify
pleutre	cowardly	tourmenté	tor*ment*ed, fretful, agitated
préoccupé	pre*oc*cupied, con*cern*ed		
		tourmenter	to harass, to worry, to torture
pulsion	drive		
rancune	grudge, re*sent*ment	trahir	to betray
rancunier	re*sent*ful, spiteful	trembler	to tremble, to shiver
redouter	to fear, to dread	triste	sad, un*hap*py
remords	re*morse*	tromper	to de*ceive*
renfrogné	sullen	trompeur	de*ceiv*ing, de*ceit*ful, de*cep*tive, mis*lead*ing
renifler	to sniff, to snivel		
répugnance	dis*gust*, re*pul*sion	vexer	to an*noy*, to plague, to pro*voke*
répugner	to re*pel*		
répulsif	re*pul*sive, dis*gust*ing	vexé	vexed, up*set*

A 2 LEXIQUE EN SITUATION

to hurt somebody's feelings : vexer qqn
to have no feelings, to be devoid of feeling : être dénué de sentiments
to speak with feeling : parler avec émotion
to repress one's feelings : réprimer ses sentiments
to be keen on something : aimer beaucoup qqch
to care for/to be fond of : aimer
to have a crush on someone : avoir un faible pour qqn
to be infatuated/besotted with : être fou de
love at first sight : coup de foudre
to fall in love : tomber amoureux
to fall head over heels in love : tomber amoureux fou
to be swept off your feet : tomber très vite amoureux
to be flurried/in a flutter : être ému, troublé
to create a flutter/a stir : faire sensation
to be conscious that : avoir le sentiment que
I'm not in the mood (for) : je ne suis pas d'humeur (à)
to be moody : être d'humeur inégale
to be in a good/bad mood : être de bonne/de mauvaise humeur
to be out of humour : être contrarié
to be in high/low spirits : être en forme/abattu
to raise somebody's spirits : remonter le moral de qqn
to take something in the right/the wrong spirit : prendre qqch en bonne/en mauvaise part
to be easily offended : être susceptible
to make friends with someone : se lier d'amitié
a bosom friend : un ami très proche
to get on with someone : s'entendre avec qqn
to beam with joy : rayonner de joie
to one's heart's content : à cœur joie
a broken heart : cœur brisé
heartache : chagrin
heartfelt : sincère
heartless : sans cœur
heavy-hearted : à cœur joie
heart-breaking/rending : déchirant

half-heartedly : sans enthousiasme
whole-heartedly : avec enthousiasme
soft-hearted/hard-hearted : au cœur tendre/dur
to be sad hearted : avoir le cœur gros
from the bottom of one's heart : du fond du cœur
to have a heart of gold : avoir un cœur d'or
to take sth to heart : prendre à cœur
disheartening : décourageant
to be heartened : retrouver l'espoir
against all expectations : contre toute attente
to be even-tempered : être d'humeur égale
to be temperamental : être d'humeur instable
to have a quick temper : être soupe au lait
a fit/an outburst of temper : un accès de colère
to keep/to lose one's temper : garder son calme/s'emporter
to get angry : se mettre en colère
to fly into a passion : s'emporter violemment
to put up with something : tolérer qqch
I can't bear/stand it : je ne peux pas le supporter
I'm sick and tired of : j'en ai marre
it gets on my nerves : cela m'exaspère
to move to tears : émouvoir jusqu'aux larmes
to shed tears : verser des larmes
to burst into tears : éclater en sanglots
to heave a sigh : pousser un soupir
to feel homesick : avoir le mal du pays
to have the blues : avoir le cafard
to cry one's eyes out : pleurer sans pouvoir s'arrêter
to pout : faire la moue
to get a fright : avoir peur
hair-raising : terrifiant
spine-chilling : terrifiant
blood-curdling : terrifiant
goose-pimples : chair de poule
to be scared to death : avoir une peur bleue
to be scared out of your wits : avoir une peur bleue
to be panic-stricken : être frappé de panique
panicky : être sujet à la panique

awe-struck/awe-stricken : frappé d'une terreur profonde (**awe** : terreur sacrée, d'où **awe-inspiring** : imposant, terrifiant)
to take fright : s'effrayer
to tremble like a leaf : trembler comme une feuille
to be racked by remorse : être bourrelé de remords

A 3 REGISTRES DE LANGUE

Familier.
it gives me the creeps : cela me fait froid dans le dos
it makes my flesh creep : cela me fait froid dans le dos
it makes my hair stand on end : cela me fait dresser les cheveux sur la tête
to have the jitters/the jim-jams : avoir les chocottes
to be over the moon : être au septième ciel
to be on top of the world : être en pleine forme
to be in somebody's good books : être bien vu de quelqu'un
as stubborn as a mule : têtu comme une mule
happy as a lark : gai comme un pinson
have a heart ! pitié !
cheer up ! courage !
to get on like a house on fire : s'entendre comme larrons en foire
leave well alone : le mieux est l'ennemi du bien
familiarity breeds contempt : la familiarité engendre le mépris
it never rains but it pours : un malheur ne vient jamais seul
enough is enough ! trop c'est trop !
that's the last straw : c'est la goutte d'eau qui fait déborder le vase
he was more frightened than hurt : il a eu plus de peur que de mal
have no fear ! soyez sans crainte !
no fear ! pas de danger
no hard feelings : sans rancune
shame on you ! vous devriez avoir honte !
what a pity ! quel dommage !
good riddance ! bon débarras

it's the least of my worries : c'est le cadet de mes soucis
I couldn't care less : je m'en fiche complètement
I don't care either way : cela m'est indifférent
it's all the same to me : cela m'est égal
I won't have it : je ne l'accepterai pas
there's no love lost between them : ils ne peuvent pas se voir
mind the step : attention à la marche
mind your own business : occupe-toi de tes affaires
mind your language : surveillez votre langage
never mind : tant pis, ce n'est pas grave

B REMARQUES LEXICALES

- Attention à **grief** en anglais qui signifie *chagrin, douleur* :
  ex. : **to come to grief** : mal finir
  Le français *grief* se dit **grievance.**
- *injure* se dit **insult, to injure** veut dire *blesser*, et **injury** : *blessure.*
- Distinguer entre **marriage** : *l'état, le fait d'être marié*, et **wedding** : la *cérémonie de mariage.*
- Attention à la construction de **to wonder at** : *s'étonner de* et **to wonder whether/why/how** : *se demander si/pourquoi/comment.*
  Distinguer aussi entre la prononciation de **to wonder** ['wʌndər] et **to wander** ['wɒndər] : errer.
- Attention à la construction de **to enjoy** + verbe en **–ing** :
  to enjoy doing something : aimer faire quelque chose
  et **to delight in** + verbe en **-ing** : **to delight in doing something** : prendre un grand plaisir à faire quelque chose
- **for fear of making a mistake** : de crainte de faire une faute
- Pensez à la construction :
  Would you mind opening the window ? Voudriez-vous ouvrir la fenêtre ?
  You don't mind my smoking ? (ou **if I smoke ?**) : Cela ne vous gêne pas si je fume ?
- **to be anxious to** : être impatient de
  anxious about : être soucieux de

- **to be furious with sb** : être furieux contre qqn
- **care** : souci, inquiétude ; mais aussi soin.
  to take care of sb : s'occuper de qqn
  mais **I don't care to see him** : je n'ai pas envie de le voir.

C 1 EXERCICES

A Traduire.

1. Trop, c'est trop !
2. Occupe-toi de tes affaires.
3. un accès de colère ; avoir le mal du pays ; la chair de poule.
4. Je lui ai remonté le moral.
5. J'étais émue aux larmes.
6. Elle était prise de panique.
7. Il avait mis tous ses espoirs sur ce cheval.
8. C'est le cadet de mes soucis.
9. Ce fut un coup de foudre.
10. Vous devriez avoir honte.

B Q.C.M.

1. It gets … my nerves.
   a. in b. on c. up d. off
2. I get … with her very well.
   a. on b. in c. off d. up
3. He … his temper.
   a. found b. lost c. blew d. left
4. I can't put … with it.
   a. off b. in c. up d. down
5. He is … of feeling.
   a. distressed b. disturbed c. void d. devoid

C 2 CORRIGÉS

A 1. Enough is enough !
2. Mind your own business
3. a fit of anger ; to be homesick ; goose-pimples.
4. I cheered him up.
5. I was moved to tears.
6. She was panic-stricken.
7. He had set all his hopes on that horse.
8. It's the least of my worries.
9. It was love at first sight.
10. Shame on you.

B lb. 2a. 3b. 4c. 5d.

40 COMEDY, TRAGEDY

A 1 VOCABULAIRE

A. COMIQUE, HUMOUR

allègre	gleeful
allégresse	glee
amusement	a*muse*ment, di*ver*sion
s'amuser	to have fun
amuseur	enter*tain*er
badin	playful
badiner	to jest, to banter
badinerie	banter
balivernes	humbug
blague	joke
blaguer	to joke, to chaff
boutade	sally, flash of wit
bravade	bra*va*do
comique	funny, comical ; (*n*) co*me*dian, humorist
contrepèterie	spoonerism
divertir	to enter*tain*, to a*muse*
divertissement	enter*tain*ment, recre*a*tion
espiègle	prankish, playful
esprit	wit
facétie	prank, trick
facétieux	fa*ce*tious, impish, mischievous
farce	joke, prank
farceur	joker, prankster
frasque	prank, escapade
gai	merry
glousser	to chortle, to giggle
humoriste	humorist
humour	humour, (US) humor
ironie	irony
ironique	irony, i*ro*nical
jouer	to play
marotte	fad
minauder	to smirk
moquer	to mock, to make fun of, to scoff at, to jeer at
moquerie	mockery, ridicule
moqueur	mocking, de*ri*sive
parodie	parody
plaisanter	to jest, to joke
répartie	quip
ricaner	to sneer
rigoler	to laugh, to have fun
rire	to laugh
risée	laughing-stock
risible	laughable, ludicrous
sarcasme	sarcasm, taunt
satire	satire, lam*poon*
satiriser	to satirize
sourire	to smile
spirituel	witty
acte	act

B. TRAGIQUE, TRAGÉDIE

ascension	rise
augure	omen
aveugle	blind
bouc émissaire	scapegoat
chœur	chorus
chute	fall
condamner	to con*demn*
défaut	flaw
dénouement	outcome, ending, issue
destin	fate, doom
dieux	gods
dramatique	dra*mat*ic
dramaturge	dramatist
drame	drama
échec	failure
événement	event
fatal	fatal
fatalité	fate
fatidique	fateful
fin	end, con*clu*sion
final	final, ultimate
hasard	chance
héroïque	he*ro*ic
héroïne	heroine
héros	hero
inquiétant	ominous
intrépide	fearless
ironie dramatique	dra*mat*ic irony
meurtre	murder
meurtrier	murderer
pardonner	to for*give*
pathétique	(*n*) pathos ; (*adj*) pa*thet*ic, moving
péché	sin
péripétie	peripet*ei*a ; event
perte	loss
peur	fear
pièce	play
pitié	pity, com*pass*ion
protagoniste	pro*tag*onist
public	audience
redoutable	fearful
retournement	turning
ruine	ruin
scène	stage
terreur	dread, terror
terrible	frightful
théâtre	theatre, playhouse
tragédie	tragedy
tragi-comédie	tragicomedy
tragique	tragic, tragical
trahir	to be*tray*
trahison	be*tray*al, treachery
traître	traitor
triste	sad
vengeance	re*venge*
vers	verse
violence	violence

A 2 LEXIQUE EN SITUATION

■ comique
a burst/a peal of laughter : un éclat de rire
to burst out laughing/into laughter : éclater de rire
to roar/howl/shriek with laughter : hurler de rire
to be the laughing stock of : être la risée de
to force a laugh : rire faux
to laugh inwardly : rire intérieurement
to laugh in one's sleeve : rire dans sa barbe
to laugh something off : prendre quelque chose en riant
to laugh on the wrong side of one's face : rire jaune
he laughed till he cried : il rit aux larmes
to laugh one's head off : rire comme un fou
to be in stitches, in hysterics : rire de façon incontrôlable
it's no laughing matter : il n'y a pas de quoi rire
to keep a straight face : garder son sérieux
to smile to oneself : rire en soi-même
to play pranks on someone : faire des tours à quelqu'un
to pull sb's leg : se moquer de qqn, le faire marcher
to make faces : faire des grimaces
a practical joker : un mauvais plaisant
to crack jokes : faire des plaisanteries
he knows how to take a joke : il comprend la plaisanterie
are you joking ? are you kidding ? tu plaisantes ?
no kidding ! sans blague
I did it for a joke : je l'ai fait histoire de rire
that's all humbug : balivernes !
to be lacking in humour/(US) **humor** : ne pas avoir le sens de l'humour
to smirk, to simper : minauder
to snigger, (US) **snicker** : rire sous cape
to grin : sourire
to sneer : ricaner
to jeer : se moquer
to titter : glousser, rire bêtement
to guffaw : rire bruyamment

■ **tragique**

to arouse pity : susciter la pitié
wild with fear : fou de terreur
Doomsday : le jour du Jugement dernier
till Doomsday : jusqu'à la fin des temps
to be doomed to failure : être voué à l'échec
a doomed man : un homme perdu
his doom is sealed : c'en est fait de lui
the climax of a tragedy : le point fort, le sommet d'une tragédie
anticlimax : retombée, chute

A 3 REGISTRES DE LANGUE

Proverbes.
he laughs longest who laughs last : rira bien qui rira le dernier
laugh on Sunday, cry on Monday : qui rit dimanche lundi pleurera

B REMARQUES LEXICALES

■ **comique**

- **the butt of satire** : objet de satire
- différents types de comédie :
  high comedy : haute comédie
  low comedy : farce
  comedy of manners : comédie de mœurs
  slapstick comedy : comédie burlesque, farce
  musical comedy : comédie musicale
  strolling comedians : comédiens ambulants
- Le français *comédie* se traduit aussi par **sham, make-believe**
  un soldat de comédie : **a make-believe soldier**
  a comic strip : une bande dessinée
- **joke** : *plaisanterie, histoire drôle* s'emploie aussi dans l'expression : **it will be no joke to...** : ce ne sera pas facile de...
- **wit** : esprit ; **witty** : spirituel
  quick-witted : à l'esprit vif
  half-witted/dim-witted : idiot

quip : raillerie, quolibet, s'emploie aussi comme verbe : **to quip**

- **a cock-and-bull story** : une histoire à dormir debout
  a tall story : une histoire invraisemblable
- **a limerick** : un petit poème de cinq vers toujours absurde ; spécialité d'Edward Lear, un des inventeurs du **nonsense** (humour de l'absurde)
  gallows humour : (littéralement « comique de potence ») humour noir
  spoonerism : contrepéterie
  malapropism : pataquès
  pun : jeu de mots
  Punch and Judy show : guignol anglais
  punch-line : la phrase finale d'une histoire drôle, d'une plaisanterie

■ **tragique**

- Des termes grecs employés pour décrire la tragédie sont passés dans la langue :
  catharsis : catharsis, ou purgation des passions
  hubris : orgueil démesuré
  nemesis : châtiment, sort mérité.
  D'autres sont réservés au vocabulaire spécifique de la critique littéraire. On trouve ainsi **hamartia** pour **flaw**, la faiblesse qui aveugle le héros tragique, et **anagnorisis** pour **discovery**, **recognition**, la reconnaissance de cette faiblesse.
- Attention à l'orthographe de **heroine** en anglais (sinon **heroin** est employé en anglais pour *l'héroïne*, la drogue).
  Attention aussi à **loser** : le perdant.
- **Dramatic** signifie *théâtral*, et **dramatics** : *le théâtre*.

C 1 EXERCICES

A **Traduire.**

1. Il était la risée du village.
2. Il n'y avait pas de quoi rire.
3. Elle éclata de rire parce qu'il faisait des grimaces.
4. Tu plaisantes !

5. Il rit aux larmes.
6. Rira bien qui rira le dernier.
7. Le dénouement de la pièce suscite la pitié.
8. Tous ses efforts étaient voués à l'échec.
9. C'est un bouc émissaire.
10. La pièce était très spirituelle et pleine de jeux de mots.

B Q.C.M.

1. to … jokes
   a. cock b. crack c. scoff d. draw

2. tongue … cheek
   a. in b. off c. out of d. from

3. to be lacking … humour
   a. off b. from c. at d. in

4. the … of satire
   a. bent b. boot c. bat d. butt

5. A traitor is a man who … you.
   a. mocks b. tries c. betrays d. steals

C 2 CORRIGÉS

A

1. He was the laughing-stock of the village.
2. It was no laughing matter.
3. She burst out laughing because he was making faces.
4. You must be joking !
5. He laughed till he cried.
6. He laughs loudest who laughs last.
7. The ending (outcome) of the play arouses pity.
8. All his efforts were doomed to failure.
9. He is a scapegoat.
10. The play was very witty and full of puns.

B 1b. 2a. 3d. 4d. 5c.

Annexes

aerial	['eərɪəl]
aisle	[aɪl]
alloy	['ælɔɪ]
ally	['ælaɪ]
angina	[æn'dʒaɪnə]
arthritis	[ɑːʳ'θraɪtɪs]
asylum	[ə'saɪləm]
athlete	['æθliːt]
banquet	['bæŋkwɪt]
benign	[bɪ'naɪn]
bewildered	[bɪ'wɪldəʳd]
bison	['baɪsən]
bough	[baʊ]
bronchitis	[brɒŋ'kaɪtɪs]
bruise	[bruːz]
buoy	[bɔɪ]
bury	['berɪ]
butcher	['bʊtʃəʳ]
canoe	[kə'nuː]
cascade	[cæs'keɪd]
chalk	[tʃɔːk]
chameleon	[kə'miːljən]
chandelier	[ʃændə'liːəʳ]
chaotic	[keɪ'ɒtɪk]
chasm	[kæzm]
chide	[tʃaɪd]
climate	['klaɪmət]
conquer	['kɒŋkəʳ]
corpuscle	[kɔʳ'pʌsl]
cruise	[kruːz]
cupboard	['kʌbəʳd]
determined	[dɪ'tɜːʳmɪnd]
deuce	[djuːs]
diabetes	[daɪə'biːtiːz]
diaphragm	['daɪəfræm]

diarrhoea	[daɪə'rɪə]
discipline	['dɪsɪplɪn]
distraught	[dɪs'trɔːt]
drought	[draʊt]
dud	[dʌd]
euthanasia	[juːθə'neɪzjə]
feud	[fjuːd]
financier	[fɪ'nænsɪə^r]
foetus	['fiːtəs]
franchise	['fræntʃaɪzs]
furlough	['fɜː^{r}ləʊ]
gauge	[geɪdʒ]
gene	[dʒiːn]
gnaw	[nɔː]
grind	[graɪnd]
gynaecologist	[gaɪnə'kɒlədʒɪst]
haemorrhage	['hemərɪdʒ]
heathen	['hiːðən]
heather	['heðə^r]
height	[haɪt]
horizon	[hə'raɪzn]
hyacinth	['haɪəsɪnθ]
hyena	[haɪ'iːnə]
hymn	[hɪm]
indictment	[in'daɪtmənt]
integer	['ɪntɪdʒə^r]
iris	['aɪərɪs]
jagged	['dʒægɪd]
jaundice	['dʒɔːndɪs]
lathe	[leɪð]
lead (*plomb*)	[led]
lead (*mener*)	[liːd]
leisure	GB : ['leʒə] ; US : ['liːʒər]
lethal	['liːθl]
leukaemia	[luː'kiːmɪə]

levy	['levɪ]
liana	[lɪ'ɑːnə]
lilac	['laɪlæk]
loathe	[ləʊð]
manoeuvre	[mə'nuːvər]
meadow	['medəʊ]
measles	['miːzlz]
measure	['meʒər]
Michaelmas	['mɪkəlməs]
mistletoe	['mɪsltəʊ]
monarchy	['mɒnərkɪ]
Newfoundland	['njuːfəndlənd]
Nile	[naɪəl]
nuisance	['njuːsəns]
oboe	['əʊbəʊ]
oboist	['əʊbəʊɪst]
oust	[aʊst]
Palm	[pɑːm]
paradise	['pærədaɪs]
pear	[peər]
pious	['paɪəs]
Pisces	['paɪsiːz]
plumber	['plʌmər]
pneumonia	[njuː'məʊnjə]
promise	['prɒmɪs]
psychiatrist	[saɪ'kaɪətrɪst]
rabbi	['ræbaɪ]
ragged	['rægɪd]
ravine	[rə'viːn]
receipt	[rɪ'siːt]
recruit	[rɪ'kruːt]
Rhine	[raɪn]
romanticism	[rəʊ'mæntɪsɪzm]
salmon	['sæmən]
scythe	[saɪð]

shear	[ʃɪə^r]
siege	[siːdʒ]
slaughter	['slɔːtə^r]
slough(ing)	['slʌf(ɪŋ)]
spouse	[spaʊs]
stifling	['staɪflɪŋ]
sword	[sɔː^{r}d]
terrain	[tə'reɪn]
thyme	[taɪm]
turpentine	[tɜː^{r}pən'taɪn]
weasel	['wiːzl]
whirl	[wɜː^{r}l]
wind(ing) (up)	['waɪn(dɪŋ) (ʌp)]
wreath	[riːθ]

ENGLISH INDEX

Annexe 3 FRENCH INDEX

Achevé d'imprimer sur les presses de

BUSSIÈRE

GROUPE CPI

à Saint-Amand-Montrond (Cher)
en janvier 2003

Cet ouvrage a été composé par Peter Vogelpoel

POCKET - 12, avenue d'Italie - 75627 Paris Cedex 13
Tél. : 01-44-16-05-00

N° d'imp. 30019. – Dépôt légal : août 1997.

ISBN 2-266-10279-6

Imprimé en France